（典藏版）

百部国学传世经典

中华国学经典盛宴／获取先贤核心智慧

梦溪笔谈

【宋】沈　括／著
王梓飞／主编

漓江出版社

图书在版编目（CIP）数据

梦溪笔谈 /（宋）沈括著；王梓飞主编. -- 桂林：漓江出版社，2025.5. --（百部国学传世经典）.
ISBN 978-7-5801-0046-7

Ⅰ. Z429.441

中国国家版本馆 CIP 数据核字第 2024TW9346 号

梦溪笔谈　MENG XI BI TAN

著　　者　【宋】沈　括
主　　编　王梓飞

出 版 人　梁　志
策划编辑　陈植武　林晓鸿
责任编辑　覃乃川
助理编辑　陈李睿祯　晏秋洁
装帧设计　林晓鸿　宋双成
责任监印　杨　东

出版发行　漓江出版社有限公司
社　　址　广西桂林市南环路 22 号
邮　　编　541002
发行电话　010-85891290　0773-2582200　0771-4211361
邮购热线　010-85890870-814　0773-2582200　0771-4211361
网　　址　www. lijiangbooks. com
微信公众号　lijiangpress

印　　制　北京飞达印刷有限责任公司
开　　本　710 mm×1000 mm　1/16
印　　张　28
字　　数　396 千字
版　　次　2025 年 5 月第 1 版
印　　次　2025 年 5 月第 1 次印刷
书　　号　ISBN 978-7-5801-0046-7
定　　价　45.00 元

前言

中华民族有着数千年的文明历史，创造了光辉灿烂的古代文化，其中中国传统国学是我国辉煌灿烂的文化典籍的核心部分，它博大精深、源远流长，显示出中华文化的深厚根基，给人类留下了丰富的精神财富。它是我们中华民族的文化精髓，它塑造了我们中华民族的民族精神，是培育民族精神的重要资源。它开启心智，滋润生命，陶冶人格，塑造灵魂。

开卷有益，忙碌的人们闲暇之时，应该用传统国学来陶冶自己的情操，开阔自己的心胸，提高自己的人文修养，用先人的哲思来涤荡自己忙碌的心灵。我们应该坚持着阅读的爱好，在潮流文化的强大攻势下，让传统文化永驻我们的心田。“复兴国学，从根本上讲，是复兴中华民族的自尊心、自信心。”我们要甄选传世经典著作中最最经典的部分来读，要以开放的胸襟和燃烧的激情去承接古人的经典大论与哲思华章，以自豪而不狂妄、执着而不僵化的精神风貌来直面当今社会的竞争与挑战。

为了弘扬中国传统文化，帮助读者深刻了解我们的历史与文化，用经典历史文学知识陶冶情操、提高文化修养，同时使国学得到承传，得以弘扬光大，我们精心编排了本书。为了便于读者理解和领会古代先贤的思想与精神，我们文章中选取了与正文相契合的插画，将插画与正文有机地结合在一起，可大大增加读者的阅读趣味。

本书是“百部国学传世经典”丛书的其中一本。该丛书选取了国学经典著作中很多优秀的作品及资料，博采各类经典作品的长处，并有所创新，以使得整套丛书风格迥异、卓然超群，相信会给读者带来全新感受。

由于时间仓促，书中难免有不尽之处，恳请读者朋友们提出宝贵意见，在此深表谢意。

导读

在我国古代，涉及自然科学、工艺技术的书籍寥寥无几，其中的佼佼者非《梦溪笔谈》莫属。这是一部被英国科学史学家李约瑟称为“中国科学史上的坐标”的杰出笔记体著作，其内容包罗万象，一经问世就得到极高的评价，不断被讨论和引用，其地位和价值在人人皆知“科技是第一生产力”的今天变得越来越高。

《梦溪笔谈》成书于北宋时代，作者为有着科学家、文学家和官员等多重身份的沈括。沈括（1031—1095），字存中，杭州钱塘（今浙江杭州）人。他的父亲沈周曾任多地知州，晚年任太常寺少卿，任职不久去世。当时沈括刚二十岁，以父荫出任沭阳县（今江苏沭阳）主簿。1063 年，沈括考中进士，被任命为扬州司理参军。1072 年，沈括因赈饥有功，升任太子中允、提举司天监。年轻时就博览群书的沈括，在担任提举司天监期间接触到很多皇家藏书，眼界进一步开阔。在任期间，他积极改革机构，改进了浑仪、漏刻等测量仪器，制造了测日影的圭表，并破格提拔天文历算学家卫朴修订《奉元历》。1074 年，沈括出任河北西路察访使，次年辽人对大宋领土提出无理要求，沈括出使辽国，凭借深厚的地理知识挫败了辽人的阴谋，取得了外交上的极大胜利，回朝后即升任翰林学士、权三司使，总揽朝廷财政。但是，三年后，他因得罪变法派遭到贬斥，担任宣州（今安徽宣城）知州。

1080年，沈括被任命为延州（今陕西延安）知州兼鄜延路经略安抚使，正面抵御西夏，颇有战功。在延州期间，他积极考察当地的风土人情、物产资源，发现当地人用一种像纯漆一样黑的液体来点灯，于是他将这种液体命名为“石油”，并将这个名称写入《梦溪笔谈》，“石油”之名一直沿用至今。1082年，在永乐城之战中宋军溃败，沈括作为主帅难辞其咎，被贬为均州（今江西高安）团练副使，随州（今湖北随州）安置，三年后改任秀州（今浙江省嘉兴市）团练副使。1088年，沈括向朝廷献上花费十多年精力编绘的《天下郡县图》（又名《守令图》），该图对后世的地理测绘学影响深远，但不幸毁于战乱。1089年，沈括改任朝散郎、守光禄少卿、分司南京，但不必在南京居住。于是，他带领家人搬到润州（今江苏镇江）的梦溪园内，开始隐居著述的生活，很少与人往来。1093年，《梦溪笔谈》创作完成。两年后，即1095年，六十五岁的沈括在梦溪园内病逝。

《梦溪笔谈》记载了很多对历史、文学、艺术、考古、语言、音乐、人事、军事、法律以及杂文逸事等方面的见闻和解读，在这些领域，历朝历代都涌现出众多优秀的笔记体著作，《梦溪笔谈》无疑是其中较为优秀的一部。然而真正让《梦溪笔谈》取得超然地位的，是占全书三分之一左右的自然科学部分。

沈括好学且勇于思考和探索，对前人的科学技术成果进行了总结，并提出了自己的新见解。例如，在光学方面，沈括经过认真实验，发现了凹面镜成像、小孔成像、透光镜透光的原理，论述了光的直线传播和衍射原理，并由此阐述了日食和月食出现的原因；在声学方面，沈括是世界上最早提出“声学”这一名称的科学家。他进行了声音共振实验，并研究了古代乐器的发声原理；在磁学方面，沈括的贡献是巨大的，《梦溪笔谈·杂志一》记载："方家以磁石磨针锋，则能指南，然常微偏东，不全南也。"这是人类历史上第一次发现磁偏角的存在。同时，沈括还提出四种安放指南针的方法，并推崇丝悬法，被后人沿用；在力学方面，沈括认为月亮影响着潮汐的形成，尽管他未能考虑到太阳的作用，但这种认识还是非常先进的；在地理学方面，沈括对温州雁荡山的独特地貌进行了考察，认为当地是地面被流水侵蚀、挖切而成山岭，这种认识比西方科学家早了六百年。他还根据海滨的介壳和淤泥论断了河流的侵蚀和沉积作用，根据古生物遗迹推断了海陆变迁的原因；在生物学方面，沈括记载了自己对动植物分类、形态、地域分布等方面的观察和研究；在数学方面，沈括首创了计算"垛积"（一种高阶的等差数列或行列式）的隙积术和计算圆的弧矢关系的会圆术；在天文学方面，他除了记载自己改进天文仪器的情况，还运用自己改进过的仪器发现了真太阳日有长有短，并提出了颇具科学价值和实用意义的"十二气历"，这与今天的阳历相似；在医学方面，沈括提出了很多颇有见地的理论和观点，搜集和验证了很多医方，并论述了地域、时令、采制方法等对药材的药用价值的影响等。

在工程技术方面，《梦溪笔谈》也做出了卓越的贡献。沈括从其他人手里得到了一些活字，并打听到了发明活字印刷术的布衣发明家毕昇的名字和活字印刷术的细节，成为这项堪称石破天惊的发明的唯一记录者。不仅是毕昇，北宋初期擅长制造木结构塔、撰写了建筑学专著《木经》（已失传，但其精髓被北宋人李诫的建筑学名著《营造法式》引用）的匠师喻浩，宋仁宗时期提出三节分压法遏制住黄河决口、拯救无数生灵的工人高超等，都在正史上默默无闻，他们的事迹依靠沈括的笔记才得以流传后世。此外，书中还有胆矾炼铜、水运仪像台、修建船闸与船坞、测量汴渠、堵河堤决口等方面的描写，都是对古代水利、建筑工程等方面的技术创新与发明的记载，非常珍贵。

自然科学和工程技术方面的记述是《梦溪笔谈》享有盛誉的核心原因，但是不能因此忽视它在人文科学等方面的成就。《梦溪笔谈》中关于书画、音乐方面的记述，见解独到，具有艺术和历史的双重重要性。沈括关于音韵学、文字学、训诂学等方面的记述，是研究古代语言的宝贵材料。《梦溪笔谈》中完全属于史学范畴的记述有二十余条，更多的是古代礼仪、职官、舆服、科举等方面的记述，也具有很高的史学研究价值。沈括在器物考古和地质考古方面的修养非常高，他对于一些史实的考订，极具参考意义。由于沈括担任过多年的边关将帅，他在军事方面也有一些有价值的见解，书中记述了不少战争攻防的手段以及弩机等古代兵器的制造技术，是后世珍贵的研究材料。

《梦溪笔谈》在科学技术领域的卓越成就，往往让一些读者望而生畏，误认为其深奥难懂。实际上，《梦溪笔谈》不仅是一部富含科技内涵的著作，更是一部极具文学性的著作，其形式灵活多样，文字优美、朴实、精练，文风清新雅致，多数篇章既展现了优秀的科技文艺小品风采，更堪称精美的散文佳作。在漫长的中国古代历史长河中，像沈括这么博学的人凤毛麟角。而《梦溪笔谈》作为他一生学问的精华所在，无疑值得后人认真阅读、细心研究、深入领会。

目录

自序

原文

予退处林下[①]，深居绝过从[②]，思平日与客言者，时纪[③]一事于笔，则若有所晤言[④]，萧然移日[⑤]。所与谈者，唯笔砚而已，谓之《笔谈》。圣谟[⑥]国政，及事近宫省[⑦]者，皆不敢私纪。至于系当日士大夫毁誉[⑧]者，虽善亦不欲书，非止不言人恶而已。所录唯山间木荫，率意谈噱[⑨]，不系人之利害者，下至闾巷之言，靡所不有。亦有得于传闻者，其间不能无缺谬。以之为言则甚卑，以予为无意于言可也。

注释

①林下：山林之下。旧时的士大夫以不做官隐居民间为“退处林下”。
②绝过从：不同别人交际往来。
③纪：通“记”，此处可释为记录。
④晤言：会面交谈。
⑤萧然移日：凄凉地度过一天天的时光。
⑥圣谟：指皇帝的诏令旨意。封建社会尊皇帝为圣人。
⑦宫省：宫廷和政府。宫指皇帝的内廷，省指政府的机构。
⑧毁誉：名声的好坏。毁，诋毁、诽谤。誉，称誉。
⑨率意谈噱（jué）：随便谈笑。率意，随意。噱，大笑。

译文

我自从退隐之后就不再与他人交际来往，想起平时与友人的对话，我会不时地用笔记下谈话内容，就仿佛有真正的会面交谈，就这样凄凉地度过一天天的时光。真正和我交谈的，不过只有笔和砚台罢了，于是我把这记录叫作《笔谈》。对于皇帝的诏令、国家的大事以及涉及宫廷官署等方面的事情，我都不敢私自记述。至于关系到当今士大夫的毁誉之事，即便是好的方面也不想写下来，并非只是不说别人的缺点而已。我记下来的都只是友人在山野间、树荫下的随意谈笑，都是一些不涉及别人利害的事，甚至包括街谈巷议，无所不有。也有得自传闻的，其中不会没有缺漏错误。把这当作一种言论是十分卑下的，就当我对著书立说的事没什么特别用意就可以了。

故事一（选自卷一）

原文

上亲郊，郊庙[①]册文皆曰："恭荐岁事[②]。"先景灵宫，谓之"朝献"；次太庙，谓之"朝飨"；末乃有事[③]于南郊。予集《郊式》时，曾预[④]讨论，常疑其次序。若先为尊，则郊不应在庙后；若后为尊，则景灵宫不应在太庙之先。求其所从来，盖有所因[⑤]。按唐故事，凡有事于上帝，则百神皆预，遣使祭告，唯太清宫、太庙则皇帝亲行。其册祝皆曰："取某月某日有事于某所，不敢不告。"宫、庙谓之"奏告"，余皆谓之"祭告"。唯有事于南郊，方为"正祠"。至天宝九载，乃下诏曰："'告'者，上告下之词。今后太清宫宜称'朝献'，太庙称'朝飨'。"自此遂失"奏告"之名，册文皆为"正祠"。

注释

①郊庙：指郊祀和庙祀，即祭天和祭祖的活动。郊，祭祀名，古代帝王于冬至日，在都城南郊的圜丘（圆形高坛）举行祭天的仪式；于夏至日在都城北郊举行祭地的仪式。庙，太庙，藏祖先神主之所。

②恭荐岁事：祭祀时要恭恭敬敬地进献祭品。荐，进献祭品，犹言祭祀。岁事，指岁时祭祀。

③有事：指祭祀。

④预：参与。

⑤因：原因。

译文

皇上需要亲自行郊祭礼，祭天和祭祖的祭文中都说："祭祀中进献祭品的时候要恭恭敬敬。"首先到景灵宫祭祀，叫作"朝献"；然后再到太庙祭祀，叫作"朝飨"；最后才去南郊祭祀。我在编订关于祭祀礼仪的《郊式》一书时，就曾参与到谈论当中，但一直对祭祀的次序有所怀疑。若先祭祀的是身份地位尊贵的，那么祭天地就不应该排在祭祖宗的后面；若后祭祀的是身份地位尊贵的，那么景灵宫也不应该排在太庙的前面进行祭祀。探究这种次序的由来，大概是有原因的。根据唐朝的旧规矩，只要有祭祀上天的活动，就派使者向各路神灵一起祭告，只有太清宫、太庙这些地方才由皇上亲自参加祭祀。而且那些祭文中的祝词都是这么说的："定于某月某日在某地祭祀，不敢不向神灵禀报。"规定去宫庙祭祀叫作"奏告"，到其他地方祭祀叫作"祭告"。只有在南郊祭祀才是符合规制的正式祭祀大典。到天宝九载，唐玄宗颁布诏令说："上位者对下位者谈话才叫'告'。今后把太清宫的祭祀叫'朝献'，太庙的祭祀叫'朝飨'。"于是，从此以后就没有了"奏告"的说法，祭文中都统一称为"正祠"了。

原文

正衙法座①，香木为之，加金饰，四足，堕②角，其前小偃③，

织藤冒[4]之。每车驾出幸，则使老内臣马上抱之，曰“驾头”。辇后曲盖谓之“筤”[5]，两扇夹心，通[6]谓之“扇筤”。皆绣，亦有销金[7]者，即古之华盖也。

注释

①正衙：唐宋之时朝会听政的处所。法座：古代君主听政时的坐具。

②堕：通“椭”，长圆形。

③偃：凹陷，形状近似弯月或腰圆形，亦称“月样杌子”。

④冒：覆盖。

⑤曲盖：顶部成曲形的伞盖。筤（láng）：车盖的竹制骨架。

⑥通：都，全部。

⑦销金：用金丝线装饰。

译文

正衙的法座，是由香木制作而成，再加黄金装饰，有四条腿，圆角，前面略微凹陷，用编好的藤条加以覆盖。每当皇帝乘车出行，就命年老的宦官在马上抱着它，称作“驾头”。车辇后面的顶部成曲形的伞盖，称作“筤”，被绣扇夹在中间，统称为“扇筤”。扇和筤都为织绣品，其中也有用金丝线绣的，这就是古代的华盖。

原文

唐翰林院[1]在禁中，乃人主燕居[2]之所，玉堂、承明、金銮殿皆在其间[3]。应供奉之人，自学士已下，工伎群官司隶籍其间者，皆称“翰林”，如今之翰林医官、翰林待诏之类是也。唯翰林茶酒司止称“翰林司”，盖相承阙文[4]。

注释

①翰林院：原本为供奉有一技之长者的住所，属员称“翰林待诏”或“翰林供奉”，是随时供皇帝差遣的御用机构。

②燕居：闲居。燕，安闲。

③玉堂：今疑作“浴堂”，在此亦为浴殿。承明：古代君王左右路寝称承明，因其承接明堂之后。

④阙文：此处指“翰林茶酒司”省去“茶酒”二字而称为“翰林司”，乃文章、字句脱漏的情形。

译文

唐代翰林院在皇宫之中，是皇帝平日闲居之处，玉堂殿、承明殿、金銮殿都位于此院附近。在翰林院供职的人，自学士以下的，包括工匠、艺人、各类府衙官员等，都可称为“翰林”，就像现在的翰林医官、翰林待诏之类。唯独翰林茶酒司只称为“翰林司”，大概是相沿阙文所致。

原文

唐制，自宰相而下，初命①皆无宣召之礼，惟学士宣召，盖学士院在禁中，非内臣宣召，无因得入，故院门别设复门，亦以其通禁庭也。又学士院北扉②者，为其在浴堂③之南，便于应召。今学士初拜，自东华门④入，至左承天门下马待诏，院吏自左承天门双引至阁门⑤。此亦用唐故事也。唐宣召学士，自东门入者，彼时学士院在西掖，故自翰林院东门赴召，非若今之东华门也。至如挽铃⑥故事，亦缘其在禁中，虽学士院吏，亦止于玉堂门外，则其严密可知。如今学士院在外，与诸司无异，亦设铃索，悉皆文具故事而已。

注释

①初命：新任命。一说为每月初一。

②北扉：北门。这里用作动词，指开北门。

③浴堂：浴堂殿，皇帝的住处之一。

④东华门：北宋时宫城的东门，东华门内第二道门称左承天门。宫城西门称西华门，西华门内第二道门称右承天门。

⑤阁（gé）门：指北宋宫城文德殿的东西掖门。

⑥挽铃：拉铃。唐翰林学士院处以备夜间有皇帝诏命至，故设悬铃，可代为传呼，入院者皆需先拉铃。

译文

遵照唐代制度，自宰相以下的官员，新任命时都没有宣召之礼，只有学士可以受宣召，这是由于学士院在禁苑内，除非皇帝派内臣宣召，否则就无法入内，所以在学士院另设有旁门，也是因为它和禁苑相通。学士院开有北门，是因为该院位于浴堂殿之南，便于出北门应召。现在的翰林学士第一次拜官，由东华门进入，到左承天门下马听命，然后由学士院的两位官吏一前一后引至阁门下。这也延用唐朝旧制的成例。而唐代宣召学士，由东门进入，是因为当时学士院在禁苑西边，所以要从翰林院的东门赴召，该东门并不像现在的东华门。至于唐代学士院拉铃铛的成例，也是因为该院在禁苑内，即使是学士院的官员，也只能在玉堂门外活动，可想其严密程度之高。现在学士院位于禁苑以外，与朝廷各机构没有不同，也同样设铃索，就是为了徒具形式的礼仪成例罢了。

原文

学士院玉堂[1]，太宗皇帝曾亲幸。至今唯学士上日[2]许正坐，他日皆不敢独坐。故事：堂中设视草台，每草制，则具衣冠据台而坐，今不复如此，但存空台而已。玉堂东承旨[3]阁子窗格上有火然处，太宗尝夜幸玉堂，苏易简[4]为学士，已寝，遽[5]起，无烛具衣

冠，宫嫔自窗格引烛入照之。至今不欲更易，以为玉堂一盛事。

注释

①玉堂：宋朝时，称学士院正厅为玉堂，宋太宗曾赠其匾额，题为“玉堂之署”。

②上日：上任之日。一说指每月初一。

③承旨：指翰林学士承旨，为翰林学士之首。然：同“燃”，燃烧。

④苏易简（958—996）：字太简，梓州铜山（今四川中江）人。太宗时举进士第一，任翰林学士承旨，太宗赐之匾额，题为“玉堂之署”。历任参知政事、礼部侍郎。

⑤遽（jù）：立刻。

译文

太宗皇帝曾亲临学士院的玉堂。至今只有学士上任之日才可以坐于正厅之上，其他时候都不敢擅自就座。按旧例：堂中设有起草文件的台子，学士每次起草诏书时，都会将衣冠穿戴整齐并坐于台前，现在已经改了，就只剩了一个空台子。玉堂东面翰林承旨阁子的窗格上有一块被火烧灼过的地方，当年太宗皇帝曾在夜间来到玉堂，当时苏易简为学士，已经入眠，而又匆忙起身，因无烛光照明穿戴衣冠，随从太宗的宫女便从窗格间引蜡烛为他照明。至今学士院也不打算将被火烧过的窗框换掉，以此为玉堂的一件盛事。

原文

东西头供奉官，本唐从官之名。自永徽[①]以后，人主多居大明宫[②]，别置从官，谓之“东头供奉官”。西内具员不废，则谓之“西头供奉官”。

注释

①永徽：唐高宗李治的第一个年号，650—655 年。

②大明宫：建于唐贞观年间，位于皇城之北高地。

译文

东、西两头的供奉官，原本是唐代从官的职称。自永徽年间后，皇帝经常住在大明宫，于是在大明宫另设了从官，称之为“东头供奉官”。而西边大内的属官也并未废除，就称之为“西头供奉官”。

原文

唐制，两省[①]供奉官东西对立，谓之“蛾眉班”。国初，供奉班于百官前横列。王溥[②]罢相，为东宫一品，班在供奉班之后，遂令供奉班依旧分立。庆历中，贾安公[③]为中丞，以东西班对拜为非礼，复令横行。至今初叙班分立，百官班定，乃转班横行，参罢复分立，百官班退[④]乃出，参用旧制也。

注释

①两省：指门下省和中书省。审核政令由门下省负责，发布政令由中书省负责。

②王溥（922—982）：字齐物，并州祁（今山西祁县）人。乾祐年间状元，任宰相十余载后，又任太子少保。太平兴国初年封祁国公，谥文献。

③贾安公：指贾昌朝（997—1065），字子明，宋朝宰相、文学家、书法家，真定获鹿（今属河北）人。庆历年间担任同中书门下平章事。据《宋史·贾昌朝传》记载，嘉祐元年（1056），贾昌朝始为安许公，故称贾许公。后又受封魏国公，谥文元。故本书所述“庆历中，贾安公为中丞”有误。

④班退：分班退出。

译文

遵照唐代制度，中书、门下两省的供奉官在朝廷上东西对立，称为“蛾眉班”。本朝初年，供奉官在百官队列之前横列。王溥罢相，任太子太保时，其班位在供奉班的后面，于是朝廷下令供奉班依旧东西对立。庆历年间，贾昌朝担任中丞时，他认为东西两班互相作揖不合礼仪，朝廷就又令供奉班改为横列。现在供奉班在殿外初叙班时，东西分立，百官上殿重新排好班列之后，供奉班又转为横列，参拜皇帝结束后再重新东西分立，百官分班退出大殿后，供奉班才出殿，这是沿用了以往的制度。

原文

衣冠故事，多无著令，但相承为例。如学士舍人蹑履见丞相，往还用平状①，扣②阶乘马之类，皆用故事也。近岁多用靴简，章子厚③为学士日，因事论列④，今则遂为著令矣。

注释

①平状：平等的文书。

②扣：牵马。

③章子厚：章惇（1035—1105），字子厚，南平浦城（今属福建）人。嘉祐二年（1057）进士，王安石变法时，任集贤校理、中书检正、编修三司条例官等。哲宗初被苏辙、刘挚等弹劾，哲宗亲政后，复任为尚书左仆射兼门下侍郎。徽宗初罢相，卒后追封魏国公。

④论列：言官上书检举弹劾。

译文

衣冠的成例，大部分没有正式条令，仅以传统习惯为惯例。例如学士、舍人穿鞋面见宰相，来往的书信皆为平等之辞，可以将马牵到宫门之类，都依照惯例。近几年学士穿靴持简来面见宰相，章惇当学士时，针对这种做法进行了议论，于是现在颁布了正式条令。

原文

中国衣冠，自北齐以来，乃全用胡服①。窄袖绯绿、短衣、长靿靴、有蹀躞带②，皆胡服也。窄袖利于驰射，短衣、长靿，皆便于涉草。胡人乐茂草，常寝处其间，予使北时皆见之。虽王庭亦在深荐③中。予至胡庭日，新雨过，涉草，衣裤皆濡，唯胡人都无所沾。带衣所垂蹀躞，盖欲佩带弓剑、帉帨、算囊、刀砺之类④。自后虽去蹀躞，而犹存其环，环所以衔蹀躞，如马之鞦根⑤，即今之带銙⑥也。天子必以十三环⑦为节，唐武德⑧、正观时犹尔。开元⑨之后，虽仍旧俗，而稍褒博⑩矣，然带钩尚穿带本为孔。本朝加顺折⑪，茂人文也。

注释

①胡服：泛指北方少数民族的服装。

②绯：红色。长靿（yào）靴：长筒靴。蹀躞（dié xiè）带：一种腰带，用来悬挂兵器等物件。

③荐：草，草丛。

④帉帨（fēn shuì）：佩巾，手巾。算囊：算袋，放物品的袋子。砺：磨刀石。

⑤鞦（qiū）根：套车时绑在牛马大腿后面的革带称“鞦”，鞦根为此革带上的装饰物，应为环状。

⑥带銙（kuǎ）：做带扣用的金属板，亦为腰带上的装饰品。

⑦十三环：“十”字原缺，从王国维《观堂校识》补。

⑧武德：唐高祖李渊的年号，618—626 年。

⑨开元：唐玄宗李隆基的年号，713—741 年。

⑩褒博：宽大。

⑪顺折：疑指唐人所称的“挞尾”，腰带上悬挂着的金属饰物，宋时的官职等级以金、玉、犀、银、铜、铁为饰来区分。

译文

中原的衣冠服饰，从北齐开始，就全部采用北方少数民族的服饰。袖子窄瘦或红或绿、短上衣、长筒靴、用蹀躞装饰的腰带，这些都是北方少数民族的装束。狭窄的袖口便于骑马射箭，短衣、长筒靴都便于在草地上行走。北方少数民族喜欢丰茂的草原，常居住于此，我出使辽国时亲眼看到了。即使是王庭也在深草之中。我到辽国王庭的时候，正碰上雨停了下来，走在草丛中，衣裤都被打湿了，只有胡人的身上没有被沾湿。他们衣带上所缀的蹀躞，大概是为了佩带刀剑、佩巾、袋子、磨刀石之类东西的。后来虽然去掉了蹀躞，但还是保留着挂环，这种环是用来挂蹀躞的，就像系在马上的革带上的套环，也就是现在腰带上的銙。天子的腰带以佩戴十三环为礼节，唐代武德、贞观年间也是如此。开元年间以后，虽然还沿袭旧的习俗，而腰带都稍微比以前宽大了一些，但带钩仍然是在腰带前端穿孔固定的。本朝又添加了顺折，以使人文礼乐更加繁荣。

原文

幞头[①]一谓之“四脚”，乃四带也。二带系脑后垂之，二带反系头上，令曲折附顶，故亦谓之“折上巾”。唐制，唯人主得用硬脚[②]。晚唐方镇擅命，始僭用硬脚。本朝幞头有直脚、局脚、交脚、朝天、顺风，凡五等，唯直脚贵贱通服之。又庶人所戴头巾，唐人亦谓之“四脚”，盖两脚系脑后，两脚系颔[③]下，取其服劳不脱也，无事则反系于顶上。今人不复系颔下，两带遂为虚设。

注释

①幞（fú）头：包头软巾。相传北周武帝时裁定用四条带子，谓之“四脚”。隋时加桐木骨子，使巾顶高起，后世或以藤、竹等为骨。

②硬脚：用金属线撑起的巾脚。唐代皇帝所戴的幞头用硬脚，稍上曲。五代晚期以后，硬脚渐趋平直。

③颔（hàn）：下巴。

译文

幞头也叫“四脚”，是一种有四条带子的包头软巾。其中两条带子系在脑后使其下垂，另外的两条带子翻上去系在头上，使之能够曲折地附着在头顶，所以也叫“折上巾”。按照唐朝的规章制度，硬脚幞头只有君主才有资格使用。晚唐时藩镇专权，他们开始僭越地使用硬脚幞头。当今朝代的幞头有直脚、局脚、交脚、朝天、顺风，共五等，其中只有直脚幞头是不分贵贱普遍使用的。此外，唐代人将百姓戴的头巾称为“四脚”，两条带子系在脑后，两条带子系在下巴，这样在进行劳动时头巾就不会掉落下来，无事时还可以把前面的两条带子反系在头顶上。但现在的人已经不把带子系在下巴了，前面的那两条带子就成了没有用的摆设。

原文

唐中书指挥事谓之“堂帖子”，曾见唐人堂帖，宰相签押，格如今之堂札子①也。

注释

①札子：古代的一种公文。

译文

唐代中书指挥公务的文书称为“堂帖子”，我曾经见过一份唐人的堂帖子，上面有宰相的签字画押，格式与如今的堂札子相像。

原文

予及史馆检讨[①]时，议枢密院[②]札子问宣头所起。余按唐故事，中书舍人职掌诏诰[③]，皆写四本：一本为底，一本为宣。此“宣”谓行出耳，未以名书也。晚唐枢密使自禁中受旨，出付中书，即谓之“宣”。中书承受，录之于籍，谓之“宣底”。今史馆中尚有故《宣底》[④]二卷，如今之“圣语簿”也。梁朝初置崇政院[⑤]，专行密命。至后唐庄宗复枢密使，使郭崇韬、安重诲为之[⑥]，始分领政事，不关由中书直行下者，谓之“宣”，如中书之“敕”[⑦]。小事则发头子、拟堂贴也[⑧]。至今枢密院用宣及头子，本朝枢密院亦用札子。但中书札子，宰相押字在上，次相及参政以次向下；枢密院札子，枢长押字在下，副贰以次向上，以此为别。头子唯给驿马[⑨]之类用之。

注释

①史馆检讨：史馆属官，掌修国史等。

②枢密院：宋代最高军事机关，掌军国机务、兵防、边备等政令，与中书省并称“二府”，长官称“枢密使”。

③职掌诏诰：原作“职堂语诏”，依据《类苑》以及《说郛》而改。中书舍人为中书省属官，主要掌管起草诏令，故称“职掌诏诰”。

④故《宣底》：此《宣底》当为梁朝遗物，《春明退朝录》称“梁朝《宣底》”，《类苑》引作“梁”。

⑤崇政院：后梁开平元年（907）改枢密院为崇政院，枢密使为崇政使。后唐同光元年（923）复改为枢密院。

⑥郭崇韬（865—926）：字安时，代州雁门（今山西代县）人。五代十国时期后唐宰相、名将、军事家、战略家。于后唐历任兵部尚书、枢密使，以战功授侍中、冀州节度使，受封为赵国公。安重诲（？—931）：河东应州（今山西应县）人，沙陀族。于后唐历任左领军卫大将军、枢密使，兼领山南东道节度使，加侍中兼中书令。以太子太师致仕。

⑦中书之“敕”：“敕”与“宣”不同，由中书省向下传达文件称为

“敕”，由枢密院向下传达的文件称为“宣”。

⑧发头子、拟堂贴：处理具体事务的文书，枢密院称为“头子”或“宣头”，中书省则称之为“堂贴”或“札子”。

⑨驿马：驿站的马匹。

译文

我任史馆检讨官时，曾经讨论过枢密院问宣头由来的札子。我参照唐代旧例得知，中书舍人执掌起草诏书，都会写四份：一份为底本，一份为宣本。此“宣”本指由宫廷颁行出去，还未作为文书的名称。晚唐枢密使从宫中领受皇帝旨意，出来交付于中书省，即称之为“宣”。中书省接受之后，抄录在文件簿上，称之为“宣底”。现在史馆中还保存有梁朝的《宣底》两卷，如同现在的“圣语簿”。梁朝初设崇政院，专门执行皇帝的密令。后来唐庄宗恢复枢密使，令郭崇韬、安重诲担任，枢密院才开始分领一部分政事，当时枢密院不经由中书省而直接颁行于下级部门的命令就称为“宣”，正如中书省所颁行的“敕”。至于小事，则由枢密院发“头子”，中书省拟“堂帖”。现如今枢密院仍采用“宣”和“头子”，本朝枢密院也用札子。但是中书省的札子是宰相签名画押在上，次相以及参知政事的签名画押依次向下排列；枢密院的札子是枢密使签名画押在下，副长官的签名画押依次向上排列，以此与中书省的札子区别开来。只有在供给驿马之类的小事上才使用枢密院的头子。

原文

百官于中书见宰相，九卿[①]而下，即省吏高声唱[②]一声“屈”，则趋[③]而入。宰相揖及进茶，皆抗声赞喝，谓之“屈揖”。待制[④]以上见，则言“请某官”，更不屈揖，临退仍进汤[⑤]。皆于席南横设百官之位，升朝则坐，京官已下皆立。后殿引臣寮，则待制已上宣名拜舞[⑥]；庶官[⑦]但赞拜，不宣名，不舞蹈。中书略贵者，示与之抗[⑧]也。上前则略微者，杀礼也。

注释

①九卿：泛指中央政府各部门长官。

②唱：高喊。

③趋：以小碎步向前行走。古人以此表示恭敬。

④待制：宋代于文臣正式官职之外所加的一种衔名，地位在学士、直学士之下。

⑤临退仍进汤：指直到离去之前仍然上茶。汤，茶水，古人称茶汤。

⑥宣名拜舞：指自报官职姓名并行拜见舞蹈的礼节。古人正规行礼时手舞足蹈，称“拜舞”或“舞蹈”。

⑦庶官：众官。此处指待制以下的官员。

⑧抗：对等，平等。

译文

朝廷中官位在九卿以下的文武百官在中书省拜见宰相时，听到中书省的吏人大喊一声“屈”时，就迈着碎小的步子走进去。接着宰相向他们作揖并进茶，吏人这时要高喊口号，也就是“屈揖”。而若是待制以上的官员进见，吏人就只说“请某官”，宰相不再屈揖，至退下时才进茶水。百官的座位都横向摆设在宰相座席的南面，来者若为升朝官员可以就座，京官以下就都要站立。皇帝在后殿接见臣属时，待制以上的官员要自报姓名并行拜舞礼；一般的官员只是行叩拜之礼，不自报姓名，也不舞蹈。百官在中书省礼仪较简，略显受尊重，以表示双方的地位是同等的。在皇帝面前礼仪较繁，身份略显低微，这是由礼仪规定降低等次的做法。

原文

唐制，丞郎拜官，即笼门①谢。今三司②副使已上拜官，则拜舞于子阶上；百官拜于阶下，而不舞蹈。此亦笼门故事也。

注释

①笼门：面朝殿门跪拜。

②三司：北宋时期掌管财政的机构，通管户部、度支司、盐铁司。三司被称为“计省”，三司使称“计相”，仅次于执政，其恩数廪禄同于参知政事、枢密使。

译文

按照唐代的制度，丞郎等官员任命，要朝着殿门拜谢。现在三司副使以上的官员拜官，并行拜舞礼仪于阶上；在这以下的官员则拜谢于阶下，且不舞蹈。这是沿用了唐代“笼门”谢恩的旧制。

原文

学士院第三厅学士阁子，当前有一巨槐，素①号“槐厅”。旧传居此阁者，多至入相。学士争槐厅，至有抵彻前人行李而强据之者②。余为学士时，目观此事。

注释

①素：向来。

②抵：到任。彻：搬出。

译文

学士院第三厅学士阁子，因其正前方有一棵巨大的槐树，向来被称为“槐厅”。旧传在此阁居住过的学士后来多为宰相。于是学士们争着要住在槐厅，甚至有到任后强行搬出前任的行李而霸占此阁的情况。我做翰林学士时，就目睹过这种事。

原文

谏议班在知制诰[1]上，若带待制，则在知制诰下，从职也，戏语谓之“带坠”。

注释

①知制诰：宋代拟诏书者加知制诰，通常内制是指由翰林学士草拟的，外制指由中书舍人草拟的，合称“内外制”。

译文

谏议官的班次在知制诰以上，若是带上待制衔，那就位在知制诰以下，由于是从属职衔，所以被戏谑地称呼为“带坠”。

原文

《集贤院记》[1]：“开元故事，校书官许称学士。”今三馆[2]职事，皆称“学士”，用开元故事也。

注释

①《集贤院记》：唐人韦述所撰，记载唐开元、天宝年间集贤院始末、院中故事以及学士名氏等，今已散失。

②三馆：唐以昭文馆、史馆、集贤院为三馆，后以三馆新修书院为崇文院，天圣九年（1031）徙三馆于崇文院，前列三馆，后建秘阁。凡供职馆阁及崇文院者，有学士、直馆、校勘、校书、检讨等职名。元丰五年（1082），崇文院并入秘书省。

译文

《集贤院记》记载："按开元年间的旧制，校书官都可称为学士。"现在担任三馆职事的人都被称作"学士"，这是采用的唐代开元年间的旧制。

原文

馆阁新书净本[①]有误书处，以雌黄涂之。尝校[②]改字之法：刮洗则伤纸，纸贴之又易脱，粉[③]涂则字不没，涂数遍方能漫灭。唯雌黄一漫则灭，仍久而不脱。古人谓之铅黄[④]，盖用之有素矣。

注释

①新书净本：指馆阁书籍经过精心校勘定本后，又重新誊清及装订的新本。

②校（jiào）：考察比较。

③粉：指铅粉。古人用铅粉做化妆品涂面，也用以涂改书写误字。特制的铅粉亦呈黄色，故道家铅丹又称黄丹。

④铅黄：铅粉和雌黄。

译文

要是馆阁书籍经过重新校勘、誊清的本子仍有书写错误的地方，就用雌黄涂抹。我曾经就一些改字的方法做过对比：刮洗会损伤纸张，贴上一张纸又容易脱落，用铅粉涂字又不能涂没，要想完全盖住得涂好几遍。但是只要用雌黄一涂就涂掉了，而且经久不脱落。古人将铅粉和雌黄总称为"铅黄"，可见这种方法由来已久了。

原文

余为鄜延经略使[①]日，新一厅，谓之“五司厅”。延州正厅乃都督厅，治延州事。五司厅治鄜延路军事，如唐之使院[②]也。五司者，经略、安抚、总管、节度、观察也[③]。唐制：方镇皆带节度、观察、处置[④]三使。今节度之职，多归总管司；观察归安抚司；处置归经略司。其节度、观察两案并支掌、推官、判官[⑤]，今皆治州事而已。经略、安抚司不置佐官[⑥]，以帅权不可更不专也。都总管、副总管、钤辖、都监同签书[⑦]，而皆受经略使节制。

注释

①鄜延经略使：指鄜延经略安抚使，治延州（今陕西延安）。元丰三年（1080），沈括任此职。

②使院：唐代节度使等地方军政大员的治所。

③经略：总掌一路军政。安抚：地位在经略使之下，职务无异，通常由经略使兼任。总管：掌管军事。节度：唐时为军政元首，宋时为虚衔。观察：行政长官，亦为虚衔。

④处置：唐初设按察使，开元年间改为采访处置使，掌检举弹劾州县官吏之职。

⑤节度、观察两案：节度、观察因职务归于总管司、安抚司，在两司分案治事，故称两案。支掌：观察支使与节度掌书记的合称。推官、判官：皆为幕职官，前者掌本州司法，后者掌本州行政。

⑥佐官：副官。

⑦钤辖、都监：宋时统兵官，位在都部署、部署之下。后多成闲职。

译文

我任鄜延经略使的时候，新建了一处办事机构，叫作“五司厅”。延州的正厅是都督厅，掌管延州的事务。五司厅掌管鄜延路的军务，如同唐代的使院。所谓五司是指经略司、安抚司、总管司、节度司、观察司。依照唐代的制度：藩镇长官皆设有节度使、观察使、处置使的职名。现在总管司纳入了节度使的职务；安抚司纳入了观察使的职务；经略司纳入了处置使的职务。幕府中的节度、观察、支使、掌书记、推官、判官如今都只是治理州事而已。经略、安抚司不设立副职，这是为了保证军事统领的权力专制。都总管、副总管、钤辖、都监共同签署军事文书，他们都会受到经略使的制约。

原文

银台司兼门下封驳[1]，乃给事中[2]之职，当隶门下省，故事乃隶枢密院，下寺监[3]皆行札子；寺监具申状[4]，虽三司亦言“上”。银台主判不以官品，初冬独赐翠毛锦袍。学士以上，自从本品。行案用枢密院杂司人吏，主判食枢密厨，盖枢密院子司也。

注释

①银台司：宋代掌管驳正政令的机构，因设于银台门内，故称。门下：门下省负责审核诏书，故有封驳之权。封驳：封还皇帝不适宜的诏令，驳回大臣有差错的奏章。

②给事中：唐代门下省属官，有封驳政令之权。宋代则为寄禄官，为虚职。

③寺监：宋代有两级官署，即寺和监，一般并称，如将作监、太常寺、光禄寺、都水监等。

④申状：宋代公文，一般为下级向上级表达异议的文书。

译文

银台司兼管门下省的封驳事务，是给事中的职责，所以银台司应该隶属于门下省，但按旧例则隶属于枢密院，银台司行文到寺、监的文书都采用札子；寺、监对它的文书则为申状，即使三司向它行文也要称“上”。银台司的主管官员不论官品高低，每到初冬朝廷都会特别赏赐翠毛锦袍。如果兼任银台司主管的是学士以上的官员，则根据他原本的品级进行赏赐。如果处理公务时派用的是枢密院非主要官署的官员，则按枢密院标准供给伙食，实际上是枢密院的下属单位。

原文

大驾卤簿中有勘箭①，如古之勘契也。其牡谓之“雄牡箭”，牝②谓之“辟仗箭”，本胡法也。熙宁中罢之③。

注释

①卤簿：天子的车驾仪仗。勘箭：宋代皇帝郊祀礼毕，还阙门时，行勘箭之仪。二箭和镞为雌雄体，以金铜为镞，以香檀木为箭笴，有二尺五寸长。

②牝（pìn）：古代以雌为牝，以雄为牡。

③熙宁中罢之：此事发生在熙宁四年（1071）。

译文

天子的车驾仪仗中具备勘箭，如同古代的勘契。阳箭被称为“雄牡箭”，阴箭被称为“辟仗箭”，原来是北方少数民族的礼仪。熙宁年间被废除。

原文

前世藏书，分隶数处，盖防水火散亡也。今三馆、秘阁，凡四处藏书，然同在崇文院。其间官书，多为人盗窃，士大夫家往往得之。嘉祐中，置编校官八员，杂雠四馆书①。给吏百人，悉以黄纸为大册写之，自此私家不敢辄藏。校雠累年，仅能终昭文一馆之书而罢。

注释

①杂雠（chóu）四馆书：指以崇文院总领的三馆、秘阁四处图书互相校

勘。雠，校勘。

译文

前代国家的藏书，大都分属于多个地方，这是为了防备水灾、火灾和散佚。如今三馆、秘阁的藏书共有四处，却都在崇文院内。其间官方藏书曾多次被人盗窃，士大夫家常常可以得到。嘉祐年间，朝廷设编校书籍官八名，互相校勘四馆藏书。配给书写吏百余名，将所校之书全部以黄纸抄写做成大册子，自此私家就不再敢擅自收藏。这次校勘持续多年，仅校完昭文馆一馆的图书便终止了。

原文

旧翰林学士地势清切①，皆不兼他务。文馆职任，自校理②以上，皆有职钱③，唯内外制不给。杨大年久为学士，家贫，请外，表词④千余言，其间两联曰："虚忝甘泉之从臣，终作莫敖之馁鬼⑤。""从者之病莫兴，方朔之饥欲死⑥。"

注释

①地势：地位。清切：清贵而亲近皇帝。

②校理：三馆中负责校勘书籍的官员。

③职钱：官吏在职时所得的俸钱。

④表词：杨亿曾作《求解职领郡表》《再乞解职表》。

⑤"虚忝甘泉之从臣"二句：空领了甘泉宫的侍臣之名，却成了若敖氏的饿鬼。忝，谦词，愧居某官之意。甘泉，汉武帝时有甘泉宫，这里代指皇帝。

⑥"从者之病莫兴"二句：孔子的随从弟子被饿病，东方朔也快被饿死。相传孔子周游列国时，曾一度被困，多日粒米未进，随从的弟子都饿病了，以至于不能起身。东方朔曾因俸禄微薄，自称"臣朔饥欲死"。

译文

旧时翰林学士与皇帝十分亲近，且地位清贵，不曾兼任过其他职务。文馆的职官，自校理级别以上的，都有职钱，只有加知制诰的内外制官员不给。杨亿任翰林学士多年，家境贫寒，请求外任地方官，上奏的表章有千余言，其中有两联文字道："空领了甘泉宫的侍臣之名，终做了若敖氏的饿鬼。""孔子的随从弟子饿得起不来，东方朔也饿得要死。"

原文

京师百官上日，唯翰林学士敕设[①]用乐，他虽宰相亦无此礼。优伶[②]并开封府点集。陈和叔[③]除学士时，和叔知开封府，遂不用女优。学士院敕设不用女优，自和叔始。

注释

①敕设：受皇帝旨意举办的宴会。

②优伶：古代表演杂戏或歌舞的艺人。

③陈和叔：陈绎（1021—1088），字和叔，开封（今属河南）人，中进士第，为馆阁校勘、集贤校理。历翰林学士，权知开封府。元丰初，任广州知州，坐事贬建昌郡，官至太中大夫。

译文

京城百官上任的那天，只有翰林学士奉旨设宴能用乐舞，其他官员即便是宰相也没有此礼节。宴会上所用的表演艺人皆由开封府指定召集。陈绎在担任翰林学士时，正由他权知开封府，于是去除女艺人。学士院奉旨设宴不用女艺人，自陈绎开始。

原文

礼部贡院试进士日，设香案于阶前，主司与举人对拜，此唐故事也。所坐设位供张甚盛，有司具茶汤饮浆。至试学究①，则悉彻帐幕毡席之类，亦无茶汤，渴则饮砚水，人人皆黔②其吻。非故欲困之，乃防毡幕及供应人私传所试经义。盖尝有败者，故事为之防。欧文忠③有诗："焚香礼进士，彻幕待经生。"以为礼数重轻如此，其实自有谓④也。

注释

①学究：北宋贡举的种类之一，所试内容为《诗》《书》《易》三经经义。

②黔：染黑。

③欧文忠：欧阳修（1007—1072），字永叔，号醉翁、六一居士，庐陵（今江西吉安永丰）人，为北宋文坛领袖，官至参知政事，以太子少师致仕，谥文忠。

④谓：原因，理由。

译文

礼部贡院考进士科之日，在阶前设香案，主试者与参加考试的举人对拜，这是唐代旧例。为考生设的座位以及物品的供给陈设甚是隆重，还有专门负责提供茶水饮料的官员。至于考学究科的时候，就把帐幕毡席之类的摆设全部撤掉，也没有茶水，考生渴了只能喝研墨用的水，以致人人都染黑了嘴巴。这并不是有意为难考生，而是以防有人利用毡幕作弊，或者通过送茶水的人暗地传递考试的经义文本。大概曾经有这样做而败露者，所以现在不得不为之防备。欧阳修有诗云："焚香礼进士，彻幕待经生。"认为对待二者礼数上的轻重差异如此悬殊，其实是另有隐情的。

原文

嘉祐中，进士奏名[1]讫，未御试[2]，京师妄传王俊民[3]为状元，不知言之所起，人亦莫知俊民为何人。及御试，王荆公[4]时为知制诰，与天章阁待制杨乐道[5]二人为详定官。旧制：御试举人，设初考官，先定等第，复弥[6]之，以送覆考官，再定等第，乃付详定官，发初考官所定等，以对覆考之等，如同即已，不同，则详其程文[7]，当从初考，或从覆考为定，即不得别立等。是时王荆公以初、覆考所定第一人皆未允当，于行间别取一人为状首。杨乐道守法，以为不可。议论未决，太常少卿朱从道[8]时为封弥官，闻之，谓同舍曰："二公何用力争？从道十日前已闻王俊民为状元，事必前定，二公恨自苦耳。"既而二人各以己意进禀，而诏从荆公之请。及发封，乃王俊民也。详定官得别立等，自此始，遂为定制。

注释

①奏名：指礼部试后，贡院将合格举人列成名册呈给皇帝。

②御试：指殿试，又称廷试、亲试。礼部试后，合格举人再经殿试，最后被录取者才算真正登科。殿试完毕后，由皇帝主持唱名，授中榜者出身，表示他们为"天子门生"。

③王俊民（1036—1063）：字康侯，莱州掖县（今山东莱州）人。北宋嘉祐六年（1061）进士第一，授官未几，得狂病卒。

④王荆公：指王安石（1021—1086），字介甫，号半山，封荆国公，抚州临川（今江西抚州）人。北宋改革家，官至宰相。

⑤杨乐道：指杨畋（1007—1062），字乐道，新秦（今属陕西）人。出身于将家，官至龙图阁直学士，知谏院。

⑥弥：一作"弥封"。宋人称"封弥"，又称"糊名"，即科举考试中为防止评卷作弊，在考生交卷后密封卷头（或截去卷头），誊录副本以供评阅。

⑦程文：指科举考试的试卷。因按一定程序作文，故称程文。

⑧朱从道：字复之，沛县（今属江苏）人，尝历员外郎、郎中，太常少卿等。

译文

嘉祐年间，贡院把进士名册上报后，在皇上举行殿试之前，京城里就有了状元是王俊民的传言，人们既不知道谣言源自何处，也不知道王俊民是何人。到殿试时，时任知制诰的王安石与天章阁待制杨乐道两人担任详定官。依照旧的规章制度：举人殿试，设初考官先阅卷，确定合格者的等级，然后密封好，送给覆考官所定审核，再定一次等级；之后才交付详定官，打开初考官所定的等级，对照覆考官所定的等级，如果相同就可以，不同就要再审核试卷，确定应当依从初考官的决定还是覆考官的决定，不能再另外确定等级。当时王安石认为初考官、覆考官所定的第一人都不太合适，想在名册中另外选一个为状元。杨乐道坚持认为不能这样。两人商议不出结果，太常少卿朱从道当时任封弥官，听说了这事，就对同僚说："两公何必费力争执？我早在十天前就已经听说王俊民是状元了，这件事早已注定，两公只是自寻烦恼。"不久，两人都向皇上禀明了自己的意见，皇上诏令采纳王安石的意见。等到打开密封，状元果然是王俊民。详定官可以另外确定等级就是从这个时候开始的，并且成了一种制度。

原文

选人不得乘马入宫门。天圣中选人为馆职①，始欧阳永叔、黄鉴②辈，皆自左掖门下马入馆，当时谓之"步行学士"。嘉祐中，于崇文院置编校局，校官皆许乘马至院门③。其后中书五房④置习学公事官，亦缘例⑤乘马赴局。

注释

①天圣：宋仁宗赵祯的年号，1023—1032 年。为：担任。

②黄鉴：字唐卿，浦城（今福建南平）人。大中祥符八年（1015）举进士第，补桂阳监判官，升国子监直讲。后任太常博士、国史院编修，直集贤院。以母老通判苏州卒。

③"嘉祐中"三句：事在嘉祐四年（1059）。

④中书五房：指中书省下设五个基本职能部门，即总房、吏房、户房、兵礼房、刑房。

⑤缘例：依照惯例。

译文

选人不可以骑马进宫门。天圣年间，任命选人担当馆职，始于欧阳修、黄鉴等人，他们都自左掖门下马进入馆内，当时被称作“步行学士”。嘉祐年间，在崇文院设编校局，校官都可以骑马到院门。之后中书省五房设习学公事官，也依照惯例可以骑马至官署。

原文

车驾行幸，前驱谓之“队”，则古之清道①也。其次卫仗，“卫仗”者，视阑人②宫门法，则古之“外仗”也。其中谓之“禁围”，如殿中仗。《天官》掌舍③，无宫，则供人门，今谓之“殿门天武官”，极天下长④人之选八人。上御前殿，则执钺⑤立于紫宸门下；行幸则为禁围门，行于仗马之前。又有衡门⑥十人，队长一人，选诸武力绝伦者为之。上御后殿，则执挝⑦东西对立于殿前，亦古之虎贲、人门之类也⑧。

注释

①清道：负责清除闲杂人等。

②阑入：私自闯入。

③掌舍：《周礼》谓天官所属有掌舍官，根据地形等条件掌设君主的宫舍。

④长：高。

⑤钺（yuè）：兵器，呈斧状。

⑥衡门：殿前侍卫，职责为守卫门户。

⑦挝（zhuā）：攻击性武器。一说为鞭子。

⑧虎贲（bēn）：古时的宫廷禁卫军。人门：以人环列为门，有护卫之意。

译文

皇帝的车驾出行时，前驱称为“队”，即古代的清道。其次是卫仗，“卫仗”可以当成不得私自进入宫门的执法，即古代的“外仗”。队伍的中间部分称为“禁围”，类似于殿中的仪仗。像《周礼·天官》中掌舍负责在没有宫围时派人站着守门，如今这类人被称作“殿门天武官”，在天下挑选八名最魁梧的人担任。皇帝在前殿时，他们就持钺站立在紫宸门下；皇帝出行的时候，他们则担任禁围之责，行走在仪仗、马队之前。又有衡门十人，队长一人，都挑选武艺超群之人担任。皇帝在后殿时，他们就持梃站立在大殿的东西两侧，就相当于古代的虎贲、人门之类的人。

原文

余尝购得后唐闵帝应顺元年案检一通①，乃除宰相刘句兼判三司堂检②。前有拟状③云：“具官刘句右，伏以刘句经国才高，正君志切，方属④体元之运，实资⑤谋始之规。宜注宸衷⑥，委司判计，渐期富庶，永赞圣明。臣等商量，望授依前中书侍郎，兼吏部尚书、同中书门下平章事⑦，充集贤殿大学士⑧，兼判三司，散官⑨勋封如故，未审可否？如蒙允许，望付翰林降制⑩处分，谨录奏闻。”其后有制书曰：“宰臣刘句右，可兼判三司公事，宜令中书、门下依此施行。付中书、门下，准此。四月十日。”用御前新铸之印。与今政府行遣⑪稍异。

注释

①应顺元年：434年。案检：案卷，档案。通（tòng）：份。

②刘句：据钱大昕考证，应为“刘昫”。刘昫（887—946），字耀远，涿州归义（今河北容城）人。后唐庄宗时任太常博士、翰林学士。明宗时加兵部侍郎，迁端明殿学士。堂检：政事堂的档案。

③拟状：初次拟写的奏状。

④属：适逢。

⑤资：依赖，凭借。

⑥宸（chén）衷：帝王的心意。

⑦同中书门下平章事：在唐代，宰相由中书、门下、尚书三省长官担当，以他官代行宰相者加“同中书门下平章事”。

⑧集贤殿大学士：首相加官则称“昭文馆大学士”，次相加官称“集贤殿大学士”。

⑨散官：表示官职等级的称谓。

⑩降制：发布诏书。

⑪政府行遣：由政府下达诏令。

译文

我之前买了后唐闵帝应顺元年的一份案卷，是任命宰相刘昫兼判三司的政事堂的档案。前面有拟的奏状写道：“县官刘昫，有治国之才能，辅佐君主的志向实在殷切，恰逢陛下建功立业之际，确实依赖谋略开局的规划。应当加以青睐，委任为三司判官施展其谋略，以期逐步使国家富足安康，永远忠心辅佐圣明的天子。臣等商议，愿依照前中书侍郎兼吏部尚书、同中书门下平章事，充集贤殿大学士兼判三司，官爵、功勋、封地同以往不变，不知是否可行？如果承蒙允许，愿交付翰林学士下达诏书办理，谨慎地记录下来奏请陛下听闻。”后面有皇帝的诏书说：“宰相刘昫，可以兼判三司的公事，应由中书省、门下省照此施行。交付中书省、门下省批准。四月十日。”在此用了皇帝新铸的印章。与如今政府发布的公文略有差别。

原文

本朝要事对禀，常事拟进入，画可[①]然后施行，谓之“熟状”。事速不及待报，则先行下，具制草奏知，谓之“进草”。熟状白纸书，宰相押字，他执政具姓名。进草即黄纸书，宰臣、执政皆于状背押字。堂检，宰执皆不押，唯宰属于检背书日，堂吏书名用印。此拟状有词，宰相押检不印，此其为异也。大率唐人风俗，自朝廷下至郡县，决事皆有词，谓之判，则书判科[②]是也。押检二人，乃

冯道、李愚也[③]。状检瀛王亲笔，甚有改窜勾抹处。按《旧五代史》：“应顺元年四月九日己卯，鄂王薨。庚辰，以宰相刘句判三司。”正是十日，与此检无差。宋次道记《开元宰相奏请》、郑畋《凤池稿草》《拟状注制集》悉多用四六[④]，皆宰相自草。今此拟状，冯道亲笔，盖故事也。

注释

①画可：画押许可。

②书判科：唐宋科举曾有“书判拔萃科”，考试内容为判词，擢拔词理优长者。合格者许赴殿试。景祐元年（1034）罢。

③冯道（882—954）：字可道，号长乐老，瀛洲景城（今河北沧州）人。历仕后唐、后晋、后汉、后周四朝十君，拜相二十余年。曾任户部侍郎、端明殿学士、兵部侍郎等职。后周谥文懿，追封瀛王。李愚（？—935）：字子晦，渤海郡无棣县（今山东德州庆云）人。应试中举，任河南府参军。后梁时任左拾遗、员外郎、崇政院直学士。

④宋次道：指宋敏求（1019—1079），字次道，赵州平棘（今河北赵县）人。宝元二年（1039）赐进士第。曾任知制诰、集贤校理、判太常寺等。郑畋（825—883）：字台文，荥阳（今属河南）人。曾任官户部侍郎，充翰林学士，死后赠太尉、太傅，谥文昭。

译文

本朝有重要事件向皇帝禀告，常事则拟好草稿进宫，皇帝允许后便可执行，称作“熟状”。事急来不及禀报，则先下发，再准备详细的奏状报告皇帝，称为“进草”。书写熟状时用白纸，由宰相签字画押，由其他执政官列出姓名。书写进草时就用黄纸，宰相、执政官都要在状纸背面签字画押。政事堂的档案，宰相和执政官不需要在其上签字画押，只需要宰相的属官在其后面签上日期，政事堂的差吏签名盖印。这种拟状有文词，宰相需要签字画押却不盖印章，这是它不同于一般拟状的地方。大约是沿袭唐代的风俗，从朝廷往下到郡县，判决事务都有文词，称为判，便有了书判科。由冯道和李愚二人负责签字画押。由冯道亲笔书写拟状，并有很多改动的地方。根据《旧五代史》的记载：“应顺元年四月九日己卯，鄂王逝世。庚辰，任命宰相刘昫掌管三司。”也是四月十日，和该档案记载的一致。宋敏求记载《开元宰相奏请》、郑畋《凤池稿草》《拟状注制集》等多用四六文，全部由宰相亲自草拟。如今这份拟状，由冯道亲笔书写，大概也是承袭旧例。

故事二（选自卷二）

原文

宗子授南班官，世传王文正[①]太尉为宰相日，始开此议，不然也。故事：宗子无迁官法，唯遇稀旷大庆[②]，则普迁一官。景祐中，初定祖宗并配南郊，宗室欲缘大礼乞推恩[③]，使诸王宫教授刁约草表上闻。后约见丞相王沂公，公问前日宗室乞迁官表何人所为，约未测其意，答以不知。归而思之，恐事穷且得罪，乃再诣相府。沂公[④]问之如前，约愈恐，不复敢隐，遂以实对。公曰："无他，但爱其文词耳。"再三嘉奖，徐曰："已得旨别有措置，更数日当有指挥[⑤]。"自此遂有南班之授。近属自初除小将军[⑥]，凡七迁则为节度使，遂为定制。诸宗子以千缣[⑦]谢约，约辞不敢受。余与刁亲旧，刁尝出表稿以示余。

注释

①王文正：王旦（957—1017），字子明，莘县（今属山东）人，谥文正。

②稀旷大庆：很少举行的大规模庆祝典礼。

③推恩：施恩惠于他人。此特指皇帝利用特殊机会授予官阶爵位等。

④沂公：指王曾（978—1038），宋仁宗时官至宰相，封沂国公。

⑤指挥：宋代尚书省各部临时解释皇帝敕令的文件。

⑥小将军：指将军。因将军位在上将军、大将军之下，故称“小将军”。

⑦千缣（jiān）：一千匹双丝的细绢。

译文

世人都说皇族子弟被委任为南班官这一提议，是从太尉王旦当宰相时才开始的，但事实并非如此。根据惯例：皇族子弟没有升官的规矩，若是遇到了少有的大庆典，才可以全部提升一级。景祐年间，开始确立在南郊祭祀时要一同祭祀祖宗的规定，宗室子弟想借此大典求得一些恩惠升官，就下令让诸王宫教授刁约起草章表报告给皇上。后来刁约见到宰相王曾，王曾问他可知道不久以前宗室子弟请求升官的表章是何人所写，刁约猜不透他的用意是什么，就回答说不清楚。但回去后考虑再三，又害怕事情追查起来会被定罪，就再次去宰相府拜访宰相。王曾问的还是上次那个问题，刁约心里很害怕，不敢再隐瞒，就把事实都说了出来。王曾说："我并没有其他的意思，只是喜欢你这篇表章的文辞罢了。"然后又再三夸奖，不紧不慢地说："已经得到皇上旨意，另行安排，过几天应当会有具体指示。"于是从这时起就有了任授宗室南班官的做法。皇家近亲从封为小将军起，凡经历过七次升迁的就能担任节度使，并形成了固定的制度。许多皇家子弟为感谢刁约，就赠送他千匹双丝的细绢，刁约不敢接受就推辞掉了。我与刁约有亲戚关系，刁约曾拿出他亲笔起草的表章给我看。

原文

大理[①]法官皆亲节案，不得使吏人。中书检正[②]官不置吏人，每房给楷书一人，录净而已。盖欲士人躬亲职事，格吏奸，兼历试人才也。

注释

①大理：指大理寺，北宋最高审判机关。

②中书检正：指中书五房检正官，协助宰相办理公务。

译文

大理寺的法官都亲自判案，不可委托给属吏。中书省检正官不配置属吏，每一房仅能派一人用楷书抄清文书。想必是提醒士大夫要事必躬亲，以防属吏专权使诈，同时也有锤炼、考察能人的意思。

原文

太宗命创方团球带赐二府文臣①。其后枢密使兼侍中张耆、王贻永皆特赐②，李用和、曹郡王皆以元舅赐③，近岁宣徽使王君贶以耆旧特赐④，皆出异数⑤，非例也。

注释

①方团球带：指笏头带。二府：宋代中书省称“东府”，枢密院称“西府”。

②张耆（？—1048）：字元弼，开封（今属河南）人。年十一事真宗于藩王府，曾任尚书左仆射、护国军节度使，封徐国公，以太子太师致仕，谥荣僖。王贻永（？—1056）：字季长，并州祁县（今山西太原）人。娶太宗女郑国公主，除驸马都尉，官尚书右仆射、检校太师兼侍中，谥康靖。

③李用和（988—1050）：字审礼，杭州钱塘县（今属浙江）人。宋真宗李宸妃弟。仁宗时为永清军节度观察留后，改真定府定州路，累迁同中书门下平章事，卒后赠太师、中书令、陇西郡王，谥恭僖。曹郡王（？—1089）：字伯容，宋仁宗皇后曹氏兄，封济阳郡王，卒封沂王。

④宣徽使：宣徽院长官，分南、北两院，总领内诸司及三班内侍之籍，郊祀、朝会、宴享供帐之仪，以检校官充任。王君贶（kuàng）：王拱辰（1012—1085），字君贶，北宋开封咸平（今属河南）人。天圣八年举进士第一，仁宗时拜御史中丞，元丰初累官武安军节度使，终彰德节度使。谥懿恪。

⑤异数：特殊的礼遇。

译文

太宗下令创设笏头带赏赐中书、枢密二府的文臣。其后枢密使兼侍中张耆、王贻永都受到了特别的赏赐，李用和、曹郡王都因为是皇帝的内兄而受到赏赐，近几年宣徽使王拱辰则因为年老德高而受到赏赐，这都是特殊的礼遇，并非定例。

原文

近岁京师士人朝服乘马，以黪[1]衣蒙之，谓之“凉衫”，亦古之遗法也，《仪礼》“朝服加景”是也。但不知古人制度章色如何耳。

注释

①黪（cǎn）：浅青黑色。

译文

近几年京城人士都穿朝服骑马，用浅青黑色的衣衫蒙在官服的外面，称为“凉衫”，这也是古代遗留下来的做法，《仪礼》说的“朝服加景”就是如此。但不知古代的“景”的式样、颜色如何。

原文

内外制[1]凡草制除官，自给谏、待制以上，皆有润笔物。太宗时，立润笔钱数，降诏刻石于舍人院[2]。每除官，则移文督之。在院官下至吏人院驺[3]，皆分沾。元丰中，改立官制，内外制皆有添给[4]，罢润笔之物。

注释

①内外制：起草皇帝诏令等文件的翰林学士知制诰（内制）和以他官为知制诰（外制）的官员。

②舍人院：北宋元丰以前中书省所属官署之一。置知制诰与直舍人院，与翰林学士对掌内外制。元丰改制以后废罢。

③院驺（zōu）：指舍人院照料官员的马匹的吏人。

④添给：添支钱，有时又有添支米，指官员的各种加俸。

译文

掌内外制的学士、中书舍人和知制诰凡是起草任命官员的诏书，自给谏、待制等以上官员，都有赏赐润笔之物。宋太宗时，还具体规定了润笔的钱数，并下诏令刻在石碑上，立在中书舍人院中。每次任命官员，就会发文督查此事。从院官往下乃至小官、马夫都可一同分享。到了元丰年间，设立官职的制度改变了，学士、中书舍人和知制诰都增加了添支钱，于是取消了润笔的钱物。

原文

唐制，官序未至而以他官权摄者为“直官”，如许敬宗为“直记室”是也[①]。国朝学士、舍人皆置直院。熙宁中，复置直舍人、学士院，但以资浅者为之，其实正官也。熙宁六年[②]，舍人皆迁罢，阁下无人，乃以章子平[③]权知制诰，而不除直院者，以其暂摄也。古之兼官，多是暂时摄领，有长兼者，即同正官。余家藏《海陵王墓志》谢朓[④]文，称“兼中书侍郎”。

注释

①许敬宗（592—672）：字延族，杭州新城（今浙江杭州富阳区）人。

武则天时任中书令，拜右相，加太子少师，谥缪（后改为恭）。记室：古代王府或高官中掌文书笺奏的属官。

②熙宁六年：1073 年。

③章子平：指章衡（1025—1099），字子平，浦城（今福建南平）人。嘉祐二年（1057）举进士第一，知审官西院，累官集贤学士，曾以直舍人院拜宝文阁待制。

④谢朓（464—499）：字玄晖，陈郡阳夏（今河南太康）人，南朝文学家，世称“小谢”，“竟陵八友”之一。官至尚书吏部郎。

译文

唐代的制度，官品不够而以其他官职代理或兼任的称为“直某官”，例如许敬宗称为“直记室”。直院官在本朝的翰林学士、中书舍人中都有设置。熙宁年间，又重新设置直舍人、学士院的官职，只是以资历较浅的人担任，其实就是正式官。熙宁六年，中书舍人都因升迁或贬官而去职，院中便无人任职，于是让章衡代理知制诰，而没有授予他直院之职，因为他是暂时兼任的。古代的兼任官，一般都是暂时的，假如有长期兼任的，那就视为正式官。我家藏有谢朓撰写的《海陵王墓志》，他自称“兼中书侍郎”。

原文

三司、开封府、外州长官升厅事[①]，则有衙吏前导[②]告喝。国朝之制，在禁中唯三官得告，宰相告于中书，翰林学士告于本院，御史告于朝堂，皆用朱衣吏，谓之“三告官”。所经过处，阍吏以梃扣地警众[③]，谓之“打仗子”。两府、亲王，自殿门打至本司及上马处；宣徽使打于本院；三司使、知开封府打于本司。近岁寺、监长官亦打，非故事。前宰相赴朝，亦有特旨许张盖、打仗子者，系临时指挥。执丝梢鞭入内，自三司副使以上，副使唯乘紫丝暖座从入。队长持破木梃，自待制以上。近岁寺、监长官持藤杖，非故事也。百官仪范，著令之外，诸家所记，尚有遗者。虽至猥细，亦一时仪物也。

注释

①三司：北宋初最高财政机构。外州：京城外的各个州。

②前导：引路，在前方领路。

③阍（hūn）吏：守门的属吏。梃（tǐng）：木棒。

译文

三司、开封府以及外州长官升堂理事，都有衙吏在前面引路传告。本朝制度，在宫禁之中只有三种官员可以转告，宰相在中书政事堂传告，翰林学士在翰林院传告，御史在朝堂传告，负责传告的属吏都穿红色衣服，称为“三告官”。在官员经过之处，守门的属吏用棍杖击地警示众人，称为“打仗子”。属吏们对宰相、枢密使、亲王要从殿门一直打到他们官署或者上马的地方；宣徽使打于宣徽院；三司使、开封知府打于各自的署衙。近几年，寺与监的长官也打杖子传告，这并非惯例。以往宰相上朝，也有经皇上特许，张开伞盖、打仗子的，属于临时性的指令。只有三司副使以上的官员，才能拿着丝梢鞭入内，副使只能乘着紫丝暖座随后进入。只有待制以上的官员，才被允许仪仗队长拿着破木棒。近几年寺、监的长官也拿着藤杖进入，这并非旧例。百官的仪仗规则，除了记入正式法令，诸家的记载还是有缺漏的。所记之事都极为细微，却也是一个时期的礼仪典制。

原文

国朝未改官制以前，异姓未有兼中书令者，唯赠官方有之。元丰[①]中，曹郡王以元舅特除兼中书令，下度支给俸。有司言：“自来未有活中书令请受则例。”

注释

①元丰：宋神宗赵顼的年号，1078—1085年。

译文

本朝在没有改革官制以前，异姓皇室中是没有兼任中书令的，只是死后追赠官时才有。元丰年间，曹郡王因为皇舅的身份，而被特殊授予兼任中书令，下令由度支司下发俸禄。官员戏称："自古就没有存活于世的中书令领取薪俸的成例。"

原文

都堂[①]及寺观百官会集坐次，多出临时。唐以前故事，皆不可考，唯颜真卿与左仆射定襄郡王郭英乂书云[②]："宰相、御史大夫、两省五品以上[③]、供奉官自为一行，十二卫[④]大将军次之，三师、三公、令仆、少师、保傅、尚书、左右丞、侍郎自为一行[⑤]，九卿、三监对之[⑥]。从古以来，未尝参错。"此亦略见当时故事，今录于此，以备阙文[⑦]。

注释

①都堂：尚书省长官的办公场所。

②颜真卿（709—784）：字清臣，京兆万年（今陕西西安）人。世称"颜鲁公"，以书法知名。郭英乂（？—765）：字元武，瓜州常乐（今属甘肃）人。广德元年（763）拜尚书右仆射，封定襄郡王。

③以上：此二字原缺，依据《颜鲁公文集》所补。

④十二卫：唐代十二支卫戍部队，包括左右卫、左右骁卫、左右武卫、左右威卫、左右领军卫、左右金吾卫。

⑤三师：太师、太傅、太保为三师，正一品。三公：太尉、司徒、司空为三公，大都为虚职。令仆：尚书令和尚书左右仆射。保傅：少保、少傅，大都为虚职，从二品。尚书：吏、户、礼、兵、刑、工六部长官，正三品。左右丞：尚书省的副长官，正四品。侍郎：六部副长官，正四品。

⑥九卿：分别为太常、光禄、卫尉、宗正、太仆、大理、鸿胪、司农、太府。三监：国子监、少府监、将作监。

⑦以备阙文：用来弥补记载的缺漏。

译文

在都堂以及寺观会集时的百官的座次，大都是临时安排的。唐代以前的旧制已经无从考证，只有颜真卿和左仆射定襄郡王郭英义的书信中说："宰相、御史大夫、两省五品以上、供奉官的座位自成一行，十二卫大将军的座位在其次，三师、三公、令仆、少师、保傅、尚书、左右丞、侍郎的座位自成一行，九卿、三监的座位在他们对面。从古至今，未出差错。"这段话可以大略看见当时的惯例，现在记录在此，来弥补记载的缺失。

原文

赐"功臣"号，始于唐德宗奉天之役[①]。自后藩镇下至从军资深者，例赐"功臣"。本朝唯以赐将相。熙宁中，因上皇帝尊号[②]，宰相率同列面请三四，上终不允，曰："徽号正如卿等'功臣'，何补名实？"是时吴正宪[③]为首相，乃请止"功臣"号，从之。自是群臣相继请罢，遂不复赐。

注释

①奉天之役：又称奉天之难。唐德宗建中四年（783），因京师发生兵变，德宗逃往奉天（今陕西乾县）。次年下罪己诏，赖诸将平叛收复京师，史称"奉天之役"。

②尊号：亦称"徽号"，指古代给皇帝（或皇后）所加的出于歌功颂德的名号。宋神宗熙宁元年（1068），群臣曾请加神宗以"奉元宪道文武仁孝"之号，神宗不许。后来神宗又有"绍天法古运德建功英文烈武钦仁圣孝皇帝"之号。

③吴正宪：吴充（1021—1080），字冲卿，浦城（今属福建）人。官至宰相，卒谥正宪。

译文

赏赐臣下“功臣”称号的做法，是从唐德宗奉天战役之后才开始有的。之后从藩镇长官到从军资历深的僚属从事、参军等人，都会依例赏赐其“功臣”称号。但到了本朝只用来赏赐将相。熙宁年间，因皇帝加尊号一事，宰相带领同级官员当面向皇帝请求了多次，可皇上最终没有答应，说：“皇帝的徽号正如你们的‘功臣’称号一样，对名和实有什么好处？”于是当时为宰相的吴正宪就请求将自己的“功臣”称号废止，皇上答应了他的请求。从这时起大臣们都纷纷要求免除自己的“功臣”称号，于是不再赏赐。

辨证一（选自卷三）

原文

钧石之石，五权[①]之名，石重百二十斤。后人以一斛[②]为一石，自汉已如此，“饮酒一石不乱”是也。挽蹶弓弩[③]，古人以钧石率[④]之；今人乃以粳米一斛之重为一石。凡石者，以九十二斤半为法，乃汉秤三百四十一斤也。今之武卒蹶弩，有及九石者，计其力，乃古之二十五石，比魏之武卒[⑤]，人当二人有余。弓有挽三石者，乃古之三十四钧，比颜高[⑥]之弓，人当五人有余。此皆近岁教养所成。以至击刺驰射，皆尽夷夏之术，器仗铠胄，极今古之工巧。武备之盛，前世未有其比。

注释

①五权：指五种重量单位，即铢、两、斤、钧、石。汉代二十四铢为一两，十六两为一斤，三十斤为一钧，四钧为一石。

②斛（hú）：古代量器名，也用作容量单位。作为容量单位，一般十斗为一斛，南宋末年改五斗为一斛。

③挽蹶弓弩（nǔ）：犹言“挽弓蹶弩”，即拉弓和踏弩。挽，拉。蹶，踏。

④率（lǜ）：计算。

⑤魏之武卒：指战国时魏国经过特别训练的勇武的士兵。

⑥颜高：春秋时鲁国武士。

译文

“钧石”中的“石”，是五种重量单位里面的一种，一石相当于一百二十斤的重量。后人又将一斛规定为一石，从汉代开始就这样了，所谓“饮酒一石不乱”。古人也以钧石为标准去衡量拉弓踏弩的力量；现在的人则以一斛粳米的重量为一石。并且以九十二斤半作为一石的标准，相当于汉代称重的三百四十一斤。现在的武士踏弩，有达到九石重的，要是计算他的力气，会达到古时候的二十五石，若是与魏国的武士相比，一人抵得上两人还绰绰有余。也有拉弓能达到三石的，就是古时候的三十四钧，相比颜高拉的六钧之弓，一人抵得上五人还有余。这些都是近年来军事训练的功效所成。就连搏击、刺杀、跑马、射箭等，都融会了少数民族和汉族技术的精华，武器、铠甲都极尽古今技术的精巧。现在武器装备的丰富、精良，是前代无法相比的。

原文

《楚词·招魂》尾句皆曰“些”，苏个反[①]。**今夔、峡、湖、湘及南、北江獠人[②]，凡禁咒句尾皆称“些”。此乃楚人旧俗，即梵语“萨嚩诃[③]”也。**萨，音桑葛反；嚩，无可反；诃，从去声。**三字合**

言之，即“些”字也。

注释

①苏个反：古代的反切注音法，即取“苏”的声母，“个”的韵母和声调，前后相拼，以注“些”之音。下文的“萨嚩诃”同此。

②夔、峡：指长江三峡地区。湖：洞庭湖。湘：湘水流域。南、北江：湖北江陵以东到洞庭湖一带。獠人：对广西、四川、云贵、两湖等地的少数民族的泛称。

③萨嚩（pó）诃（hē）：梵语译音，真言之结句。

译文

《楚辞·招魂》句末都作“些”，苏个反。如今夔州、三峡、湖、湘以及江陵、洞庭一带的少数民族，其禁语、咒语的句末都称“些”。这是楚人的传统习俗，即梵语的“萨嚩诃”。萨，音桑葛反；嚩，无可反；诃，从去声。将三个字合并起来念，就是“些”字。

原文

阳燧[①]照物皆倒，中间有碍[②]故也。算家谓之“格术[③]”，如人摇舻，臬[④]为之碍故也。若鸢[⑤]飞空中，其影随鸢而移，或中间为窗隙所束，则影与鸢遂相违：鸢东则影西，鸢西则影东。又如窗隙中楼塔之影，中间为窗所束，亦皆倒垂，与阳燧一也。阳燧面洼，以一指迫而照之则正；渐远则无所见；过此遂倒。其无所见处，正如窗隙、舻臬、腰鼓[⑥]碍之，本末相格，遂成摇舻之势。故举手则影愈下，下手则影愈上，此其可见。阳燧面洼，向日照之，光皆聚向内。离镜一二寸，光聚为一点，大如麻菽[⑦]，著物则火发，此则腰鼓最细处也。**岂特物为然？人亦如是，中间不为物碍者鲜矣。小则利害相易，是非相反；大则以己为物，以物为己。不求去碍而欲见不颠倒，难矣哉！**《酉阳杂俎》[⑧]谓“海翻则塔影倒”，此妄说也。

影入窗隙则倒，乃其常理。

注释

①阳燧：古人用以聚阳光取火的凹面铜镜。

②碍：此字所表达的概念，以凹面镜言之，实指聚光的焦点。但下文以橹臬（支点）、窗隙（小孔成像）作比，皆不属同类现象。

③格术：指研究凹面镜成像原理的学问。“格”有阻碍、暌违、牵制之义，凹面镜之成像对称而颠倒，故谓其数理逻辑为“格术”。

④臬（niè）：用来支撑橹的小木桩。

⑤鸢：鹞鹰。

⑥腰鼓：此处指像腰鼓的细腰那样。实指细腰处。

⑦麻菽：指麻籽和豆粒。

⑧《酉阳杂俎》：分门辑录的杂记之书，唐人段成式撰。

译文

用阳燧照物体现出的都是倒立的影像，是物与像中间有“障碍”的缘故。算学家说这叫作“格术”，譬如人摇橹，做支撑的小木桩就可算作橹的“障碍”一样。像鹞鹰在空中飞行，它的影子随着鹞鹰飞而移动，如果鹞鹰和影子之间的光线被窗孔所约束，那么影子与鹞鹰飞的方向就相反了：鹞鹰向东则影子向西，鹞鹰向西则影子向东。又像从窗孔中透过来的楼塔的影子，因为中间的光线被窗孔约束，所以影子也都是倒垂的，与阳燧照出的物像倒立是同样的道理。阳燧的镜面是凹陷的，当一个手指靠近镜面时，像是正的；当手指渐渐移远到某一位置，像就不见了；超过这一位置再远一点，像就倒过来了。那个看不见像的地方，正如窗户的孔、船橹的木桩、腰鼓的细腰成了“障碍”一样，物体与像首尾牵制、相对，就成了摇橹的情形。所以用阳燧照手，越举起手来影子就越向下，越放下手来影子就越向上，这是可以看得到的。阳燧的镜面是凹下去的，将镜面正对着日光照，光线就都向凹形的里面聚集。在离镜面一二寸的地方，光线聚集成一个点，像麻籽或豆粒般大小，在这个点上安放可燃物品就会着火，这个点就是光线聚集所造成的那种看不见的腰鼓状图形的最细部位。岂止物体是这样？人也如此，人与人之间不被外物阻碍的很少。这种阻碍，小的就把利害互相改变，是非互相颠倒；

大的就把自己当成外物，把外物当成自己。不去掉障碍，却想看到不颠倒的物像，太难了啊！《酉阳杂俎》记载“海翻则塔影倒”，这是一种荒唐的说法。影子入窗子的小孔则颠倒，这是倒影现象的常理。

原文

世间锻铁所谓“钢铁”者，用“柔铁[①]”屈盘之，乃以“生铁”陷其间，泥封炼之，锻令相入，谓之“团钢”，亦谓之“灌钢”。此乃伪钢耳，暂假生铁以为坚，二三炼则生铁自熟，仍是柔铁，然而天下莫以为非者，盖未识真钢耳。余出使至磁州[②]锻坊，观炼铁，方识真钢。凡铁之有钢者，如面中有筋，濯尽柔面，则面筋乃见。炼钢亦然，但取精铁锻之百余火，每锻称之，一锻一轻，至累锻而斤两不减，则纯钢也，虽百炼不耗矣。此乃铁之精纯者，其色清明，磨莹之，则黯黯然青且黑，与常铁迥异。亦有炼之至尽而全无钢者，皆系地之所产。

注释

①柔铁：现在所称熟铁。因熟铁较软，故称柔铁。

②磁州：今河北磁县。

译文

世人打铁时称作“钢铁”的东西，是用熟铁盘绕起来，把生铁嵌在它的中间，再用泥把炉子封起来烧炼，锻打使它们相互渗入，叫作“团钢”，也叫作“灌钢”。这只是假钢罢了，暂时借助于生铁使它坚硬，烧炼两三次以后生铁就成了熟铁，得到的仍然是熟铁，但是天下没有人认为这种做法不对，那是因为不认识真钢罢了。我出使河北时，到磁州的打铁作坊看炼铁，才认识了真钢。凡是有钢的铁，就像面里有面筋，洗尽软面，面筋才出现。炼钢也是这样，只要选取精铁锻打百多次，每锻打一次称一次重量，锻打一次就轻一些，直到多次锻打斤两却不再减少，那就是纯钢了，即使再锻打上百次也不会耗减了。这才是铁中的精纯部分，它的色泽清明，磨光后又呈现出暗淡的青黑色，与普通的铁差别很大。也有锻打到最后而完全没有钢的，那都是产地的原因造成的。

原文

《诗》："芄兰之支，童子佩觿[①]。"觿，解结锥也。芄兰生荚支，出于叶间，垂之正如解结锥。所谓"佩韘[②]"者，疑古人为韘之制，亦当与芄兰之叶相似，但今不复见耳。

注释

①"芄（wán）兰之支"二句：引自《诗经·卫风·芄兰》。芄兰，又名萝藦，草本植物，荚实倒垂如锥形。觿（xī），古代解结的锥子。

②韘（shè）：其意与觿近似。

译文

《诗经》说："芄兰之支，童子佩觿。"觿是用于解结的锥子。芄兰从叶子中间长出荚实，下垂的样子好似解结用的锥子。所谓"佩韘"，可能是古人韘的形制，相似于芄兰的叶子，但如今是看不到了。

原文

江南有小栗，谓之"茅栗[①]"。茅音草茅之茅。**以余观之，此正所谓芧也。则《庄子》所谓"狙公赋芧[②]"者，**芧音序。**此文相近之误也。**

注释

①茅栗：山毛榉科落叶灌木或小乔木，叶矩椭圆形或倒卵椭圆形，顶端呈尖状，基部呈圆形。

②狙公赋芧（xù）：源自《庄子·齐物论》中的朝三暮四故事。芧，橡实。

译文

江南盛产小栗子，称为“茅栗”。茅音草茅之茅。依我看，这就是芧。就是《庄子》所谓的“狙公赋芧”，芧音序。这是由于字形相近而产生的差错。

原文

余家有阎博陵画唐秦府十八学士[①]，各有真赞，亦唐人书，多与旧史[②]不同。姚柬字思廉，旧史姚思廉字简之。苏台、陆元明、薛庄，《唐书》皆以字为名。李玄道、盖文达、于志宁、许敬宗、刘孝孙、蔡允恭[③]，《唐书》皆不书字。房玄龄[④]字乔年，《唐书》乃房乔字玄龄。孔颖达[⑤]字颖达，《唐书》字仲达。苏典签名从日从九，《唐书》乃从日从助。许敬宗、薛庄官皆直记室，《唐书》乃摄记室。盖《唐书》成于后人之手，所传容有讹谬，此乃当时所记也。以旧史考之，魏郑公[⑥]对太宗云：“目如悬铃者佳。”则玄龄果名，非字也。然苏世长，太宗召对真武门[⑦]，问云：“卿何名长意短？”后乃为学士，似为学士时，方更名耳。

注释

①阎博陵：阎立本（601—673），京兆万年（今陕西西安）人。唐代著名画家。官至宰相，封博陵县公。秦府：唐太宗李世民即位前的王府。

②旧史：指《旧唐书》。

③李玄道（577—645）：本陇西人，世居郑州。历任幽州长史、常州刺史

等。盖文达（578—644）：字艺成，冀州信都（今河北衡水冀州区）人。唐代大儒，“贞观十八学士”之一。由文学馆直学士升谏议大夫，拜崇贤学士。于志宁（588—665）：字仲谧，雍州高陵（今属陕西）人。其曾祖于谨为西魏八柱国之一，是西魏、北周的开国元勋，官至太师。封燕国公，因得罪武则天，贬为荣州刺史，迁华州刺史，谥号定。许敬宗（592—672）：字延族，杭州新城（今浙江杭州富阳区）人，唐朝宰相。隋朝礼部侍郎许善心之子，东晋名士许询之后。因支持武则天，擢礼部尚书、太子宾客等。显庆元年（656）升侍中，次年封高阳郡公，中书令，龙朔二年（662）拜右相，加光禄大夫，次年任太子少师、加同东西台三品，谥号恭。刘孝孙（？—632）：荆州江陵（今湖北荆州荆州区）人。任著作佐郎，迁太子洗马，卒于唐太宗贞观六年。蔡允恭（约561—约628）：字克让，荆州江陵（今湖北荆州荆州区）人，隋末唐初官吏、文学家。

④房玄龄（579—648）：名乔，字玄龄，齐州（今山东济南）人。唐初政治家、宰相，累官中书令、尚书左仆射、司空，封梁国公，谥文昭。

⑤孔颖达（574—648）：字冲远，冀州衡水（今属河北）人，孔安之子，孔子三十一代孙。通经学，任国子祭酒。奉太宗之命编《五经正义》。

⑥魏郑公：魏徵（580—643），字玄成，巨鹿曲城（今河北晋州）人。官至光禄大夫，封郑国公，谥文贞。

⑦真武门：指玄武门，因避“玄”字讳而改。

译文

我家里收藏有阎立本画的唐秦府十八学士图，各有赞语，也是唐人撰文题写的，但与《旧唐书》大有差别。比如：姚柬字思廉，《旧唐书》写姚思廉字简之。苏台、陆元明、薛庄，《旧唐书》多以他们的字为名。李玄道、盖文达、于志宁、许敬宗、刘孝孙、蔡允恭，《旧唐书》都没有记下他们的字。房玄龄字乔年，《旧唐书》中却称房乔字玄龄。孔颖达字颖达，而《旧唐书》中称字仲达。苏典签本名旭，而《旧唐书》中称名勗。许敬宗、薛庄的官职皆为直记室，而《旧唐书》却称之为摄记室。或许是因为《旧唐书》成书于后人，据传言而成，不免有差错谬误，而这幅十八学士图的附加文字是当时记载的。依照旧史考证，魏徵曾经和唐太宗说：“目如悬铃者佳。”那么玄龄确实是房氏的名，不是字。然而唐太宗在玄武门召见苏世长时，问道：“为何您的名长而意短？”后来才成为学士，好像是当学士时，才把名字改了。

原文

唐贞观中，敕下度支求杜若，省郎以谢朓[1]诗云“芳洲采杜若”，乃责坊州[2]贡之，当时以为嗤笑。至如唐故事，中书省中植紫薇花[3]，何异坊州贡杜若，然历世循之，不以为非。至今舍人院紫微阁前植紫薇花，用唐故事也。

注释

①谢朓：南朝诗人。

②坊州：今陕西黄陵东南。由于音近“芳洲”，故度支使要求坊州上贡。

③紫薇花：唐玄宗开元元年，改中书省为紫薇省，于院中种植紫薇花。后改回中书省，而种花的习俗被沿袭。

译文

唐贞观年间，下令度支司寻求杜若，度支郎竟依照谢朓的诗“芳洲采杜若”要求坊州进贡，曾一度沦为笑谈。像在唐代流传的故事，在中书省署内种紫薇花，和要求坊州进贡杜若有什么区别呢？但是历代因循，不觉得有什么不对之处。现如今中书舍人院的紫薇阁前依然种植紫薇花，这是袭用唐代的旧例。

原文

汉人有饮酒一石不乱，余以制酒法较[1]之，每粗米二斛，酿成酒六斛六斗。今酒之至醨[2]者，每秫[3]一斛，不过成酒一斛五斗，若如汉法，则粗有酒气而已。能饮者饮多不乱，宜无足怪。然汉之一斛，亦是今之二斗七升，人之腹中，亦何容置二斗七升水邪？或谓：“石乃钧石之石，百二十斤。”以今秤计之，当三十二斤，亦今之三斗酒也。于定国[4]食酒数石不乱，疑无此理。

注释

①较：考校，检验。

②醨（lí）：薄酒。

③秫（shú）：高粱。

④于定国（？—前40）：西汉后期大臣，官至丞相。

译文

汉代人有喝一石酒不醉的，我拿酿酒法考校，汉代每二斛粗米，可以酿成六斛六斗酒。现在最薄的酒，每一斛高粱米不过酿成一斛五斗酒，假如采用汉代的方法，就只是略有酒气罢了。能喝的人多喝也不会醉，应该不值得奇怪。但汉代的一斛，也就是现在的二斗七升，人的肚子里又怎么装得下二斗七升水呢？有人说："石是钧石的石，是一百二十斤。"用今天的秤来称，应当是三十二斤，也就是现在的三斗酒。史书上说于定国喝几石酒而不醉，我怀疑这没有道理。

原文

古说济水伏流地中，今历下[①]凡发地皆是流水，世传济水经过其下。东阿[②]亦济水所经，取井水煮胶，谓之"阿胶[③]"。用搅浊水则清。人服之，下膈[④]疏痰止吐，皆取济水性趋下、清而重，故以治淤浊及逆上之疾[⑤]。今医方不载此意。

注释

①历下：今山东济南市区。

②东阿：今山东东平西北，傍东平湖。

③阿胶：以驴皮加水熬制而成的胶。医用为补血、滋阴、润燥、止血。

④下膈：指疏通食气，即治疗不思饮食之病。

⑤淤浊及逆上之疾：胀气、呕吐、积食等不能通下之病。

译文

过去说济水消失后是在地下潜流的，如今历下一带，只要掘地就都是流水，世人相传是由于济水经过其地下。济水也经过东阿这个地方，这地方的人取井水煮胶，称之为阿胶。将阿胶放入浊水中搅拌，浊水就会变清。人将它服下，能够疏通食气、化痰、止吐，这是借助了济水更趋下的天性，由于水清而不滞，重而不浊，所以就被用来治疗积食、胀气、呕吐的病症。现在医家的药方中没有记载这层意思。

原文

余见人为文章多言“前荣”，荣[1]者，夏屋东西序之外屋翼也，谓之东荣、西荣。四注屋则谓之东霤、西霤[2]。未知前荣安在？

注释

①荣：这里指屋子的侧翼。

②四注屋：指四边有檐的房屋，能使屋顶上的积水沿四面流下。霤(liù)：屋檐。

译文

我常见人们写文章，多次说道“前荣”，荣是指房屋东西两面墙的外侧的两端，称为东荣、西荣。而东霤、西霤是指四边有檐的屋子。不知“前荣”在哪呢？

原文

宗庙之祭西向者，室中之祭也。藏主于西壁，以其生者之处奥

也。即主祏[1]**而求之，所以西向而祭。至三献则尸出于室**[2]**，坐于户西南面，此堂上之祭也。**户西谓之扆[3]，设扆于此。左户、右牖，户、牖之间谓之扆。坐于户西，即当扆而坐也。**上堂设位而亦东向者，设用室中之礼也。**

注释

①祏（shí）：古时祭祀的宗庙里藏神主的石匣。

②三献：古代祭祀时献三次酒。尸：祭祀时替死者接受祭拜的人。

③扆（yǐ）：古代庙堂户牖之间绣着斧形纹路的屏风。

译文

宗庙祭祀时要朝西面行礼，这是在室内的祭祀。在西面的墙壁内收藏着神主，因为那是生者居住之处。那么对着藏神主的石匣祈祷，就是向西面祭拜。三次献酒后神尸从屋里出来，坐在门户的西侧，然后面向南，这是在堂上的祭祀。门户以西称为扆，因为此处设置有扆。左边是门，右边是窗，门窗之间叫作扆。坐在门户的西侧，就是背靠扆而坐。到了堂上设置位次也要朝向东面，这是设置位次用室内祭祀的礼节。

原文

“人而不为《周南》《召南》，其犹正墙面而立也[1]**。”《周南》《召南》，乐名也。“胥鼓《南》**[2]**”，“以《雅》以《南》**[3]**”是也。《关雎》《鹊巢》，“二南”之诗，而已有乐有舞焉。学者之事，其始也学《周南》《召南》，末至于舞《大夏》《大武》**[4]**。所谓为《周南》《召南》者，不独诵其诗而已。**

注释

①“人而不为《周南》《召南》”二句：源自《论语·阳货》。

②胥鼓《南》："南"字原本缺漏，依照王国维《观堂校识》而补。胥，古代乐官。

③以《雅》以《南》：源自《诗经·小雅·钟鼓》。《雅》《南》均为乐歌。

④《大夏》：传说中是夏禹之乐。《大武》：传说中是周武王之乐。

译文

《论语》说："做人却不学习《周南》《召南》，就如同面向墙壁站立，无法看到任何事物。"因为《周南》《召南》属于乐曲，"胥鼓《南》"和"以《雅》以《南》"的说法就是这么得来的。《关雎》《鹊巢》以下是"二南"的诗，体现了"二南"是乐舞合一的。对于学习者，《周南》《召南》是首先要学的，舞《大夏》《大武》是最后才学的。所谓的学《周南》《召南》的人，不过是吟读其诗罢了。

原文

《庄子》言："野马也，尘埃也。"乃是两物。古人即谓野马为尘埃，如吴融[1]云："动梁间之野马。"又韩偓[2]云："窗里日光飞野马。"皆以尘为野马，恐不然也。野马乃田野间浮气耳，远望如群马，又如水波，佛书谓"如热时野马阳焰[3]"，即此物也。

注释

①吴融：唐末官员、诗人。

②韩偓（wò）：唐末官员、诗人。

③野马阳焰：此四字当是隋释慧远《维摩义疏》所说"阳焰浮动，相似野马"的概括语。

译文

《庄子》书中说："野马啊，尘埃啊。"实际上指的是两种东西。古人就有称野马是尘埃的，如吴融说："动梁间之野马。"又如韩偓说："窗里日光飞野马。"都把尘埃称作野马，恐怕不对。野马是田野里的浮气，远远望去像一群马，又像水波，佛家书上说"酷热时的阳焰如野马"，指的就是这种东西。

原文

蒲芦，说者以为蜾蠃[1]，疑不然。蒲芦，即蒲苇耳。故曰"人道敏政，地道敏[2]艺"，夫政犹蒲芦也，人之为政，犹地之艺蒲苇，遂之而已，亦行其所无事也。

注释

①蜾（guǒ）蠃（luǒ）：郭璞认为就是细腰蜂。

②敏：勤勉。

译文

有人认为蒲芦就是蜾蠃，但我怀疑并非如此。蒲芦，应当是香蒲和芦苇。正所谓"治人就要勤勉施政，治地就要勤勉种树"，政事如同蒲芦，人们从政就如同香蒲和芦苇在大地上生长，不过是让其自然生长而已，这其中的意思与无为而治是一致的。

原文

余考乐律及受诏改铸浑仪[1]，求秦汉以前度量斗升，计六斗当今一斗七升九合，秤三斤当今十三两，一斤当今四两三分两之一，一两当今六铢半。**为升中方[2]，古尺二寸五分十分分之三，今尺一寸八分百分分之四十五强。**

注释

①浑仪：也叫浑天仪，我国古代测量天体坐标的一种仪器。

②为升中方：以方为计算标准，先确定一个一尺见方的方形，再画一个外接圆，以此为衡量容积的标准。

译文

我考证乐律以及奉诏改造浑天仪时，将秦汉以前的度量衡加以推算，现在的一斗七升九合相当于那时候的六斗，现在的十三两相当于那时候的三斤重，现在的四又三分之一两相当于那时候的一斤，现在的六铢半相当于那时候的一两。当时容量单位升的中间是古尺二寸五分三见方，如今的尺是一寸八分四五多一些。

原文

十神太一[①]：一曰太一，次曰五福太一，三曰天一太一，四曰地太一，五曰君基太一，六曰臣基太一，七曰民基太一，八曰大游太一，九曰九气太一，十曰十神太一。唯太一最尊，更无别名，止谓之太一。三年一移。后人以其别无名，遂对大游而谓之小游太一，此出于后人误加之。京师东西太一宫[②]，正殿祠五福，而太一乃在廊庑，甚为失序。熙宁中，初营中太一宫，下太史考定神位。余时领太史，预其议论。今前殿祠五福，而太一别为后殿，各全其尊，深为得礼。然君基、臣基、民基，避唐明帝讳改为"棋"，至今仍袭旧名，未曾改正。

注释

①太一：古代汉族神话传说中的天神，郑玄以为北辰神名，下行八卦之宫。

②东西太一宫：宋太宗时建东太一宫于城东苏村，五福太一、君基太一置于前殿。仁宗天圣中，建西太一宫，五福太一、君基太一、大游太一置于前殿。

译文

太一十神：一是太一，二是五福太一，三是天一太一，四是地太一，五是君基太一，六是臣基太一，七是民基太一，八是大游太一，九是九气太一，十是十神太一。其中太一最为尊贵，更没有别名，只称太一。太一神每三年移动一宫。后人因它没有别名，所以与大游太一相对而称为小游太一，这是后人误加在它头上的。京城的东太一宫、西太一宫，把五福太一放在正殿供奉，而在偏殿供奉太一神，次序很是错乱。熙宁年间，开始营建中太一宫，朝廷下令由太史考定神位。我当时担任太史，并参与其中。如今五福太一放在中太一宫的前殿供奉，而太一则放在另外修建的后殿供奉，如此一来它们的尊贵都得以保全，十分合乎礼仪。为了避唐明帝的讳，所以君基太一、臣基太一、民基太一的“基”均改为了“棋”，到现在还延续旧名，再也没有改正过。

原文

余嘉祐中客[1]宣州宁国县，县人有方玙者，其高祖方虔，为杨行密[2]守将，总兵戍宁国，以备[3]两浙。虔后为吴人所擒，其子从训代守宁国，故子孙至今为宁国人。玙有杨溥与方虔、方从训手教数十纸[4]，纸扎皆精善。教称“委曲”书，押处称“使”，或称“吴王”。内一纸报方虔云：“钱镠[5]此月内已亡殁。”纸尾书：“正月二十九日。”按《五代史》钱镠以后唐长兴二年[6]卒，杨溥天成四年已僭即伪位，岂得长兴二年尚称“吴王”？溥手教所指挥事甚详，翰墨印记，极有次序，悉是当时亲迹。今按，天成四年[7]岁庚寅，长兴二年岁壬辰，计差二年。溥手教，予得其四纸，至今家藏。

注释

①客：客居。

②杨行密（852—905）：字化源，庐州合肥（今安徽元丰）人。天复二年（902）封吴王，为五代十国时期吴国的奠基人。

③备：防备。

④杨溥（900—938）：五代十国时期南吴国君主，南吴太祖杨行密四子，南吴烈祖杨渥、南吴高祖杨隆演之弟。927—937年在位。手教：手书的尊称。

⑤钱镠（852—932）：字具美，杭州临安（今属浙江）人。五代吴越国创建者。

⑥长兴二年：931年。

⑦天成四年：929年。

译文

嘉祐年间，我客居在宣州宁国县，这地方有个叫方玓的人，他的高祖方虔曾是杨行密手下的将领，领兵戍守宁国县，以防备两浙的吴越国。后来吴越人擒获了方虔，于是方虔的儿子方从训代替他镇守宁国县，因此至今方氏子孙都是宁国人。方玓有杨溥、方虔以及方从训的手教几十张，纸张十分精美。手教称作“委曲”，其签押处称“使”或“吴王”。其中一张纸通报方虔说：“钱镠已在此月亡故。”纸的尾处写道：“正月二十九日。”依据《五代史》的记载，钱镠去世于后唐长兴二年，而杨溥已经在天成四年僭越称帝，怎么会在长兴二年还自称“吴王”呢？杨溥手教中传达的命令写得很详细，字迹和印章都极有次序，应当是亲笔所写。据今日的考证，天成四年是庚寅年，长兴二年是壬辰年，之间相隔两年。杨溥的手教，我得了其中的四封，放在家里收藏至今。

辨证二（选自卷四）

原文

司马相如《上林赋》叙上林诸水曰[①]："丹水，紫渊，灞、浐、泾、渭[②]，""八川[③]分流，相背而异态。""灏溔[④]潢漾，东注太湖"。八川自入大河[⑤]，大河去太湖数千里，中间隔太山及淮、济、大江，何缘与太湖相涉？郭璞[⑥]《江赋》云："注五湖以漫漭[⑦]，灌三江而溯沛[⑧]。"《墨子》曰："禹治天下，南为江、汉、淮、汝，东流注之五湖。"孔安国[⑨]曰："自彭蠡[⑩]，江分为三，入于震泽[⑪]后，为北江而入于海。"此皆未尝详考地理。江、汉至五湖自隔山，其末乃绕出五湖之下流，径入于海，何缘入于五湖？淮、汝径自徐州入海，全无交涉。《禹贡》云："彭蠡既潴[⑫]，阳鸟[⑬]攸居。三江既入，震泽底定。"以对文言，则彭蠡水之所潴，三江水之所入，非入于震泽也。震泽上源，皆山环之，了无大川。震泽之委[⑭]，乃多大川，亦莫知孰为三江者。盖三江之水无所入，则震泽壅而为害；三江之水有所入，然后震泽底定。此水之理也。

注释

①司马相如（约前179—前118）：字长卿，巴郡安汉（今四川南充蓬安）人，一说蜀郡成都（今属四川）人。景帝时为武骑常侍，因病免。工辞赋，其代表作品为《子虚赋》《上林赋》等。上林：指汉代的上林苑，在今陕西西安一带。

②灞：指灞水，源出今陕西蓝田，流入渭水。浐（chǎn）：指浐水，源

出今陕西蓝田，汇灞水而入渭水。泾：指泾水，源出今宁夏六盘山，流入渭水。渭：指渭水，源出今甘肃渭源，流入黄河。

③八川：灞、潏（jué）、浐、泾、渭、潦、镐（hào）、酆（fēng）八条河流的总称。

④灏溔（yǎo）：水无边无际的样子。

⑤大河：指黄河，下文中的“大江”指长江，“太山”指泰山。

⑥郭璞（276—324）：字景纯，河东闻喜（今属山西）人。晋元帝拜著作佐郎，后为王敦记室参军，因阻止王敦谋反被杀，追赠弘农太守。

⑦五湖：指太湖。漫漭：水势广袤无垠貌。

⑧淜（pēng）沛：水流的声音。

⑨孔安国（前156—前74）：字子国，鲁国人，孔丘十一世孙，孔滕之孙，孔忠之子。著有《古文尚书》《古文孝经传》《论语训解》等作品。武帝时，官谏大夫、临淮太守。

⑩彭蠡：鄱阳湖。

⑪震泽：指太湖。

⑫潴：水积聚的地方。

⑬阳鸟：郑玄、孔颖达等皆以为鸿雁之属。

⑭委：与“源”相对，这里指水的下游。

译文

司马相如《上林赋》描述上林苑的各条河流称：“丹水，紫渊，灞、浐、泾、渭，”“八川分流，相互呼应而形态各异。”“水流荡漾无涯，向东流入太湖”。这八条河流流入黄河，黄河与太湖相距数千里远，还有泰山、淮水、济水、长江在中间阻隔，它是怎么与太湖牵扯到一块儿的呢？郭璞的《江赋》云：“水流入太湖，水势广远而无际，灌注三江，水声很大。”《墨子》说：“禹治天下，南为长江、汉水、淮水、汝水，东流注入太湖。”孔安国说：“从彭蠡起，长江划分为三，流入震泽后，经北江而入海。”这都是因为没有仔细考察地理情况而得出的说法。长江、汉水与太湖之间自有山岭隔绝，其下游则绕过太湖而向下直接流入大海，为什么会说流入太湖呢？淮水、汝水径自从徐州流入大海，和太湖毫无关系。《禹贡》说：“水汇于彭蠡，鸿雁一类的候鸟来这里栖息。流入三江，于是太湖风平浪静。”从对偶的文字来看，彭蠡是水汇集的地方，三江是水流入的地方，并不是流入太湖。太湖的上源被群山环绕，根本没有大的河流。太湖的下游，才有很多大的河流，也不知道哪些属于三江。可能如果三江的水无去处，太湖就面临着壅塞成灾；而只有三江的水有了去处，太湖才能够平静。这就是水的本性。

原文

海州东海县西北有二古墓，《图志》谓之“黄儿墓”。有一石碑，已漫灭①不可读，莫知黄儿者何人。石延年②通判海州，因行县③见之，曰：“汉二疏④，东海人，此必其墓也。”遂谓之“二疏墓”，刻碑于其傍，后人又收入《图经》。余按，疏广，东海兰陵人，兰陵今属沂州承县，今东海县乃汉之赣榆⑤，自属琅琊郡⑥，非古之东海也。今承县东四十里自有疏广墓，其东又二里有疏受墓。延年不讲地志，但见今谓之东海县，遂以“二疏”名之，极为乖误⑦。大凡地名如此者至多，无足纪者。此乃余初仕为沭阳⑧主簿日，始见《图经》中增此事，后世不知其因，往往以为实录，谩⑨志于此，以见天下地书皆不可坚信。其北又有“孝女冢⑩”，庙貌甚盛，著在祀典⑪。孝女亦东海人，赣榆既非东海故境，则孝女冢庙，亦后人附会县名为之耳。

注释

①漫灭：指石碑上刻的文字已被磨灭了。

②石延年（994—1041）：字曼卿，宋城（今河南商丘）人。真宗时为三班奉职，改太常寺太祝，累迁大理寺丞，官至秘阁校理、太子中允，同判登闻鼓院。

③行县：在县内巡行。

④二疏：指疏广、疏受二人。疏广（？—前45），字仲翁，号黄老，西汉名臣，东海兰陵（今山东枣庄）人。疏受（？—前48），疏广兄长之子。

⑤赣榆：今江苏赣榆以北一带。

⑥琅琊郡：今山东诸城一带。

⑦乖误：谬误。

⑧沭阳：今属江苏。沈括任沭阳主簿事约在仁宗至和元年（1054）。

⑨谩：随意地。

⑩冢：坟墓。

⑪祀典：祭祀的典制。

译文

海州东海县西北存有两座古墓，《图志》称之为“黄儿墓”。墓上有一块石碑，上面的字已经模糊得无法辨识了，无人知晓所谓的黄儿指的是谁。石延年任海州通判的时候，有一次在县内巡行见到了此碑，说：“汉代的疏广、疏受都是东海人，这一定是他们的墓。”于是称之为“二疏墓”，并在旁边刻了石碑，后人又将碑文收入《图经》。根据我的考证，疏广是东海兰陵人，兰陵今属沂州承县，如今的东海县乃是汉代的赣榆，原属于琅琊郡，不是古人以为的东海。如今疏广墓在承县东四十里，疏受墓在承县往东又二里。石延年不考察地理文献，仅凭现在这里称为东海县，就用“二疏”命名，太荒谬了。地名像这样的例子有很多，不胜枚举。我刚刚担任沭阳主簿时，头一回看到《图经》中增添了此事，后人不知道缘由，通常以为《图经》的内容都是实录，所以将此事随手记录于此，由此可知天下的地理书都不完全可信。古墓的北边又有一座孝女墓，庙宇的外观非常雄伟，属于官府祭祀的庙宇。孝女也是东海人，汉代的赣榆既然并非以前东海的旧地，那么此庙也是后人根据现在的县名而建立起来的。

原文

《杨文公谈苑》[①]记江南后主患清暑阁前草生，徐锴[②]令以桂屑布砖缝中，宿草[③]尽死。谓《吕氏春秋》云“桂枝之下无杂木”，盖桂枝味辛螫[④]故也。然桂之杀草木，自是其性，不为辛螫也。《雷公炮炙论》[⑤]云：“以桂为丁，以钉木中，其木即死。”一丁至微，未必能螫大木，自其性相制耳。

注释

①《杨文公谈苑》：杂记北宋名家杨亿言论的著作。黄鉴初纂，宋庠删编。完书已佚，今仅存部分摘录文字。

②徐锴（920—974）：字楚金，江苏广陵（今江苏扬州）人。仕南唐，官至内史舍人。著名的文字学家。

③宿草：隔年生的草。宿，一作“经宿”，指一昼夜。

④辛螫（shì）：毒虫以毒刺蜇人。此二字见《诗经·周颂·小毖》，意同单用的“螫”。

⑤《雷公炮炙论》：古医方书。托名于传说中黄帝时的雷公。后世学者或说为南朝刘宋时雷敩撰。

译文

《杨文公谈苑》记南唐李后主忧虑清暑阁前长出草来，于是徐锴让人用桂树的枝屑散布在砖缝中，隔年草全死了。并称据《吕氏春秋》记载的“桂枝的下面不长杂木”，大概是因为桂枝辛辣能蜇死草木。但是桂枝能杀死草木，自然是因为它的特性，却不是因为辛辣蜇死草木。《雷公炮炙论》说：“用桂枝制成小丁，把它钉在树中，那树马上就死去了。”一个桂木丁是很小的，不一定可以蜇死大树，只是它们的特性相克而已。

原文

天下地名错乱乖谬，率难考信。如楚章华台，亳州城父县、陈州商水县、荆州江陵、长林、监利县皆有之①。乾溪亦有数处。据《左传》，楚灵王七年②，“成章华之台，与诸侯落之”。杜预③注：“章华台，在华容城中。”华容即今之监利县，非岳州④之华容也。至今有章华故台，在县郭⑤中，与杜预之说相符。亳州城父县有乾溪，其侧亦有章华台，故台基下往往得人骨，云楚灵王战死于此。商水县章华之侧，亦有乾溪。薛综⑥注张衡《东京赋》引《左氏传》乃云：“楚子成章华之台于乾溪。”皆误说也，《左传》实无此文。章华与乾溪，元非一处。楚灵王十二年⑦，王狩于州来，使荡侯、潘子、司马督、嚣尹午、陵尹喜帅师围徐以惧吴⑧，王次于乾溪，此则城父之乾溪，灵王八年⑨许迁于夷者，乃此地。十三年，公子比⑩为乱，使观从从师于乾溪，王众溃，灵王亡，不知所在。

平王即位，杀囚，衣之王服，而流诸汉[11]，乃取葬之，以靖国人，而赴以乾溪。灵王实缢于芊尹[12]申亥氏，他年申亥以王柩告，乃改葬之，而非死于乾溪也。昭王二十七年，吴[13]伐陈，王帅师救陈，次于城父，将战，王卒于城父。而《春秋》又云："弑其君于乾溪。"则后世谓灵王实死于是，理不足怪也。

注释

①城父县：位于安徽涡阳东北。陈州：位于河南淮阳一带。商水县：位于河南周口南偏西。长林：位于湖北荆门。监利县：位于湖北荆州。

②楚灵王七年：公元前534年。

③杜预（222—285）：字元凯，京兆杜陵（今陕西西安）人。西晋时期著名的政治家、军事家和学者，灭吴统一战争的统帅之一。任曹魏尚书郎、西晋河南尹、安西军司、秦州刺史等，官至司隶校尉，卒后追赠征南大将军、开府仪同三司，谥成侯。

④岳州：位于湖南岳阳。

⑤郭：城外围着城墙。

⑥薛综（？—243）：字敬文，沛郡竹邑（今安徽濉溪）人。任孙吴五官中郎将，出任合浦、交阯太守，后从征至九真，回朝任谒者仆射，升尚书仆射，太子少傅。

⑦楚灵王十二年：依照《左传》的记载，事当在楚灵王十一年（前530）。

⑧荡侯、潘子、司马督、嚣尹午、陵尹喜：皆为楚国将领。

⑨灵王八年：公元前533年。

⑩公子比：楚灵王之弟，与观起、弃疾、子皙合谋发动政变。后起内讧，公子比、子皙自杀，弃疾即位，为楚平王。

⑪汉：指汉水，源出今陕西宁强北蟠冢山，流入长江。

⑫芊尹：楚国官名。

⑬吴：春秋时吴国。

译文

天下地名的混乱，大都无从考证。比如楚国的章华台的遗址，有亳州城父县、陈州商水县、荆州江陵、长林、监利县多种说法。乾溪也有多处。依照《左传》记载，楚灵王七年，“章华台建成之时，与诸侯一起举行了落成礼”。杜预注：“章华台，在华容城中。”华容是今天的监利县，并非岳州的华容县。至今监利县的城墙中还有章华台的遗址，符合了杜预的说法。亳州城父县有乾溪，也有章华台，因此在遗址的台基下往往能找到人骨，传说中楚灵王战死在这里。商水县的章华台旁，也有乾溪。薛综注张衡的《东京赋》引《左传》说：“楚王将章华台建于乾溪旁。”这些说法都是错误的，其实《左传》并没有这些记载。章华台与乾溪，原本就不在一个地方。楚灵王十二年，王巡狩于州来，派荡侯、潘子、司马督、嚣尹午、陵尹喜带领士兵围攻徐地以向吴国示威，楚王在乾溪驻留扎营，此乃城父县的乾溪，灵王八年把许国迁到夷的，就是此地。灵王十三年，公子比发动叛乱，楚灵王派遣观从跟随军队于乾溪，灵王的部队溃败，不知灵王逃亡到了何处。楚平王即位时，杀了一名囚徒，并将灵王的衣服穿在他身上，再扔进汉水里漂流，最后捞上来当作灵王安葬，以此来安定人心，并在乾溪安葬灵柩。而实际上灵王是在芋尹申亥氏处缢死的，几年后申亥氏把灵王的灵柩上报给了平王，于是改葬了灵王，灵王并非死于乾溪。楚昭王二十七年，吴国讨伐陈国，昭王率领军队援救陈国，在城父县驻留扎营，即将开战时，昭王在城父县去世了。而《春秋》又说：“君主在乾溪被杀死了。”于是后代的人说灵王确实死在这里，也就不值得奇怪了。

原文

今人守郡谓之“建麾”，盖用颜延年[1]诗：“一麾乃出守。”此误也。延年谓“一麾”者，乃指麾[2]之麾，如武王“右秉白旄以麾”之麾，非旌麾之麾也。延年《阮始平》诗云“屡荐不入官，一麾乃出守”者，谓山涛荐咸为吏部郎[3]，三上武帝[4]，不用，后为荀勖[5]一挤，遂出始平，故有此句。延年被摈，以此自托耳。自杜牧[6]为《登乐游原》诗云：“拟把一麾江海去，乐游原上望昭陵。”始谬用一麾，自此遂为故事。

注释

①颜延年：指颜延之（384—456），字延年，琅琊临沂（今属山东）人，东晋至南朝刘宋时文学家。元嘉三年（426）任中书侍郎，领步兵校尉，后出为永嘉太守，官至金紫光禄大夫，谥号为宪。

②指麾：意同“指挥”。麾，古代供指挥用的旌旗。

③山涛（205—283）：字巨源，河内怀县（今河南武陟西）人，三国曹魏及西晋时期名士、政治家，“竹林七贤”之一。入晋为侍中，迁吏部尚书、太子少傅、左仆射等，官至司徒，谥号康。咸：指阮咸，字仲容，陈留尉氏（今属河南开封）人，阮籍之侄。历官散骑侍郎，补始平太守。“竹林七贤”之一。

④武帝：晋武帝（236—290），西晋第一位皇帝。

⑤荀勖（？—289）：字公曾，颍川颍阴（今河南许昌）人。晋初大臣，以佐命之功屡受封，官至中书监、尚书令。卒赠司徒，谥号成。

⑥杜牧（803—852）：字牧之，号樊川居士，京兆万年（今陕西西安）人。唐文宗大和二年（828）举进士第，授弘文馆校书郎，后任黄州、池州、睦州刺史。

译文

今人将出任地方郡县长官称为“建麾”，应该是借用了颜延年诗：“一麾乃出守。”这是一种误用。颜延年说的“一麾’指的是指麾的“麾”，如同周武王“右秉白旄以麾”的“麾”，并非旌旗的“麾”。颜延年《阮始平》诗云“屡荐不入官，一麾乃出守”，说的是山涛举荐阮咸为吏部郎，为此曾三次向魏武帝上奏，最终也没有被武帝任用，后来阮咸遭到荀勖排挤，便出任始平太守了，这才有了这句诗。颜延年是因被朝廷摈弃而任始平太守的，作诗是用以寄托自己的情思。自从杜牧《登乐游原》诗云：“拟把一麾江海去，乐游原上望昭陵。”开始就误用了“一麾”一词，从此守郡称“建麾”就成了惯用典故。

原文

除拜官职谓除其旧籍[①]，不然也。“除”犹“易”也，以新易旧曰“除”，如新旧岁之交谓之“岁除”，《易》：“除戎器，戒不虞。”以新易弊，所以备不虞也。阶谓之“除[②]”者，自下而上，亦更易之义。

注释

①旧籍：旧名册，实指任新职之前的原职务。

②除：本义为“殿陛”，即宫殿的高台阶。

译文

除拜官职，通常说成是解除其从前的官职，这种说法并不正确。除的意思是替换，用新职替换旧职所以叫除，如同新旧年之交称为“岁除”一样，《易经》说：“除戎器，戒不虞。”就是用新的武器去换旧的武器，以防备意料之外的情况。台阶称为“除”，指登台阶从下到上，也有更换的意思。

原文

世人画韩退之[①]，小面而美髯，著纱帽。此乃江南韩熙载[②]耳，尚有当时所画，题志甚明。熙载谥文靖，江南人谓之韩文公，因此遂谬以为退之。退之肥而寡髯。元丰中，以退之从享文宣王庙，郡县所画，皆是熙载。后世不复可辨，退之遂为熙载矣。

注释

①韩退之：韩愈（768—824），字退之，河阳（今属河南）人。唐代大

文学家。官至吏部侍郎，世称韩文公，又称韩吏部。卒追赠礼部尚书，谥号文。

②韩熙载（902—970）：字叔言，潍州北海（今山东潍坊）人。仕南唐，官至中书侍郎，卒追赠古仆射，谥号文靖。

译文

世人画的韩愈像，面部小而且有漂亮的胡子，戴着纱帽。其实这画的是南唐的韩熙载罢了，如今还有当时的画可以做证，画上的题记说得很清楚。韩熙载的谥号是文靖，南唐人也称他为韩文公，因此大家就误以为是韩愈。韩愈胖而且胡须很少。元丰年间，韩愈获准配享孔庙，各郡县所画的韩愈像其实都是韩熙载。后世无法辨认，韩愈就成了韩熙载的样子了。

原文

今之数钱，百钱谓之陌者，借“陌”字用之，其实只是佰字，如什与伍耳。唐自皇甫镈为垫钱法①，至昭宗末，乃定八十为百。汉隐帝②时，三司使王章③每出官钱，又减三钱，以七十七为百，输官仍用八十。至今输官钱有用八十陌者。

注释

①皇甫镈（bó）（？—820）：唐中期官员。贞元年间，中进士，拜监察御史，三迁司农卿，迁吏部员外郎、判度支，善于理财，颇得赏识。后改户部侍郎，官至同中书门下平章事，因进宪宗药致宪宗崩，被贬为崖州司户参军，卒于贬所。垫钱法：实际开支少于百钱时，仍以百钱计，称为“垫陌”，宋时称“省陌”。

②汉隐帝：五代时后汉君主刘承祐（931—950）。在位三年不到（948—950），被杀国亡。

③王章（？—950）：大名南乐（今河南濮阳）人。于后汉任三司使、检校太傅，隐帝时加检校太尉、同平章事。

译文

现在计钱币之数，称一百文钱为“陌”，只是借用了“陌”这个字，实为“佰”字，就像十钱用“什”字、五钱用“伍”字一样。唐代自皇甫镈起就施行了“垫钱法”，到唐昭宗末期，就规定八十文为一百。后汉隐帝时，三司使王章每次开支国库钱币时，在此基础上又减去了三钱，以七十七钱为一百，但是交纳国库的钱币仍以八十钱为一百。至今也未改变。

原文

《唐书》：“开元钱重二铢四参。”今蜀郡亦以十参为一铢。参乃古之絫[1]字，恐相传之误耳。

注释

①絫（lěi）：古代重量单位，十黍为一絫，十絫为一铢。

译文

根据《旧唐书》记载：“开元时期的钱重二铢四参。”如今蜀郡同样以十参为一铢。参就是古时的“絫”字，大概是因为字形相似而在流传中形成的谬误。

原文

前史称严武为剑南节度使[1]，放肆不法，李白[2]为之作《蜀道难》。按孟棨[3]所记，白初至京师，贺知章[4]闻其名，首诣之，白出《蜀道难》，读未毕，称叹数四。时乃天宝初也，此时白已作《蜀道难》。严武为剑南，乃在至德[5]以后肃宗时，年代甚远。盖小说所

记，各得于一时见闻，本末不相知，率多舛误，皆此文之类。李白集中称“刺章仇兼琼[6]”，与《唐书》所载不同，此《唐书》误也。

注释

①前史：指《新唐书》。严武（726—765）：字季鹰，华州华阴（今陕西华阴）人，历官剑南节度使、检校吏部尚书。

②李白（701—762）：字太白，号青莲居士，绵州昌隆（今四川江油）人。被后人誉为“诗仙”，与杜甫并称为“李杜”。

③孟棨：字初中。乾符二年（875）进士及第，任司勋郎中。著有《本事诗》。

④贺知章（659—744）：字季真，越州永兴（今浙江萧山）人。证圣元年（695）进士及第，授国子四门博士，迁太常博士。历官秘书监，推尊李白。

⑤至德：唐肃宗李亨的年号，756—758 年。

⑥章仇兼琼（？—750）：姓章仇，名兼琼，又以名为字，鲁郡任城县（今山东嘉祥）人，先后任益州长史、剑南节度使兼西川采访制置使，官至户部尚书、殿中监。

译文

《新唐书》上说严武任剑南节度使时，行为放肆而不遵礼法，李白因此作《蜀道难》。根据孟棨的记载，李白刚来到京师，贺知章听闻其名，于是最先前去拜访他，李白拿出《蜀道难》给他，贺知章尚未读完就连连称赞。当时是天宝初年，可见这时李白已经创作了《蜀道难》。严武任剑南节度使是在唐肃宗至德年间以后，两者的年代相距甚远。应该是小说家所记载，都出于各自的一时见闻，并不了解事情的本末，所以存在很多错误，就像李白的这种情况。李白的文集中称《蜀道难》是指斥章仇兼琼的，但这和《唐书》的记载有很大出入，大概是《唐书》的记载有误。

原文

旧《尚书·禹贡》云："云梦土作乂[①]。"太宗皇帝时，得古本《尚书》，作"云土梦作乂"，诏改《禹贡》从古本。余按，孔安国[②]注："云梦之泽在江南。"不然也。据《左传》："吴人入郢，楚子涉睢[③]济江，入于云中。王寝，盗攻之，以戈击王，王奔郧。"楚子自郢西走涉睢，则当出于江南，其后涉江入于云中，遂奔郧，郧则今之安陆州。涉江而后至云，入云然后至郧，则云在江北也。《左传》曰："郑伯如楚[④]，王以田江南之梦。"杜预[⑤]注云："楚之云、梦，跨江南北。"曰"江南之梦"，则云在江北明矣。元丰中，余自随州道安陆[⑥]，于入汉口，有景陵主簿郭思者，能言汉、沔间地理[⑦]，亦以谓江南为梦，江北为云。余以《左传》验之，思之说信然。江南则今之公安、石首、建宁[⑧]等县，江北则玉沙、监利、景陵等县[⑨]，乃水之所委[⑩]，其地最下。江南二浙[⑪]，水出稍高，云方土而梦已作乂矣，此古本之为允。

注释

①云梦：古代的泽薮名。土作乂：按传统的解释，云梦泽中有部分高地的土露出了水面，水退时可以耕作。

②孔安国：西汉学者，孔子后裔。魏晋以后流传的《尚书》中有旧注，传说为孔安国所作，其实是托名，这些注文并非出于孔安国之手。

③睢：今湖北西部的沮水。

④郑伯如楚：指郑简公出使楚国。事在鲁昭公三年（前539）。

⑤杜预（222—285）：字元凯，京兆杜陵（今陕西西安东南）人。魏晋政治家、军事家、学者。所撰《春秋左氏经传集解》，是最早的现存《左传》注解。

⑥余自随州道安陆：元丰五年（1082），沈括被贬为均州团练副使，随州安置。

⑦汉、沔（miǎn）间：泛指今汉水与长江汇集的地区。古代统称汉水为

沔水，或者称汉水汇入后的长江为沔水。

⑧建宁：在今湖北监利西南。

⑨玉沙：在今湖北沔阳东南。景陵：今属湖北省天门市。

⑩委：聚，此处指水流汇集。

⑪二浙：南宋吴曾《能改斋漫录》引作“上浙”，一说当为“之浙”传抄之误，一说当为“上浙”传抄之误，句意为江南的地势略微高一些。

译文

旧本《尚书·禹贡》记载着：“云梦土作乂。”本朝太宗皇帝时，得到一古本《尚书》，写作“云土梦作乂”，于是下诏将现存本《禹贡》篇的这五个字改从古本。根据我的考证，孔安国注称：“云梦之泽在江南。”实际上是不准确的。据《左传》的记载：“吴国人侵犯了郢地，楚王便涉过雎水，又涉过长江，逃到了云泽。楚王在泽中睡觉的时候，遭到盗贼的攻击，盗贼用戈行刺楚王，于是楚王又逃奔到郧地。”楚王自郢西出逃，涉过雎水后，那么应该先逃到了长江以南，而后渡江到了云泽，又从云泽奔至郧地，那么郧应该是现在的安陆州。渡过长江而后才到云泽，进入云泽而后到郧，所以很显然云泽的位置必定就在长江以北。《左传》上又说：“郑伯访问楚国，楚王和他一起在长江以南的梦泽打猎。”杜预注说：“楚国的云、梦二泽，横跨了长江南北。”称“江南的梦泽”，那么很显然云泽就在长江以北。元丰年间，我从随州借道安陆，抵达汉口，这儿有一个做景陵主簿的，名叫郭思，通晓汉水一带的古今地理，他也认为梦泽在长江以南，云泽在长江以北。我用《左传》加以验证，得出的结论证明他说的是对的。长江以南是现在的公安、石首、建宁等县，长江以北是玉沙、监利、景陵等县。这一带是众多河流汇集的地方，地势最为低下。长江以南的地势稍微高一些，所以说云泽才露出一些土地，而梦泽的土地已经开始耕作了，所以古本《尚书》的记载更为准确。

乐律一（选自卷五）

原文

吾闻《羯鼓录》[1]序羯鼓之声云："透空碎远，极异众乐。"唐羯鼓曲，今唯有邠州[2]一父老能之，有《大合蝉》《滴滴泉》之曲。余在鄜延时，尚闻其声。泾原承受公事杨元孙因奏事回，有旨令召此人赴阙。元孙至邠，而其人已死，羯鼓遗音遂绝。今乐部中所有，但名存而已，"透空碎远"了无余迹。唐明帝与李龟年[3]论羯鼓云："杖之弊者四柜。"用力如此，其为艺可知也。

注释

①《羯（jié）鼓录》：唐人南卓撰，记载盛行于唐开元、天宝年间的羯鼓及有关逸事。

②邠（bīn）州：今陕西彬县。

③李龟年：玄宗时乐工。

译文

我听说《羯鼓录》中叙述羯鼓的声音，说它："穿透高空，细长悠远，与其他乐器的声音大不相同。"唐代的羯鼓曲，现在只有邠州一位老人能够演奏，有《大合蝉》《滴滴泉》等曲子。我在鄜延时，还听过他演奏的乐曲。泾原承受公事杨元孙因入朝报告公务，带回圣旨命令这个人去朝廷。杨元孙到邠州时，那个人已经死了，羯鼓曲的遗音就灭绝了。现在乐部收藏的羯鼓曲，只是名目还存在罢了，那"穿透高空，细长悠远"的声音已完全没有余迹了。唐明皇与李龟年谈论羯鼓时，说道："用坏的鼓槌装了四个柜子。"用力这样大，那种技艺是可以想见的了。

原 文

唐之杖鼓[1]，本谓之"两杖鼓"，两头皆用杖。今之杖鼓，一头以手拊之，则唐之"汉震第二鼓"也，明帝、宋开府[2]皆善此鼓。其曲多独奏，如鼓笛曲是也。今时杖鼓，常时只是打拍，鲜有专门独奏之妙，古典悉皆散亡。顷年王师南征[3]，得《黄帝炎》一曲于交趾，乃杖鼓曲也。"炎"或作"盐"。**唐曲有《突厥盐》《阿鹊盐》。施肩吾[4]诗云："颠狂楚客歌成雪，媚赖吴娘笑是盐。"盖当时语也。今杖鼓谱中有炎杖声。**

注 释

①杖鼓：杖击之鼓。此实指羯鼓，唐时羯鼓俗称"杖鼓"或"两杖鼓"。

②宋开府：指宋璟（663—737）。开元初宰相，因位至开府仪同三司，故称宋开府。雅善羯鼓，常与玄宗讨论。

③王师南征：指熙宁九年（1076），官军征交趾之事。

④施肩吾（780—861）：字希圣，睦州分水（今属浙江）人。唐元和年间进士，并被钦点为状元。后来隐居不仕。

译 文

唐代的杖鼓，本来叫作"两杖鼓"，演奏时两头都用杖敲打。现在的杖鼓在一头用手拍击，那是唐代的"汉震第二鼓"，唐明皇、宋璟都善于演奏这种鼓乐。它的乐曲大多是独奏，如鼓笛曲就是这样的。今天的杖鼓，常常只用来打打节拍，很少有专门独奏的美妙，从前的曲目全都散佚了。近年皇家大军南征，在交趾得到一支曲子《黄帝炎》，竟是杖鼓曲。"炎"又作"盐"。唐代的杖鼓曲还有《突厥盐》《阿鹊盐》。施肩吾的诗写道："颠狂楚客歌成雪，媚赖吴娘笑是盐。"这说的是当时的情况，那时鼓曲又被称作"盐"。现在的杖鼓曲谱中，还有"炎杖声"的名目。

原文

元稹[①]《连昌宫词》有“逡巡大遍凉州彻”。所谓“大遍[②]”者，有序、引、歌、䵘、嚾、哨、催、攧、衮、破、行、中腔、踏歌之类，凡数十解[③]，每解有数叠[④]者。裁截用之，则谓之“摘遍。”今人大曲，皆是裁用，悉非“大遍”也。

注释

①元稹（779—831）：字微之，别字威明，河南府东都洛阳（今河南洛阳）人，唐朝著名诗人、文学家。贞元九年（793）明经及第，贞元十八年（802）中书判拔萃科，授秘书省校书郎。晚年官至武昌节度使等职，死后追赠尚书右仆射。

②大遍：乐曲的一套。每套大曲由数遍组成，凡完整演唱各遍的，称大遍。

③解：大曲中的段落。

④叠：曲调重复部分，与重唱、重奏类似。

译文

元稹的《连昌宫词》中有句“逡巡大遍凉州彻”。所谓的“大遍”，共有序、引、歌、䵘、嚾、哨、催、攧、衮、破、行、中腔、踏歌之类，大概几十段，每段有几叠。倘若截取一节来演奏就叫作“摘遍”。现在人们的大曲，全是节选，都不是“大遍”了。

原文

鼓吹部有拱辰管，即古之叉手管。太宗[①]皇帝赐今名。

注释

①太宗：依据《宋史》的记载，应当为宋太祖。

译文

鼓吹乐部中存在拱辰管，就是古代的叉手管。现在的名称是由太祖皇帝赐予的。

原文

边兵每得胜回，则连队抗声凯歌，乃古之遗音也。凯歌词甚多，皆市井鄙俚之语。余在鄜延[①]时，制数十曲，令士卒歌之，今粗记得数篇。其一："先取山西十二州，别分子将打衙头[②]。回看秦塞低如马，渐见黄河直北流。"其二："天威卷地过黄河，万里羌人尽汉歌。莫堰横山倒流水[③]，从教西去作恩波。"其三："马尾胡琴随汉车，曲声犹自怨单于。弯弓莫射云中雁，归雁如今不记书。"其四："旗队浑如锦绣堆，银装背嵬打回回[④]。先教净扫安西路，待向河源饮马来。"其五："灵武西凉不用围，蕃家总待纳王师。城中半是关西种，犹有当时轧吃根勿反。**儿[⑤]。"**

注释

①鄜延：治所在延州（后升延安府，今延安市）。

②子将：小将。唐武官名，隶属于大将之下。掌分列列阵、金鼓及部署卒伍。衙头：敌军指挥部。一说为衙头山，在今甘肃渭南。

③堰：堵塞。横山：北宋与西夏争夺之地。

④背嵬：一种圆形盾牌，一说为古代大将的亲随军。回回：回纥兵。

⑤轧吃儿：汉人的后代。

译文

每当边塞战士凯旋，整个队伍就会大声地唱凯歌，这是自古遗留下来的习俗。凯歌的词非常多，全是市井鄙俗的话语。我在鄜延时，曾经创作了几十首凯歌，让士兵歌唱，至今还大概记得几篇。其一："先取山西十二州，别分子将打衙头。回看秦塞低如马，渐见黄河直北流。"其二："天威卷地过黄河，万里羌人尽汉歌。莫堰横山倒流水，从教西去作恩波。"其三："马尾胡琴随汉车，曲声犹自怨单于。弯弓莫射云中雁，归雁如今不记书。"其四："旗队浑如锦绣堆，银装背嵬打回回。先教净扫安西路，待向河源饮马来。"其五："灵武西凉不用围，蕃家总待纳王师。城中半是关西种，犹有当时轧吃根匆反。儿。"

原文

《柘枝》[①]旧曲，遍数[②]极多，如《羯鼓录》所谓《浑脱解》之类，今无复此遍。寇莱公[③]好《柘枝舞》，会客必舞《柘枝》，每舞必尽日，时谓之"柘枝颠"。今凤翔有一老尼，犹是莱公时柘枝妓，云："当时《柘枝》，尚有数十遍。今日所舞《柘枝》，比当时十不得二三。"老尼尚能歌其曲，好事者往往传之。

注释

①《柘枝》：古代的一种乐舞名称。其舞原为女伎二人对舞，宋代发展为多人舞队，称"柘枝队"。

②遍数：指乐曲的章节。又称"解数"，"一解"即"一遍"。

③寇莱公：寇準（961—1023），字平仲，华州下邽（今陕西渭南北）人。太平兴国五年（980）进士，官至宰相，封莱国公。卒追赠中书令，谥号忠愍。

译文

《柘枝》曲原来的章节很多，如《羯鼓录》所记录的《浑脱解》之类，现在不再有这一段了。寇莱公喜好《柘枝舞》，会见客人一定要跳这种舞，而且每次一舞就是一整天，当时的人说他是“柘枝颠”。如今凤翔有一位老尼姑，还是寇莱公时柘枝舞队的女伎，说：“当时的《柘枝舞》有几十个章节。今天所舞的《柘枝》，比起当时来已不到十分之二三。”老尼姑还能唱那些曲子，喜好的人往往互相传唱。

原文

古之善歌者有语，谓当使“声中无字，字中有声”。凡曲，止是一声清浊高下如萦缕耳，字则有喉、唇、齿、舌等音不同。当使字字举本皆轻圆，悉融入声中，令转换处无磊块，此谓“声中无字”，古人谓之“如贯珠”，今谓之“善过度”是也。如宫声字而曲合用商声，则能转宫为商歌之，此“字中有声”也，善歌者谓之“内里声”。不善歌者，声无抑扬，谓之“念曲”。声无含韫，谓之“叫曲”。

译文

古代擅长唱歌的人说，唱歌时应当做到“声中无字，字中有声”。所有乐曲，都只不过是清浊高低不同的一种连贯曲折的声音而已，如同缠绕的丝线，而吐字则有喉、唇、齿、舌等发音部位的不同。唱歌时要使每个字都发自本部位且从头到尾都轻松圆润，完全融入乐声之中，使声音转换处没有障碍，这就叫作“声中无字”，古人称这种唱法为“如贯珠”，也就是今人所谓的“善过度”。如宫声的字而曲调应该用商声，那么就要转换宫音而用商宫来唱，这就是“字中有声”，擅长唱歌的人称这样的发声为“内里声”。不擅长歌唱的人，声音没有恰当的抑扬顿挫，称为“念曲”。声音过于浅直而不够含蓄蕴藉，就成了“叫曲”。

原文

五音：宫、商、角为从声，徵、羽为变声。“从”谓律从律，吕从吕；“变”谓以律从吕，以吕从律。故从声以配君、臣、民，尊卑有定，不可相逾；变声以为事、物，则或遇于君声无嫌[1]。六律为君声，则商、角皆以律应，徵、羽以吕应。六吕为君声，则商、角皆以吕应，徵、羽以律应。**加变徵，则从、变之声已渎矣。隋柱国郑译始条具七均**[2]**，展转相生，为八十四调，清浊混淆，纷乱无统，竞为新声。自后又有犯声、侧声、正杀、寄杀、偏字、傍字、双字、半字之法**[3]。**从、变之声，无复条理矣。**

注释

①无嫌：没有妨碍。

②柱国：隋代勋级，正二品。郑译（540—591）：字正义，于北周为柱国，入隋为上柱国，通音律，开皇年间曾参与制定雅乐。

③犯声：在既定的音调中改换音声，使得其他的音调被侵犯。侧声：依靠正调演奏另外的乐调。杀：杀声，乐调的结束音。

译文

五音中宫、商、角为从声，徵、羽为变声。所谓“从”就是以律音从律音，吕音从吕音；所谓“变”就是以律音从吕音，以吕音从律音。因此从声能与君、臣、民相配合，他们尊卑有一定的规矩，不能相互逾越；变声则能与事、物相配合，就算遇到君声也没有妨碍。以六律为君声，则商声、角声都以律声相应，徵声、吕声则都以吕声相应。以六吕为君声，则商声、角声都以吕声相应，徵声、羽声则都以律声相应。后来又加上变徵，则从、变的顺序已经混乱了。隋朝柱国郑译最开始确定七音，并配合于十二律，形成了八十四调。从此清音、浊音混淆，杂乱没有系统，人们竞相演奏新声。此后又出现了犯声、侧声、正杀、寄杀、偏字、傍字、双字、半字之法。从声、变声彻底失去条理了。

原文

外国之声，前世自别为四夷乐。自唐天宝十三载[1]，始诏法曲与胡部合奏[2]。自此乐奏全失古法，以先王之乐为雅乐，前世新声为清乐，合胡部者为宴乐。

注释

①天宝十三载：754 年。

②法曲：乐曲种类，源于清商乐，后来融入了胡化或佛道化的乐曲，如《秦王破阵乐》《霓裳羽衣曲》等。胡部：少数民族的乐曲。

译文

中原以外的音乐，从前各朝代都单独奏为四夷乐。自天宝十三载起，下诏命法曲与胡乐合奏。从此音乐演奏完全丧失了古法，把先王之乐称为雅乐，汉魏六朝的新作乐称为清乐，结合少数民族的乐曲的称为宴乐。

原文

古诗皆咏之[1]，然后以声依咏以成曲，谓之协律。其志安和[2]，则以安和之声咏之；其志怨思，则以怨思之声咏之。故治世之音安以乐，则诗与志、声与曲，莫不安且乐；乱世之音怨以怒，则诗与志、声与曲，莫不怨且怒。此所以审[3]音而知政也。诗之外又有和声[4]，则所谓曲也。古乐府皆有声有词，连属书之。如曰贺贺贺、何何何之类，皆和声也。今管弦之中缠声[5]，亦其遗法也。唐人乃以词填入曲中，不复用和声。此格虽云自王涯[6]始，然贞元、元和之间，为之者已多，亦有在涯之前者。又小曲有“咸阳沽酒宝钗空”之句，云是李白所制，然李白集中有《清平乐》词四首，独欠是诗，而《花间集》[7]所载“咸阳沽酒宝钗空”，乃云是张泌[8]所为，

莫知孰是也。今声词相从[9]，唯里巷间歌谣，及《阳关》《捣练》之类，稍类旧俗。然唐人填曲，多咏其曲名，所以哀乐与声尚相谐会。今人则不复知有声矣，哀声而歌乐词，乐声而歌怨词。故语虽切而不能感动人情，由声与意不相谐故也。

注释

①古诗皆咏之：古代的诗歌都能用来吟唱。

②安和：安详平和。

③审：仔细研究，考察。

④和（hè）声：歌曲中的补腔，常用衬字代表，如“贺贺贺”“何何何”等。

⑤缠声：古代歌曲中的虚声，用于弦、管演奏的称“缠声”，即乐调中重叠的和声。

⑥王涯（764—835）：唐代宰相，字广津，太原祁（今山西祁县）人。

⑦《花间集》：后蜀赵崇祚编纂，收录了温庭筠、韦庄等十八位花间词人的作品。

⑧张泌（bì）：字子澄，淮南（今江苏扬州）人。五代南唐词人，花间词派代表人物之一。

⑨相从：紧密结合，协调统一。

译文

古代的诗歌都是可以吟咏的，然后以吟咏抑扬顿挫的韵律而谱成曲子，称为协律。当诗歌用来表达安逸平和的情感时，就用安逸平和的声调来歌咏；表达哀怨愁思的情感时，就用哀怨愁思的声调来歌咏。所以太平盛世的音乐安逸欢乐，诗歌与情感所表达的思想内容、声音与曲调所表达的思想情感，无不安逸而欢乐；动乱年代的音乐哀怨愤懑，所以诗歌与情感所表达的思想内容、声音与曲调所表达的思想情感，无不哀怨且愤懑。这就是所谓的通过仔细体会音乐来了解当时的政治情形。诗之外又有所谓的和声，就是曲了。古乐府都是既有和声又有词句的，连起来记录在一起。如“贺贺贺”“何何何”之类的，都是和声。如今演奏乐曲时的缠声，也是从和声中流传下来的。唐人才把词句填入乐曲中，不再用和声。虽说这种方法自王涯开始流行，然而在贞元、元和年间，用这种方法的人已经很多了，还有一些人从王涯之前就用过。此外，小曲有“咸阳沽酒宝钗空”之句，相传是李白所作，但是李白集中有《清平乐》词四首，唯独没有这首诗，而《花间集》所载“咸阳沽酒宝钗空”，却相传是张泌所为，无法分辨哪种说法是对的。如今曲调与词义能紧密配合的，只有民间歌谣，以及《阳关》《捣练》之类的乐曲，比较接近过去传统的格式。然而唐人填曲时，大多是按照曲名的含义填词的，所以哀乐之情与曲调还能配合得当。现在的人不再懂得曲调，于是拿哀怨的曲调唱欢快的词句，拿欢快的曲调唱哀怨的词句。因此歌词传达的感情和思想虽然深切却不能打动人心，这是曲调与歌意不能搭配一致的缘故。

原文

古乐有三调[①]声，谓清调、平调、侧调也。王建[②]诗云“侧商调里唱伊州”是也。今乐部中有三调乐，品皆短小，其声噍杀[③]，唯道调、小石法曲用之。虽谓之三调乐，皆不复辨清、平、侧声，但比他乐特为烦数耳。

注释

①三调：清商乐中的三调实为清调、平调、瑟调的总称。下文中“侧调”也属于清商乐，未在三调之内。

②王建（765—830）：字仲初，颍川（今河南许昌）人。大历进士，曾任昭应县丞，迁太常寺丞。后出为陕州司马、光州刺史。

③噍（jiào）杀：声音急促，不舒缓。

译文

古代乐部中有三种声调，分别为清调、平调、侧调。这正对应了王建诗中说的“侧商调里唱伊州”。如今乐部中的三调乐，曲子都略微短小，声音激昂急促，使用这类调式的只有道调、小石调这两种法曲。虽然称之为三调乐，但都不能辨清哪个是清调、平调、侧调，不过是比别的音乐的乐调更加繁杂罢了。

原文

唐《独异志》[①]云："唐承隋乱，乐虡[②]散亡，独无徵音。李嗣真[③]密求得之。闻弩营中砧[④]声，求得丧车一铎[⑤]，入振之于东南隅，果有应者。掘之，得石一段，裁为四具，以补乐虡之阙。"此妄也。声在短长厚薄之间，故《考工记》："磬氏为磬[⑥]，已上则磨其旁，已下则磨其端。"磨其毫末，则声随而变，岂有帛砧裁琢为磬，而尚存故声哉。兼古乐宫、商无定声，随律命之，迭为宫、徵。嗣真必尝为新磬，好事者遂附益为之说。既云"裁为四具"，则是不独补徵声也。

注释

①《独异志》：唐李亢撰，主要记述日常所闻，兼记古事，大都与怪异相关。

②乐虡（jù）：悬挂钟、磬之类乐器的木架。

③李嗣真（？—696）：唐代人，字承胄，邢州柏仁（今河北尧隆以西）人。擅长鉴赏美术，精通音律。著有《续画品录》。

④砧：用以切割或砸、捶打东西时垫在下面的石板。

⑤铎：大的铃铛，多用于军旅。

⑥磬：古代以玉或石制成的打击乐器，形似曲尺，悬挂在支架上。

译文

唐代的《独异志》说："唐代是在动荡的隋代的基础上建立起来的，悬挂乐器的支架都零散不全，缺失了能够奏出徵音的乐器。李嗣真暗中访求才找到了它。他听到军营造弩作坊里有捣砧的声音，就找来一个丧车上的大铃铛，跑到弩营的东南角上摇铃，果然传来了回应的声音。从地上挖开后，找到了一块石头，把它切割成四段，以补充缺失的乐器。"这种做法是荒谬的。乐器所发声音的高低取决于本身的长短与薄厚，所以《考工记》说："造磬的人制作磬时，如果磬的声音偏高了就要磨其两侧，声音偏低了就要磨其顶端。"即使做了很细微的打磨，磬的声音都会随之发生变化，哪有把一块锤砧切割成四块以后，还能使它保持原来的声音的。何况古乐中的宫声、商声是没有固定音高的，是随着乐律的变化而决定的，同一音声，律调不同就可以交替宫音、徵音。李嗣真曾经做过新的磬是毋庸置疑的，于是有好事者把此事添油加醋，牵强附会到他身上。既然故事里说他把锤砧“分成四段”，那就不只是补徵音了。

原文

《国史纂异》云：“润州曾得玉磬十二以献，张率更叩其一[1]，曰：‘晋某岁所造也。是岁闰月，造磬者法月数，当有十三，宜于黄钟[2]东九尺掘，必得焉。’从之，果如其言。”此妄也。法月律为磬，当依节气，闰月自在其间，闰月无中气[3]，岂当月律？此懵然[4]者为之也。扣其一，安知其是晋某年所造？既沦陷在地中，岂暇复按方隅尺寸埋之[5]？此欺诞之甚也。

注释

①张率更：据胡道静疑当作“率更令张文成”。率更令，掌宗族礼乐、刑罚、漏刻等的官员。叩：敲打。

②黄钟：编磬中的黄钟磬。

③中气：古代历法中，二十四节气中奇数次序为中气，如冬至、大寒等，偶数次序为节气，如小寒、立春等。中气必在一定的月份，有时一个月中没有中气，就必须加一个月来调整，称为闰月。

④懵然：不理解的样子。

⑤暇：空闲，无事做的时候。方隅：此处指方向。

译文

《国史纂异》中说：“润州以前挖出过十二个玉磬并献给了朝廷，率更令张文成随意敲了一下其中的一个，便说：‘玉磬是晋代某年而制。这一年有闰月，造磬的人依照月数所制，所以本该有十三个，要是从埋有黄钟磬的位置再向东九尺挖掘，肯定可以挖到。’按照他的说法，果真挖到了。”其实这件事很荒唐。依据月律造磬，应当按照节气的变化，而闰月已经在节气当中了，闰月是没有中气的，怎么会与月律相配合呢？这是不明事理的人胡说的。敲了一下其中的一个磬，哪里就能得出是晋代某年而制？既然掩埋在土中，哪里还能有机会按一定的方位尺寸去埋呢？这简直是荒诞到极点。

原文

《霓裳羽衣曲》[①]，刘禹锡诗云："三乡陌[②]上望仙山，归作《霓裳羽衣曲》。"又王建[③]诗云："听风听水作《霓裳》。"白乐天[④]诗注云："开元中，西凉府节度使杨敬述[⑤]造。"郑嵎[⑥]《津阳门诗》注云："叶法善[⑦]尝引上入月宫，闻仙乐。及上归，但记其半，遂于笛中写之。会西凉府都督杨敬述进《婆罗门曲》，与其声调相符，遂以月中所闻为散序[⑧]，用敬述所进为其腔，而名《霓裳羽衣曲》。"诸说各不同。今蒲中逍遥楼楣上有唐人横书[⑨]，类梵字，相传是《霓裳谱》，字训不通，莫知是非。或谓今燕部有《献仙音曲》，乃其遗声。然《霓裳》本谓之道调法曲，今《献仙音》乃小石调耳。未知孰是。

注释

①《霓裳羽衣曲》：唐代法曲名。传自西凉，本名《婆罗门曲》，经玄宗润色而改名。

②三乡陌：一作"三乡驿"。相传唐玄宗于三乡驿楼上望女几山（在今河南宜阳），归而作《霓裳羽衣曲》。

③王建（765—830）：字仲初，颍川（今河南许昌）人。唐后期诗人。

④白乐天：指白居易（772—846），字乐天，祖籍太原（今属山西）。为中唐著名诗人。

⑤杨敬述：开元年间右羽林大将军、凉州都督充河西节度使，曾因御突厥战败被削官爵。

⑥郑嵎（yú）：字宾先，唐宣宗时进士。其《津阳门诗》为七言长句，凡一千四百字，成一百韵。

⑦叶法善（616—720/722）：唐初道士。以道术历事高宗至玄宗五朝，以

至封为越国公。

⑧散序：各种乐器次第发声而尚无节拍的序曲。因无节拍，故不伴舞。

⑨横书：横行书写的字，与汉字传统上的纵行书写不同。

译文

关于《霓裳羽衣曲》，刘禹锡在诗中说："三乡陌上望仙山，归作《霓裳羽衣曲》。"另外王建的诗写道："听风听水作《霓裳》。"白居易在诗的注释中说："开元年间，（此曲由）西凉府都督、节度使杨敬述创作。"郑嵎《津阳门诗》注释中说："叶法善曾经把玄宗皇帝带到月宫，听到了神仙的音乐。到皇上回来，只记得一半了，就用笛子吹出来并记了下来。正好遇见西凉府都督杨敬述献上《婆罗门曲》，与那仙乐的音调相符，就把在月宫中所听到的作为散序，用杨敬述所献的作为旋律，而取名为《霓裳羽衣曲》。"几种说法各不相同。现在蒲中逍遥楼的门楣上有唐代人横写的字，跟梵文相像，相传是《霓裳谱》，因为字义解释不清，没有人知道是不是。有人说现今燕乐部有《献仙音曲》，就是根据它改编传下来的。但《霓裳》本来是道调的法曲，现在的《献仙音》却是小石调。不知哪种说法对。

原文

《虞书》曰："戛击鸣球，搏拊琴瑟以咏，祖考来格[①]。"鸣球非可以戛击，和之至，咏之不足，有时而至于戛且击；琴瑟非可以搏拊，和之至，咏之不足，有时而至于搏且拊。所谓手之、舞之、足之、蹈之，而不自知其然，和之至，则宜祖考之来格也。和之生于心，其可见者如此。后之为乐者，文备而实不足，乐师之志，主于中节奏、谐声律而已。古之乐师，皆能通天下之志，故其哀乐成于心，然后宜于声，则必有形容以表之。故乐有志，声有容，其所以感人深者，不独出于器而已。

注释

①"戛击鸣球"三句：出自《尚书·益稷》。戛，演奏古乐器敔的动作。击，指演奏古乐器柷的动作。鸣球，圆形的玉磬。搏拊，原是一种古乐器，此处指演奏这种乐器的动作。

译文

《尚书·虞书》中记载："戛击鸣球，搏拊琴瑟以咏，祖考来格。"鸣球原本不可以用戛击的方式来演奏，但是演奏时却极其和谐，咏叹还不足以表达感情，有时竟至于对鸣球又戛又击。琴瑟本不可以用搏拊的方式来演奏，但是演奏时极其和谐，咏叹还不足以表达感情，有时竟至于对琴瑟又拍又打。正所谓情不自禁地手舞足蹈，而自己浑然不觉，和谐到了极点，祖先自然就会降临了。和谐产生于内心，手舞足蹈只是表面可见的。后代的乐师，徒有完备的形式而缺少充实的情感，后代乐师的志向只是专注在节奏、声律的规范上而已。古代的乐师，都能与所处时代的人的志向相通，所以他们的哀乐之情出自内心，然后感发为音乐，而且一定有舞蹈将其呈现出来。所以音乐中有情志，声音有感情，古代乐师的音乐之所以感人至深，不只是依靠乐器而已。

原文

《新五代史》书唐昭宗幸华州①，登齐云楼，西北顾望京师，作《菩萨蛮》辞三章，其卒章曰："野烟生碧树，陌上行人去。安得有英雄，迎归大内②中？"今此辞墨本犹在陕州③一佛寺中，纸札甚草草。余顷年过陕，曾一见之，后人题跋多盈巨轴矣。

注释

①《新五代史》：北宋欧阳修著，《二十四史》之一。唐昭宗幸华州：事在唐昭宗乾宁三年（896），凤翔节度使李茂贞发兵逼宫，唐昭宗出奔华州。

华州，今陕西华县一带。

②大内：指皇宫。

③陕州：今河南三门峡一带。

译文

《新五代史》中说，唐昭宗出奔华州，曾登临齐云楼，面朝西北回望京城，作了《菩萨蛮》词三章，最后一章说："野烟生碧树，陌上行人去。安得有英雄，迎归大内中？"现在这词的手迹还在陕州的一座佛寺中，粗糙的纸张，潦草的字迹。我前几年路过陕州，曾经见过一次，后人的题跋倒是多得写满了一大卷轴。

原文

世称善歌者皆曰"郢人"，郢州[①]至今有白雪楼。此乃因宋玉[②]问曰："客有歌于郢中者，其始曰《下里巴人》，次为《阳阿薤露》，又为《阳春白雪》，引商刻羽，杂以流徵[③]。"遂谓郢人善歌，殊不考其义。其曰"客有歌于郢中者"，则歌者非郢人也。其曰"《下里巴人》，国中属而和者数千人；《阳阿薤露》，和者数百人；《阳春白雪》，和者不过数十人；引商刻羽，杂以流徵，则和者不过数人而已。"以楚之故都，人物猥盛，而和者止于数人，则为不知歌甚矣。故玉以此自况，《阳春白雪》皆郢人所不能也。以其所不能者明其俗，岂非大误也？《襄阳耆旧传》[④]虽云："楚有善歌者，歌《阳菱白露》《朝日鱼丽》，和之者不过数人。"复无《阳春白雪》之名。又今郢州，本谓之北郢，亦非古之楚都。或曰：楚都在今宜城界中，有故墟尚在。亦不然也。此鄢[⑤]也，非郢也。据《左传》："楚成王使斗宜申为商公，沿汉泝江，将入郢，王在渚宫下见之。"沿汉至于夏口，然后泝江，则郢当在江上，不在汉上也。又在渚宫下见之，则渚宫盖在郢也。楚始都丹阳，在今枝江，文王[⑥]迁郢，昭王迁都，皆在今江陵境中。杜预注《左传》云："楚国，今南郡江陵县北纪南城也。"谢灵运[⑦]《邺中集》有诗云："南登宛

郢城。”今江陵北十二里有纪南城，即古之郢都也，又谓之南郢。

注释

①郢州：宋代为上州，治长寿（今湖北钟祥）。

②宋玉（约前298—前222）：战国时期楚人，为屈原之后最有名的代表人物，好辞赋。引文出自《对楚王问》。

③引商刻羽，杂以流徵：据罗蔗园，意为引林钟之商加于黄钟之羽上，故曰“刻羽”。大意谓在歌唱时，不是顺着商声下转的次序引入羽声，而是克制羽声，逆转而流入了徵声。实现了转调变音，故而难于演唱。

④《襄阳耆旧传》：晋习凿齿撰，记载襄阳山川地理、人物事迹，今已亡佚。

⑤鄀：在今湖北宜城东南。

⑥文王：楚文王熊赀，公元前689年至前675年在位。

⑦谢灵运（385—433）：原名公义，字灵运，小名客儿，世称谢客。南北朝时期的诗人、文学家。会稽始宁（今浙江绍兴）人，出身陈郡谢氏，世袭为康乐公，世称“谢康乐”。

译文

世人将善于歌唱的人称作“郢人”，至今郢州还有白雪楼。这是因为宋玉曾说过：“有个人在郢州城中放声歌唱，起初唱《下里巴人》，之后唱《阳阿薤露》，然后又唱《阳春白雪》，最后运用转调手法演唱变声。”世人因此就说郢人都擅长歌唱，却从没有考究这段话的真正含义。他说“有个人在郢州城中放声歌唱”，可见唱歌的人不是郢人。他说“唱《下里巴人》时，城里能跟着唱和的有几千人；唱《阳阿薤露》时，能跟着唱和的有几百人；唱《阳春白雪》时，能跟着唱和的不超过几十人；转调变音歌唱时，能跟着唱和的不过几个人而已。”以楚国故都的规模，人口众多，而能跟着唱的仅仅几人，简直太不懂音乐了。因此宋玉借此自况，郢人都不会唱《阳春白雪》。以楚人不会唱的曲子来代表其风俗，难道不荒诞吗？《襄阳耆旧传》虽然说：“楚国有擅长歌唱的人，唱《阳菱白露》《朝日鱼丽》，跟着唱的不过几个人。”但并没有《阳春白雪》的曲名。再说，现在的郢州原本叫作北郢，并非古代楚国的都城。有人说：楚国都城在现在宜城界内，还有以前的遗迹在。这说法也是错误的。宜城的遗迹是鄀，而不是郢。据《左传》：“楚成王命斗宜申为商公，沿着汉水，上溯长江，马上抵达郢城，楚王到渚宫下接见他。”沿汉水到达夏口，然后溯长江而上，那么郢州城应该在长江岸边，不在汉水边上。又在渚宫下接见他，那么渚宫应该是在郢州的。楚国最初在丹阳建都，在今天的枝江，后楚文王迁都到郢，昭王又迁到鄀，都在现在的江陵境内。杜预注《左传》说：“楚国故都，在现在的南郡江陵县北纪南城。”谢灵运《邺中集》中有诗云：“南登宛郢城。”现在的江陵北十二里有纪南城，即楚国的旧郢都，又叫作南郢。

原文

六十甲子有纳音，鲜原其意。盖六十律旋相为宫法也。一律含五音，十二律纳六十音也。凡气始于东方而右行，音起于西方而左行，阴阳相错而生变化。所谓气始于东方者，四时始于木，右行传于火，火传于土，土传于金，金传于水。所谓音始于西方者，五音始于金，左旋传于火，火传于木，木传于水，水传于土。纳音与《易》纳甲同法：乾纳甲而坤纳癸，始于乾而终于坤。纳音始于金，金，乾也；终于土，土，坤也。**纳音之法，同类娶妻，隔八生子，**此《汉志》语也。**此律吕相生之法也。五行先仲而后孟，孟而后季，此遁甲**[①]**三元之纪也。甲子金之仲，**黄钟之商[②]。**同位娶乙丑，**大吕之商。同位，谓甲与乙、丙与丁之类。下皆仿此。**隔八下生壬申，金之孟。**夷则之商。隔八，谓大吕下生夷则也。下皆仿此。**壬申同位娶癸酉，**南吕之商。**隔八上生庚辰，金之季。**姑洗之商。此金三元终。若只以阳辰言之，则依遁甲逆传仲、孟、季。若兼妻言之，则顺传孟、仲、季也。**庚辰同位娶辛巳，**中吕之商。**隔八下生戊子，火之仲。**黄钟之徵。金三元终，则左行传南火也。**戊子娶己丑，**大吕之徵。**生丙申，火之孟。**夷则之徵。**丙申娶丁酉，**南吕之徵。**生甲辰，火之季。**姑洗之徵。**甲辰娶乙巳，**中吕之徵。**生壬子，木之仲。**黄钟之角。火三元终，则左行传于东方木。**如是左行至于丁巳，中吕之宫，五音一终。复自甲午金之仲，娶乙未，隔八生壬寅，一如甲子之法，终于癸亥。**谓蕤宾娶林钟，上生太蔟之类。**自子至于巳为阳，故自黄钟至于中吕皆下生；自午至为亥为**

阴，故自林钟至于应钟皆上生。予于《乐论》[3]叙之甚详，此不复纪。甲子乙丑金，与甲午乙未金虽同，然甲子乙丑为阳律，阳律皆下生；甲午乙未为阳吕，阳吕皆上生。六十律相反，所以分为一纪也。

注释

①遁甲：古代道家预测学。其法以乙、丙、丁为“三奇”，戊、己、庚、辛、壬、癸为“六仪”，分置九宫，以甲统之，故甲可遁于三奇、六仪，视其如临吉凶，以为趋避，称为遁甲。

②黄钟之商：宫相当于中央的土，商相当于西方的金，角相当于东方的木，徵相当于南方的火，羽相当于北方的水。根据胡道静的考察，古代民间有《纳音五行歌诀》，甲午、乙未，壬寅、癸卯，庚戌、辛亥三对属金，为阴纪。甲子、乙丑，壬申、癸酉，庚辰、辛巳三对属金，为阳纪。十二支又能与十二律相配，甲子与黄钟相配、乙丑与大吕相配、壬申与夷则相配、癸酉与南吕相配、庚辰与姑洗相配、辛巳与中吕相配、甲午与蕤宾相配、乙未与林钟相配、壬寅与太簇相配、癸卯与夹钟相配、庚戌与无射相配、辛亥与应钟相配。据《辞海》应为“太簇”，故原文有误。

③《乐论》：依据沈括《上欧阳参政书》中谈及乐律，则《乐论》或成于嘉祐六年（1061）之前。

译文

六十甲子内含纳音之法，很少有人去考究其意义。这实际上就是六十律轮流构成不同调式的方法。一律中有五个音阶，十二律则有六十个音阶。往往气会产生于东方并呈顺时针旋转，音起始于西方并呈逆时针旋转，阴阳交错而发生改变。所谓的气产生于东方，意思是四时从木起，顺时针旋转传于火，继而传于土，继而传于金，最后传于水。所谓的音起始于西方，意思是五音以金为始端，逆时针旋转传于火，继而传于木，继而传于水，最后传于土。纳音之法同于《周易》的纳甲之法：乾纳甲而坤纳癸，从乾起至坤止。纳音以金为始端，金便为乾；以土为终端，土便为坤。纳音之法，就是娶同类律吕作为妻子，隔八位而生子，这是《汉书·律历志》所记载的。这就是律吕相生的方法。五行之中仲在首位，接下来是孟，接下来是季，这就是遁甲三元的次序。甲子为金的仲，黄钟的商音。娶同位的乙丑为妻，大吕的商音。同位，意为甲与乙、丙与丁之类。以下全部以此类推。相隔八位三分损一生壬申，为金的孟。夷则的商声。相隔八位，就是大吕三分损一生夷则。以下全部以此类推。壬申娶同位的癸酉为妻，南吕的商声。相隔八位三分益一生庚辰，为金的季。姑洗的商声。到这是金的三元终结。若仅以阳辰来说，是遵循遁甲的次序，逆时针传过仲、孟、季。若兼顾所娶的同位之妻来说，就是顺时针传过孟、仲、季。庚辰娶同位的辛巳为妻，中吕的商声。相隔八位三分损耗一生戊子，为火的仲。黄钟的徵声。金的三元终止，就逆向传到南方的火。戊子娶同位的己丑为妻，大吕的徵声。生丙申，为火的孟。夷则的徵声。丙申娶同位的丁酉为妻，南吕的徵声。生甲辰，为火的季。姑洗的徵声。甲辰娶同位的乙巳为妻，中吕的徵声。生壬子，为木的仲。黄钟的角声。火的三元终止，都逆向传到东方的木。按照这样的顺序逆向传到丁巳，为中吕的宫声，五音经历一次循环。再以甲午金的仲为始端，娶同位的乙未为妻，相隔八位生壬寅，还像以甲子为始端循环，在癸亥终结。指蕤宾娶同位的林钟为妻，三分益一生太蔟之类。在子至巳为阳，所以自黄钟至中吕全是三分损一；自午至亥为阴，因此自林钟至应钟全部是三分益一。我在《乐论》中说明得十分详尽，在此就不再赘述了。虽然甲子、乙丑的金同于甲午、乙未的金，但甲子、乙丑是阳律，阳律全部是三分损一而生；甲午、乙未为阳吕，阳吕全部是三分益一而生。六十律如此相互对应，因此分为一个循环。

原文

今太常钟镈[1]，皆于甬本为纽[2]，谓之旋虫，侧垂之。皇祐中，杭州西湖侧，发地得一古钟，匾[3]而短，其枚[4]长几半寸，大略制度如《凫氏》所载，唯甬乃中空，甬半以上差小，所谓衡[5]者。予细考其制，亦似有义。甬所以中空者，疑钟𡑞[6]自其中垂下，当衡甬之间，以横括[7]挂之，横括疑所谓旋虫也。今考其名，竹筩[8]之筩，文从竹、从甬，则甬仅乎空。甬半以上微小者，所以碍横括，以其横括所在也，则有衡[9]之义也。其横括之形，似虫而可旋，疑所谓旋虫。以今之钟镈校之，此衡甬中空，则犹小于甬者，乃欲碍横括，似有所因。彼衡、甬俱实，则衡小于甬，似无所因。又以其括之横于其中也，则宜有衡义。实甬直上植之，而谓之衡者何义？又

横括以其可旋而有虫形，或可谓之旋虫。今钟则实其纽不动，何缘得“旋”名？若以侧垂之，其钟可以掉荡⑩旋转，则钟常不定，击者安能常当其隧⑪？此皆可疑，未知孰是。其钟今尚在钱塘，予群从⑫家藏之。

注释

①镈（bó）：形状似钟，现在一般认为镈与钟的不同在于无甬（柄）而有纽、平口、直悬。

②甬：钟顶部的长柄。纽：钟柄的下部有挂钟用的环，环与柄通过纽相连。

③匾：同“扁”。

④其枚：钟面凸起的锥状物，又称钟乳。枚，钟带间的凸起之处。

⑤衡：甬的顶部。

⑥钟縻：悬挂乐钟的绳子。

⑦横括：这里指甬上悬挂钟縻的部件。

⑧竹筩（tǒng）：筩，同“筒”。竹筩即竹筒。

⑨衡：绑在牛角上的横木。

⑩掉荡：摇摆。

⑪隧：指钟被敲打而发声的地方。

⑫群从：指同族的子侄辈。

译文

今天太常寺的钟镈，都在钟柄的下部铸纽，叫作旋虫，在一侧垂着。皇祐年间，从杭州西湖畔下发掘出一口古钟，古钟的外形扁且短，钟枚将近半寸长，大致样式如同《考工记·凫氏》记载的那样，只是钟柄的内部是空的，其上半部分略小，也就是所谓的衡。我仔细考究观察其样式，似乎也有它的道理。钟柄内部之所以是空的，大概是悬挂乐钟的绳子要从它的中间垂下来，并在衡、甬之间，用横括把绳子挂起来，横括应该就是旋虫。现如今考究其各部件的名称，竹筩的“筩”，字从竹、从甬，那么甬有表示空的意思。甬的上半部分略小，是为了能挂住横括，因为横括就在这个部位，因此甬的上半部分又被称作衡。至于横括形似虫又可以旋转，横括应该就是所谓的旋虫。用今天的钟镈做比较，这个古钟的衡和甬内部是空的，所以衡比甬小，是为了挂住横括，似乎有它的原因。现在的衡和甬都是实心的，那么衡比甬小，似乎就没什么道理。又因为古钟的衡是有横括在其中的，所以理应称为衡。而现在钟的衡只是立在实心的甬上，并没有横括横在其中，还称为“衡”有什么意义呢？另外，因为横括可以旋转并且形似虫子，理应可称为“旋虫”。而现在的钟上的纽是固定的无法移动，那么还称为“旋”有什么意义呢？如果把它挂在一侧垂着，钟就会不停地旋转摆动，从而钟的位置不能确定，敲击者又怎么能准确敲击呢？这些都很可疑，无从知晓今昔两种说法哪个是对的。如今那口钟还在钱塘，并收藏在我同族的子弟家中。

原文

海州[①]士人李慎言，尝梦至一处水殿中，观宫女戏毬[②]。山阳[③]蔡绳为之传，叙其事甚详。有《抛毬曲》十余阕，词皆清丽。今独记两阕：“侍燕[④]黄昏晚未休，玉阶夜色月如流。朝来自觉承恩醉，笑倩傍人认绣毬”。“堪恨隋家几帝王，舞裀[⑤]揉尽绣鸳鸯。如今重到抛毬处，不是金炉旧日香。”

注释

①海州：今属江苏省连云港。
②戏毬（qiú）：一种球类的游戏。
③山阳：今属江苏省淮安市。
④燕：通“宴”，宴席。
⑤舞裀（yīn）：指跳舞时所垫的地毯。裀，通“茵”，垫子、地毯。

译文

海州有个叫李慎言的士人，曾在梦中来到了一座傍水的宫殿，观看了宫女的抛球游戏。山阳人蔡绳将这件事记载了下来，叙述得十分详尽。其中就有《抛毬曲》十几首，辞藻清丽。如今只记得其中两首：“侍燕黄昏晚未休，玉阶夜色月如流。朝来自觉承恩醉，笑倩傍人认绣毬”。“堪恨隋家几帝王，舞裀揉尽绣鸳鸯。如今重到抛毬处，不是金炉旧日香。”

原文

《卢氏杂说》[①]："韩皋谓嵇康琴曲有《广陵散》者[②]，以王陵、毌丘俭辈皆自广陵败散[③]，言魏散亡自广陵始，故名其曲曰《广陵散》。"以余考之，"散"自是曲名，如操、弄、掺、淡、序、引之类。故潘岳[④]《笙赋》："缀张女之哀弹，流广陵之名散。"又应璩[⑤]《与刘孔才书》云："听广陵之清散。"知"散"为曲名明矣。或者康借此名以谏讽时事，"散"取曲名，"广陵"乃其所命，相附为义耳。

注释

①《卢氏杂说》：为唐卢言所撰，今已亡佚。

②韩皋（744—822）：字仲闻，京兆长安（今陕西西安）人。元和八年（813），加检校吏部尚书，兼许州刺史，充忠武军节度等使。后入为吏部尚书，兼太子少傅，判太常卿事。长庆元年（821），正拜尚书右仆射，后转左仆射，赠太子太保。谥贞。嵇康（224—263）：字叔夜，谯国铚县（今安徽濉溪）人。官至曹魏中散大夫，世称"嵇中散"，为"竹林七贤"（阮籍、山涛、向秀、刘伶、阮咸、王戎）之一。遭钟会陷害，为司马昭所杀，临刑前从容抚琴奏《广陵散》。

③王陵：当作王凌（172—251），字彦云，太原祁县（今属山西）人。曹魏将领，官拜散骑常侍，出任兖州刺史，因战功受封为宜城亭侯，加封建武将军，转任青州刺史。毌（guàn）丘俭（？—255）：字仲恭，河东闻喜（今属山西）人。封高阳乡侯，魏明帝即位后，升为荆州刺史。

④潘岳（247—300）：一名潘安，字安仁，荥阳中牟（今属河南）人。相传人美姿仪，官至散骑侍郎、给事黄门侍郎，著有《闲居赋》等。

⑤应璩（190—252）：字休琏，东汉汝南南顿（今河南项城）人。文帝、明帝时，历官散骑常侍。曹芳即位，迁侍中、大将军长史。

译文

《卢氏杂说》记载："韩皋说嵇康有琴曲《广陵散》，又因为王陵、毌丘俭等人都在广陵战败而亡，所以说广陵是曹魏灭亡的开端，因此将他的琴曲命名为《广陵散》。”依照我的考证，“散”本就是曲调名，就如同操、弄、掺、淡、序、引之类。所以潘岳的《笙赋》说：“辍张女之哀弹，流广陵之名散。”此外，又有应璩的《与刘孔才书》说：“听广陵之清散。”很显然，“散”就是曲名。或者嵇康借此曲名来讽谏时事，“散”取为曲名，“广陵”取为标题，两者结合就有了一定的意义。

原文

马融《笛赋》云：“裁以当棰[①]便易持。”李善[②]注谓：“棰，马策也。裁笛以当马棰，故便易持。”此谬说也。笛安可为马策？棰，管也。古人谓乐之管为棰，故潘岳《笙赋》云：“修棰内辟[③]，余箫外逶[④]。”裁以当棰者，余器多裁众棰以成音，此笛但裁一棰，五音皆具。当棰之工，不假繁猥，所以便而易持也。

注释

①棰（zhuā）：马鞭。

②李善（630—689）：原籍江夏（今属湖北），后移家江都（今江苏扬州）。先后任录事参军、秘书郎、崇贤馆直学士兼沛王侍读、泾城县令等官职。

③修棰：长管。辟：开。

④余箫：众管。逶：逶迤，蜿蜒曲折，连绵不绝。

译文

马融在《笛赋》中说：“裁以当棰便易持。”李善注道：“棰的意思是马鞭。用笛子当作马鞭，所以简便而易持。”这种说法是错误的。笛子怎么可以当马鞭用呢？棰的意思应当是管子。古人将管乐器的乐管叫作棰，所以潘岳在《笙赋》中说：“修棰内辟，余箫外逶。”所谓的“裁以当棰”，是说别的乐器都需要许多根乐管才可以发出声音，而笛子只需一根乐管就能使五音俱全。制作乐管的工匠也不用经过烦琐的工序，所以才说简便而易持。

原文

笛有雅笛、有羌笛，其形制所始，旧说皆不同。《周礼》："笙师掌教篪篴[①]。"或云："汉武帝时，丘仲始作笛。"又云："起于羌人。"后汉马融所赋长笛，空洞无底，剡[②]其上孔五孔，一孔出其背，正似今之"尺八[③]"。李善为之注云："七孔，长一尺四寸。"此乃今之横笛耳，太常鼓吹部中谓之"横吹"，非融之所赋者。融《赋》云："《易》京君明[④]识音律，故本四孔加以一。君明所加孔后出，是谓商声五音毕。"沈约《宋书》亦云："京房备其五音。"《周礼·笙师》注："杜子春[⑤]云：'篴乃今时所吹五空竹篴。'"以融、约所记论之，则古篴不应有五孔，则子春之说，亦未为然。今《三礼图》画篴，亦横设而有五孔，又不知出何典据。

注释

①篪（chí）：古代一种用竹管制成像笛子一样横吹的乐器，七孔。篴（dí）：同"笛"。

②剡（yǎn）：削。

③尺八：古乐器之一，以长一尺八寸为名。

④京君明（前77一前37）：京房，字君明，东郡顿丘（今河南清丰西南）人。汉元帝时为郎、魏郡太守。通《易》学，师从梁人焦延寿。

⑤杜子春（约前30—约58）：缑氏（今河南偃师南）人。曾师从刘歆学习《周礼》，郑众、贾逵均出其门下。

译文

笛子有雅笛、有羌笛，他们最初的形状、起源、旧说都不同。《周礼》说："笙师负责教授篪篴。"有人说："汉武帝时，丘仲第一个制作了笛。"又有人说："笛起源于羌人。"后汉马融《长笛赋》中所赋的长笛，内部中空而没有底，在竹管上开了五个孔，然后在这些孔所在的背面再开一个孔，如同现在的“尺八”。李善作注说：“七个孔，长一尺四寸。”这就是今天的横笛了，太常寺鼓吹部中称之为“横吹”，不是马融赋中所说的长笛。马融《长笛赋》说：“《易》京君明通晓音律，所以在四孔笛的基础上加上一孔。这一孔是后来才出现的，这就可以说商声五音都具备了。”沈约《宋书》也说：“京房使笛子的五音完备。”《周礼·笙师》注说：“杜子春说：‘篴就是现在吹的五空竹笛。’”以马融、沈约所记述的来讨论，则古笛不应该有五个孔，那么杜子春的说法，也不一定是正确的。今天的《三礼图》画篴，也是横吹而有五个孔，又不知有什么典籍作为依据。

原文

琴虽用桐，然须多年木性都尽，声始发越。予曾见唐初路氏琴，木皆枯朽，殆不胜指，而其声愈清。又常见越人陶道真畜一张越琴，传云古冢中败棺杉木也，声极劲挺。吴僧智和有一琴，瑟瑟徽碧[①]，纹石为轸[②]，制度音韵皆臻妙。腹有李阳冰[③]篆数十字，其略云：“南溟岛上得一木，名伽陀罗，纹如银屑，其坚如石，命工斲为此琴。”篆文甚古劲。琴材欲轻、松、脆、滑，谓之四善。木坚如石，可以制琴，亦所未谕也。《投荒录》[④]云：“琼管[⑤]多乌樠、呿陀，皆奇木。”疑“伽陀罗”即“呿陀”也。

注释

①瑟瑟徽碧：指黑绿色。瑟瑟，形容深绿色。徽，疑当作“霉（黴）”字，指霉变后发黑的颜色。

②纹石为轸：用有花纹的石料做弦柱。轸，琴瑟腹下能够转动以调弦的短柱。

③李阳冰：字少温，谯郡（今安徽亳州）人。唐代文字学家、著名书法家。官至国子监丞，集贤院学士，尤工篆书。

④《投荒录》：宋初以前的著作，撰人未详。多记岭南风物。

⑤琼管：行政区划名，即琼州。宋代称琼管，设琼管安抚都监，治今海南海口。

译文

制作古琴的材料虽然是桐木，但必须用生长多年的桐木，等其木的性质都丧失后，奏出的声音才激扬清越。我曾见过唐代初年路氏所制的琴，木性都已干到将近腐朽了，看上去几乎已承受不住手指的弹拨，而它的声音更加清脆。我还曾经见到越人陶道真收藏的一张越琴，传说是用古墓中腐烂棺材的杉木制作的，声音非常刚劲有力。吴地智和和尚有一张琴，琴的颜色有点儿像霉绿色，用带花纹的石头做弦柱，制作规格和琴的声韵都达到了完美的境地。琴底板上有李阳冰书写的几十个篆字，它的大意是说："在南溟岛上找到了一根木头，名叫伽陀罗，它的木纹如同银屑，坚硬程度如同石头，于是让工匠制作了这张琴。"文字古朴苍劲。制琴的材料要有轻、松、脆、滑的特点，叫作"四善"。木质就像石头那样坚硬，却能够做制琴的材料，这在以前是没人知道的。《投荒录》说："琼州所属地区有很多乌滿木、呿陀树，都是稀有的树木。"我怀疑"伽陀罗"就是"呿陀"。

原文

高邮人桑景舒，性知音，听百物之声，悉能占其灾福，尤善乐律。旧传有虞美人草①，闻人作《虞美人曲》，则枝叶皆动，他曲不然。景舒试之，诚如所传。乃详其曲声，曰："皆吴音也。"他日取琴，试用吴音制一曲，对草鼓之，枝叶亦动，乃谓之《虞美人操》。其声调与《虞美人曲》全不相近，始末无一声相似者，而草辄应之，与《虞美人曲》无异者，律法同管也。其知者臻妙如此。景舒进士及第，终于州县官。今《虞美人操》盛行于江吴间，人亦莫知其如何为吴音。

注释

①虞美人草：丽春花，二年生草本植物，全株被糙毛覆盖，果实较小。春夏开花，花朵艳丽。

译文

高邮人桑景舒，天性精通音律，倾听各种事物发出的声音，都能根据每一种声音来占卜祸福，特别擅长乐律。古代传说有一种虞美人草，一旦听到有人弹奏《虞美人曲》，它的枝叶就会随着颤动，而听别的曲调就不会这样。桑景舒曾试验过，果真如传说中的一样。于是仔细琢磨曲声，说："此曲属于吴音。"后来有一天他取来琴，尝试用吴音制作了一支曲子，并对着虞美人草抚琴弹奏，虞美人草的枝叶便随之颤动，于是将此曲称为《虞美人操》。其声调完全不同于《虞美人曲》，自始至终无一音相似，然而虞美人草听到后就像听到《虞美人曲》时一样随着颤动，这是因为它们具有同样的乐律。桑景舒对音乐的通晓已经达到如此臻妙的地步。他曾考中进士，在州县官任上去世。如今《虞美人操》在江南一带盛行，人们也不知道它为何是吴音。

乐律二（选自卷六）

原文

前世遗事，时有于古人文章中见之。元稹诗有"琵琶宫调八十一，三调弦中弹不出。"琵琶共有八十四调，盖十二律各七均，乃成八十四调。稹诗言"八十一调"，人多不喻所谓。余于金陵丞相家得唐贺怀智《琵琶谱》一册[①]，其序云："琵琶八十四调。内黄钟、太蔟[②]、林钟宫声，弦中弹不出，须管色[③]定弦。其余八十一调，皆以此三调为准，更不用管色定弦。"始喻稹诗言。如今之调琴，须先用管色"合"字[④]定宫弦，乃以宫弦下生徵，徵弦商上，上下相生，终于少商。凡下生者隔二弦，上生者隔一弦取之。凡弦声皆当如此。古人仍须以金石为准，《商颂》"依我磬声"是也。今

人苟简，不复以弦管定声，故其高下无准，出于临时。怀智《琵琶谱》调格与今乐全不同。唐人乐学精深，尚有雅律遗法。今之燕乐，古声多亡，而新声大率⑤皆无法度。乐工自不能言其义，如何得其声和⑥？

注释

①金陵丞相：此处指王安石，因其退居金陵（今江苏南京），故称。贺怀智：晋阳（今山西太原）人。唐玄宗时为宫廷乐队琴师，擅长弹琵琶。

②太蔟：据《辞海》应为“太簇”，故原文有误。

③管色：管乐器的统称。

④“合”字：指古代记谱用字，相当于黄钟。用这些字记录的乐谱称为“工尺谱”。

⑤大率：大致。

⑥和：和谐。

译文

古代的遗文逸事，有时会在古人文章中看到。元稹诗有“琵琶宫调八十一，三调弦中弹不出”之句。琵琶共有八十四调，应该是十二律每一律各有七调，于是形成八十四调。元稹诗称“八十一调”，人们大都不理解是什么含义。我曾在金陵丞相王安石家中看过唐代贺怀智的一册《琵琶谱》，它的序言说：“琵琶有八十四调。而在弦中却弹不出其中的黄钟、太簇、林钟宫声，只能通过调弦才能弹出。剩下的八十一调，全部以这三调为基准，无须再调弦了。”这才从中理解了元稹诗的意思。如同现在的调琴，要先用管乐记谱的方法确定宫弦，再用宫弦下生徵声，用徵弦上生商声，依次相生，一直到确定了少商弦。但凡下生的相隔二弦，上生的就隔一弦取之。所有弦乐的声律都应当这样。古人还需要以金石乐器为定音标准，就是《商颂》所谓的“依我磬声”。今人贪图省事，不再用弦管乐器定音，所以声音的高低就没有标准，都是临时调配。怀智的《琵琶谱》调格和现在的乐律并无相似之处。唐人拥有精深的乐学，还留有古乐的雅律遗法。现在的燕乐，古声大多亡佚，而新声大致上都没有法度。乐工自身都无法说明其中的道理，如何能使他们的音乐和谐呢？

原文

今教坊燕乐，比律高二均弱①。“合”字比太蔟微下②，却以“凡”字当宫声③，比宫之清宫微高。外方乐④尤无法，大体又高教坊一均以来。唯北狄乐声，比教坊乐下二均。大凡北人衣冠文物⑤，多用唐俗，此乐疑亦唐之遗声也。

注释

①比律高二均弱：律，指唐律。均，指音律。

②“合”字：古代记录乐谱时用以代表乐律的字，“合”字代表黄钟，下文“凡”字代表应钟。太蔟：据《辞海》应为“太簇”，故原文有误。此处统一注明，下文不再注释。

③宫声：这里指黄钟清宫。

④外方乐：指当时所谓的“外国之声”。

⑤衣冠文物：指服饰器用。

译文

如今的教坊燕乐，与唐律高二律相比要弱些。黄钟比太簇的音略微低些，再用应钟代替黄钟清宫，于是又比黄钟清宫略微高些。中原以外的音乐特别没有法度，大约又比教坊高一律多。只有北狄的乐声，低于教坊乐二律。大抵北方人的服饰器用多沿用了唐代风俗，大概他们的乐律也是唐代沿袭下来的。

原文

今之燕乐二十八调①，布在十一律，唯黄钟、中吕、林钟三律，各具宫、商、角、羽四音，其余或有一调至二三调，独蕤宾一律都无。内中管仙吕调，乃是蕤宾声，亦不正当本律。其间声音出入，

亦不全应古法。略可配合而已。如今之中吕宫，却是古夹钟宫；南吕宫，乃古林钟宫；今林钟商，乃古无射宫；今大吕调，乃古林钟羽。虽国工亦莫能知其所因。

注释

①二十八调：黄钟宫、黄钟商、黄钟角、黄钟羽、大吕宫、太簇商、太簇角、太簇羽、夹钟商、夹钟角、姑洗角、姑洗羽、中吕宫、中吕商、中吕角、中吕羽、林钟宫、林钟商、林钟角、林钟羽、夷则宫、南吕商、南吕角、南吕羽、无射宫、无射商、无射羽、应钟角的统称。

译文

今天的燕乐二十八调，都排布在十一律中，仅有黄钟、中吕、林钟这三律，各具备宫、商、角、羽四音，其余的律有的只有一调，有的有二三调，唯独蕤宾一律都没有。其中的中管仙吕调是蕤宾声，但也算不上是本律。这二十八调中的音调的高低也有出入，与从前的法制并不一致。只不过勉强可以相配合罢了。比如今天的中吕宫对应的却是古代的夹钟宫；而现在的南吕宫对应的却是古代的林钟宫；现在的林钟商对应的则是古代的无射宫；现在的大吕调对应的是古代的林钟羽。即使是通晓音律的乐工也无法参透其中的缘由。

原文

十二律并清宫，当有十六声。今之燕乐止有十五声，盖今乐高于古乐二律以下，故无正黄钟声，只以“合”字当大吕，犹差高，当在大吕、太蔟之间，“下四”字近太蔟，“高四”字近夹钟，“下一”字近姑洗，“高一”字近中吕，“上”字近蕤宾；“勾”字近林钟，“尺”字近夷则，“工”字近南吕，“高工”字近无射，“六”字近应钟，“下凡”字为黄钟清。“高凡”字为大吕清，“下五”字为太蔟清，“高五”字为夹钟清。法虽如此，然诸调杀声，不能尽

归本律，故有偏杀、侧杀、寄杀、元杀之类。虽与古法不同，推之亦皆有理。知声者皆能言之，此不备载也。

译文

十二律再加上清宫理应有十六声。然而今天的燕乐仅有十五声，也许因为今天的乐律比古乐高二律不到，所以没有准确的黄钟声，只能把“合”字认成大吕，但仍是偏高，本该在大吕、太簇之间，“下四”字接近太簇，“高四”字接近夹钟，“下一”字接近姑洗，“高一”字接近中吕，“上”字接近蕤宾；“勾”字接近林钟，“尺”字接近夷则，“下工”字接近南吕，“高工”字接近无射，“下凡”字接近应钟，“下凡”字实为黄钟清。“高凡”字实为大吕清，“下五”字实为太簇清，“高五”字实为夹钟清。即使法度是这样，但是各种音调的结束音依然无法回归到原本的音律上，因此有了所谓的偏杀、侧杀、寄杀、元杀之类。虽然和古法不一样，推敲起来也有它的道理。凡是精通音律的人都能讲明白，这里就不一一赘述了。

原文

古法，钟磬每虡[①]十六，乃十六律[②]也。然一虡又自应一律，有黄钟之虡，有大吕之虡，其他乐皆然。且以琴言之，虽皆清实[③]，其间有声重者，有声轻者。材中自有五音，故古人名琴，或谓之清徵，或谓之清角。不独五音也，又应诸调。余友人家有一琵琶，置之虚室，以管色[④]奏双调，琵琶弦辄有声应之，奏他调则不应，宝之以为异物，殊不知此乃常理。二十八调[⑤]但有声同者即应；若遍二十八调而不应，则是逸调[⑥]声也。古法，一律有七音，十二律共八十四调。更细分之，尚不止八十四，逸调至多。偶在二十八调中，人见其应，则以为怪，此常理耳，此声学至要妙处也。今人不知此理，故不能极天地至和之声。世之乐工，弦上音调尚不能知，何暇及此？

注释

①虡（jù）：悬挂钟磬的立柱，此处用为动词，即悬挂。

②十六律：十二律加上升八度后位置不变的清黄钟、清大吕、清太簇、清夹钟。

③清实：形容琴声清越不虚。

④管色：通常认为是西域传入的觱（bì）栗，也指对管乐的统称。

⑤二十八调：指上述燕乐二十八调。

⑥逸调：二十八调或八十四调之外的声调。

译文

依据古法，钟和磬通常各挂十六件，也就是十六律。这样每口钟就只对应一个声律，有黄钟律、大吕律等，其他乐器也是如此。权且拿琴来讲，琴声虽然都清越不虚，但其间也有重音和清音。乐器的材质中原本就有五音，所以古人在为琴命名时，有的称为“清徵”，有的叫作“清角”。乐器不仅仅与五音相应，还与各种调式相应。我的一位友人家里收藏着一把琵琶，把它放在空房子里，用管乐吹奏双调的曲子，琵琶的弦就有可以与之相应和的音声，吹奏别的调式就没有应声，友人把它视为宝贝，以为是不寻常的物品，殊不知这其实是音乐上的常理。燕乐的二十八个调式中，只要遇到相同的音声就会有响应；如果将这二十八调全部奏完而它都没有响应，那么这弦的音声就是逸调声。按照古乐之法，一律有七个音，十二律共有八十四个调式。如果再细分起来，调式还不止八十四个，可见逸出的调式极其多样。人们偶然在二十八调中发现有琴弦应和的情况，就以为是怪事，其实只是音乐上的常理罢了，然而这又是声学中最为精微奥妙之处。如今人们不明白这一道理，所以无法穷尽天地间最和谐的天籁。世上的乐工，甚至连弦上的音调都还不了解，又怎能谈得上了解其中的奥妙呢？

象数一（选自卷七）

原文

开元《大衍历法》[1]最为精密，历代用其朔法[2]。至熙宁中考之，历已后天五十余刻[3]，而前世历官皆不能知。《奉元历》[4]乃移其闰朔，熙宁十年，天正[5]元用午时，新历改用子时[6]，闰十二月改为闰正月。四夷朝贡者用旧历，比未款塞[7]。众论谓气至[8]无显验可据，因此以摇新历。事下有司考定，凡立冬晷景[9]，与立春之景相若者也，今二景短长不同，则知天正之气偏也。凡移五十余刻，立冬、立春之景方停[10]。以此为验，论者乃屈。元会[11]使人亦至，历法遂定。

注释

①《大衍历法》：唐代开元年间僧一行所制定的历法。

②朔法：指朔策之法，即推算各月平均长度并用以确定朔日（每月初一）的方法。

③刻：古代计时单位，一昼夜分为一百刻。

④《奉元历》：由提举司天监沈括主持、淮南人卫朴制定的历法。熙宁八年（1075）闰四月颁行，共实行了十八年。

⑤天正：指冬至日的临界时分。旧时历法以此为推算起点。

⑥子时：当今 24 小时制的 23：00～1：00，取中值即为 0：00。

⑦款塞：本义指扣塞门，旧时中原王朝用作周边部族政权及海外诸国来通好或内附的称呼。和“四夷”等词一样，含有蔑视的意味。

⑧气至：犹言节气。至，四至，指冬至、夏至、春分、秋分。

⑨晷景：同“晷影”。古代用晷（日晷）测日影，以日影的角度和长度定时刻。

⑩停：均匀。

⑪元会：元旦日皇帝朝会群臣及外宾的典礼。

译文

开元年间的《大衍历法》是最精密的，每一代都用它的推算朔日（即每月初一）的方法。到熙宁年间考核下来，当时历法的节气比实际天象推迟了五十多刻，但前代的历法官都不知道。《奉元历》改变了原来历法的闰月和朔日的时刻，熙宁十年，冬至原来定的是午时，新历改用子时，闰十二月改为闰正月。四方各族来朝贡的国家都是用的旧历，到期都没有来。大家议论纷纷，认为没有明显的迹象可证明相应节气的到来，想以此来推翻新历。皇帝就把这件事下达给相关主管部门加以考核鉴定，一般情况下，立冬的晷影和立春的晷影长度是相仿的，现在两个节气的晷影长短不同，由此知道冬至节气在历法上与实际有了偏差。要一共移动五十多刻后，立冬和立春的晷影才均匀。用这一点作为验证，原来议论的人才服输。正好元旦朝会时各方使者也按新定的历法日期到了，新历法就确定了下来。

原文

六壬天十二辰[①]：亥曰“登明[②]”，登，避仁宗嫌名。**为正月将；戌曰“天魁”，为二月将。古人谓之合神[③]，又谓之太阳过宫[④]。合神者，正月建寅合在亥，二月建卯合在戌之类。太阳过宫者，正月日躔[⑤]娵訾，二月日躔降娄之类。二说一也，此以《颛帝历》[⑥]言之也。今则分为二说者，盖日度随黄道岁差[⑦]。今太阳至雨水后方躔娵訾，春分后方躔降娄。若用合神，则须自立春日便用亥将，惊蛰便用戌将。今若用太阳，则不应合神；用合神，则不应太阳，以理推之，发课[⑧]皆用月将加正时，如此则须当从太阳过宫。若不用太阳躔次，则当日当时日月、五星、支干、二十八宿，皆不应天行。以此决知须用太阳也。然尚未是尽理，若尽理言之，并月建[⑨]亦须移易。缘日今斗杓昏刻已不当月建，须当随黄道岁差。今**

则雨水后一日方合建寅，春分后四日方合建卯，谷雨后五日方合建辰，如此始与太阳相符，复会为一说，然须大改历法，事事厘正⑩。如东方苍龙七宿，当起于亢，终于斗；南方朱鸟七宿，起于牛，终于奎；西方白虎七宿，起于娄，终于舆鬼；北方真武七宿，起于东井，终于角。如此历法始正，不止六壬而已。

注释

①六壬：古时预测吉凶的方术，与遁甲、太乙合称为“三式”。天十二辰：用以推断吉凶的十二支神，依照阴阳分为十二天神和十二天将，合称十二神将。

②登明：原名“徵明”，后改为“登明”是避宋仁宗讳所致。

③合神：六壬中用以推断吉凶的格局，有干合、支合、行合。此为支合，子与丑合，寅与亥合，卯与戌合，辰与酉合，巳与申合，午与未合。

④太阳过宫：太阳与月亮沿黄道运行一周，每年会合十二次，均有确定的位置，所以分黄道为十二宫，对应十二支，即玄枵（xiāo）对应子，星纪对应丑，析木对应寅，大火对应卯，寿星对应辰，鹑（chún）尾对应巳，鹑火对应午，鹑首对应未，实沉对应申，大梁对应酉，降娄对应戌，娵（jū）訾（zī）对应亥。

⑤躔（chán）：指天体的运转。

⑥《颛帝历》：指《颛顼历》，一般说创制于战国晚年，延续到汉初，以十月为岁首，置闰于年终，一回归年长365又四分之一日。

⑦日度随黄道岁差：由于太阳和月亮的引力作用，使地球自转轴的运动呈圆锥式，环绕一周大约需要26000年，致使冬至点在黄道上西移，称为岁差。它使太阳的恒星年长于回归年，中国由晋代虞喜首次发现，确定冬至点每隔50年后退1°的常数。祖冲之的《大明历》是最早计算岁差的历法。

⑧发课：根据六壬法起课占卜。

⑨月建：亦称“斗建”，古人确定月份是依据初昏时北斗星斗柄所指的部位，如指到“寅”位，称建寅月。但是一段时间后北斗星就会逐渐偏离原来的位置，因此还须校正。

⑩厘正：修正。

译文

六壬的天十二辰中：亥称为“登明”，“登”字是为了避仁宗的讳而改。是正月将；戌称为“天魁”，是二月将。“合神”“太阳过宫”分别是古人对其的称谓。正月建寅而与亥合、二月建卯而与戌合之类就是所谓的合神。而正月太阳运行到娵訾宫，二月太阳运行到降娄宫之类就是所谓的太阳过宫。根据《颛帝历》来说，这两种说法实际上是相同的。如今却分为两说，是因为随着黄道的运行日度产生了岁差。太阳到雨水节气后才运行到娵訾宫，春分节气后才到降娄宫。假使用合神法，就需要自立春日起就用亥将，自惊蛰日起就用戌将。如果用太阳过宫法，就不可以用合神法；用合神法，就不可以用太阳过宫法，根据理论推算，占卜时都要先将天盘、地盘上的月将对准占卜的时辰，这样就只能用太阳过宫法。如果不推算太阳的运行轨道，那么此日此时的日月、五星、支干、二十八宿，都不能与天体的运行规律相符。可见计算时一定要用太阳过宫法。然而这样还是不能完全与天体运行规律相符，如果完全遵循规律的话，加上月建也必须改易。因为如今的斗柄在黄昏时所指的方位与原来的月建已经不相符了，必须依照黄道的岁差加以纠正。现在雨水节气后一日才与建寅相符，春分节气后四日才与建卯符合，谷雨节气后五日才与建辰相符，这样才符合太阳过宫，两种方法得以吻合，但是这样就要较大地修改历法，事事都加以修正。比如东方的苍龙七宿，应该自亢宿起，到斗宿终；南方的朱鸟七宿，应该自牛宿起，到奎宿终；西方的白虎七宿，应该自娄宿起，到舆鬼终；北方的玄武七宿，应该自东井宿起，到角宿终。这样一来历法才正确，不光是六壬的问题。

原文

六壬天十二辰之名，古人释其义曰：“正月阳气始建，呼召万物，故曰登明。二月物生根魁，故曰天魁。三月华叶从根而生，故曰从魁。四月阳极无所传①，故曰传送。五月草木茂盛，逾于初生，故曰胜先。六月万物小盛，故曰小吉。七月百谷成实，自能任持，故曰太一②。八月枝条坚刚，故曰天罡。九月木可为枝干，故曰太冲。十月万物登成，可以会计，故曰功曹。十一月月建在子，君复

其位，故曰大吉。十二月为酒醴[③]，以报百神，故曰神后。”此说极无稽。据义理，余按：登明者，正月三阳始兆于地上，见龙在田，天下文明[④]，故曰登明。天魁者，斗魁第一星也，斗魁第一星抵于戌[⑤]，故曰天魁。从魁者，斗魁第二星也，斗魁第二星抵于酉[⑥]，故曰从魁。斗杓一星建方，斗魁二星建方，一星抵戌，一星抵酉。传送者，四月阳极将退，一阴欲生，故传阴而送阳也。小吉，夏至之气，大往小来，小人道长[⑦]，小人之吉也，故为婚姻酒食之事。胜先者，王者向明而治，万物相见乎此[⑧]，莫胜莫先焉。太一者，太微垣[⑨]所在，太一所居也。天罡者，斗刚之所建也。斗杓谓之刚，苍龙第一星[⑩]亦谓之刚，与斗刚相直。太冲者，日月五星所出之门户，天之冲也。功曹者，十月岁功成而会计也。大吉者，冬至之气，小往大来，君子道长[⑪]，大人之吉也，故主文武大臣之事。十二月子位，北方之中，上帝所居也。神后，帝君之称也。天十二辰也，故皆以天事名之。

注释

①无所传：没有后继。

②太一：原作“太乙”。

③酒醴：甜酒，此处指用于祭祀的酒。

④“见龙在田”二句：引自《易·文言》，指阳气初生，世间万物光彩焕发。

⑤斗魁第一星抵于戌：斗魁为北斗星座，第一星是指天枢星。当北斗星斗柄朝向卯位时，天枢星位于戌位。

⑥斗魁第二星抵于酉：第二星是指天璇星。当北斗星斗柄朝向辰位时，天枢星位于酉位。

⑦“大往小来”二句：引自《易·否卦》爻辞和彖传。

⑧“王者向明而治”二句：引自《易·说卦》。

⑨太微垣：太微垣是三垣的上垣，位于紫微垣之下的东北方，北斗之南。太一是最高天神，一般居于紫微垣，其南宫为太微垣。

⑩苍龙第一星：指位于苍龙七宿之首的角宿。

⑪“小往大来”二句：引自《易·泰卦》爻辞和彖传。

译文

古人解释六壬天十二辰得名的来历说："正月开始产生阳气，召唤世间万物，所以称为登明。二月万物发芽，所以称为天魁。三月万物的花与叶从根部生长出来，所以称为从魁。四月阳气达到极盛，又缓缓衰落，所以称为传送。五月花草树木丰茂，胜过初生，所以称为胜先。六月万物依旧丰茂，所以称为小吉。七月百谷长出果实，并依靠自身的力量去支撑，因此叫太一。八月树枝坚硬，因此叫天罡。九月树木长成材，因此叫太冲。十月万物成长完全，可以考查功劳，因此叫功曹。十一月月建在子位，天帝使原位恢复，因此叫大吉。十二月要制作祭祀的酒，以报答百神，因此叫神后。"这种说法没有丝毫依据。我依据义理之学认为："登明"是说正月时在大地上开始显现三阳之气，阳气初生，天下万物光彩四射，因此叫登明。北斗星的第一星天枢就是"天魁"，当北斗星斗柄指向卯位时，天枢星位在戌位，因此叫天魁。北斗星的第二星天璇是"从魁"，当北斗星斗柄指向辰位时，天枢星位在酉位，因此叫从魁。斗柄表示方位的是一颗星，斗口表示方位的是两颗星，一颗指向戌位，一颗指向酉位。"传送"是说四月阳气盛极将衰时，阴气就开始萌生，也就是迎来阴气而送走阳气。"小吉"指的是夏至之气，阳气离开而阴气到来，小人有好运到来，这是小人吉祥的征兆，因而象征婚嫁酒宴之类的事情。"胜先"是说王者面朝南而治理国家，此时万物都相见，最为繁盛。"太一"指的是太微垣的方位，太一星所居住的处所。斗柄指向方位的星就是"天罡"。"刚"既能代表斗柄，又能代表苍龙七宿的第一星，恰好和斗柄相对。日月五星进出的门户称为"太冲"，天庭的要冲也称为"太冲"。"功曹"是指十月时一年的事情结束而开始考核。"大吉"指的是冬至之气，阴气离开而阳气到来，君子将要实现抱负，是君子吉祥的征兆，所以象征着文武大臣之类的事情。十二月将处于北方的中央位置，那是上帝所居住的处所。神后是帝君的称谓。由于是天十二辰，所以都根据天上的事命名。

原文

六壬有十二神将，以义求之，止合有十一神将。贵人为之主，其前有五将，谓螣蛇、朱雀、六合、勾陈、青龙也，此木火之神在

方左者。方左谓寅、卯、辰、巳、午。**其后有五将，谓天后、太阴、真武、太常、白虎也，此金水之神在方右者。**方右谓未、申、酉、亥、子。**唯贵人对相无物，如日之在天，月对则亏，五星对则逆行避之，莫敢当其对。贵人亦然，莫有对者，故谓之天空。空者，无所有也，非神将也，犹月杀之有月空也**[①]**。以之占事，吉凶皆空。唯求对见及有所伸理于君者，遇之乃吉。**十一将，前二火、二木、一土间之，后当二金、二水、一土间之，真武合在后二，太阴合在后三，合二神差互，理似可疑也。

注释

①月杀、月空：都表示吉凶之意。

译文

六壬共有十二位神将，根据义理推求，应该只有十一位神将。贵人是十一位神将之主，它的前面有五位神将，分别为螣蛇、朱雀、六合、勾陈、青龙，这是在左方的木、火之神。方左分别指寅、卯、辰、巳、午。它的后面有五位神将，分别为天后、太阴、真武、太常、白虎，这是在右方的金、水之神。方右分别指未、申、酉、亥、子。唯独贵人不存在相对的事物，就如同天上的太阳，月亮与它相对就会产生亏损，五星与它相对就会逆行躲避，不敢位于它的对立面上。贵人也是如此，没有和它相对的事物，所以才叫作天空。空就是不存在事物的意思，不是指神将，就如同月杀也有月空一般。以此占卜事情，吉凶全部会落空。只有要求相见并有道理要申诉于君主的人，碰到此象才是吉利的。十一将，两位火将、两位木将在前面，一位土将夹在中间，两位金将、两位水将在后面，一位土将夹在中间，真武应位于后二，太阴应位于后三，如今颠倒了这两位的位置，照理似乎可疑。

原文

天事以“辰”名者为多，皆本于“辰巳”之“辰”，今略举数事：十二支谓之“十二辰”，一时谓之“一辰”，一日谓之“一辰”，日、月、星谓之“三辰”，北极谓之“北辰”，大火①谓之“大辰”，五星中有“辰星②”，五行之时③，谓之“五辰”，《书》曰“抚于五辰”是也，已上皆谓之“辰”。今考子丑至于戌亥谓之“十二辰”者，《左传》云：“日月之会是谓辰。”一岁日月十二会，则“十二辰”也。日月之所舍，始于东方，苍龙角、亢之星起于辰，故以所首者名之。子、丑、戌、亥之月既谓之“辰”，则十二支、十二时皆子、丑、戌、亥，则谓之“辰”无疑也。一日谓之“一辰”者，以十二支言也。以十干言之，谓之“今日”，以十二支言之，谓之“今辰”，故支干谓之“日辰”。日、月、星谓之“三辰”者，日、月、星至于辰而毕见，以其所见者名之，故皆谓之“辰”。四时所见有早晚，至辰则四时毕见，故“日”加“辰”为“晨”，谓日始出之时也。**星有三类：一经星④，北极为之长；二舍星，大火为之长；三行星，辰星为之长，故皆谓之“辰”。**北辰居其所而众星拱之，故为经星之长。大火天王之座，故为舍星之长。辰星日之近辅，远乎日不过一辰，故为行星之长。**五行之时谓之“五辰”者，春、夏、秋、冬各主一时，以四时分属五行，则春、夏、秋、冬虽属木、火、金、水。而建辰、建未、建戌、建丑之月各有十八日属土⑤，故不可以时言，须当以月言。十二月谓之“十二辰”，则五行之时谓之“五辰”也。**

注释

①大火：心宿二（天蝎座α星）。

②辰星：指水星。

③五行之时：指五行与四季相配合。

④经星：旧时对恒星的称呼，因其位置不变，故称为经星。相对于纬星而言。

⑤建辰、建未、建戌、建丑：指的是三月、六月、九月、十二月。

译文

与天相关的事大都以“辰”为名，都本于“辰巳”的“辰”，现在大概举几个例子：十二支叫作“十二辰”，一时叫作“一辰”，一日叫作“辰”，日、月、星叫作“三辰”，北极星叫作“北辰”，心宿二叫作“大辰”，五星之中有“辰星”，五行与四季相配合，叫作“五辰”，就是《尚书》中记载的“抚于五辰”，以上所举的例子中都叫作“辰”。如今考察子丑到戌亥之所以叫作“十二辰”的原因，《左传》说：“日月相会称为辰。”日月每年相会十二次，因此有“十二辰”。日月自东方开始运行，苍龙座的角宿、亢宿自辰开始，所以根据起始的方位来命名。子、丑、戌、亥的月份既然称为“辰”，那么十二支、十二时都是子、丑、戌、亥组成的，叫作“辰”也无疑义。一日叫作“一辰”，是据十二支来说的。依十干来说，叫作“今日”，依十二支来说，叫作“今辰”，所以统称支干为“日辰”。日、月、星叫作“三辰”，是日、月、星到了辰时就一同显现的缘故，依据它们显现的时辰来命名，所以都叫作“辰”。四季中日、月、星一同显现的时间有早有晚，但到了辰时则无论四季都可以见到，所以“日”加“辰”为“晨”，意为太阳初现的时候。星分为三类：第一类是恒星，它们的首领是北极星；第二类是舍星，它们的首领是心宿二；第三类是行星，它们的首领是水星，所以都叫作“辰”。北辰星位于自己的位置，众星都拱卫着它，所以经星的首领是它。心宿二是天王的宝座，所以舍星的首领是它。辰星为太阳的近邻，距太阳不足一辰，所以行星的首领是它。五行搭配四季叫作“五辰”，由于春、夏、秋、冬分别主导一个季节，依据四季分属五行，那么春、夏、秋、冬虽然分别属木、火、金、水。然而三月、六月、九月、十二月分别有十八日属于土，因此不能依季节而言，必须以月份而言。十二月叫作“十二辰”，那么五行与四季相搭配就叫作“五辰”了。

原文

《洪范》“五行”数，自一至五。先儒谓之此“五行生数①”，各益以土数，以为“成数”。以谓五行非土不成，故水生一而成六，火生二而成七，木生三而成八，金生四而成九，土生五而成十，合之为五十有五，唯《黄帝·素问》：“土生数五，成数亦五。”盖水、火、木、金皆待土而成，土更无所待，故止一五而已。画而为图，其理可见。为之图者，设木于东，设金于西，火居南，水居北，土居中央。四方自为生数，各并中央之土，以为成数。土自居其位，更无所并，自然止有五数，盖土不须更待土而成也。合五行之数为五十，则大衍之数②也，此亦有理。

注释

①五行生数：引自《尚书·洪范》。

②大衍之数：指《易·系辞》中记载的“大衍之数五十”。

译文

《洪范》的记载中“五行”的数从一到五。先儒将其称作“五行生数”，各自再把土数加上就是“成数”。意思就是五行缺土不成，所以水始于一而成于六，火始于二而成于七，木始于三而成于八，金始于四而成于九，土始于五而成于十，合并起来为五十五，唯独《黄帝内经·素问》认为：“土生的生数为五，成数也为五。”由于水、火、木、金都需要土才可成就，土则不需要借助其他元素就能成形，所以不过是一个五罢了。画成图之后道理就显而易见了。画好的图是：将木置于东方，将金置于西方，将火置于南方，将水置于北方，将土置于中央。四方各自是生数，分别加上中央的土为成数。土独自位于其中，更没什么需要合并的，自然只有五，因为土无须再与土合并才能成形。将五行的数合并起来为五十，这就是大衍之数，也有它的道理。

原文

揲蓍[1]之法：四十九蓍，聚之则一，而四十九隐于一中；散之则四十九，而一隐于四十九中。一者，道也。谓之无则一在，谓之有则不可取。四十九者，用也。静则归于一，动则惟睹其用，一在其间而不可取，此所谓“大衍之数五十，其用四十有九”。

注释

①揲（shé）蓍（shī）：古代占卜的一种方式。以揲蓍占卜时，用手抽点蓍草茎的数目，以决定吉凶祸福。

译文

采用蓍草来占卜的方法：四十九根蓍草，聚在一起就是一，而四十九便隐含在这个一当中；将其分散运算就是四十九根蓍草，而这个一隐含在四十九当中。一就是道。说它是虚无的，则有这一个整体存在，说它是存在的，却又无法取出。四十九根蓍草就是道的运用。静态时形成一个整体，动态时只能看到它的运用，一在这其中而无法取出，这正是所谓的“大衍之数五十，其用四十有九”。

原文

世之谈数者，盖得其粗迹。然数有甚微者，非恃[1]历所能知，况此但迹而已。至于感而遂通天下之故者[2]，迹不预焉。此所以前知之神，未易可以迹求，况得其粗也。余之所谓甚微之迹者，世之言星者，恃历以知之，历亦出乎亿[3]而已。余于《奉元历序》论之甚详。治平中，金、火合于轸[4]，以《崇真》《宣明》《景福》《明》《崇》《钦天》凡十一家大历步之，悉不合，有差三十日以上者，历

岂足恃哉？纵使在其度，然又有行黄道之里者、行黄道之外者、行黄道之上者、行黄道之下者，有循度者、有失度者、有犯经星者、有犯客星[5]者，所占各不同，此又非历之能知也。又一时之间，天行三十余度，总谓之一宫。然时有始末，岂可三十度间阴阳皆同，至交他宫则顿然差别？世言星历难知，唯五行时日为可据，是亦不然。世之言五行消长者，止是知一岁之间，如冬至后日行盈度为阳，夏至后日行缩度为阴，二分行平度。殊不知一月之中，自有消长。望[6]前月行盈度为阳，望后月行缩度为阴，两弦行平度。至如春木、夏火、秋金、冬水，一月之中亦然。不止月中，一日之中亦然。《素问》云："疾在肝，寅卯患，申酉剧。病在心，巳午患，子亥剧。"此一日之中，自有四时也。安知一时之间无四时？安知一刻、一分、一刹那之中无四时邪？又安知十年、百年、一纪、一会、一元之间[7]，又岂无大四时邪？又如春为木，九十日间，当亹亹[8]消长，不可三月三十日亥时属木，明日子时顿属火也。似此之类，亦非世法可尽者。

注释

①恃：凭靠，依据。

②至于感而遂通天下之故：源自《易·系辞上》，指根据阴阳交感的原理通晓天下万物。

③亿：通"臆"，意为揣测，臆测。

④轸（zhěn）：轸宿。古代星象中二十八宿之一，又名天车，属南方朱雀。

⑤客星：突然显现的发光星体，指天空中的彗星、新星、超新星等不可推算的星象。

⑥望：满月。

⑦一纪：一千五百年为一纪。一会：一万零八百年为一会。一元：十二万九千六百年为一元。

⑧亹（wěi）亹：勤勉不倦貌，此处指无休止地。

译文

世间谈历数的人，大概只是粗浅地认识其表象罢了。而历数中有十分精妙之处，不是依据历法就能知晓的，况且这也只能计算出表象而已。至于依据阴阳交感的原理来贯彻天下万物的变化，就更和表象没有关系了。这是先知神奇的地方，不是轻易就可以循着迹象推求的，更何况只认识到粗略的表象呢。我所谓十分精妙之处，是说世间谈论星象的人，是凭借历法了解的，而历法也不过是出于推测而已。我在《奉元历序》中论述得足够详尽了。治平年间，金星、火星会合于轸宿，用《崇玄》《宣明》《景福》《明天》《崇天》《钦天》等十一家的官方历法推算，结果全部不符合，更有甚者相差超过了三十日，历法难道还可以信赖吗？即使在预期的宿度上，有时又运行在黄道的内外，运行在黄道的上下，有依循法度的，有偏离法度的，有触犯恒星的，有触犯客星的，所占卜的吉凶又各不相同，这又不是历法所能知道的。另外，在一个时辰之间，天体运行了三十几度，总称为一宫。然而时辰有开始有结束，怎么可能在三十度之间阴阳完全相同，到进入另一宫时就忽然有所差别呢？世人说星象、历法难以了解，能作为依据的只有五行配合的四季、月日，这也是错误的。世人说五行的消长，只是在一年之中的变化，比如冬至后太阳的行度增加为阳，夏至后太阳的行度缩减为阴，春分、秋分时太阳行度平衡。竟不知道太阳在一月之中，也有消长变化的现象。在满月以前，月亮的行度增加便是阳，满月以后，月亮的行度缩减便是阴，上弦、下弦时，月亮行度平衡。至于说春属木、夏属火、秋属金、冬属水，在一月之中的变化也是这样的。不仅仅是在一月之中，在一日之中也是这样变化的。《素问》说："疾病在肝，寅卯时犯病，申酉时病情加剧。疾病在心，巳午时发病，子亥病情加剧。"这是说在一日之中自可分成四个不同的时段。那又怎么知道在一时之间没有四个不同时段呢？怎么知道在一刻、一分、一刹那之中没有四个时段呢？又怎么知道在十年、百年、一纪、一会、一元之间，就没有大的四时呢？又例如春属木，在春季的九十天中，应该是无休止地消长变化，不可能三月三十日的亥时还属木，到第二天的子时就立马属火了。像上述情况，也不是世人所掌握的方法可以穷尽的。

原文

历法步岁[1]之法，以冬至斗建所抵，至明年冬至所得辰、刻、衰、秒，谓之“斗分”。故“岁”文从步、从戌。戌者，斗魁所抵也。

注释

①步岁：推算一年的时间。

译文

历法中有推算一年的方法，根据冬至时斗柄所指的方位算起，到第二年冬至时指向同一方位所推算出来的辰、刻、衰、秒，叫作“斗分”。因此“岁”字的偏旁从步、从戌。戌就是斗口上的星所指向的方位。

原文

正月寅、二月卯，谓之建，其说谓斗杓[1]所建，不必用此说。但春为寅、卯、辰，夏为巳、午、未，理自当然，不须因斗建也。缘斗建有岁差，盖古人未有岁差之法。《颛帝历》：“冬至日宿牛初”，今宿斗六度。古者正月斗杓建寅，今则正月建丑矣。又岁与岁合，今亦差一辰。《尧典》曰：“日短星昴[2]。”今乃日短星东壁[3]。此皆随岁差移也。

注释

①斗杓（biāo）：北斗星的斗柄。

②日短星昴：冬至黄昏时，昴宿在天顶。

③东壁：壁宿星。

译文

正月寅、二月卯叫作斗建，此说法是指它们位于北斗星斗柄所指向的方位上，实际上这种说法很没有必要。只说寅、卯、辰为春，巳、午、未为夏即可，因为这是天经地义的，无须根据斗建的理论判定。推算斗建时会出现岁差现象，原来古人还未发现计算岁差的方法。比如《颛帝历》中说："到了冬至太阳驻留在牛宿零度"，而如今到了冬至太阳驻留在斗宿六度。古时到了正月斗柄指向寅位，如今到了正月则指向丑位。再对比每一年应该是吻合的起始点，现如今却也有了一个时辰之差。《尧典》中说："到了冬至黄昏时，昴宿停留在天顶。"如今到了冬至却是壁宿停留在天顶。产生的这些变化全是因为岁差的存在。

原文

《唐书》云："落下闳①造历，自言后八百年当差一算②。至唐，一行僧出而正之。"此妄说也。落下闳历法极疏，盖当时以为密耳。其间阙略甚多，且举二事言之：汉世尚未知黄道岁差，至北齐张子信方候知岁差。今以今古历校之，凡八十余年差一度。则闳之历八十年自已差一度，兼余分疏阔，据其法推气朔五星，当时便不可用，不待八十年，乃曰"八百年差一算"，太欺诞也。

注释

①落下闳（hóng）（前156—前87）：名闳，字长公，巴郡阆中（今属四川）人。中国古代西汉时期的天文学家，《太初历》的主要创立者。

②一算：一度。《太初历》将一日分成八十一分，则一度就是八十一分之一日。

译文

根据《唐书》中的记载："落下闳在编订历法时，自称八百年后应当会有一度之差。直到唐代，才有一行和尚将历法加以修正。"这种说法是错误的。落下闳编订的历法十分粗陋，只不过当时的人们以为精密罢了。此历法中有很多缺漏之处，我姑且拿两个例子来说：汉代人对黄道岁差一无所知，到北齐张子信才知道了岁差。现在依据今古的历法校准，大体上每八十多年有一度之差。那么落下闳所编订的历法经过八十年时就已经有一度之差了，再加上它的取值大于实际，依照他的历法来推算节气、朔望、五星运行，在当时就无法使用了，根本不用等到八十年，而他却说"每八百年相差一度"，这简直太荒唐了。

原文

天文家有浑仪[①]，测天之器，设于崇台，以候垂象[②]者，则古玑衡[③]是也。浑象[④]，天之器，以水激之，或以水银转之，置于密室，与天行相符，张衡[⑤]、陆绩所为，及开元中置于武成殿者，皆此器也。皇祐中，礼部试《玑衡正天文之器赋》，举人皆杂用浑象事，试官亦自不晓，第[⑥]为高等。汉以前皆以北辰[⑦]居天中，故谓之极星，自祖亘[⑧]以玑衡考验天极不动处，乃在极星之末[⑨]犹一度有余。熙宁中，余受诏典领历官，杂考星历，以玑衡求极星。初夜在窥管中，少时复出，以此知窥管小，不能容极星游转，乃稍稍展窥管候之。凡历三月，极星方游于窥管之内，常见不隐，然后知天极不动处，远极星犹三度有余。每极星入窥管，别画为一图。图为一圆规[⑩]，乃画极星于规中。具初夜、中夜、后夜所见各图之，凡为二百余图，极星方常循圆规之内，夜夜不差。余于《熙宁历奏议》中叙之甚详。

注释

①浑仪：又称浑天仪，古代观测天体位置的仪器。摹写日月星辰于“天盘”上，下设可转动的四游仪以观测，类似现在从地球上观测天空景象的天象仪。

②垂象：指显现的星象。星象附丽于天而下投，古人习称“天垂象”。

③玑衡：璇玑玉衡，浑天仪的前身。后人有时仍用以指浑天仪。

④浑象：类似现在的天球仪，即将假设的天球模型化，从“天外”俯视天球及其附丽的天象。

⑤张衡（78—139）：字平子，东汉南阳西鄂（今河南南阳石桥镇）人。著名科学家、文学家。曾任太史令，制造浑天仪、地动仪等。

⑥第：次第。此用为动词，指录取排序。

⑦北辰：北极星，古人习称极星。古人言“极”是指天极，言“极星”则指天极区的代表星，然往往会使人误认为二者重合。

⑧祖亘：祖暅（gèng），南北朝著名天文历算家祖冲之之子。

⑨极星之末：指在北极星所在天区的更远端（末端、顶端、尽头）。

⑩圆规：指用圆规画出的正圆形。

译文

天文学家有浑天仪，是观测天体的仪器，安置在高台上用来观察天空中的星象，也就是古代叫作玑衡的东西。浑象，是模拟天体运行的仪器，用水冲击它，或用水银装置为动力转动它，安置在密闭的房子里，使与天体运行的情况相符，张衡、陆绩所造的以及唐代开元年间放置在武成殿的，都是这种仪器。皇祐年间，礼部考试的题目是《玑衡正天文之器赋》，应试的举人都把关于浑象方面的事夹杂在一起乱说一通，主考官自己也不懂，还把这样的举人录取在高等的名次上。汉朝以前，人们都认为北辰星在天空的正中，所以称它为北极星，可自从祖暅用玑衡考察后，才发现真正的极星位置距北极星有一度多的偏差。熙宁年间，我奉诏担任主管历法的官职，曾多方面考察星象和历法，用玑衡观察了北极星。夜晚开始时从窥管中还可看到北极星，过一会儿北极星就转到窥管外面了，因此知道窥管大小不能容纳北极星的运转，于是稍稍扩大窥管再观察它。一共经过三个月，北极星才在窥管范围内运行，再也不移到窥管外了，这才知道天极的不动点是在离北极星三度多的地方。每当北极星进入窥管孔中，我分别将观测到的星相画成一张图。图上有一正圆形，把北极星画在圈中。把初夜、中夜、后夜所见的情况分别画成图，一共画了二百余张，北极星才一直在正圆形内运行，夜夜不差。我在《熙宁历奏议》中对此做了详细的叙述。

原文

古今言刻漏[1]者数十家，悉皆疏谬。历家言晷[2]漏者，自《颛帝历》至今，见于世谓之大历[3]者，凡二十五家。其步漏[4]之术，皆未合天度[5]。余占天候景[6]，以至验于仪象，考数下漏，凡十余年，方粗见真数，成书四卷，谓之《熙宁晷漏》[7]，皆非袭蹈前人之迹。其间二事尤微：一者，下漏家常患冬月水涩，夏月水利，以为水性如此；又疑冰澌所壅[8]，万方理之，终不应法。余以理求之，冬至日行速，天运未[9]期而日已过表，故百刻而有余；夏至日行迟，天运已期而日未至表，故不及百刻。既得此数，然后复求晷景漏刻，莫不泯合。此古人之所未知也。二者，日之盈缩[10]，其消长以渐，无一日顿殊之理。历法皆以一日之气短长之中者[11]，播为刻分[12]，累损益，气初日衰，每日消长常同；至交一气，则顿易刻衰。故黄道有觚而不圆，纵有强为数以步之者，亦非乘理用算，而多形数相诡。大凡物有定形，形有真数。方圆端斜，定形也；乘除相荡，无所附益，泯然冥会者，真数也。其术可以心得，不可以言喻。黄道环天正圆，圆之为体，循之则其妥至均，不均不能中规衡；绝之则有舒有数，无舒数则不能成妥。以圆法相荡而得衰，则衰无不均；以妥法相荡而得差，则差有疏数。相因以求从，相消以求负；从负相入，会一术以御日行[13]。以言其变，则秒刻之间，消长未尝同；以言其齐，则止用一衰，循环无端，终始如贯，不能议其隙。此圆法之微，古之言算者，有所未知也。以日衰生日积，及生日衰，终始相求，迭为宾主。顺循之以索日变，衡别之求去极之度[14]，合散无迹，泯如运规。非深知造算之理者，不能与其微也。其详具余《奏议》，藏在史官，及余所著《熙宁晷漏》四卷之中。

注释

①刻漏：又名“漏刻”，是中国古代的漏水计时器。漏壶主要有泄水型和受水型两类。将浮箭放在漏壶中（泄水型）或者接水容器中（受水型），以标示刻度显示时间。刻，标有刻度的浮箭（标尺）。

②晷：日晷，依据日影推算时间的仪器。

③大历：官方修订的历法。

④步漏：用刻漏测量时刻。步，测量，推算。

⑤天度：此处指天象运行。

⑥候景：观测日影。景，同“影”。

⑦《熙宁晷漏》：此书作于熙宁七年（1074）。

⑧冰澌所壅：流水结冰堵上了漏嘴。

⑨未：原作“已”，《观堂校识》根据清代张文虎所作的《舒艺室杂著》改。

⑩日之盈缩：太阳运行的速度。

⑪一日之气短长之中者：同一节气中每天长短的平均值。

⑫播：划分。刻分：古代一度分为一百刻，一刻就是一百分。

⑬会一术以御日行：通常认为这是唐宋历家所使用的“相减相乘”法，通过不等距的内插法来推算不同季节真太阳日的长短。

⑭去极之度：太阳在黄道上与北极相距的度数。

译文

从古至今讨论刻漏计时的有数十家，说得都有些粗略荒谬。历法家谈日晷和刻漏，从《颛帝历》开始到现在，流行于世上而被称为“大历”的就有二十五家。他们计算刻漏的方法，并不符合天体的运行规律。我花了十余年，观测天象，测量日影，并用浑仪、浑象来校验，考核数据以及操作刻漏，这才粗浅地找到自然的真实规律，并写成了四卷书，称为《熙宁晷漏》，其中的内容完全没有蹈袭前人的说法。当中有二件事尤其微妙：其一，操作刻漏的人时常会因为冬天水流滞涩，夏天水流流畅感到困扰，他们认为水性就是这样；又恐怕冬天结冰会把壶嘴堵住，于是千方百计地调整刻漏，最终还是得不到解决。我依据理论推理，冬至时太阳运行速度较快，观察天象时还不到一天，而观察日晷已过表影，所以一天超过了一百刻；夏至时太阳运行速度迟缓，观察天象时已有一天了，而观察日晷仍没过表影，所以一天就不足一百刻。我得到这些数据之后，再反复校正晷影和漏刻，就无不吻合了。这是古人所不知道的。其二，太阳运行的速度是逐渐变化的，没有在一天之内突然变化的道理。历法上都以一个节气中各天时间长短的平均值均分为刻与分，累积每天的盈余和减少，节气开始时，日差在每天的变化都一样；等进入下一个节气时，就突然改变了日差值。因此就像是黄道有了棱角而不圆了，即使勉强用数值进行运算，其计算也不合理，所以算出来的数据与天体轨道的形状大多不吻合。一般物体都有一定的形状，每种形状都有合乎实际的数值。其方、圆、正、斜都是确定的形状；通过乘除运算，不附加别的参数就能使算出来的形状与数据自然吻合，这才是符合实际的数值。这当中的方法可以意会，但不可言传。黄道是一个围绕天空的正圆，圆这种形体，沿着其轨迹运行则盈缩就极为均匀，不均匀就不能用圆规来度量；不沿着其轨迹运行就有慢快之分，没有慢快就不会出现盈缩。通过圆形算法运算会得到差额，这些差额是均等的；通过盈缩法运算也会得到差额，这些差额大小不等。将这些差额相乘以求积、相减以求差；将积差一并汇总运算，就能得到一种掌握太阳运行的方法。用此方法推算太阳的运行变化，每一时刻的增减都是不相同的；而就太阳运行的一致性而言，只用一个变量就能循环往复，贯彻始终，中间找不到间隙。这就是圆形算法的微妙之处，也是古代算历的人所不了解的。根据日差算日积差，然后反过来求日差，通过互相运算，互为宾主。顺循这种计算就能得出太阳每天的时差变化，根据其差就可以计算太阳距离北极的度数，聚合离散都无不吻合，就如同圆规画圆那样准确。不精通运算方法的人，难以体会其中的微妙。这方面详细的内容我都写在《奏议》里了，现在收藏在史官之处，也记载到了我所著的《熙宁晷漏》四卷之中。

原文

予编校昭文书时，预详定浑天仪。官长问余："二十八宿[①]，多者三十三度，少者止一度，如此不均，何也？"予对曰："天事本无度，推历者无以寓其数，乃以日所行分天为三百六十五度有奇。日平行三百六十五日有余而一期[②]天，故以一日为一度。**既分之，必有物记之，然后可窥而数，于是以当度之星记之。循黄道[③]，日之**

所行一期，当者止二十八宿星而已。度如伞橑[4]，当度谓正当伞橑上者。故车盖二十八弓，以象二十八宿。则余《浑仪奏议》[5]所谓：'度不可见，可见者星也。日月五星之所由，有星焉。当度之画者凡二十有八，谓之舍。舍所以挈度，度所以生数也。'**今所谓'距度星[6]'者是也。非不欲均也。黄道所由当度之星，止有此而已。**"

注释

①二十八宿：中国古代天文学家把天空中可见的星分成二十八组。宿亦作"舍"，意思指停留。二十八宿自角宿起，自西向东排列，各个方位都有七宿，角、亢、氐、房、心、尾、箕为东方苍龙七宿。斗、牛、女、虚、危、室、壁为北方玄武七宿。奎、娄、胃、昴、毕、觜、参为西方白虎七宿。井、鬼、柳、星、张、翼、轸为南方朱雀七宿。

②期：周期。

③黄道：古人观测太阳运行在天球上的路径，即地球的公转轨道平面和天球相交的大圆。

④伞橑：伞骨，与下文的"盖弓"同义。

⑤《浑仪奏议》：宋神宗熙宁七年（1074）七月沈括所写的关于浑仪的奏议。

⑥距度星：二十八宿中被选为测量参考物的星称为距度星。

译文

我在昭文馆编校书籍时，曾参加详细勘定浑天仪的工作。负责的长官问我说："二十八宿之间的距度，最多有三十三度，最少的只有一度，如此不平均，这是什么缘故呢？"我回答道："天体运行本来就没有什么度数的衡量标准，只是推算历法的人没有其他东西进行数据推算，才依据太阳运动的轨道将天空划分为三百六十五度多一点。太阳平均运行三百六十五日多一点为一个周期，所以把太阳每日所运行的路径当作一度。既然将天划分了度数，就一定要有东西做标记，这样才能观测并计算，于是将处于合适方位可以作为分度界点的星体来标记度的位置。太阳循着黄道运行一周，恰当的星体也就仅有这二十八宿星而已。度就如同伞骨，'当度'指的是正处在伞骨上。所以车盖有二十八条伞弓，用来代表二十八星宿。这就是我在《浑仪奏议》中说的：‘度是看不到的，可以看到的是星体。太阳、月亮、五星所经之处都有其他星体存在作为标记。把当度的星画出来，正好可以作为分度界点的有二十八宿，称为“舍”。“舍”就是用来分别和产生度数的。’也就是如今所谓的‘距度星’。不是不想使其均匀分布。而是因为黄道经过的轨道上只有这些星体可以作为分度的标记了。”

原文

又问予以“日月之形，如丸邪？如扇也？若如丸，则其相遇岂不相碍？”[①]余对曰：“日月之形如丸。何以知之？以月盈亏可验也。月本无光，犹银丸，日耀之乃光耳。光之初生，日在其傍，故光侧而所见才如钩；日渐远，则斜照，而光稍满。如一弹丸，以粉涂其半，侧视之，则粉处如钩；对视之，则正圆，此有以知其如丸也。日、月，气也，有形而无质，故相直[②]而无碍。”

注释

①“又问”句：此条文字接上条，故以“又问”开头，内容则别为一题。下条同此。

②直：相遇。

译文

长官又问我：“日月的形状，是像弹丸呢？还是像团扇？假如像弹丸，那它们相遇时难道不相互妨碍吗？”我回答说：“日月的形状像弹丸。怎么知道的呢？用月亮的盈亏可以证明。月亮本来没有光，就像银质的弹丸，太阳照射它才发光啊。光开始出现在月亮上时，太阳在它的侧面，所以光亮显示在月球的侧面而人们看见的月亮像弯钩；太阳渐渐走远，就斜着照在月亮上了，所以月光稍稍变得圆满。就像一个弹丸，用白粉涂上一半，从侧面看它，那么涂上粉的地方就像弯钩一样；从正面看它，就是正圆，凭借这个就知道它们的形状像弹丸。太阳、月亮都是由气构成的，有形状但没有实体，所以相遇时不会相互妨碍。”

原文

又问：“日月之行，日一合一对[①]，而有蚀不蚀，何也?”余对曰：“黄道与月道[②]，如二环相叠而小差。凡日月同在一度[③]相遇，则日为之蚀；正一度相对，则月为之亏。虽同一度，而月道与黄道不相近，自不相侵；同度而又近黄道、月道之交[④]，日月相值，乃相凌掩。正当其交处则蚀而既[⑤]；不全当交道[⑥]，则随其相犯浅深而蚀。凡日蚀，当月道自外而交入于内[⑦]，则蚀起于西南，复于东北；自内而交出于外，则蚀起于西北，而复于东南。日在交东，则蚀其内；日在交西，则蚀其外。蚀既，则起于正西，复于正东。凡月蚀，月道自外入内，则蚀起于东南，复于西北；自内出外，则蚀起于东北，而复于西南。月在交东，则蚀其外；月在交西，则蚀其内。蚀既，则起于正东，复于西。交道每月退一度余，凡二百四十九交而一期。故西天法罗睺、计都[⑧]，皆逆步之，乃今之交道也。交初谓之‘罗睺’，交中谓之‘计都’。”

注释

①一合一对：一次会合，一次正对。天文学上称月亮与太阳的黄经相等为“合”，又称“日月交会”；二者的黄经相差180°则称为“望”，“望”即是“对”。

②月道：天文学上一般称为白道，即月亮的视运动在天球上的轨迹。

③同在一度：按黄道坐标（以黄道为基本圆、以黄极为极点的天文坐标），实指在同一黄经圈（通过极点的经线圈）上。在同一黄经圈上，则黄经度数相等或相差180°。按古人理解，则黄经度数相等或相差180°，都可称为同度。

④黄道、月道之交：此实指黄道平面与白道平面的交线。这一交线在垂

直平面上的投影则为一点。今按通俗理解，仍译为交点。

⑤蚀而既：指日全食或月全食。既，尽。

⑥交道：此实指交点。下文“交道”同此。

⑦月道自外而交入于内：指月亮自黄道以南向北运行，通过黄道与白道的交点而入于黄道以北。古代天文学称黄道以南为“外”，黄道以北为“内”。

⑧罗睺（hóu）、计都：古代星占家所称的二星名。以为二星的运行方向与日、月、五星相反，故与日、月、五星相掩袭，并称罗睺为蚀神。

译文

长官又问：“太阳和月亮的运行，每个月相会一次，相对一次，但有时发生日月食、有时不发生日月食，是什么原因呢？”我回答说：“黄道和白道，就像两个圆环相叠而稍有一点儿偏差。一般来说，太阳和月亮如果同在一个黄经圈上相遇，就出现日食；在同一黄经圈相对，就发生月食。即使在同一黄经圈上，白道与黄道不相靠近，日、月自然不会互相侵犯；在同一黄经圈而又靠近黄道、白道的交点，太阳和月亮相遇，就会互相交错而遮掩。如果正好在黄道、白道的交点，就发生全食；假若不完全处在黄道、白道的交点上，就会按照它们相互侵犯的程度不同而出现不同程度的偏食。日食时，当月亮从外到内与黄道相交，日食就从交点的西南方开始，到东北部复圆；当月亮从里面穿过外面，日食必定从交点的西北部开始，到东南方复圆。当太阳在交点的东时，偏食的方位必定在太阳的北侧；当太阳在交点的西时，偏食的方位必定在太阳的南侧。日全食时，初亏的方位必定是在太阳的正西面，到正东面复圆。月食时，当月亮从黄道外面入内，那月食的初亏方位必定从月亮的东南部开始，到西北方复圆；当月亮由黄道内向外运行时，那月食的初亏方位必定从月亮的东北部开始，在西南部复圆。月亮在交点的东边，那偏食的方位必定在月亮的南部；月亮在交点的西边，那偏食的方位必定在月亮的北部。月全食时，初亏的方位必从月亮的正东开始，到西部复圆。黄道和白道的交点每月向西后退一度多，经过二百四十九次交会为一个周期。所以印度历法上的罗睺、计都是按其逆行的设定推算的，二者其实也就是现今所说的黄道、白道的交点。开始的那个交点叫作‘罗睺’，中间的那个交点叫作‘计都’。”

原文

四方取象：苍龙、白虎、朱雀、龟蛇[①]，唯朱雀莫知何物，但谓鸟而朱者，羽族赤而翔上，集必附木，此火之象也。或谓之“长离”，盖云离方[②]之长耳。或云：“鸟即凤也，故谓之凤鸟。少昊以凤鸟至乃以鸟纪官，则所谓丹鸟氏，即凤也。”又旗旐[③]之饰皆二物，南方曰鸟隼，则鸟、隼盖两物也。然古人取象，不必大物也。天文家“朱鸟”，乃取象于鹑[④]，故南方朱鸟七宿，曰鹑首、鹑火、鹑尾是也。鹑有两种，有丹鹑，有白鹑，此丹鹑也。色赤黄而文，锐上秃下，夏出秋藏，飞必附草，皆火类也。或有鱼所化者，鱼，鳞虫、龙类[⑤]，火之所自生也。天文东方苍龙七宿，有角亢[⑥]、有尾。南方朱鸟七宿，有喙、有嗉、有翼而无尾[⑦]，此其取于鹑欤。

注释

①龟蛇：北方神灵为玄武（或真武），是由龟和蛇组合成的一种灵物。
②离方：八卦方位之中，离主南方。
③旗旐（zhào）：象征四方的旗帜。
④鹑：鹌鹑，体形似鸡雏，体小而滚圆。
⑤鱼，鳞虫、龙类：古人认为鱼、鳞虫和龙表皮都布满鳞片，属于同类。
⑥亢：咽喉。
⑦喙：鸟嘴。嗉（sù）：指鸟类喉咙下装食物的地方。

译文

四方的象征神物分别为：苍龙、白虎、朱雀、龟蛇，唯独不知道朱雀是何物，据说是一种红色的鸟，毛色赤红，可以飞翔，还必须降落到树木上，这是火的象征。还有人称朱雀为“长离”，也就是所谓的南方之主。有人说：“鸟即是凤凰，所以叫作凤鸟。少昊因在即位时有凤鸟降临，就用鸟来作为官的称谓，就是所谓的丹鸟氏，即凤凰。”方位旗都由两件东西装饰，这两件东西在南方称为鸟隼，可知鸟和隼是两类东西。然而古人取的象不见得是大东西。天文家采取的“朱鸟”的象是鹌鹑，所以南方的朱鸟七宿，由鹑首、鹑火、鹑尾三个部分组成。鹌鹑分为两种，分别是丹鹑和白鹑，天文家采取的是丹鹑。羽毛红黄且有花纹，头小尾秃，在夏天出没，到了秋天就藏匿起来，飞翔时必须借助草丛，都是火属性的。其中也有鱼变化而成的，鱼和鳞虫、龙属于同类，所以可以生出火。天象上东方的苍龙七宿，有角、有喉且有尾巴。来自南方的朱鸟七宿，有喙、有喉、有翅膀却无尾巴，这大概是取的鹌鹑的形象吧。

原文

司马彪《续汉书》候气之法①：“于密室中以木为案，置十二律琯，各如其方。实以葭灰②，覆以缇縠③，气④至则一律飞灰。”世皆疑其所置诸律，方不逾数尺，气至独本律应，何也？或谓：“古人自有术。”或谓：“短长至数，冥符造化。”或谓：“支干方位，自相感召。”皆非也。盖彪说得其略耳，唯《隋书·志》论之甚详。其法：先治一室，令地极平，乃埋律琯，皆使上齐，入地则有浅深。冬至阳气距地面九寸而止。唯黄钟一琯达之，故黄钟为之应。正月阳气距地面八寸而止，自太蔟以上皆达，黄钟大吕先已虚，故唯太蔟一律飞灰。如人用针彻其经渠，则气随针而出矣。地有疏密，则不能无差忒，故先以木案隔之，然后实土案上，令坚密均一。其上以水平其概，然后埋律。其下虽有疏密，为木案所节，其气自平，但在调其案上之土耳。

注释

①司马彪（？—约306）：字绍统，河内温县（今属河南）人，晋朝皇族，高阳王司马睦长子，官拜散骑侍郎。西晋史学家，著有《续汉书》八十卷。候气之法：古人经过埋在土中的律管预测节气变化的方法。

②葭灰：芦苇秆内壁上薄膜的灰。葭，初生的芦苇。

③缇縠：轻而薄的丝织品。

④气：此处指节气。

译文

司马彪在《续汉书》中提过“候气之法”：“在密室内准备木制的案板，将十二根律管依照各自的方位安放。在里面放入芦苇秆内壁上薄膜的灰，再用轻盈的丝织品盖好，节气一到，相应律管中的灰就会飞起。”世人都疑惑，那十二根律管之间相隔不足数尺，为什么节气一到只有对应的一根管有反应呢？有人说：“古人会施法术。”还有人说：“律管的短长之数，命中注定自与造化相合。”也有人说：“支干的方位与节气能自相感应。”这些全是谬论。可能司马彪叙述得太粗略了，仅有《隋书·律历志》叙述得十分详尽。方法是：先准备好一间房子，使土地十分平整，再把律管埋在土中，使管口与地面齐平，埋入地下的部分深浅不同。到了冬至，阳气止于距地表九寸之处。唯独黄钟管可以达到相应的深度，所以黄钟管受到感应。到了正月，阳气止于距地表八寸之处，长于太簇管的律管都可以达到相应的深度，但是黄钟、大吕中的灰早就已经飞走了，所以仅有太簇一根律管的灰会飞起来。如果有人拿针在盖在管口的丝织品上扎孔，那么阳气就会通过针孔逸出来。由于土壤有疏有密，不可能不存在误差，所以要先用木头案板隔离，再把土填在案板上，使其严密均匀。其上再拿水来量齐水平度，然后将律管埋好。如此一来虽然下面土壤的疏密不均，但是通过木板调节，阳气自会平准，但还需要将案板上的土调节好。

象数二（选自卷八）

原文

二十八宿，为其有二十八星当度，故立以为宿。前世测候，多或改变。如《唐书》测得毕有十七度半，觜只有半度之类，皆谬说也。星既不当度，自不当用为宿次，自是浑仪度距疏密不等耳。凡二十八宿度数，皆以赤道为法。唯黄道度有不全度者，盖黄道有斜、有直①，故度数与赤道不等。即须以当度星为宿，唯虚宿末有奇数②，自是日之余分，历家取以为斗分③者，此也。余宿则不然。

注释

①黄道有斜、有直：因为黄道与赤道之间有夹角，所以有斜有直。

②虚宿末有奇数：祖冲之之后的历法家通常以虚宿作为赤道的始端，因为周天分为365.25°，所以将小数部分放入虚宿里。

③斗分：古时的一种历算方法。把度数中的小数部分放在斗宿中。

译文

二十八星宿，之所以被立为星宿，是因为它们有二十八颗星都处在正好的度数上。前人测量时，经常会把它们的度数加以调整。比如《唐书》中测得毕宿有十七度半，觜宿只有半度之类的，这样的说法都是错误的。既然星不在正好的度数上，自然就不能作为标记行星轨道的星宿，这是浑仪刻度疏密不均等的缘故。只要是二十八星宿的度数，都必须以赤道为标准。除了黄道的度数有不是整度的时候之外，这是因为黄道有斜直之别，所以度数和赤道的度数存在偏差。星宿必须是处在正好的度数上的星体，唯独虚宿的度数带有小数，这是周天度数的余数，在这之前有历法家取作斗分运算的就是这个数。剩下的星宿都与之不同。

原文

予尝考古今历法五星行度[①]，唯留逆[②]之际最多差。自内而进者，其退必向外；自外而进者，其退必由内[③]。其迹如循柳叶，两末锐，中间往还之道，相去甚远。故两末星行成度[④]稍迟，以其斜行故也；中间成度稍速，以其径绝[⑤]故也。历家但知行道有迟速，不知道径又有斜直之异。熙宁中，予领太史令，卫朴造历，气朔已正，但五星未有候簿[⑥]可验。前世修历，多只增损旧历而已，未曾实考天度。其法须测验每夜昏、晓、夜半月及五星所在度秒，置簿录之，满五年，其间剔去云阴及昼见[⑦]日数外，可得三年实行，然后以算术缀[⑧]之，古所谓"缀术"者，此也。是时司天历官，皆承世族，隶名食禄，本无知历者，恶朴之术过己，群沮[⑨]之，屡起大狱。虽终不能摇朴，而候簿至今不成。《奉元历》五星步术，但增损旧历，正其甚谬处，十得五六而已。朴之历术，今古未有，为群历人所沮，不能尽其艺，惜哉！

注释

①行度：观测出的行星运行的度数，古代通过天球上黄道的度数确定行星运行的位置。

②留逆：指行星运转的过程中的停留和逆行。

③"自内而进者"四句：黄道以北为"内"，黄道以南为"外"，天体自东向西为"进"，自西向东为"退"。

④成度：运行速度。

⑤径绝：直接越过。绝，越过。

⑥候簿：记录天文运行的簿。

⑦昼见：指月亮及五星出现在白天时，会被阳光所遮挡，不可观测。

⑧缀：推算，计算。

⑨沮：阻碍，阻挠。

译文

我曾经考究过古今历法中五星运行的数据，只有行星在轨道上停留和逆行时的数据相差最多。从黄道以北进入的行星，必定在黄道以南返回；从黄道以南进入的行星，必定在黄道以北返回。其运行轨道就如同沿着柳叶运行一般，两头尖，中间往返的距离则相去甚远。所以在两端的行星运行时速度略慢，因为它是斜行的；中间运行的速度就较快，因为它是径直穿过的。历法家只知道行星运行的速度有快有慢，却不知道它们的运行轨道有斜直的不同。熙宁年间，我担任太史令，卫朴编订新历，校正了节气、朔望，但是五星还没有可以证验的观测记录。前人修订历法，通常也只是增删旧历而已，没有实际考察过天体的运行。观测的方法是必须测验每天黄昏、拂晓、夜半时月亮以及五星所在的位置，并记录下来，足足观测五年，再剔除中间阴天和在白天出现无法观测的天数，可以得到三年的实际运行数据，然后用算法计算出完整轨迹，这就是古代所说的“缀术”。那时候司天监的官员，都是世袭相承的，挂名领取俸禄，本来就没有懂得历法的，他们忌妒卫朴的才能超过自己，就合伙攻击卫朴，数次兴起诉讼。虽然最终也没能除去卫朴，但是却使得观测天象记录至今没有完成。因此《奉元历》里五星运行的推算方法，也只能通过增删旧历，修正其中的谬误，准确率也只有十分之五六而已。卫朴的历算本领，前无古人，后无来者，却被一群历法官横加阻挠，不能尽情发挥其才能，真是太令人惋惜！

原文

国朝置天文院[①]于禁中，设漏刻、观天台、铜浑仪，皆如司天监，与司天监互相检察。每夜天文院具有无谪见[②]、云物、祺祥，及当夜星次，须令于皇城门未发前到禁中。门发后，司天占状[③]方

到，以两司奏状对勘，以防虚伪。近岁皆是阴相计会[④]，符同写奏，习以为常，其来已久，中外具知之，不以为怪。其日月五星行次，皆只据小历所算躔度誊奏，不曾占候，有司但备员安禄而已。熙宁中，予领太史，尝按发其欺，免官者六人。未几，其弊复如故。

注释

①天文院：宋代设置的天文观测和研究机构，先属司天监，经元丰改制，改属太史局。

②谪见：根据天人感应的理论，异常的天象所显现出来的灾变的征候就是上天对人的谴责。

③占状：观测天象的奏状。

④阴阳计会：私底下互相约定好，指提前商量好说法和数据。

译文

本朝在皇宫内设有天文院，设置了漏刻、观天台、铜浑仪等仪器，都和司天监的配置相同，用来与司天监互相检察。每夜天文院要记录有没有吉凶的预兆以及当夜的行星位置，务必在皇城门还没开启之前送到宫中。开门后，司天监的观测记录才送到，将两部门的奏状互相比较，以防串通一气。近年来，两部门都是暗地里商量好，奏状的内容完全一样，这种做法司空见惯，由来已久了，朝廷内外无人不知，也不足为怪。其中记录的日、月、五星的运行方位，都只是依据民间历法所计算的誊抄上奏，并不曾进行实际观测，历法官员只是挂名白领俸禄罢了。熙宁年间，我担任太史局长官，曾经揭发过这种蒙骗行为，罢免了六个人的官位。但是不久后，这种弊病便又恢复如故。

原文

司天监铜浑仪①，景德中历官韩显符所造②，依仿刘曜时孔挺、晁崇、斛兰之法③，失于简略。天文院浑仪，皇祐中冬官正④舒易简所造，乃用唐梁令瓒⑤、僧一行之法，颇为详备，而失于难用。熙宁中，予更造浑仪，并创为玉壶浮漏、铜表⑥，皆置天文院，别设官领之⑦。天文院旧铜仪，送朝服法物库⑧收藏，以备讲求⑨。

注释

①浑仪：也叫浑天仪，我国古代测量天体坐标的一种仪器。

②景德：宋真宗赵恒年号，1004—1007年。韩显符（940—1013）：宋代人，官至殿中丞兼翰林天文，于宋太宗至道（995—997）初铸成铜浑仪，著有《浑仪法要》十卷。

③刘曜：十六国时期前赵国君，318—329年在位。孔挺：前赵史官，323年造铜浑仪。晁崇：字子业，辽东襄平（今辽宁辽阳）人。北魏道武帝时任太史令，于天兴（398—404）年间改造浑仪，迁中书侍郎。斛兰：北魏时任太史丞，曾仿孔挺之法造铁浑仪。

④冬官正：司天监的属官，主管天文历法。

⑤梁令瓒：唐代蜀人，官率府兵曹参军，精于历法与绘画，曾与僧人一行合作改制过水运浑天仪。

⑥玉壶浮漏：沈括为了解决漏刻出水不均的问题，将出水口移到壶底，并设为直形玉嘴。铜表：铜制的圭表，是古人用来测量日影长度的仪器。

⑦别：此外，另外。领：此处指负责管理和运用。

⑧朝服法物库：此处指朝廷放置某种特定物品的仓库。

⑨讲求：探究。

译文

司天监的铜制浑天仪，是由景德年间历法官韩显符铸造的，还是依据刘曜时孔挺、晁崇、斛兰等人的原理仿制而成的，不足之处就是过于简略。天文院的浑天仪，是皇祐年间冬官正舒易简所制造的，用的是唐代梁令瓒、一行和尚的方法，结构与功能十分详备，但不足之处就是操作不便。熙宁年间，我重新制造了浑天仪，并创新改制了玉壶浮漏和铜表等仪器，都在天文院里存放着，另外设置官员加以管理和应用。天文院中的旧铜仪，则移送到存放朝服法物的仓库里收藏起来，以供人们参考。

人事一（选自卷九）

原文

景德中，河北用兵，车驾欲幸澶渊，中外之论不一，独寇忠愍赞成上意[①]。乘舆[②]方渡河，虏骑充斥，至于城下，人情恟恟[③]。上使人微觇[④]准所为，而准方酣寝于中书，鼻息如雷。人以其一时镇物，比之谢安[⑤]。

注释

①寇忠愍（mǐn）：寇凖。景德元年（1004），辽军大举南下，深入宋境，寇凖力促真宗亲征至澶渊（今河南濮阳），最终双方议和。赞成上意：避讳用语，实际当时真宗极不欲行。

②乘舆：古代特指皇帝车驾。

③恟恟：今通用“汹汹”，形容人心浮动，混乱不安。

④微觇（chān）：暗中窥视。

⑤谢安（320—385）：东晋孝武帝时宰相。383 年淝水之战时，前秦大兵压境，他调兵遣将后，自出山中对客弈棋，不久捷报传来，时称其镇静。

译文

景德年间，河北发生战事，皇上想亲临澶渊，朝廷内外意见不一，唯独寇凖赞同皇上的想法。皇上的车驾刚刚渡过黄河，敌人的骑兵就纷纷涌出，有的已经到了澶渊城下，一时间，人们情绪慌乱，喧闹不止。皇上派人暗地里察看寇凖在做什么，而寇凖正在中书省酣睡，鼾声如雷。人们因为他危急时仍能镇定自若，把他比作东晋的谢安。

原文

王文正太尉气羸多病，真宗面赐药酒一注[①]瓶，令空腹饮之，可以和气血，辟外邪。文正饮之，大觉安健，因对称谢。上曰："此苏合香[②]酒也。每一斗酒，以苏合香丸一两同煮。极能调五脏，却腹中诸疾。每冒寒夙兴，则饮一杯。"因各出数榼[③]赐近臣。自此臣庶之家皆仿为之，苏合香丸盛行于时。此方本出《广济方》[④]，谓之"白术丸"，后人亦编入《千金》[⑤]《外台》，治疾有殊效。余于《良方》[⑥]叙之甚详。然昔人未知用之。钱文僖公[⑦]集《箧中方》，"苏合香丸"注云："此药本出禁中，祥符[⑧]中尝赐近臣。"即谓此也。

注释

①注：灌满。

②苏合香：属乔木，金缕梅科，树脂可提取油膏，为苏合香油。苏合香丸就是苏合香与其他药材配制而成。

③榼（kē）：古人盛酒的一种器皿。

④《广济方》：一本医书，由唐玄宗颁布于开元十一年（723）。

⑤《千金》：唐代孙思邈著有《备急千金要方》与《千金翼方》两书，为中国最早的临床百科全书。

⑥《良方》：沈括曾编有医书，十五卷，后人将苏轼医药杂说附益其后，

称为《苏沈良方》，今已亡佚。

⑦钱文僖公：钱惟演（977—1034），字希圣，临安（今浙江杭州）人。历右神武将军、太仆少卿、直秘阁。累迁工部尚书，拜枢密使，官终崇信军节度使，卒赠侍中，谥号思。宋仁宗庆历年间，改谥文僖。博学能文，所著今存《家王故事》《金坡遗事》。

⑧祥符："大中祥符"的简称，宋真宗赵恒的年号，1008—1017 年。

译文

王旦太尉向来体弱多病，真宗曾亲自赏给他一瓶药酒，让他空腹服下，有调和气血，排除外邪之效。王旦喝下后，顿感身心康健安定，于是当面谢恩。皇帝说："其实这是苏合香酒。是用一斗酒配上一两苏合香丸在一起浸泡而成。对调理五脏、治疗腹中各类病症有奇效。每当冷天早起时，就喝上一杯。"于是又拿出几瓶赐给左右大臣。从此，官民之家都仿造这种酒，苏合香丸也流行一时。《广济方》一书最先记载了制作这种酒的方子，里面称之为"白术丸"，后人又把它编入《千金方》《外台秘要》，治疗疾病十分有效。我在《良方》中叙述得十分详细。可前人并不知道使用它。钱惟演编辑的《箧中方》"苏合香丸"注说："这药本是从宫廷中流传开来，在祥符年间曾拿来赏赐过近臣。"说的便是这件事。

原文

李士衡[①]为馆职，使高丽，一武人为副。高丽礼币赠遗之物，士衡皆不关意，一切委于副使。时船底疏漏，副使者以士衡所得缣帛[②]藉船底，然后实己物，以避漏湿。至海中，遇大风，船欲倾覆，舟人大恐，请尽弃所载，不尔，船重必难免。副使仓惶，悉取船中之物投之海中，更不暇拣择，约投及半，风息船定。既而点检所投，皆副使之物，士衡所得在船底，一无所失。

注释

①李士衡（959—1032）：北宋人，字天均，秦州成纪（今甘肃天水秦安）人，官至尚书左丞。

②缣帛：丝织品。

译文

李士衡担任馆职时，曾出使高丽，副使由一名武人担任。李士衡对于高丽馈赠给他们的钱币、礼物漠不关心，全部交给副使管理。当时船底漏水，副使就用李士衡得到的那些丝织品塞入船底缝隙，把他所得的礼品垫在船底，然后把自己所得礼品放在其上，以防备被海水打湿。船行至海上，碰上大风浪，船将要倾覆，驾船的人非常惊恐，于是请求船上的人把所载的物品通通弃掉，否则，船过重，恐怕船就会沉没。副使吓得惊慌失措，立即取出船中的财物投入海中，也来不及挑选，差不多投出去了一半，风平浪静后，船也平定了下来。随即点检所投，发现全部是副使的物品，而李士衡所得的礼物都在船底，安然无恙。

原文

刘美[①]少时善锻金，后贵显，赐与中有上方金银器，皆刻工名，其间多有美所造者。又杨景宗[②]微时，常荷畚为丁晋公筑第[③]，后晋公败，籍没其家，以第赐景宗。二人者，方其微贱时，一造上方器，一为宰相筑第，安敢自期身飨其用哉。

注释

①刘美（962—1021）：本姓龚，字世济，益州华阳（今四川成都）人。真宗即位，补三班奉职。后迁洛苑使，积官至武胜军节度观察留后。

②杨景宗：字正臣，章惠皇太后从父弟。章惠入宫为美人，奏补茶酒班

殿侍，累迁西头供奉官、阁门祗候，坐事降左侍禁、郢州兵马都监。未久复官，累迁东染院副使。章惠为太后，进崇仪使，领连州刺史、扬州兵马钤辖。未几，授秦州刺史，徙滑州钤辖，迁舒州团练使，为兵马总管。

③畚（běn）：竹筐。丁晋公：丁谓（966—1037），字谓之，后更字公言，苏州长洲（今属江苏）人，祖籍河北。历任三司户部判官、工部员外郎、三司盐铁副使。大中祥符元年，召为右谏议大夫，权三司使，加枢密直学士。后历任礼部侍郎、参知政事，工、刑、兵三部尚书。

译文

刘美年少时善于锻造金器，后来身份显贵了，皇帝将一些御用的金银器赐给了他，工匠的名字都在上面刻着，其中有很多是刘美自己锻造而成的。杨景宗贫困时，曾经挑着竹筐为丁谓修建宅子，后来丁谓获罪败落，被没收了财产，就把宅子赏给了杨景宗。这两个人的地位卑贱时，一个打造御用金银器，一个为宰相修建宅子，哪敢妄想自己能享用那些呢。

原文

旧制：天下贡举人到阙，悉皆入对，数不下三千人，谓之“群见”。远方士皆未知朝廷仪范，班列纷错，有司不能绳勒①。见之日，先设禁围于著位②之前，举人皆拜于禁围之外，盖欲限其前列也。至有更相抱持，以望黼座③者，有司患之。近岁遂止令解头④入见，然尚不减数百人。嘉祐中，余忝⑤在解头，别为一班，最在前列，目见班中唯从前一两行稍应拜起之节，自余亦终不成班缀而罢，每为阁门之累。常言殿庭中班列不可整齐者，唯有三色，谓举人、蕃人、骆驼。

注释

①绳勒：依照法例加以控制。

②著位：指提前安排好的举人拜见皇帝时的站位。

③黼（fǔ）座：皇帝的座位。代指天子。

④解头：亦称解元、解首，乡试第一名。

⑤忝：谦辞，表示有愧。

译文

按本朝旧例：天下参加贡举的举人到京城后，全部要面见皇帝，总人数不低于三千人，被称为“群见”。远道而来的士人都不懂朝廷的礼仪规范，队列站得颠倒错乱，相关管理人员也无法控制他们。面见皇帝的当天，先在举人的站位之前设置禁围，举人们都在禁围以外拜见行礼，本是想用这种办法来控制前面的行列的秩序。不料却致使后面的人更加互相抱持，以求能够看到皇上，管理人员对混乱不堪的场面十分头痛。所以近年来就只许解元拜见，然而人数仍不下几百人。嘉祐年间，我非常有幸在解元之列，被另排为一队，且排在行列的最前列，亲眼看到队列中仅有前面一两排稍微能随着礼仪官员的赞呼拜礼，剩下的最终因不能形成班列而作罢，此事常常成为内阁的负累。俗话说，殿庭中队列无法排整齐的情况只有三种：举人、外邦人和骆驼。

原文

两浙田税，亩三斗。钱氏国除，朝廷遣王方贽均两浙杂税，方贽悉令亩出一斗。使还，责擅减税额，方贽以谓：“亩税一斗者，天下之通法。两浙既已为王民，岂当复循伪国之法？”上从其说，至今亩税一斗者，自方贽始。唯江南、福建犹循旧额，盖当时无人论列，遂为永式。方贽寻除右司谏，终于京东转运使。有五子：皋、准、覃、巩、罕。准之子珪①，为宰相，其他亦多显者。岂惠民之报欤？

注释

①珪：王珪（1019—1085），字禹玉，舒州（今安徽安庆潜山县）人。仁宗庆历二年（1042）王珪进士及第，高中榜眼。初通判扬州，召直集贤院。历任知制诰、翰林学士、知开封府等。熙宁三年（1070），拜参知政事。熙宁九年（1076），进同中书门下平章事、集贤殿大学士。元丰五年（1082），拜尚书左仆射兼门下侍郎。元丰六年（1083），封郇国公。哲宗即位，封岐国公。旋卒于位，年六十七，卒赠太师，谥文恭。

译文

两浙的农田赋税是每亩三斗。吴越国灭亡后，朝廷派遣王方赀去考查两浙杂税，王方赀下令每亩只缴纳一斗。返回后，朝廷指责他私自减免税额，王方赀说："每亩收税一斗，这是国家通法。两浙的民众既然已经成为本朝的子民，难道还要继续遵守伪国的法令吗？"皇帝认同了他的主张，到现在施行每亩收税一斗的规定的地方，都是自王方赀兴起的。不过江南、福建地区的税额依然遵循旧法，这是因为当时没人提议的缘故，因此就变成固定的法令了。王方赀被提拔为右司谏，在京东转运使任上去世。他一共有五个儿子：王皋、王准、王覃、王巩、王罕。王准的儿子王珪，官至宰相，其他后代也多数仕途显达。这难道不是对他施惠于民众的报答吗？

原文

孙之翰[①]，人尝与一砚，直三十千。孙曰："砚有何异，而如此之价也？"客曰："砚以石润为贵，此石呵之则水流。"孙曰："一日呵得一担水，才直三钱，买此何用？"竟不受。

注释

①孙之翰：孙甫（998—1057），字之翰，宋代许州阳翟（今河南禹州）人。举进士第，官至河北都转运使。

译文

曾经有人送给孙之翰一块砚，据说价值三万钱。孙之翰说："这砚有什么特殊之处，而有如此价值呢？"客人道："砚以石质润泽为贵，对着这块砚石呵一口气就会有水流出来。"孙之翰说："那即使一天呵出一担水，也才值三钱，买这种砚有什么用？"最终不肯接受。

原文

王荆公病喘，药用紫团山人参，不可得。时薛师政[①]自河东还，适有之，赠公数两，不受。人有劝公曰："公之疾非此药不可治，疾可忧，药不足辞。"公曰："平生无紫团参，亦活到今日。"竟不受。公面黧黑，门人忧之，以问医，医曰："此垢汗，非疾也。"进澡豆令公颒面[②]。公曰："天生黑于予，澡豆其如予何？"

注释

①薛师政：薛向（1016—1081），字师政，万泉（今山西万荣）人。官至同知枢密院事。

②澡豆：古人用的护肤性质的物品。用豆粉加药物制成，以洗手、面，可使皮肤光泽。颒（huì）：洗脸。

译文

王安石患哮喘病，药中要用紫团山的人参，无法找到。当时薛向从河东回来，正好有这种人参，就赠送给王安石几两，王安石不接受。有人对王安石说："先生的病，非这种药不能治，患病令人担忧，这点药不必推辞。"王安石说："我一辈子没有用过紫团山的人参，也活到了今天。"最终没有接受。他的脸色黑黄，门人很担忧，去问医生，医生说："这是污垢，不是病。"门人进献澡豆让王安石洗脸。王安石说："我天生一副黑脸，澡豆能把我怎么样呢?"

原文

王子野[①]生平不茹[②]荤腥，居之甚安。

注释

①王子野：王质（1001—1045），字子野，大名莘县（今属山东聊城）人，王旦之侄。曾任天章阁待制，出知陕州。

②茹：吃。

译文

王子野一辈子吃饭不沾荤腥，依然生活得十分满足。

原文

赵阅道[①]为成都转运使，出行部内唯携一琴一龟，坐则看龟鼓琴。尝过青城山，遇雪，舍于逆旅。逆旅之人不知其使者也，或慢

狎之。公颓然[2]鼓琴不问。

注释

①赵阅道：赵抃，字阅道，号知非，衢州西安（今属浙江衢州）人。景祐元年（1034）进士，任殿中侍御史，弹劾不避权势，时称“铁面御史”。官至资政殿大学士，以太子少保致仕。卒赠太子少师，谥清献。

②颓然：精神不振的样子。此处指恭顺。

译文

赵抃在成都转运使任上时，每次辖内巡察都只带着一把琴、一只龟，闲坐时就赏龟弹琴。有一次他途经青城山，碰上下大雪，就在一家旅舍里住了下来。旅舍的人不清楚他的身份，有的人就故意轻慢、捉弄他。而赵抃只是恭顺地弹琴，不管其他。

原文

淮南孔旻[1]，隐居笃行[2]，终身不仕，美节甚高。尝有窃其园中竹，旻愍[3]其涉水冰寒，为架一小桥渡之，推此则其爱人可知。然余闻之，庄子妻死，鼓盆而歌。妻死而不辍[4]鼓可也，为其死而鼓之，则不若不鼓之愈也。犹邴原耕而得金，掷之墙外，不若管宁不视之愈也[5]。

注释

①孔旻：字宁极，隐居于汝州龙兴县（今河南临汝）龙山之滍阳城。以其行高，卒赠太常丞。

②笃行：行为敦厚。笃，忠诚、厚道、坚定。

③愍（mǐn）：同“悯”，哀怜，怜悯。

④辍：中止，停止。

⑤“犹邴原耕而得金”三句：邴原，字根矩，又称邴君，汉末北海朱虚（今山东临朐以东）人。与华歆、管宁齐名，时称“三人一龙”。后随曹操征吴。管宁（158—241），字幼安，北海朱虚人。著有《氏姓论》。

译文

淮南人孔旻，隐居避世，为人敦厚仁慈，一生不愿出仕，节操美好而高洁。曾经有人偷窃他园里的竹子，而孔旻怜悯贼人要涉水来去太寒冷，就为他架了一座小桥以便他通过，由此可知孔旻的仁爱之心。不过我听说，庄子的妻子去世了，庄子边敲着盆边唱歌。妻子去世而不停止敲盆是无可厚非的，但如果是因为妻子的死而故意去敲，那倒不如不敲。就像邴原耕田挖出了一块黄金，捡起来又扔到了墙外，反倒不如管宁不加理睬得好。

原文

狄青[1]为枢密使，有狄梁公之后[2]，持梁公画像及告身十余通，诣青献之，以谓青之远祖。青谢之曰：“一时遭际，安敢自比梁公？”厚有所赠而还之。比之郭崇韬哭子仪之墓[3]，青所得多矣。

注释

①狄青（1008—1057）：字汉臣，汾州西河（今山西汾阳）人。宋仁宗宝元元年（1038）为延州指挥使，累迁经略招讨副使、枢密使。卒赠中书令，谥号武襄。

②狄梁公：狄仁杰（630—700），字怀英，并州太原（今属山西）人。天授二年（691）升任宰相，担任地官侍郎、同凤阁鸾台平章事，为来俊臣所诬，贬为彭泽县令。神功元年（697），再次拜相，担任鸾台侍郎、同凤阁鸾台平章事，卒赠文昌右相，谥文惠，唐朝复辟后，追赠司空、梁国公。后：后裔。

③郭崇韬（865—926）：字安时，代州雁门（今山西代县）人。后唐宰相、名将、军事家、战略家。五代时后唐庄宗大将，灭梁，佐命之臣之功，加授侍中、冀州节度使，封赵郡公，邑二千户。子仪：郭子仪，唐代著名将领。

译文

狄青在枢密使任上时，曾有一位狄仁杰的后人，手持狄仁杰的画像及告身文书十余张献给狄青，说是狄青远祖的东西。狄青辞谢说：“我一时侥幸得此际遇，哪里敢与梁公相提并论呢？”于是赠给他丰厚的财物，并把东西退了回去。这和郭崇韬去哭郭子仪的墓相比，狄青的所作所为得到的更多。

原文

郭进[①]有材略，累有战功。尝刺邢州[②]，今邢州城乃进所筑，其厚六丈，至今坚完，铠仗精巧，以至封贮亦有法度。进于城北治第，既成，聚族人宾客落[③]之，下至土木之工皆与。乃设诸工之席于东庑，群子之席于西庑。人或曰：“诸子安可与工徒齿[④]？”进指诸工曰：“此造宅者。”指诸子曰：“此卖宅者，固宜坐造宅者下也。”进死，未几果为他人所有。今资政殿学士陈彦升[⑤]宅，乃进旧第东南一隅也。

注释

①郭进（922—979）：宋初将领。深州博野（今属河北）人。官至都部署。

②刺邢州：为邢州（今河北邢台）刺史。

③落：指落成典礼。

④齿：并列。

⑤陈彦升（1016—1084）：陈荐，字彦升，邢州沙河（今属河北）人。举进士，官至资政殿学士。死后赠光禄大夫。

译文

郭进有才能和谋略，立过多次战功。曾担任邢州刺史，现在的邢州城就是郭进修筑的，那城墙有六丈厚，至今坚固完好，他的铠甲兵器精巧，以至于存储也有规矩。郭进在城北修建住宅，落成时，邀集家族中的人和宾客举行落成之礼，连土木工匠都来参加。就在东边廊屋摆设工匠们的席位，在西边廊屋摆设他的几个儿子的席位。有人说："各位公子怎么能与工匠并列？"郭进指着那些工匠说："这是建造住宅的人。"再指着几个儿子说："这是将来卖出住宅的人，应该坐在建造住宅的人的下方。"郭进死后不久，他的住宅果然成为他人所有。现在资政殿学士陈荐的住宅，就是郭进旧居东南边的一角。

原文

晏元献公[①]为童子时，张文节[②]荐之于朝廷，召至阙下。适值御试进士，便令公就试。公一见试题，曰："臣十日前已作此赋，有赋草尚在，乞别命题。"上极爱其不隐。及为馆职时，天下无事，许臣寮择胜燕饮。当时侍从文馆士大夫为燕集，以致市楼酒肆，往往皆供帐为游息之地。公是时贫甚，不能出，独家居，与昆弟讲习。一日选东宫官，忽自中批除晏殊。执政莫谕所因，次日进覆，上谕之曰："近闻馆阁臣寮，无不嬉游燕赏，弥日继夕。唯殊杜门，与兄弟读书。如此谨厚，正可为东宫官。"公既受命，得对，上面谕除授之意，公语言质野，则曰："臣非不乐燕游者，直以贫，无可为之。臣若有钱，亦须往，但无钱不能出耳。"上益嘉其诚实，知事君体，眷注日深。仁宗朝，卒至大用。

注释

①晏元献公：晏殊（991—1055），字同叔，抚州临川（今江西抚州）人。官至同平章事兼枢密使，谥元献。

②张文节：指张知白（？—1028），字用晦，沧州清池（今属河北）人。北宋宰相，卒赠太傅、中书令，谥文节。

译文

晏殊还是孩童时，张知白把他推荐给朝廷，真宗将他召至京城。正赶上皇帝殿试进士，就命晏殊应试。晏殊一见到试题，就说："臣十天前已做过这样的题目，草稿还在，希望能另出试题。"皇帝非常喜欢他的诚实不隐瞒。等他在史馆任职时，当时天下无事，容许百官各择胜景宴饮。当时的朝臣士大夫各自宴饮欢会，以至于市楼酒馆，都大设帷帐提供宴饮游乐的休憩之所。晏殊当时很穷，不能出门游玩宴饮，独自在家中与兄弟讲习诗书。一天，皇帝给太子选东宫官，忽然从宫中传出皇上授官给晏殊的御批。执政大臣不知皇上为什么会选中晏殊，第二天进见回禀，皇上说："最近听说馆阁大臣们没有一个不嬉游宴饮，一天到晚沉醉其中。只有晏殊与兄弟闭门读书。这么谨慎忠厚的人，正可为东宫官。"晏殊上任后，有了面圣的机会，皇帝当面告知任命他的原因，晏殊语言质朴不拘，说："臣并非不喜欢宴游玩乐，只是家里贫穷，没有条件出去玩。臣如果有钱，也会去宴饮，只是没钱不能出门罢了。"皇上因此更欣赏他的诚实，懂得侍奉君王的大体，对他眷宠日深。仁宗登位后，终于得以大用。

原文

宝元[①]中，忠穆王[②]吏部为枢密使。河西首领赵元昊叛[③]，上问边备，辅臣皆不能对，明日，枢密四人皆罢，忠穆谪虢州[④]。翰林学士苏公仪与忠穆善，出城见之。忠穆谓公仪曰："鬷之此行，前十年已有人言之。"公仪曰："必术士也。"忠穆曰："非也。昔时为三司盐铁副使，疏决狱囚，至河北。是时曹南院[⑤]自陕西谪官初起为定帅。鬷至定，治事毕，玮谓鬷曰：'决事已毕，自此当还，明日愿少留一日，欲有所言。'鬷既爱其雄材，又闻欲有所言，遂为之留。明日，具馔[⑥]甚简俭，食罢，屏左右曰：'公满面颧骨，不为枢辅，即边帅。或谓公当作相，则不然也。然不十年，必总枢柄。

此时西方当有警，公宜预讲边备，搜阅人材，不然，无以应卒。’鄙曰：‘四境之事，唯公知之，幸以见教。’曹曰：‘玮实知之，今当为公言。玮在陕西日，河西赵德明[7]尝使人以马博易于中国，怒其息微，欲杀之，莫可谏止。德明有一子，方十余岁，极谏不已，曰：‘以战马资邻国，已是失计；今更以货杀边人，则谁肯为我用者?’玮闻其言，私念之曰：‘此子欲用其人矣，是必有异志。’闻其常往来牙市[8]中，玮欲一识之，屡使人诱致之，不可得。乃使善画者图形容，既至，观之，真英物也。此子必须为边患，计其时节，正在公秉政之日。公其勉之！’鄙是时殊未以为然。今知其所画，乃元昊也。皆如其言也。”四人：夏守赟、鄙、陈执中、张观。康定元年[9]二月，守赟加节度，罢为南院；鄙、执中、观各守本官罢。

注释

①宝元：宋仁宗赵祯的年号，1038—1040年。

②忠穆王：王鄙（zōng）（978—1041），字总之，赵州临城（今河北邢台）人。举进士，授婺州观察推官。后出知湖州，徙苏州，还为三司盐铁副使。卒赠户部尚书，谥忠穆。

③河西：黄河以西，今宁夏、甘肃地区。赵元昊（1003—1048）：原名李元昊，宋室赐其父李德明赵姓。西夏国的建立者，谥号武烈皇帝，庙号景宗。

④虢（guó）州：河南府。治所在今河南灵宝。

⑤曹南院：曹玮（973—1030），字宝臣，真定灵寿（今属河北）人。出身将门，宋真宗即位后，任渭州知州，后累迁至宣徽北院使、签书枢密院事。天禧四年（1020），因宰相丁谓诬陷，连贬为莱州知州。晚年历知青州及天雄、永兴、河阳军，官至彰武节度使，封武威郡开国公。卒赠侍中，谥武穆。

⑥馔：饮食，吃喝。

⑦赵德明：元昊之父，党项族首领。

⑧牙市：边境上的集市。

⑨康定元年：1040年。

译文

宝元年间，王鬷任枢密使。河西首领赵元昊发动叛乱，皇帝问边境武装准备的情况，执政大臣无一能够应答，第二天，枢密院的四个人同时被罢免了，其中王鬷被贬虢州。翰林学士苏公仪和王鬷友好，于是出城为他送行。王鬷对苏公仪说："其实，十年前就有人对我说过，我这次会被贬。"苏公仪说："肯定是术士告诉你的。"王鬷说："不是。当时我担任三司盐铁副使，为了办理积滞的案件，来到河北。这时正碰上从陕西贬官的曹玮，刚刚起用为定州长官。我到了定州，案件都处理完毕后，曹玮对我说：'案件既然处理完了，您也该返回了，但愿您再多待上一天，我有几句话想和您说。'我十分欣赏他的才华，又听到他有话想对我说，就为此多留了一日。第二天，准备了些简单的饭菜，吃完饭，把侍者都支走，曹玮说：'您的颧骨突出，以后不是进枢密院，就是担任边境大帅。或许会有人说您能当丞相，这恐怕就不一定了。但不到十年，你一定会执掌枢密院大权。此时西方边境会出现边警，您应当先整治边防，聚集才能之人，否则，将无法应对。'我说：'四方边境之事，只有您最熟悉，希望得到您的指教。'曹玮说：'我的确了解一些，现在就告知给您。我在陕西时，河西赵德明曾经派人用马匹和中原交易物资，因为获利小就乱发脾气，想要杀人泄愤，没有能劝阻他的人。赵德明的一个儿子，刚刚十几岁，坚决劝阻他，说：'把战马卖给邻国，已经失算了；现在又要因此事就杀边境上的人，那将来还有谁能为我所用呢？'我听到他的话，私底下揣摩良久：'这孩子想让边境上的人为他效劳，他日必有异志。'听说他在边境集市频繁往来，我就想见他一面，好几次派人想把他招引过来却没有如愿。于是让善绘画的人为他画了一幅画像，我一看他的画像，果然有英雄的气概。此人日后必成边患，推算一下作乱的时间，恰好处于您主政期间。您要早做打算啊！'我当时并没有放在心上。如今才知道画像上的人正是元昊。完全如曹玮所料。"这四个人是：夏守赟、王鬷、陈执中、张观。康定元年二月，夏守赟加节度，贬为宣徽南院使；王鬷、陈执中、张观各以守本官贬职。

原文

石曼卿[1]喜豪饮，与布衣刘潜[2]为友。尝通判海州[3]，刘潜来访之，曼卿迎之于石闼[4]堰，与潜剧饮[5]。中夜酒欲竭，顾船中有醋斗余，乃倾入酒中并饮之。至明日，酒醋俱尽。每与客痛饮，露发跣足[6]，着械[7]而坐，谓之“囚饮”。饮于木杪[8]，谓之“巢饮”。以稿[9]束之，引首[10]出饮，复就束，谓之“鳖饮”。其狂纵大率如此。廨后为一庵，常卧其间，名之曰“扪虱庵”，未尝一日不醉。仁宗爱[11]其才，尝对辅臣言，欲其戒酒，延年闻之，因不饮，遂成疾而卒。

注释

①石曼卿：石延年，字曼卿，北宋大臣。据《宋史·石曼卿传》记载，石延年官至中允、秘阁校理，读书通大略，为文劲健，有《石曼卿诗集》。

②刘潜：字仲方，曹州定陶（今山东菏泽）人。以进士起家，为淄州军事推官，后知蓬莱县。文中称刘潜为布衣，当指其尚未为官时。

③海州：今江苏连云港一带。

④闼：门，小门。这里是地名。

⑤剧饮：畅饮。

⑥跣（xiǎn）足：赤着脚。

⑦着（zhuó）械：戴上枷锁。械，镣铐，枷锁之类的刑具。

⑧木杪：树枝的细梢。

⑨稿：谷类植物的茎干。这里指席子。

⑩引首：此处指探出脑袋。

⑪爱：爱惜。

译文

石延年爱好豪饮，与布衣刘潜友善。石延年任通判海州时，刘潜曾去拜访他，石延年到石闼堰去迎接他，并与刘潜畅饮一番。到了半夜，酒要喝光了，他见船中还有几斗醋，于是把醋倒入酒中，接着豪饮起来。到了第二天，酒和醋喝了个精光。他每次与朋友痛饮，就披散着头发赤着脚，戴上枷锁坐着喝，叫作“囚饮”。或者爬到树梢上喝，叫作“巢饮”。或者将身子裹进草席里，把头探出来喝，喝完再将头缩回去，叫作“鳖饮”。他的狂荡放纵基本就像如此。他的官署后面有一座小庙，他常常躺在庙里饮酒，称之为“扪虱庵”，无一日不醉。仁宗爱惜他的才能，曾经对执政大臣说，希望石延年能把酒戒掉，石延年听说之后，就再也没饮过酒，却因此成疾而逝。

原文

工部胡侍郎[①]则为邑日，丁晋公[②]为游客，见之。胡待之甚厚，丁因投诗索米。明日，胡延晋公，常日所用樽罍[③]悉屏去，但陶器而已，丁失望，以为厌已，遂辞去。胡往见之，出银一箧[④]遗丁曰：“家素贫，唯此饮器，愿以赆[⑤]行。”丁始谕设陶器之因，甚愧德之。后晋公骤达，极力推挽，卒至显位。

庆历[⑥]中，谏官李兢坐言事，谪湖南物务。内殿承制范亢为黄、蔡[⑦]间都监，以言事官坐谪后多至显官，乃悉倾家物，与兢办行。兢至湖南，少日遂卒。前辈有言：“人不可有意，有意即差。”事固不可前料也。

注释

①胡侍郎：胡则（963—1039），字子正，婺州永康（今属浙江）人。端拱二年（989）进士，曾任尚书户部员外郎、工部侍郎、礼部郎中、兵部侍郎等官职。

②丁晋公（1966—1037）：丁谓，字谓之，苏州长洲（今江苏苏州）人，祖籍河北。北宋宰相，封晋国公。

③樽罍（léi）：盛酒器。

④箧：小箱子。

⑤赆：临别时赠给远行之人的路费。

⑥庆历：宋仁宗赵祯的年号，1041—1048 年。

⑦黄：黄州，今湖北黄冈。蔡：蔡州，今属河南。

译文

工部侍郎胡则在知县任上时，丁谓是游历四方的平民，前去拜见胡则。胡则非常热情地接待了他，于是丁谓献上诗篇以求取粮食。第二天，胡则设宴招待丁谓，平日里所用的酒器全部撤换掉了，仅剩一些陶器而已，丁谓大失所望，以为胡则厌恶自己，就告辞离开了。之后胡则到丁谓的处所见他，拿出一小箱银器赠给丁谓说："我家向来贫困，值钱的就只有这些盛酒器了，希望以此作为你的盘缠。"丁谓这才理解宴会用陶器的缘故，心中既惭愧又感激。后来丁谓平步青云，竭力提拔胡则，最终使他官居高位。

庆历年间，谏官李兢因进谏而受罪，被贬为湖南物务。内殿承制范亢在黄州、蔡州担任都监，以为谏官被贬后往往能升为高官，于是倾其所有，为李兢置备行李。李兢到达湖南后，没几天就过世了。前辈有人说道："人不能别有企图，一旦别有企图就难以如愿。"事情本来就不能预料。

原文

朱寿昌①，刑部朱侍郎巽之子。其母微，寿昌流落贫家，十余岁方得归，遂失母所在。寿昌哀慕不已。及长，乃解官访母，遍走四方，备历艰难。见者莫不怜之。闻佛书有水忏②者，其说谓欲见父母者诵之，当获所愿。寿昌乃昼夜诵持，仍刺血书忏，摹版印施于人，唯愿见母。历年甚多，忽一日至河中府③，遂得其母。相持恸绝，感动行路。乃迎以归，事母至孝。复出从仕，今为司农少卿。士人为之传者数人，丞相荆公而下，皆有《朱孝子诗》数百篇。

注释

①朱寿昌（1013—1083）：字康叔，扬州天长（今属安徽）人。举进士。以父朱巽工部侍郎荫任将作监主簿，累调州县，通判陕州、荆南，权知岳州。

以孝闻名，苏轼、王安石等多有诗歌颂之。

②水忏：一种佛教仪式，用于修行悔过。

③河中府：中国唐代设立的行政区，治所在今山西永济。

译文

朱寿昌是刑部侍郎朱巽的儿子。他的母亲身份卑贱，朱寿昌年少时曾经流落到穷困人家，直到十几岁才归回，于是与母亲断了联系。朱寿昌思念万分。等他长大了，就辞去官寻访母亲，游走四方，历经艰难困苦。见过他的人没有不同情他的。他耳闻佛书上记载了一种“水忏”法，说是想与父母相见的人诵读它，就可以如愿。于是朱寿昌日夜吟诵，还将手指刺破，用血书写忏悔经文，并将刻印书版送给他人，就是期望能与母亲相见。这样过了好几年，忽然有一天在河中府，他与母亲相见。母子抱在一起痛哭，连路人都不禁感动。朱寿昌把母亲接回家，非常孝顺地侍奉母亲。然后再入仕，如今已经是司农少卿了。许多士人都为他作过传，传颂他的事迹，自王安石丞相以下，都著有《朱孝子诗》，得诗共有几百篇。

原文

朝士刘廷式[①]，本田家。邻舍翁甚贫，有一女，约与廷式为婚。后契阔数年，廷式读书登科，归乡闾，访邻翁，而翁已死，女因病双瞽，家极困饿。廷式使人申前好，而女子之家辞以疾，仍以佣耕，不敢姻士大夫。廷式坚不可：“与翁有约，岂可以翁死子疾而背之?”卒与成婚。闺门极雍睦，其妻相携而后能行，凡生数子。廷式尝坐小谴[②]，监司欲逐之，嘉其有美行，遂为之阔略[③]。其后廷式管干[④]江州太平宫而妻死，哭之极哀。苏子瞻[⑤]爱其义，为文以美之。

注释

①刘廷式：字得之，齐州历城（今山东济南）人。举进士。历齐州通判，

后以朝议郎监太平观终老于庐山。

②小谴：因过错当小有贬谪。

③阔略：宽恕。

④管干：本作“管勾”，南宋人避宋高宗讳改称“管干”。宫观官是宋代官员去实职而仍领俸禄并算资任的一种待遇。

⑤苏子瞻：苏轼。

译文

朝廷的官员刘廷式，本是农家子弟。邻舍一位老大爷很贫穷，有一个女儿，与刘廷式订了婚约。后来二人离别多年，刘廷式读书中了进士，回家乡寻访邻家老大爷，而老人已死，他女儿也因病双目失明，家中非常贫困，经常吃不饱饭。刘廷式派人去申说以前的婚约，但女子的家人以她有病为由推辞，再加上他们家是靠佣耕为生的，不敢与士大夫结亲。刘廷式坚决不同意，说：“既与老大爷有约，怎么可以因老人死、女子病就背弃呢？”终于与她成了婚。在家中夫妻二人生活极为和谐，（虽然）妻子需人扶着才能行走，他们还是一共生了几个孩子。刘廷式曾因故需受到小的贬谪，监司想要驱逐他，但赞赏他的好品德，就宽恕了他。后来，刘廷式主管江州太平宫，妻子病死，他哭得十分悲痛。苏子瞻欣赏他的信义，写了篇文章赞美他。

原文

柳开[①]少好任气，大言凌物。应举时，以文章投主司于帘前，凡千轴，载以独轮车。引试日，衣襕，自拥车以入，欲以此骇众取名。时张景[②]能文，有名，唯袖一书，帘前献之。主司大称赏，擢景优等。时人为之语曰：“柳开千轴，不如张景一书。”

注释

①柳开（948—1000）：原名肩愈，字绍先，后改名开，字仲涂，号东郊野夫、补亡先生，大名（今属河北）人。开宝六年（973）进士，累官殿中

侍御史。因官至如京使，世称柳如京。

②张景（970—1018）：字晦之，江陵府公安县（今属湖北）人。咸平三年（1000）进士，真宗诏有司征天下士，张景名居首列。不久为房、襄二州文学参军。官至大理评事。

译文

柳开少年时喜欢意气用事，说话总是盛气凌人。参加科举考试时，曾当场把亲笔写的文章投赠给主考官，多达上千卷，装在独轮车上。考试当天，他身穿襕衫，独自一人推着独轮车进场，企图以此阵势威吓考生们，取得功名。那时，张景也擅长写文章，而且十分出名，他仅带了一篇文章放进袖子里，到考官的帘前呈献。主考官看了之后连连称赞，最终选拔张景为优等。当时就有人说："柳开千轴，比不上张景一书。"

人事二（选自卷十）

原文

蒋堂[①]侍郎为淮南转运使日，属县例[②]致贺冬至书，皆投书即还。有一县令使人，独不肯去，须责[③]回书，左右谕之皆不听，以至呵逐亦不去，曰："宁得罪。不得书，不敢回邑[④]。"时苏子美[⑤]在坐，颇骇怪，曰："皂隶如此野很[⑥]，其令可知。"蒋曰："不然，令必健者[⑦]，能使人不敢慢其命令如此。"乃为一简答之，方去。子美归吴中月余，得蒋书曰："县令果健者。"遂为之延誉[⑧]，后卒为名臣。或云乃天章阁待制杜杞也。

注释

①蒋堂（980—1054）：字希鲁，号遂翁，常州宜兴（今属江苏）人。举进士第，为楚州团练推官。真宗时，授大理寺丞、知临川县。累迁枢密直学士，以礼部侍郎致仕。

②例：依照惯例。

③责：索要，求取。

④邑：都城，城市，此处指县。

⑤苏子美（1008—1049）：苏舜钦，字子美，绵州盐泉（今属四川绵阳市东南）人，迁居开封。景祐进士，累官大理评事、集贤校理等，支持范仲淹新政，受诬陷，罢职闲居苏州。

⑥野很：较真，倔强，此处指不听劝告之言。

⑦健者：古指有文韬武略的人。

⑧延誉：传扬美名。

译文

蒋堂侍郎任淮南转运使的时候，每到冬至，所属县令依照旧例都会致信表示祝贺，送信的人一般放下信就立马返回。唯独有一位县令派来的送信人不肯离去，要求必须拿到转运使的回信才肯走，转运使的左右官吏劝他离开，他却不听，甚至呵斥驱逐他也不肯走，说："宁可得罪。如果拿不到回信，不敢返回。"此时苏舜钦刚好在座，惊诧不已，说："差役如此不明事理，其县令的水平也不过尔尔。"蒋堂说："并非如此，县令肯定是个能干的人，能让下属这般不敢违背他的命令。"于是写了一封回信给他，送信人才肯回去。苏舜钦回到吴中一个多月后，收到蒋堂的来信说："县令果然是有雄才大略的人。"于是为他广泛传扬美名，后来县令成了一代名臣。有人说这位县令就是天章阁待制杜杞。

原文

国子博士李馀庆[①]知常州，强于政事，果于去恶，凶人恶吏，畏之如神，末年得疾甚困。有州医博士，多过恶，常惧为馀庆所发，因其困，进利药[②]以毒之，服之洞泄[③]不已，势已危。馀庆察其奸，使人扶舁[④]坐厅事，召医博士，杖杀之，然后归卧，未及席而死。葬于横山，人至今畏之，过墓者皆下。有病虐者，取墓土着床席间，辄差[⑤]，其敬惮之如此。

注释

①李馀庆（约988—1031）：字昌宗，福州连江（今属福建）人。官至国子博士。其墓志铭为王安石所撰。

②利药：泻药。

③洞泄：腹泻。

④舁（yú）：抬。

⑤差（chài）：同“瘥”，痊愈，病愈。

译文

国子博士李馀庆任常州知州的时候，处理政事十分强硬，惩治恶人十分果敢，凶人恶吏畏惧他就像面对神灵时一样，晚年他染上疾病特别痛苦。有一位做了很多恶事的医官，时时恐惧被李馀庆揭发，于是趁着他病痛的时候，进献泻药毒害他，李馀庆服下之后，立即腹泻不止，性命危在旦夕。李馀庆觉察到了医官的诡计，就命人把他抬到府衙上，把医官召来，乱棍打死，然后回屋躺下，可还没到床上就死了。埋葬在横山，人们至今还敬畏他，路过他的墓都会下车祭拜。有染上重病的人，取墓边的土放在病床上，立刻就能痊愈，人们对他的敬畏竟到了如此地步。

原文

盛文肃[1]为尚书右丞，知扬州，简重[2]少所许可。时夏有章自建州[3]司户参军授郑州推官，过扬州，文肃骤称其才雅，明日置酒召之。人有谓有章曰："盛公未尝燕过客，甚器重者方召一饭。"有章荷其意，别日为一诗谢之，至客次[4]，先使人持诗以入。公得诗不发封，即还之，使人谢有章曰："度已衰老，无用此诗。"不复得见。有章殊不意，往见通判刁绎[5]，具言所以。绎亦不谕其由，曰："府公性多忤[6]，诗中得无激触否?"有章曰："无，未曾发封。"又曰："无乃笔札不严?"曰："有章自书，极严谨。"曰："如此，必是将命者有所忤耳。"乃往见文肃而问之："夏有章今日献诗何如?"公曰："不曾读，已还之。"绎曰："公始待有章甚厚，今乃不读其诗，何也?"公曰："始见其气韵清修，谓必远器。今封诗乃自称'新圃田从事'，得一幕官，遂尔轻脱[7]。君但观之，必止于此官，志已满矣。切记之，他日可验。"贾文元[8]时为参政，与有章有旧，乃荐为馆职。有诏候到任一年召试，明年除馆阁校勘。御史发其旧事[9]，遂寝夺[10]，改差国子监主簿，仍带郑州推官。未几卒于京师。文肃阅人物多多如此，不复挟他术。

注释

①盛文肃：盛度（968—1041），字公量，馀杭（今浙江杭州）人。仁宗时官至参知政事、知枢密院事，卒谥文肃。奉诏编《续通典》《文苑英华》。

②简重：严肃慎重。

③建州：今福建建瓯一带。

④客次：旅舍，客栈。

⑤刁绎：仁宗天圣二年（1024）举进士第，历官扬州通判。王安石为作祭文。

⑥忤：逆，违背。这里指不通情理。

⑦轻脱：轻佻，不慎重。

⑧贾文元（997—1065）：贾昌朝，字子明，出生于真定获鹿（今属河北）。官至宰相，卒谥文元。

⑨发其旧事：时欧阳修任谏官，持有奏状，弹劾夏有章曾经贪赃。

⑩寝夺：中止，剥夺。

译文

盛文肃以尚书右丞的身份出知扬州，严肃慎重对人少有赞许。这时，夏有章从建州司户参军的位置擢升郑州推官，途经扬州，文肃忽然称赏他有才华风度，第二天还设宴款待他。有人对夏有章说："盛公从来没有宴请过客人，只有他极为器重的人才会如此招待。"于是夏有章接纳了文肃的盛情，并择日写了一首诗以答谢他，到了旅舍后，就先遣人带着诗送去盛公府上。盛文肃拿到诗以后，没有打开看就还给了来者，并命人答谢夏有章说："我年事已高，不敢再贸然接受此诗。"自此也不再接见他。这让夏有章万万意料不到，于是他就去拜见通判刁绎，并详细地说明了情况。刁绎也无法理解其中缘由，问道："盛公性情多不通情理，恐怕你的诗中有什么冒犯他的地方吧？"夏有章曰："没有，他都不曾打开过信封。"刁绎又问道："是不是你的信封得不够严谨？"夏有章答道："我亲自封的信封，十分严谨。"刁绎回答说："如果是这样，想必是送信人使盛公不满。"于是刁绎前去拜见文肃，并且打探情况说："夏有章献给您的诗怎么样？"文肃说："没有看，已经还给他了。"刁绎说："您先前如此款待夏有章，如今却不肯读他的诗，这是为什么呢？"文肃说："起初，我见他气韵情操不凡，以为他一定是心怀抱负的人才。如今诗封上竟然自称'新圃田从事'，得了一个幕府属官，就这般轻佻。您等着瞧吧，这人必定只能做到这点芝麻官，如今他已志得意满了。您切记我所说的，将来会有验证。"贾昌朝当时为参知政事，因为与夏有章是故交，就举荐他入馆阁任职。皇帝有旨，命他到任一年后再召试，第二年除授馆阁校勘。结果御史揭发了他先前犯下的罪过，于是撤除了对他的任命，改命为国子监主簿，仍带有郑州推官的职衔。没过多久就在京城去世了。文肃观察人物多如这般，并没有什么窍门。

原文

林逋[①]隐居杭州孤山，常畜两鹤，纵之则飞入云霄，盘旋久之，复入笼中。逋常泛小艇，游西湖诸寺。有客至逋所居，则一童子出应门[②]，延客坐，为开笼纵鹤。良久，逋必棹[③]小船而归。盖尝以鹤飞为验也。逋高逸倨傲，多所学，唯不能棋。常谓人曰："逋世间事皆能之，唯不能担粪与着棋。"

注释

①林逋（bū）（967—1028）：字君复，杭州钱塘（今属浙江）人。恬淡好古，隐居杭州西湖孤山。人称"梅妻鹤子"。卒谥和靖先生。

②应门：守门，犹言当门，在大门口。

③棹（zhào）：划船。

译文

林逋在杭州孤山隐居，常年饲养着两只鹤，放出笼子就会飞入云霄，在天空盘旋很长时间后，再回到笼中。林逋时常会划着小船游历西湖附近的各个寺庙。林逋的住处有客人来访时，就会有一个童子到大门口迎接，让客人进门就座，然后打开笼子放飞两只鹤。好一会儿后，林逋一定会划着小船回来。大概他经常以两只鹤放飞作为信号。林逋一生清高散逸、倨傲不群，多才多艺，只是不会下棋。常常对人说："世间一切事情我都能做，唯独不能担粪和下棋。"

原文

庆历中，有近侍犯法，罪不至死，执政以其情重，请杀之。范希文[①]独无言，退而谓同列曰："诸公劝人主法外[②]杀近臣，一时虽快意，不宜教手滑[③]。"诸公默然。

注释

①范希文：范仲淹（989—1052），字希文，苏州吴县（今属江苏）人。曾任陕西经略安抚招讨副使，参知政事，谥文正。范仲淹工于诗词散文，有《范文正公集》。

②法外：逾越法规，此处指不依法定罪。

③手滑：比喻任意行事。

译文

庆历年间，皇帝亲近的侍从犯了法，罪不至死，执政大臣认为其情节严重，恳请皇帝将他杀掉。唯独范仲淹闭口不言，退朝后对同僚们说道："诸公劝皇上逾越法律杀害近臣，虽然能得到暂时的痛快，但是也不该教皇帝任意杀人啊。"诸公沉默不语。

原文

景祐[1]中，审刑院[2]断狱，有使臣何次公具狱。主判官方进呈，上忽问："此人名'次公'者何义？"主判官不能对，是时庞庄敏[3]为殿中丞、审刑院详议官，从官长上殿，乃越次对曰："臣尝读《前汉书》，黄霸字次公，盖以'霸'次'王'也，此人必慕黄霸之为人。"上颔之。异日复进谳[4]，上顾知院官问曰："前时姓庞详议官何故不来？"知院对："任满，已出外官。"上遽指挥中书，与在京差遣[5]，除三司检法官，俄擢三司判官，庆历中，遂入相。

注释

①景祐：宋仁宗赵祯的年号，1034—1038 年。

②审刑院：按宋制，大理寺所断案件，须交由审刑院复查，再奏请皇帝

决定。

③庞庄敏：庞籍（988—1063），字醇之，单州成武（今属山东）人。大中祥符八年（1015）进士及第，先后任黄州司理参军、江州军事判官、枢密副使、枢密使、太子太保等，受封为颍国公。嘉祐八年（1063）去世，追赠司空、侍中，谥庄敏。

④谳（yàn）：审判定罪。

⑤差遣：宋代官员被差遣的实际职务。

译文

景祐年间，一次审刑院断案，有使臣何次公上奏的案情。主判官正要进呈，皇帝突然问道："'次公'这个名字有什么意义？"主判官无言以答，当时庞籍担任殿中丞、审刑院详议官，随同长官上殿奏对，就越级答道："臣曾经读过《前汉书》，其中有'黄霸，字次公'，意思应该就是'霸'次于'王'，看来此人是崇仰黄霸的为人。"皇帝点了点头。后来有一天又赶上审刑院递交案情，皇帝见到知院长官就问道："前段时间那位姓庞的详议官为何没有来？"知院长官回答道："他的任期已满，如今出任外官去了。"于是皇帝马上命令中书省为他安排在京的职务，并授予三司检法官，没过多久又升为三司判官，庆历年间，拜为丞相。

官政一（选自卷十一）

原文

世称陈恕①为三司使，改茶法②，岁计几增十倍。余为三司使③时，考其籍，盖自景德④中北戎入寇之后，河北籴便⑤之法荡尽，此后茶利十丧其九。恕在任，值北虏讲解，商人顿复，岁课遂增，虽云十倍之多，考之尚未盈旧额。至今称道，盖不虞之誉也。

注释

①陈恕（945—1004）：字仲言，洪州南昌（今属江西）人。太平兴国二年（977）登进士第，任澧州通判。后升工部郎中、知大名府。因功升为户部副使；再升为右谏议大夫，知澧州。后改任河北东路营田制置使，再升为盐铁使。卒时，宋真宗曾为之废朝举哀，赠吏部尚书。

②茶法：对茶叶实行征税以及专营制度以增加国家财政收入。始于唐德宗建中三年（782）。

③余为三司使：沈括曾在熙宁九年（1076）至熙宁十年（1077）期间任三司使。

④景德：景德元年（1004）辽军举兵南下侵宋。

⑤籴（dí）便：指“便籴”，指政府向二线边境地区的商人购买粮草后，先付给钞引，商人再持钞引到京师领取便钱。籴，指政府向民间买入粮食。

译文

世人称陈恕在三司使任上时，将茶法进行了改革，每年的税收将近增长了十倍。我在三司使任上时，考察簿籍上的记载，自景德年间遭到辽军侵犯之后，河北的便籴之法就不复存在了，此后茶的税利丧失了九成。陈恕在任时，适逢与辽国和解，商人即刻又活跃起来，每年的税收也上涨了，虽说上涨了十倍，但一经核查，还没有超出之前的税额。而陈恕至今仍为人们所称道，真是想不到的赞誉啊。

原文

世传算茶①有“三说法”最便。“三说”者，皆谓见钱为一说，犀牙、香药为一说，茶为一说，深不然也。此乃三分法，其谓缘边入纳粮草，其价折为三分，一分支见钱，一分折犀象杂货，一分折茶尔，后又有并折盐为四分法，更改不一，皆非“三说”也。余在三司，求得“三说”旧案。“三说”者，乃是三事：博籴为一说，

便籴为一说，直便为一说。其谓之“博籴”者，极边粮草，岁入必欲足常额，每岁自三司抛数下库务，先封桩见钱、紧便钱、紧茶钞。“紧便钱”谓水路商旅所便处，“紧茶钞”谓上三山场榷务[②]。然后召人入中[③]。“便籴”者，次边粮草，商人先入中粮草，乃诣京师算请慢便钱、慢茶钞及杂货。“慢便钱”谓道路货易非便处，“慢茶钞”谓下三山场榷务。“直便”者，商人取便，于缘边入纳见钱，于京师请领。三说，先博籴，数足，然后听便籴及直便。以此商人竞趋争先赴极边博籴，故边粟常先足，不为诸郡分裂，粮草之价，不能翔踊，诸路税课，亦皆盈衍，此良法也。余在三司，方欲讲求，会左迁，不果建议。

注释

①算茶：宋代对茶叶买卖收取赋税，用茶折算，故称所征之茶为“算茶”。

②上三山场榷务：官府设在茶场榷卖茶叶的机构。榷，指国家专营。

③入中：招募商人于沿边地区入纳粮草，根据地理远近给予钞引优惠，使至京师领取现金或到东南地区领取茶、盐、香、药等。

译文

世人传言国家茶税的发卖有“三说法”称得上便利。所谓“三说”，都认为现金为一说，犀角、象牙、香料和药物为一说，茶为一说，实际上并非如此。这不过是一种“三分法”，指的是商人在边境入纳粮草时，官府的酬价用三种方式结算，第一种方式为支付现金，第二种方式为折算成犀角、象牙等杂货，第三种方式为折算成茶，此后又把折算成盐作为第四种方式，说法不一，但都不是所谓的“三说”。我在三司任职时，曾找到了所谓“三说”的旧档案。所谓的“三说”，其实是指如下：一说为博籴，一说为便籴，一说为直便。所谓的“博籴”，是说靠近敌国的最边远地区的粮草，每年入纳必须保证满足其通常所需的数额，所以每年从三司传达计划数额给相关仓储机构，首先要封存检点现钱、紧便钱和紧茶钞。“紧便钱”指水路交通、商旅贸易较为发达之处的国库钱，“紧茶钞”指上三山场榷务的茶钞。再招商人入中纳粮。所谓的“便籴”，是说在第二线边境地区的粮草，由商人先入中交纳粮草，再到京城结算领受慢便钱、慢茶钞及杂货。“慢便钱”指道路交通、货易不便利之处的国库钱，“慢茶钞”指下三山场榷务的茶钞。所谓的“直便”，是说商人根据自己的便利，在沿边入纳现钱，再到京城请领货物。这种“三说”的措施，是在保证博籴的数量充足之下，再允许便籴以及直便。因此，商人趋利而竞相到极边远地区进行“博籴”，所以边境的粮食总能提前充足起来，而不被内地的州郡分占，同时粮草的价格，也不会直线上涨，各路的税收，也都有盈余，这确实是个很好的方法。我在三司时，正准备上报推行此法，却适逢被贬官，所以没能来得及向朝廷提议此法。

原文

延州故丰林县城①，赫连勃勃②所筑，至今谓之赫连城。紧密如石，劚③之皆火出。其城不甚厚，但马面④极长且密。予亲使人步之，马面皆长四丈，相去六七丈，以其马面密，则城不须太厚，人力亦难兼也。余曾亲见攻城，若马面长则可反射城下攻者，兼密则矢石相及，敌人至城下，则四面矢石临之。须使敌人不能到城下，乃为良法。今边城虽厚，而马面极短且疏，若敌人可到城下，则城虽厚，终为危道。其间更多刓⑤其角，谓之团敌⑥，此尤无益。全藉倚楼角以发矢石，以覆护城脚。但使敌人见备处多，则自不可存立。赫连之城，深可为法也。

注释

①丰林县城：在今陕西延安宝塔区东。

②赫连勃勃（381—425）：十六国时夏政权的建立者。

③劚（zhǔ）：砍。

④马面：依附城墙上面的矮墙（女墙）建的作战棚。探出城墙外，往往长数丈，上有小楼，两边可窥城下。

⑤刓（wán）：削成圆形。此处指城墙角上的马面建成圆角形。

⑥团敌：谓从马面上将攻到城墙下的敌人赶作一团而消灭之。《武经总

要》称圆角马面为“敌团”，与“敌楼”“敌棚”并举。

译文

延州旧丰林县城，是赫连勃勃时修筑的，至今还叫赫连城。城筑得结实，像石头一样，用镢头刨它都有火花迸出。那城墙不是很厚，但它的马面很长又很密。我亲自派人去丈量过，马面都长四丈，相互距离六七丈，因为马面修得密，城墙就不必太厚，人力也很难攻打。我曾亲眼见过攻城，如果马面长，则反过来射击城下进攻的敌人，加上马面密，则射箭和投石相交，敌人到了城下时，四面的箭和石头就将落到他们身上。要使敌人不能到达城下，这才是最好的办法。如今边城城墙虽然厚，但马面很短又很稀，假如敌人可以到达城下，那么城墙即使厚，终究是危险的。现在这些马面又有很多被建成了圆角的，称为“团敌”，这尤其没有益处。守城的人完全靠在楼角上发射箭矢和石，以保护城墙墙脚。只要使敌人需要防备的地方多，他们就无处藏身。赫连这样的城墙，很值得效法学习。

原文

刘晏[①]掌南计，数百里外物价高下，即日知之。人有得晏一事，余在三司时，尝行之于东南，每岁发运司[②]和籴米于郡县，未知价之高下，须先具价申禀，然后视其贵贱，贵则寡取，贱则取盈。尽得郡县之价，方能契数行下，比至则粟价已增，所以常得贵售。晏法则令多粟通途郡县，以数十岁籴价与所籴粟数高下，各为五等，具籍于主者。今属发运司。**粟价才定，更不申禀，即时廪收[③]，但第一价则籴第五数，第五价即籴第一数，第二价则籴第四数，第四价即籴第二数，乃即驰递报发运司。如此，粟贱之地，自籴尽极数，其余节级，各得其宜，已无极售。发运司仍会诸郡所籴之数计之，若过于多，则损贵与远者；尚少，则增贱与近者。自此粟价未尝失时，各当本处丰俭。即日知价，信皆有术。**

注释

①刘晏（716—780）：字士安，曹州南华（今山东东明）人。唐玄宗开元年间以神童入仕，历仕侍御史、户部侍郎等职，兼领江淮租庸、度支、铸钱、盐铁等使务。唐肃宗时，与户部侍郎分管全国财赋，升尚书左仆射。后为杨炎所害，赐死。唐德宗时追赠郑州刺史，赠司徒。

②发运司：宋代负责江南漕运和赋税的行政机构。

③廪收：收购入仓。

译文

刘晏执掌国家财政，几百里外物价的高低，当天就能知道。有人知道刘晏实行的一项措施，我在三司任上时，曾将此措施实行于东南一带，发运司每年在各州县征购粮食时，无法了解物价的高低，必须先开具价格呈报告知，再依据粮食的贵贱定夺，贵就少买，便宜就多买。直到各郡县的价格都清楚后，才能依据核定后的数字发行于郡县，等着粮价上涨，这就是发运司往往得高价购粮的原因。刘晏的措施则是让产值高、交通发达的郡县，把几十年的粮食采购价与粮食采购数量根据高低排列分为五等，且都要在主管部门备案。如今属于发运司管辖。粮价一旦定好，就无须申报，可立即收购入仓，但是第一等的价格要按第五等的数量收购，第五等的价格要按第一等的数量收购，第二等的价格要按第四等的数量收购，第四等的价格要按第二等的数量收购，然后立即快递向发运司呈报。这样一来，粮价低廉的地区，自然就能收购到最多的粮食，剩下的各等级，也各得其适宜的数量，从而避免了价格过高的收购。发运司还要将诸郡收购粮食的数目加以统计，假使数目过多，就降低粮价高昂或者偏远州郡的收购量；假使数目过少，就升高粮价低廉或者临近州郡的收购量。自此粮价就再也没有错失过好的时机，各州郡与当地粮食的收成相互对应。刘晏能当天就知道粮价，相信是自有良计。

原文

旧校书官多不恤职事，但取旧书，以墨漫①一字，复注旧字于其侧，以为日课②。自置编校局，只得以朱围之，仍于卷末书校官姓名。

注释

①漫：涂抹，涂掉。

②日课：每日的工作量。

译文

过去的校书官往往不用心做事，只是取来旧书，用墨将一格字涂黑，再在旁边注上原来的字，以此当作每日的工作量。自从设置了编校局之后，就规定必须用朱笔将错字圈出来，还要将校书官的姓名注在卷末。

原文

五代方镇割据，多于旧赋之外，重取于民。国初悉皆蠲①正，税额一定。其间有或重轻未均处，随事均之。福、歙州②税额太重，福州则令以钱二贯五百折纳绢一匹，歙州输官之绢止重数两。太原府输赋③全除，乃以减价籴粜④补之。后人往往疑福、歙折绢太贵，太原折米太贱，盖不见当时均赋之意也。

注释

①蠲（juān）：除掉，免除。

②歙（shè）州：徽州，今位于安徽黄山市歙县。

③输赋：缴纳的赋税。

④籴粜（tiào）：买卖粮食。

译文

五代时期藩镇割据，于是通常在原有赋税的基础上再向百姓收税。本朝在建国初期就都免除了，税额也有了一定的标准。其间如果出现赋税的标准高低不平，就根据情况各自加以调整。比如福州、歙州的税额过高，那就在福州规定用二贯五百钱折合向官府交纳的一匹绢，而歙州向官府缴纳的绢仅有几两。太原府缴纳的赋税全免，就用降低价格买卖粮食来填补。后人通常不明白为什么福州、歙州折合的绢价过高，而太原折合的米价过低，这是因为不了解当时均匀赋税的意图。

原文

夏秋沿纳之物，如盐曲[1]钱之类，名件烦碎。庆历[2]中，有司建议并合，归一名以省帐钞。程文简[3]为三司使，独以谓仍旧为便，若没其旧名，异日不知。或再敷[4]盐曲，则致重复。此亦善虑事也。

注释

①曲：酒曲，用曲霉与麦子、麸皮、大豆等的混合物制成的块状物，可用于酿酒或造酱。

②庆历：宋仁宗赵祯的年号，1041—1048 年。

③程文简：程琳（988—1056），字天球，永宁军博野（今属河北）人。大中祥符四年（1011）举服勤辞学科。历知制诰、权御史中丞，知开封府。景祐四年（1037），除参知政事，旋黜知颍州，徙青州、大名府。皇祐初年，拜同平章事、判大名府。卒赠中书令，谥文简。

④敷：布置。

译文

在夏季和秋季交纳的钱物，例如盐、曲之类的，名目、事项十分琐碎。庆历年间，相关部门提议将事项合并，多种名目可以归为一类，从而节省账本。当时程琳担任三司使，坚持认为仍以之前的名目记录方便，如果没有以前的那些名目，等日后不清楚情况时。就可能再设置盐、曲的名目另行征收，致使重复。这也是把事情考虑得十分周全啊。

原文

近岁邢、寿两郡①，各断一狱，用法皆误，为刑曹所驳。寿州有人杀妻之父母昆弟数口，州司以不道，缘坐妻子。刑曹驳曰："殴妻之父母，即是义绝，况其谋杀。不当复坐其妻。"邢州有盗杀一家，其夫妇即时死，唯一子明日乃死。其家财产户绝法给出嫁亲女。刑曹②驳曰："其家父母死时，其子尚生，财产乃子物。出嫁亲女，乃出嫁姊妹，不合有分。"此二事略同，一失于生者，一失于死者。

注释

①邢：今河北邢台。寿：今安徽寿县。

②刑曹：分管刑事的官署或属官。

译文

近几年邢州、寿州两郡，分别判了一个案子，都误用了法令，被刑曹驳回。有一个寿州人杀害了妻子的父母兄弟几口人，州郡官员以为罪大恶极，因此让其妻子也连带获罪。刑曹驳回道："虐打妻子的父母，就是恩断义绝，何况还是谋杀。不该再连坐其妻子。"邢州有大盗害死了一家人，夫妇当场丧命，唯独一个孩子到了第二天才断气。这家人的财产根据户绝法由已经出嫁的亲生女儿继承。刑曹驳回道："那家的父母去世时，儿子尚存，那么财产就应该属于儿子。此时已经出嫁的亲生女儿，变成了出嫁的姐妹，不该再继承财产。"这两件事相差无几，前一件是对活着的人不公，后一件是对死去的人不公。

原文

深州[①]旧治靖安，其地碱卤[②]，不可艺植，井泉悉是恶卤。景德[③]中，议迁州。时傅潜家在李晏[④]，乃奏请迁州于李晏，今深州是也。土之不毛，无以异于旧州，盐碱殆[⑤]与土半，城郭朝补暮坏，至于薪刍[⑥]，亦资于他邑。唯胡卢水粗给居民，然原自外来，亦非边城之利。旧州之北，有安平、饶阳两邑，田野饶沃，人物繁庶，正当徐村之口，与祁州、永宁犬牙相望。不移州于此，而恤其私利，亟城李晏者，潜之罪也。

注释

①深州：今河北深县、安平、饶阳等地。

②碱卤：盐碱土上泛出的盐霜。此处指土地盐碱化。

③景德：宋真宗赵恒的年号，1004—1007 年。

④傅潜（？—1017）：冀州衡水（今属河北）人。从太祖征太原、范阳等，擢为内殿直都虞候，加马步都军头、领罗州刺史。改捧日右厢都指挥使、领富州团练使，迁日骑、天武左右厢都指挥使，领云州防御使。李晏：地名，在今河北深县东南。

⑤殆：几乎，大概。

⑥薪刍：薪柴和牧草。

译文

靖安是深州旧的治所所在地，当地的土地严重盐碱化，无法种植作物，井泉全部成了苦水。景德年间，朝中商议准备迁州。当时傅潜的居所在李晏，就上奏请求将李晏作为迁州地，也就是今天的深州。那简直就是不毛之地，和旧州没什么两样，盐碱地差不多占土地的一半，城墙则是早上修好、晚上就会毁坏，就连柴草，都需要别的州县供给。唯独胡卢河能勉强提供居民用水，但也是从外面引来的水源，这也不利于防守边境。旧州以北，有安平、饶阳两县，田地富饶肥沃，人口物产繁多，与徐村的要道相对，与祁州、永宁两地成犬牙相望之势。当时不往此地迁州，却为了一己私利就忙着迁州到李晏，这都要归罪于傅潜。

原文

律云："免官者，三载之后，降先品二等叙。免所居官及官当者[①]，期年之后，降先品一等叙。""降先品"者，谓免官二官皆免，则从未降之品降二等叙之。"免所居官及官当"，止一官，故降未降之品一等叙之。今叙官乃从见存之官更降一等者，误晓律意也。

注释

①所居官：宋代的官制，通常官职只代表品级与薪俸。实际职务称差遣。除此之外还有荣誉性的勋官、爵官。所居官当指实际职务。官当：指许可戴罪的官员用现任的官职、差遣等抵消相应的罪名，但是勋官不可用于赎罪。

译文

据律条所述："被免去官衔的人，三年过后，降原品级二等录用。免去实际官职以及用官职抵罪的人，一整年后，降低原品级一等录用。"所谓的"降低原品级”，是说免官时同时免去官职和勋官，那就从未降级前的品级向下降两级录用。所谓的“免除实际官职和用官职抵罪”，是说只将官职免去，因此在未降级前的品级向下降一级录用。如今录用时从存留的官职再降一等，是将条律的本意误解了。

原文

律累降虽多，各不得过四等。此止法者，不徒为之，盖有所碍，不得不止。据律：“更犯有历任官者，仍累降之；所降虽多，各不得过四等。”注：“各，谓二官各降，不在通计之限。”二官，谓职事官、散官、卫官为一官①，勋官②为一官。二官各四等，不得通计，乃是共降八等而止。余考其义，盖除名叙法：正四品于正七品下叙，从四品于正八品上叙，即是降先品九等。免官、官当若降五等，则反重于除名，此不得不止也。此律今虽不用，然用法者须知立法之意，则于新格无所柢梧③。余检正刑房公事日，曾遍询老法官，无一人晓此意者。

注释

①职事官：官员的实际职务。散官：表示官员等级而没有实际职务的官称，又称散阶。卫官：寄禄官，用来表示品级与俸禄。

②勋官：宋延唐制，设置勋官十二等，不可以用来赎罪。

③柢梧：亦写作“抵牾”，矛盾。

译文

按照条律，连续降职时，降级再多也不能逾越各四等的限度。此规定并非虚设，因为执行时会出现一些事端，所以不得不规定其限度。条律中规定：“官员在犯罪而还有历任官职的情况下，他的品级仍要继续往下降；不过降的再多，也各不可逾越四等。”注：“‘各’的意思是二官分别降级，不在合计限定之内。”二官，指的是职事官、散官、卫官为一官，勋官为一官。二官分别降四等，不可合并计算，就是一共至多降八等。我将这一规定考察了一番，关于除名与叙用之法：正四品复任为正七品下，从四品复任为正八品上，相当于降低原品级的九等。如果免官、官当降低了五等，就反而重于除名的惩罚，所以不得不规定降级的限度。这项律令虽然被废弃了，但是执法者应当知道立法的本意，这样就不会与新的规定相矛盾。我在检正刑房公事任上时，曾经遍访年长的法官，但无一人理解这一规定的意图。

原文

边城守具中有战棚[①]，以长木抗于女墙之上[②]，大体类敌楼[③]，可以离合，设之顷刻可就，以备仓卒[④]，城楼摧坏或无楼处受攻，则急张战棚以临之。梁侯景攻台城[⑤]，为高楼以临城，城上亦为楼以拒之，使壮士交槊[⑥]，斗于楼上，亦近此类。预备敌人，非仓卒可致。近岁边臣有议，以谓既有敌楼，则战棚悉可废省，恐讲[⑦]之未熟也。

注释

①守具：用于守御的设施。战棚：用于古代城堡攻守战中的活动装置。

②抗：支撑。女墙：城墙上凹凸形的小墙。

③敌楼：城墙上用以防御敌人的城楼。

④仓卒：仓促，突然。

⑤侯景（503—552）：字万景，北魏怀朔镇（今内蒙古固阳以南）人。先为东魏将领，后降梁。梁武帝太清二年（548），叛乱起兵攻占梁都建康，之后自立为南梁汉帝，改国号为“汉”，史称“侯景之乱”。台城：南朝国都建康（今江苏南京）城里宫殿集中的地方，即宫城，在今南京市鸡鸣寺一带。

⑥交槊（shuò）：交锋。槊，这里指类似于长矛的重型武器。

⑦讲：筹划。

译文

边防地域的防御设施中有一种叫作战棚，其操作方法是用长木头支撑在城墙的垛子上，大体上与敌楼类似，可以拆卸组装，迅速就能架设完成，这是用以防备仓促之下城楼被摧坏或城墙上没有城楼的地方遭到敌人攻击时，也可以立即设起战棚来应战。梁代的侯景攻打台城时，就架起了高楼用来从高处攻击城堡，而在城堡上的守军也架起楼台应战，双方壮士们长矛相接，在城楼上格斗，也近似于战棚的用法。防备敌人，并不是突然间就能筹备周密的。近几年边疆大臣中有人提议，说既然已经有了敌楼，那么战棚就可以废弃掉了，恐怕这种提议筹划得不够周全吧。

原文

鞠真卿守润州①，民有斗殴者，本罪②之外，别令先殴者出钱以与后应者。小人靳财③，兼不愤输钱于敌人，终日纷争，相视无敢先下手者。

注释

①鞠真卿：字颜叔，身世不详，宋仁宗嘉祐年间任润州知州。润州：今江苏镇江一带。

②本罪：依法应判的罪名。

③靳财：吝啬钱财。

译文

鞠真卿任润州知州时，凡在民间打架斗殴的人，在依法判处应有的罪责之外，还要责令先动手的人向后动手的人赔偿一部分钱财。然而那市井小人对于钱财十分吝啬，又不甘心把钱白白地输给对头，因此整天争吵叫骂，怒目而视却又不敢先动手。

原文

曹州[①]人赵谏尝为小官，以罪废，唯以录人阴事控制闾里，无敢迕其意者。人畏之甚于寇盗，官司亦为其羁绁[②]，俯仰取容而已。兵部员外郎谢涛[③]知曹州，尽得其凶迹，逮系有司，具前后巨蠹[④]状奏列，章下御史府按治。奸赃狼籍，遂论弃市[⑤]，曹人皆相贺。因此有“告不干己事法”著于敕律。

注释

①曹州：今山东菏泽。

②羁绁：原指马络头和马缰绳，此处指受控制。

③谢涛（960—1034）：字济之，杭州富阳（今属浙江）人。淳化三年（992）中进士，历任梓州榷盐判官、华阳县令、著作佐郎、曹州知州。官至太子宾客。

④蠹：原指蛀虫，此处指罪恶事件。

⑤弃市：在闹市执行死刑。

译文

曹州人赵谏曾担任过小官，但因获罪而废除，仅能靠记录别人背地干的坏事来掌控乡里，乡人中没有敢违逆他的意愿的。人们惧怕他远胜过怕强盗，连官府也受他牵制，做事都要看他的脸色。兵部员外郎谢涛在曹州知州任上，掌握了他的所有恶行，就将他抓捕并关押了起来，还开列并向上呈报了他前后所犯下的各种劣迹，案件下到御史台审理。因其邪恶贪赃的狼藉罪行，被判在闹市执行死刑，曹州的百姓都相互道贺。于是有了把“告不干己事法”列入法条一事。

原文

驿传旧有三等，曰步递、马递、急脚递。急脚递最遽，日行四百里，唯军兴则用之。熙宁[①]中，又有金字牌急脚递，如古之羽檄[②]也。以木牌朱漆黄金字，光明眩目，过如飞电，望之者无不避路，日行五百余里。有军前机速处分，则自御前发下，三省、枢密院莫得与也。

注释

①熙宁：宋神宗赵顼的年号，1068—1077 年。

②羽檄：古代的军事文书，插鸟羽以示紧急，务必快速传递。

译文

驿传以前有三类等级，分别为步递、马递、急脚递。急脚递最为迅速，一日可行四百里，只用于战争之际。熙宁年间，又出现了金字牌急脚递，就如同古代的羽檄。用木牌红漆黄金字，光彩夺目，经过时快如闪电，看到它的人没有不让路的，金字牌急脚递一日可行五百多里。有前线的机密文件需要急速办理时，就直接在皇帝那里下发，三省、枢密院都不可干预。

原文

皇祐二年，吴中大饥，殍殣枕路，是时范文正领浙西[①]，发粟及募民存饷[②]，为术甚备，吴人喜竞渡，好为佛事。希文乃纵民竞渡，太守日出宴于湖上，自春至夏，居民空巷出游。又召诸佛寺主首，谕之曰："饥岁工价至贱，可以大兴土木之役。"于是诸寺工作鼎兴。又新敖[③]仓吏舍，日役千夫。监司[④]奏劾杭州不恤荒政，嬉游不节，及公私兴造，伤耗民力，文正乃自条叙所以宴游及兴造，皆

欲以发有余之财，以惠贫者。贸易饮食、工技服力之人，仰食于公私者，日无虑数万人。荒政之施，莫此为大。是岁，两浙唯杭州晏然，民不流徙，皆文正之惠也。岁饥发司农之粟，募民兴利，近岁遂著为令。既已恤饥，因之以成就民利，此先王之美泽也。

注释

①领浙西：范仲淹晚年为杭州知州。

②募民存饷：招募灾民服役，以使服役者有饭吃。饷，给……以饭食。

③敖：通“廒”，粮仓。

④监司：宋代各路转运使司、提点刑狱司、提举常平司等，总称为监司。

译文

皇祐二年，吴中一带发生大饥荒，饿死者的尸体遍布路上，这时范仲淹主管浙西，调发国家粮食并募集民间所存钱物来赈济灾民，方法极为完备，吴中百姓喜欢比赛划船，爱好做佛事。范仲淹就鼓励百姓比赛划船，太守每天出游到西湖上宴饮，从春天到夏天，居民都出外游玩。范仲淹又召集各佛寺的住持，告知他们说：“灾荒年间工价最低廉，可以大兴土木工程。”于是各寺院的修建工程都很兴盛。他又重修仓库和官舍，每天动用工匠上千人。监察机关弹劾杭州长官不体恤荒政，嬉戏游乐而无节制，以及官府、私家大修房舍，伤耗民间财力，范仲淹于是草拟奏章，申述宴饮游乐以及兴修房舍的原因，是要调出民间有余的钱财，来救济贫困的人。从事贸易、饮食、工匠、民夫一类的人，仰仗官府、私家过活的，每天大概有几万人。救济灾荒的措施，没有比这更好的了。这一年，两浙灾区只有杭州平安无事，百姓没有流亡的，这都是范仲淹的恩惠啊。饥荒年岁动用司农寺粮仓的粮食赈济灾民，募集民间财力为地方兴利，近年来已成为法令。这种措施，既赈济了饥荒，又趁此为民间兴利，这真是古圣先王的美德啊。

原文

凡师行，因粮于敌，最为急务，运粮不但多费，而势难行远。余尝计之，人负米六斗，卒自携五日干粮，人饷[1]一卒，一去可十八日；米六斗，人食日二升，二人食之，十八日尽。**若计复回，只可进九日**。**二人饷一卒，一去可二十六日**；米一石二斗，三人食，日六升，八日，则一夫所负已尽，给六日粮遣回。后十八日，二人食日四升并粮[2]。**若计复回，止可进十三日**。前八日，日食六升。后五日并回程，日食四升并粮。**三人饷一卒，一去可三十一日**；米一石八斗，前六日半，四人食，日八升。减一夫，给四日粮。十七日，三人食，日六升。又减一夫，给九日粮。后十八日，二人食日四升并粮。**计复回，止可进十六日**。前六日半，日食八升。中七日，日食六升，后十一日并回程，日食四升并粮。**三人饷一卒，极矣，若兴师十万，辎重三之一，止得驻战之卒七万人，已用三十万人运粮，此外难复加矣**。放回运夫，须有援卒。缘运行死亡疾病，人数稍减，且以所减之食，准援卒所费。**运粮之法，人负六斗，此以总数率之也。其间队长不负，樵汲[3]减半，所余皆均在众夫。更有死亡疾病者，所负之米，又以均之。则人所负，常不啻[4]六斗矣。故军中不容冗食，一夫冗食，二三人饷之，尚或不足。若以畜乘运之，则驼负三石，马骡一石五斗，驴一石。比之人运，虽负多而费寡，然刍牧[5]不时，畜多瘦死，一畜死，则并所负弃之。较之人负，利害相半。**

注释

①饷：供应。

②并粮：此处指加上士兵带的干粮。

③樵汲：负责打柴、汲水的勤杂人员。

④不啻：不止。

⑤刍牧：割草放牧，此处指喂养牲口。

译文

只要是部队出征，从敌方获得粮草才是最紧要的任务，依靠后方运输粮食，不仅花销大，而且一定很难行得远。我曾推算过，每人可以背六斗米，士兵自身携带五天的干粮，一个士兵由一个民夫供给，单程可支撑十八天；总共六斗米，每人每天食用二升，两个人吃，十八天吃完。如果加上返程，就只够维持九天。一个士兵由两个民夫供应，单程可支撑二十六天；总共一石二斗米，三个人食用，每天食用六升，到第八天，一个民夫所背的粮食就吃完了，还要给他六天的干粮让他返回。后十八天，两个人食用，算上士兵携带的干粮每天食用四升。如果加上返程，只够维持十三天。前八天，每天食用六升。后五天算上返程，以及士兵携带的干粮每天食用四升。一个士兵由三个民夫供应，单程可支撑三十一天；总共一石八斗米，前六天半，四个人食用，一天食用八升。减去一个民夫，给他四天的干粮。中间的七天，三个人食用，每天食用六升。再减少一个民夫，给他九天的干粮。最后的十八天，两个人食用，加上士兵带的干粮每天食用四升。如果加上返程，只够维持十六天。前面的六天半，每天食用八升。中间的七天，每天食用六升，最后的十一天算上返程，加上士兵带的干粮每天食用四升。一个士兵由三个民夫供给已经是极限了，如果兴师十万，辎重占去三分之一，防卫交战的士兵只有七万人，运粮的民夫就已经要用三十万人，此外难以再增加人力了。遣返的民夫，必须同时配置士兵来支援。由于返回路上会出现死亡、疾病等情况，人数还会削减，因减员而省下来的粮食，就能抵充支援士兵的供给。根据运粮的规定，一人背六斗，这是按总数计算的平均值。其中队长不背，砍柴、打水的人减半，剩下的都需要民夫分担。还有死亡、生病的人，原本由他们背负的粮食，又要其他人分摊。那么每人背的粮食，往往不止六斗。所以军中无法容下吃闲饭的人，一个民夫吃闲饭，就需要两三个人供给他，有时还不够。如果采用牲口搬运，骆驼可以背负三石，马骡可以背负一石五斗，驴可以背负一石。与用人力运输比起来，虽然背负得多而且花销小，但如果无法按时喂养，牲口大多就会生病而死，一头牲口病死，就要连同背的粮食一并弃置。与人力运输的弊病相比，实际上利弊参半。

原文

忠、万间夷人[1]，祥符[2]中尝寇掠，边臣苟务怀来[3]，使人招其酋长，禄之以券粟。自后有效而为之者，不得已，又以券招之。其间纷争者，至有自陈："若某人，才杀掠若干人，遂得一券；我凡杀兵民数倍之多，岂得亦以一券见给？"互相计校，为寇甚者，则受多券。熙宁[4]中会之，前后凡给四百余券，子孙相承，世世不绝。因其为盗，悉诛锄之，罢其旧券，一切不与。自是夷人畏威，不复犯塞。

注释

①忠：今重庆忠县。万：今重庆万县。

②祥符：大中祥符的简称，宋真宗赵恒的年号，1008—1016 年。

③苟务怀来：只图谋用怀柔笼络的措施来处理。

④熙宁：宋神宗赵顼的年号，1068—1077 年。

译文

忠州、万州地区的外族人，曾经在祥符年间进犯侵夺边境百姓，守边官员只想着用怀柔笼络的方法，派人将他们的酋长招来，用领受粮食的官券收买他们。之后就有效尤他们的人也来进犯边境的百姓，出于无奈，官员又用官券招抚他们。其间为了争夺利益产生了很多纠纷，甚至有人自称道："像某人，仅杀害了几个人，就获得了一张券；而我杀的兵民比他多几倍，怎么能和他一样也只给一张券呢？"这样彼此算计攀比，侵犯边境的情况越发严重，发出去的官券也就越多。熙宁年间加以统计，先后总共发出去了四百多张券，得券者子孙相承，世代不绝。后来趁着他们杀人时，将他们一举消灭，并免除了先前发放的官券，自此再也不给。今后外族人忌惮国家的威力，不敢再进犯边塞。

原文

庆历中，河决北都商胡[①]，久之未塞，三司度支副使郭申锡[②]亲往董作。凡塞河决垂合，中间一埽[③]，谓之“合龙门”，功全在此，是时屡塞不合。时合龙门埽长六十步，有水工高超者献议，以谓埽身太长，人力不能压，埽不至水底，故河流不断，而绳缆多绝。今当以六十步为三节，每节埽长二十步，中间以索连属之，先下第一节，待其至底方压第二、第三。旧工争之，以为不可，云：“二十步埽，不能断漏。徒用三节，所费当倍，而决不塞。”超谓之曰：“第一埽水信未断，然势必杀半。压第二埽，止用半力，水纵未断，不过小漏耳。第三节乃平地施工，足以尽人力。处置三节既定，即上两节自为浊泥所淤，不烦人功。”申锡主前议，不听超说。是时贾魏公帅北门[④]，独以超之言为然，阴遣数千人于下流收漉[⑤]流埽。既定[⑥]而埽果流，而河决愈甚，申锡坐谪。卒用超计，商胡方定。

注释

①商胡：在今河南濮阳以东。

②郭申锡（998—1074）：字延之，魏州（今河北大名）人。历官三司副使，以给事中致仕。

③埽（sào）：旧时用以防护堤岸或塞决口的治河材料。用草、秫秸、树枝或竹枝等夹杂泥沙碎石捆扎而成，而合龙的埽可以做得非常庞大。习惯上也称塞埽的地段或所成的堤坝为埽，或又转为地名。

④贾魏公帅北门：指贾昌朝其时为河北安抚使，驻北京大名府北门。

⑤收漉：指截收打捞。漉，滤。

⑥定：按旧水工的方案实施完毕。

译文

庆历年间，黄河在北都商胡决堤，很久没能堵住，三司度支副使郭申锡亲自去督促治理。通常堵塞河堤决口，都在将要合拢的地方安放一节埽，称为“合龙门”，工程的成败全在于此，当时多次合龙都没有成功。那时“合龙门”的埽长六十步，有一个叫高超的河工建议，埽身太长，人力不能压下去，埽不能沉到水底，所以不能截断河中流水，而绳缆大多被拉断了。现在应当把六十步的埽分成三节，每节埽长二十步，中间用绳索连接起来，先压下第一节，等它到底后再压第二、第三节。老河工竭力争辩，认为不行，说：“二十步长的埽不能塞住水的渗漏。白费了三节埽，所用的人力、物力也会多一倍，而决口还是堵不住。”高超对他们说：“压下第一节埽确实不能断流，但水势必然减弱一半。压下第二节埽，只要用一半力气就够了，即使水流还没有截断，也不过是小的渗漏罢了。压第三节埽是平地施工，可以充分发挥人的力量。三节埽都安放好了，前两节自然就会被泥沙淤填，用不着再耗费人力了。”郭申锡主张用老办法，不肯采用高超的建议。当时贾魏公任大名府主帅，只有他认为高超的说法是正确的，暗地里派遣几千人到下游去捞取冲下去的埽。按照老办法，埽压下去后果然被冲走，河堤决口反而更加扩大，郭申锡因此被降职。后来还是采用了高超的办法，商胡的决口才被堵住。

原文

盐之品至多，前史所载，夷狄间自有十余种，中国所出亦不减数十种。今公私通行者四种：一者“末盐①”，海盐也，河北、京东、淮南、两浙、江南东西、荆湖南北、福建、广南东西十一路食之。其次“颗盐”，解州盐泽及晋、绛、潞、泽所出，京畿、南京、京西、陕西、河东、褒、剑等处食之。又次“井盐”，凿井取之，益、梓、利、夔州四路食之。又次“崖盐”，生于土崖之间，阶、成、凤等州食之。唯陕西路颗盐有定课②，岁为钱二百三十万缗③，自余④盈虚不常，大约岁入二千余万缗。唯末盐岁自抄⑤三百万，供河北边籴⑥，其他皆给本处经费而已。缘边籴买仰给于度支⑦者，河

北则海、末盐，河东、陕西则颗盐及蜀[8]茶为多。运盐之法，凡行百里，陆运斤四钱，船运斤一钱，以此为率。

注释

①末盐：颗粒微小的海盐。

②定课：定额的税收。

③缗（mín）：穿钱的绳子，也指成串的钱。古代一千钱为一贯，又称一缗。

④自余：此外，其余的。

⑤自抄：从里面提取。抄，用瓢、勺之类取物。

⑥籴（dí）：购买粮食。

⑦度支：官府名，负责掌管财赋的收支和调配。

⑧蜀：四川一带。

译文

盐的品类很多，据以往史籍记载，在周边的少数民族地区就有十多种，中原地区所产也不下几十种。如今官私通行的食盐有四种：一种是“末盐”，也就是海盐，供河北路、京东路、淮南路、两浙路、江南东西路、荆湖南北路、福建路、广南东西路等十一路的人食用。一种是“颗盐”，在解州盐泽以及晋州、绛州、潞州、泽州等地生产，供京畿路、南京路、京西路、陕西路、河东路、褒城以及剑阁等地的人食用。一种是“井盐”，是靠凿井获取原料制造的，供益州、梓州、利州、夔州四路的人食用。一种是“崖盐”，在土崖之间产出，供阶州、成州、凤州等地的人食用。唯独陕西路的颗盐有定额的税收，每年的盐税钱为二百三十万贯，其余的税收额度则高低不均，估计每年总收入两千余万贯。只有末盐每年从收入里取出三百万贯，用于河北沿边地区官兵的粮食供应，其他地方的盐税都作为本地官府的经费而已。沿边地区购买粮食的费用依赖于度支司，河北则依赖于海盐、末盐的税收，河东、陕西则主要依靠颗盐以及蜀茶的税收。根据运盐的规定，凡是行够一百里的，陆运每斤收四钱，船运每斤收一钱，以此为基准。

原文

太常博士李处厚知庐州慎县[①]，尝有殴人死者，处厚往验伤，以糟胾灰汤之类薄之[②]，都无伤迹，有一老父求见曰："邑之老书吏[③]也。知验伤不见其迹，此易辨也。以新赤油伞[④]日中覆之，以水沃[⑤]其尸，其迹必见。"处厚如其言，伤迹宛然。自此江淮之间官司往往用此法。

注释

①李处厚：福建连江人，庆历二年（1042）进士，授知庐州。庐州：州名，治所在今安徽合肥。

②胾（zì）：肉。薄：迫近，此处指涂抹。

③书吏：官府中负责起草文书的办事员。

④赤油伞：用红油伞可以从阳光中滤取红色波段的光。

⑤沃：浇。

译文

太常博士李处厚任庐州慎县知县时，曾有个人被殴打致死，李处厚便去检验尸体伤口，用了在尸体上涂抹糟肉、灰汤等方法，却没能查出伤口的痕迹，而后有一位老人求见，说："我是县里的老书吏。听说您没能检验出尸体的伤口痕迹，其实这很好辨别。您拿一把新的红油伞在太阳底下罩住尸体，再往尸体上浇些水，伤痕自会显现出来。"李处厚按他的说法施行，伤痕果然清楚地显现出来。自此江淮一带的官府检验尸体时使用的往往就是这种方法。

原文

钱塘江，钱氏①时为石堤，堤外又植大木十余行，谓之“滉②柱”。宝元、康定间③，人有献议取滉柱，可得良材数十万。杭帅以为然。既而旧木出水，皆朽败不可用。而滉柱一空，石堤为洪涛所激，岁岁摧决。盖昔人埋柱以折其怒势，不与水争力，故江涛不能为患。杜伟长为转运使④，人有献说，自浙江税场以东，移退数里为月堤⑤，以避怒水。众水工皆以为便，独一老水工以为不然，密谕其党曰：“移堤则岁无水患，若曹何所衣食？”众人乐其利，乃从而和之。伟长不悟其计，费以巨万，而江堤之害，仍岁有之。近年乃讲月堤之利，涛害稍稀。然犹不若滉柱之利，然所费至多，不复可为。

注释

①钱氏：五代时吴越王钱镠。

②滉：水深的样子。

③宝元：宋仁宗赵祯的年号，1038—1040 年。康定：宋仁宗赵祯的年号，1040—1041 年。

④杜伟长（1005—1050）：杜杞，字伟长，金陵（今江苏南京）人。北宋大臣。转运使：各王朝主管运输事务的地方官职。

⑤月堤：呈半月形的堤坝。

译文

在五代吴越时钱塘江修筑了石堤，又在石堤外埋下了十几排大木桩，称为“滉柱”。宝元、康定年间，有人提议将滉柱取出来，以为这样能获得良材数十万根。杭州长官觉得可行。等旧的木材从水中取出来后，才发现都已经腐朽不能用了。而滉柱一经取出，石堤被江水的浪涛冲击，每年都会决堤。原来前人是为了减轻洪涛的冲击而埋下了滉柱，进而不让石堤与水直接相撞，因此江涛也无法造成危害。杜杞转运使在任上时，有人出谋献计说，从浙江盐税场以东，退后几里修筑月堤，以此可防止浪涛的冲击。水工们都认为此方法可行，唯独一个老水工觉得不好，就背地和工友们说："把月堤后移每年就不会发生水灾了，没有了水灾你们靠什么穿衣吃饭？"众人都图财谋利，就赞同他的建议。杜杞并没有发觉其中的诡计，结果花销巨大，而江堤的水灾，仍然每年都会发生。近几年地方长官才意识到月堤的益处，终于使水灾略微减轻。然而还是比不上滉柱的好处，可惜建筑滉柱的花费巨大，已经无法再建了。

原文

陕西颗盐，旧法官自搬运，置务①拘卖。兵部员外郎范祥②始为钞法，令商人就边郡入钱四贯八百售一钞，至解池请盐二百斤，任其私卖，得钱以实塞下，省数十郡般运之劳。异日辇车牛驴以盐役死者，岁以万计，冒禁抵罪者，不可胜数，至此悉免。行之既久，盐价时有低昂，又于京师置都盐院③，陕西转运司自遣官主之。京师食盐，斤不足三十五钱，则敛而不发，以长盐价；过四十，则大发库盐，以压商利，使盐价有常。而钞法有定数，行之数十年，至今以为利也。

注释

①务：机构名称。宋代管理贸易及税收的机构均称"务"，州县皆置。

②范祥（？—1060）：字晋公，邠州三水（今陕西）人。庆历八年（1048），以提点陕西路刑狱兼制置解盐首次推行盐钞法。嘉祐中曾总领盐事。

③都盐院：专掌以解州池盐供应京师及京东诸州并出卖。

译文

陕西颗盐，以前的制度都是官府自己搬运，并设置机构管理运输和买卖。兵部员外郎范祥开始创立凭钞运销食盐的制度，规定商人在边境州郡交四贯八百文钱买一张盐票，凭票到解州盐池领盐二百斤，由他们自行出卖，把得到的钱充实边塞的府库，也省了数十郡人民搬运食盐的劳役。从前驾车的牛和驴死于运盐的，一年达上万头，犯禁卖私盐的罪名而受到惩罚的人也不知有多少，到这时一切得以避免。实行这个制度的时间长了，盐价时高时低，就又在京都设立掌管盐务的机关，由陕西转运司派官去管理。京城中食盐，每斤卖不到三十五文时，就收集起来不发卖，这样来提高盐价；超过四十文时，就大量发售库存盐压低售价，防止盐商高价牟利，使盐价稳定。而发行盐票也有定额，这种制度实行了几十年，到现在还认为有利。

原文

河北盐法，太祖皇帝尝降墨敕①，听民间贾贩②，唯收税钱，不许官榷③。其后有司屡请闭固④，仁宗皇帝又有批诏云：“朕终不使河北百姓常食贵盐。”献议者悉罢遣之。河北父老，皆掌中掬⑤灰，藉火焚香，望阙⑥欢呼称谢。熙宁中，复有献谋者。余时在三司，求访两朝墨敕不获，然人人能诵其言，议亦竟寝⑦。

注释

①墨敕：犹言皇帝手书的敕令。宋人称皇帝的手迹为“墨宝”。

②贾（gǔ）贩：买卖。

③榷：古代盐、铁、酒等物品的官府专卖之称。

④闭固：此处指禁止买卖私盐。固，同“锢”，禁止。

⑤掬：用双手捧着。

⑥阙：皇帝的住所，泛指京城。

⑦寝：搁置，停止。

译文

对于河北地区的盐法，太祖皇帝曾经颁布亲笔书写的敕令，准许民间买卖，并只收取税钱而已，不准官府专营。之后相关部门数次请求禁止私营，仁宗皇帝又下有手批的诏书说："朕永远不能让河北的百姓常吃贵盐。"所有提议禁绝私营的人都被罢官外放了。河北的百姓，都双手捧着香灰，点火焚香，朝着京城欢呼谢恩。熙宁年间，又有人向皇上献计禁止私营。我当时在三司任职，访求太祖、仁宗两朝的手书敕令却没能找到，但是人人都能传诵那些话，这个建议最终也被搁置了。

官政二（选自卷十二）

原文

淮南漕渠[①]，筑埭[②]以畜水，不知始于何时，旧传召伯埭谢公[③]所为。按李翱《来南录》[④]，唐时犹是流水，不应谢公时已作此埭。天圣[⑤]中，监真州排岸司右侍禁陶鉴始议为复闸节水[⑥]，以省舟船过埭之劳。是时工部郎中方仲荀、文思使张纶为发运使、副[⑦]，表行之，始为真州闸。岁省冗卒五百人，杂费百二十五万。运舟旧法，舟载米不过三百石[⑧]。闸成，始为四百石船。其后所载浸[⑨]多，官船至七百石，私船受米八百余囊[⑩]，囊二石。自后，北神、召伯、龙舟、茱萸诸埭，相次废革[⑪]，至今为利。余元丰中过真州，江亭后粪壤[⑫]中见一卧石，乃胡武平为《水闸记》[⑬]，略叙其事，而不甚详具。

注释

①漕渠：人工开凿的运粮水道，这里指隋开凿的江苏淮安至仪征一段运河。

②埭：石坝。

③谢公：这里指谢安，东晋时任宰相。据《晋书》记载，谢安曾于广陵修建召伯埭。

④李翱（772—844）：字习之，陇西成纪（今甘肃秦安）人。唐德宗贞元年间进士，曾任国子博士、史馆修撰等职。《来南录》：原当为一书，今本《李文公集》中存其遗篇。

⑤天圣：宋仁宗赵祯的年号，1023—1032年。

⑥真州：在今江苏仪征。排岸司：宋代掌管河渠水利的机构。复闸：即双道水闸，闸室两侧各有一道水闸，可以控制水位以便于航船。

⑦工部：封建时代中央官制六部之一，为掌管营造工程事项的机关。郎中：汉代以后，中央六部都设司，各部诸司之长称郎中。文思使：掌管宫廷手工艺品的官员。张纶（962—1036）：字公信，安徽汝阴人。少豪侠任气，举进士不第，补三班奉职，迁右班殿直。

⑧石（dàn）：古代计量单位，一百二十斤为一石。

⑨浸：逐步。

⑩囊：袋。

⑪相次废革：相继废弃改革。

⑫粪壤：此处指污泥。粪，秽土，污泥。

⑬胡武平：胡宿（995—1067），字武平，常州晋陵（今属江苏）人。天圣二年（1024）举进士第，曾任通判宣州、知湖州、枢密副使等。《水闸记》：《真州水闸记》，见胡宿《文恭集》卷三十五，作于天圣五年（1027）。

译文

淮南的运粮水道，采用修筑石坝来蓄水的办法，不知此方法是从何时开始的，旧时传说召伯埭是东晋时谢安所建。但是根据李翱的《来南录》记载，在唐时这条水道还是畅通的河流，所以不可能在谢安时就已修建起了这道石坝。宋仁宗天圣年间，真州排岸司右侍禁陶鉴才开始提议修建复闸来调节水位落差，以节省通过石坝时的拖船的劳力。当时的发运使以及副使由工部郎中方仲荀、文思使张纶担任，两人上表请求朝廷推广了此方法并获准施行，这才修筑了真州闸。每年可节省差役五百人，杂费一百二十五万。按先前的船运规定，每条船载米不得多于三百石。等水闸修成后，开始准许每船装载四百石。随后装载量日益增多，官船已经达到了七百石，私船可以装到八百多袋，每袋重二石。从此以后，北神、召伯、龙舟、茱萸各埭的水坝，相继废止革新，到现在依然有极大的便利。元丰年间，我曾路过真州，在江亭后的污泥中看到了一块倒在地上的石碑，上面刻的是胡武平写的《真州水闸记》，粗略地记述了这件事，只是不够详细。

原文

张杲卿[①]丞相知润州日，有妇人夫出外数日不归，忽有人报菜园井中有死人，妇人惊往视之，号哭曰："吾夫也。"遂以闻官[②]。公[③]令属官集邻里就井验是其夫与非，众皆以井深不可辨，请出尸验之。公曰："众皆不能辨，妇人独何以知其为夫？"收付所司鞫问[④]，果奸人杀其夫，妇人与闻[⑤]其谋。

注释

①张杲卿：张升（992—1077），字杲卿，同州夏阳（今陕西韩城）人。大中祥符八年（1015）举进士第，仁宗时任御史中丞，嘉祐中，拜参知政事、兼枢密使等，以太子太师致仕，谥康节。

②闻官：让官府得知，也就是"向官府报案"的意思。

③公：指张杲卿。

④所司：所掌管的官署。鞫问：审讯犯人。鞫，通"鞫"。

⑤与闻：参与谋划，知道情况。

译文

张杲卿丞相以前在润州担任知州时，有一位妇人的丈夫外出好几天没有回家，突然有人告知说菜园的井中有一具死尸，妇人惊慌地跑过去一看，就立马号啕大哭起来说："这就是我的丈夫啊。"于是向官府报了案。张杲卿让下属官吏将这个妇女的邻居们聚集起来，到井边辨认妇人的丈夫是不是死者，结果大家都说井太深看不清，无法辨认，请求把尸体捞上来再查验。张杲卿说："这么多人都认不出来，为什么只有这个妇人能认出死者就是她丈夫呢？"于是将妇人抓到官府交给有关官员进行审讯，发现果然是与妇人通奸的人杀了她丈夫，而这位妇人也参与了这桩谋杀案。

原文

庆历[1]中，议弛[2]茶盐之禁及减商税。范文正[3]以为不可"茶盐商税之入，但分减商贾之利耳，行于商贾未甚有害也。今国用[4]未减，岁人[5]不可阙，既不取之于山泽及商贾，须取之于农。与其害农，孰若取之于商贾？今为计莫若先省国用，国用有余，当先宽赋役，然后及商贾。弛禁非所当先也。"其议遂寝[6]。

注释

①庆历：宋仁宗赵祯的年号，1041—1048 年。
②弛：放松，免除。
③范文正：范仲淹，字希文，北宋大臣，主持推行新政。
④国用：这里是指国家的开支。
⑤岁入：指每年的税收收入。
⑥寝：停止，平息。

译文

庆历年间，有人提出免除茶叶和盐专卖的禁令，以及减少商人的赋税。范仲淹对此持反对意见，他指出："征收茶盐以及商业税，不过是削减商人的一部分利润而已，其实对商人并没有造成多大的损失。如今国家的各项开支没有缩减，那么每年的税收收入就不可缩减，如果不向茶盐贸易以及商人征收赋税，就势必会从农民那里索取。然而与其损害了农民的利益，为什么不向商人征税呢？当务之急就是先要从节省国家的开支入手，国家的用度有了盈余，就先放宽对农民的税收和徭役，然后再惠及商人。因此，解除茶叶和盐专卖的禁令并不是现在着急要做的事。"于是那些为商人减税的议论便平息了。

原文

真宗皇帝南衙[①]日，开封府十七县皆以岁旱放税，即有飞语[②]闻上，欲有所中伤，太宗不悦。御史探上意，皆露章言开封府放税过实，有旨下京东、西两路诸州选官覆按。内亳州当按太康、咸平两县，是时曾会[③]知亳州，王冀公[④]在幕下，曾爱其识度，常以公相期之。至是遣冀公行，仍戒之曰："此行所系事体不轻，不宜小有高下。"冀公至两邑，按行甚详。其余抗言放税过多，追收所税物，而冀公独乞全放，人皆危之。明年，真宗即位，首擢[⑤]冀公为右正言，仍谓辅臣曰："当此之时，朕亦自危惧。钦若小官，敢独为百姓伸理，此大臣节也。"自后进用超越，卒至入相。

注释

①南衙：对开封府的惯称。

②飞语：流言蜚语，指毫无根据的话。

③曾会（952—1033）：字宗元，泉州晋江（今属福建）人。端拱二年（989）榜眼，累迁刑部郎中、集贤殿修撰，卒赠太师中书令兼尚书令，封楚

国公。

④王冀公（962—1025）：王钦若，字定国，进士及第，北宋宰相。

⑤擢：提升。

译文

真宗皇帝任开封府府尹时，开封府十七县都因为大旱而减免了税收，随即就有流言蜚语传到太宗皇帝耳中，想要中伤真宗，太宗很不高兴。御史们刺探出皇帝的心意，便纷纷上书说开封府的减税太过分了，于是皇帝下旨命京东、京西两路各州派人调查此事。其中亳州应当审查太康、咸平两县，当时亳州知州由曾会担任，而王钦若是他的幕僚，曾会非常欣赏王钦若的学识，一直觉得他有望当公相。因此，就派遣王钦若去办这件事，并叮嘱他说："此行关系重大，不可有半点儿差池。"王钦若来到两县后，寻访调查十分谨慎详细。之后其他地方的官员都危言减税过多，并要求追收应缴纳的租税，只有王钦若请求将租税全免，人们都认为他这样的做法很危险。第二年，真宗即位，首先擢升王钦若为右正言，并对辅政大臣说："当时，朕自己都感觉惶恐不安。王钦若仅一介小官，却敢于独自挺身而出为百姓伸张正义，这才是大臣应有的节操啊。"自此以后王钦若被破格晋升，最终当了丞相。

权智（选自卷十三）

原文

陵州[①]盐井，深五百余尺，皆石也。上下甚宽广，独中间稍狭，谓之杖鼓腰。旧自井底用柏木为干，上出井口，自木干垂绠而下，方能至水，井侧设大车绞之。岁久，井干摧败，屡欲新之，而井中

阴气袭人，入者辄死，无缘措手。惟候有雨入井，则阴气随雨而下，稍可施工，雨晴复止。后有人以一木盘，满中贮水，盘底为小窍，酾水②一如雨点，设于井上，谓之雨盘，令水下终日不绝。如此数月，井干为之一新，而陵井之利复旧。

注释

①陵州：今四川仁寿。宋初为小州，后降为县，因当地有盐井，又先后改为陵井监、仙井监。南宋时为隆州。

②酾（shī）水：洒水。

译文

陵州盐井有五百多尺深，井壁全是岩石。井的上部和下部都很宽大，只有中间比较狭窄，叫作“杖鼓腰”。过去，从井底开始用柏木做成板，往上直到井口，从沿壁的木板放下绳子，才能到达水面汲水，井旁设置大绞车绞动绳索收放汲水器。年代久了，木板腐烂，多次想更换新的，但井中阴气袭人，人一下去就丧命，无法施工。只有等到下雨天雨水落到井里，阴气随雨水下降，才稍微可以施工，天一晴就得停止。后来有人用一个木盘，盘中盛满水，盘底凿些小孔，水就像雨点一样洒出，把它安放在井口上，称为“雨盘”，让水整天不停地洒下。这样连续几个月，井架就全部被换成新的了，陵州盐井又能像以前那样获利了。

原文

世人以竹、木、牙、骨之类为叫子①，置人喉中吹之，能作人言，谓之“颡②叫子”。尝有病喑③者，为人所苦，烦冤无以自言。听讼④者试取叫子令颡之，作声如傀儡子⑤。粗⑥能辨其一二，其冤获申。此亦可记也。

注释

①叫子：即哨子。

②颡（sǎng）：通“嗓”，嗓子，喉咙。

③喑：哑。

④讼：诉讼，在法庭上争辩是非曲直。

⑤傀儡子：木偶戏。

⑥粗：粗略，略微。

译文

世人用竹、木、牙、骨之类的材料做成哨子，放在口中吹，能模仿人讲话的声音，称为“颡叫子”。曾经有个人得了哑症，又苦于被冤枉而无法为自己辩白申冤。判案的官员试着拿来颡叫子让他吹，发出的声音就像傀儡戏演员模拟人物声音一般。大体上能辨别出他要表达的意思，于是他的冤屈得以申诉。这件事值得记录下来。

原文

《庄子》曰：“畜虎者不与全物、生物①。”此为诚言。尝有人善调山鹧，使之斗，莫可与敌。人有得其术者，每食则以山鹧皮裹肉哺之，久之，望见其鹧，则欲搏而食之。此以所养移其性也。

注释

①畜虎者不与全物、生物：出自《庄子·人间世》。

译文

《庄子》里说："饲养老虎的人不会给老虎吃完好的或者活的东西。"这其中是有道理的。曾经有个人擅长调教山鹧，让他的山鹧和别人的对打，没有能战胜他的山鹧的。有人知道了他的方法，每次都用山鹧皮裹着肉来喂山鹧，时间久了，那山鹧看到别的山鹧，就想捕捉过来吃掉。用这种方式驯养，从而转化它的脾性。

原文

宝元中，党项[①]犯塞，时新募万胜军，未习战陈，遇寇多北。狄青[②]为将，一日尽取万胜旗付虎翼军，使之出战。虏望其旗，易[③]之，全军径趋，为虎翼所破，殆无遗类。又青在泾原，尝以寡当众，度必以奇胜。预戒军中，尽舍弓弩，皆执短兵器。令军中：闻钲[④]一声则止；再声则严阵而阳却；钲声止则大呼而突之。士卒皆如其教，才遇敌，未接战，遽声钲，士卒皆止；再声，皆却。虏人大笑，相谓曰："孰谓狄天使勇?"时虏人谓青为"天使"。钲声止，忽前突之，虏兵大乱，相蹂践死者，不可胜计也。

注释

①党项：指西夏。西夏政权为党项羌人所建。

②狄青（1008—1057）：字汉臣，汾州（今山西汾阳）人。北宋名将，官至枢密使。

③易：轻视，掉以轻心。

④钲：此处指锣。古人作战以鸣锣为退兵信号。

译文

宝元年间，党项羌人侵犯边境，当时刚刚招募的万胜军，没有经过战阵的演习，遭遇敌人经常打败仗。狄青当了将领，有一天，把万胜军的旗帜全部交给虎翼军，让他们出战。敌人望见这种旗帜，认为容易对付，全军径直冲过来，结果被虎翼军打败，几乎全军覆没。又有一次，狄青在泾原带兵，曾经以少数兵力对抗众多敌兵，考虑到必须用奇计才能取胜。事先告诫全军都放下弓箭，一律使用短兵器。传令全军：听到一声钲响就停止前进；听到第二声就严整阵容佯装撤退；钲声一停就高喊着冲向敌人。士兵们都听从他的部署，刚一遭遇敌人，还没有接战，钲声立刻响了起来，士兵们都停止前进；第二次钲声响起，全都撤退。敌人大笑起来，互相说："谁说狄天使是勇猛的将领？"当时敌人叫狄青为"天使"。钲声突然停止，士兵们忽然转身一下子冲向敌人，敌兵大乱，互相踩踏致死的，数都数不过来。

原文

狄青为枢密副使，宣抚广西。时侬智高守昆仑关[①]，青至宾州[②]，值上元节，令大张灯烛，首夜燕[③]将佐，次夜燕从军官，三夜飨[④]军校。首夜乐饮彻晓，次夜二鼓时，青忽称疾，暂起如内。久之，使人谕孙元规[⑤]，令暂主席行酒，少服药乃出，数使人勤劳座客。至晓，各未敢退，忽有驰报者云，是夜三鼓，青已夺昆仑矣。

注释

①侬智高（1025—1055）：北宋时期广西广源州的壮族首领。庆历元年（1041）建立"大历国"，请官遭拒后改"南天国"，自封仁惠皇帝，年号景瑞。皇祐四年（1052）反宋，破邕州，改国号为"大南国"。次年败退流亡，不知所终。昆仑关：在今广西南宁市东北昆仑山上。

②宾州：今广西宾阳。

③燕：通"宴"，宴请。

④飨：用酒食款待客人。

⑤孙元规：孙沔（997—1067），字元规，越州会稽（今浙江绍兴）人。天禧三年（1019）进士，补赵州司理参军。宋仁宗时历监察御史、陕西转运使，两度知庆州。皇祐年间平侬智高有功，授枢密副使。后为观文殿学士、知庆州，徙延州。卒赠兵部尚书，谥威敏。

译文

狄青在枢密副使任上时，被派往广西担任宣抚使。此时侬智高防守昆仑关，狄青到达宾州时，正赶上元佳节，就号令大范围地挂上灯烛，第一天晚上设宴招待各位高级军官，第二天晚上设宴招待次级军官，第三天晚上设宴招待下级军官。第一天晚上彻夜欢唱宴饮，第二天晚上二鼓时，狄青突然称病，暂且起身进入内室歇息。很久之后，派人通知孙元规，让他暂且代劳宴会主席，自己服下药就出来，还数次遣人向军官们劝酒。一直到第二天早晨，军官们都不敢离席退去，忽然有快马报信道，这晚三鼓时，狄青已经攻克昆仑关。

原文

曹南院知镇戎军日[①]，尝出战小捷，虏兵引去。玮侦虏兵去已远，乃驱所掠牛羊辎重，缓驱而还，颇失部伍[②]。其下忧之，言于玮曰："牛羊无用，徒縻军，不若弃之，整众而归。"玮不答，使人候[③]。虏兵去数十里，闻玮利牛羊而师不整，遽袭之。玮愈缓，行得地利处，乃止以待之。虏军将至，迎使人谓之曰："蕃军远来，必甚疲。我不欲乘人之怠，请休憩士马，少选决战。"虏方苦疲甚，皆欣然，严军歇良久。玮又使人谕之："歇定可相驰矣。"于是各鼓军而进，一战大破虏师，遂弃牛羊而还。徐谓其下曰："吾知虏已疲，故为贪利以诱之。比其复来，几行百里矣，若乘锐便战，犹有胜负。远行之人若小憩，则足痹不能立，人气亦阑[④]，吾以此取之。"

注释

①曹南院（973--1030）：曹玮，字宝臣，真定灵寿（今属河北）人。北宋名将。南院，即宣徽南院使。镇戎军：辖境相当今宁夏固原一带。

②部伍：队伍。

③候：侦探调查。

④阑：衰落。

译文

曹玮掌管镇戎军时，曾在一次战斗中取得小胜，敌军散去。曹玮调查得知敌军已远远退去，就下令驱赶着夺取来的牛羊辎重，慢慢驱赶着返程，队伍有些散乱不整。他的部下都非常担忧，跟曹玮说："牛羊毫无用处，白连累了队伍，不如舍弃掉，把军队整顿好再返回。"曹玮不同意，让人再次侦查。敌军已退去几十里，敌方听闻曹玮贪图牛羊之利而使队伍散乱，于是匆匆掉头打算偷袭他。曹玮的部队反而走得更慢，行到地势有利的地方，就号令停下来等待敌军。敌军马上要到了，曹玮派人迎接敌方头领，对他说："贵军远来，想必十分劳累了。我方不想乘着对手松懈的时候进击，请让士兵和马匹小憩一下吧，我们过一会儿再决战。"敌方正苦于奔走疲乏，就欣然答应，整顿好队伍歇息了很久。曹玮又派人对他们说："歇息好就可以交战了。"于是两军分别击鼓进军，曹玮一战使敌军大败，于是舍弃了牛羊回程。曹玮缓缓地对部下说："我得知敌人已经疲乏了，所以刻意暴露出我们贪图小利而诱导敌军。等他们再迎上来交战时，差不多已经行了一百里路了，如果此时敌人乘着锐气开战，只怕还是互有胜负。而远行之人一旦坐下来小憩，就会使腿脚酸软，无法站立，士气也会衰落，我就是借助此计取胜的。"

原文

余友人有任术[①]者，尝为延州临真[②]尉，携家出宜秋门。是时茶禁甚严，家人怀越茶数斤，稠人[③]中马惊，茶忽坠地。其人阳惊，回身以鞭指城门鸱尾[④]，市人莫测，皆随鞭所指望之，茶囊已碎于埃壤矣。监司尝使治地讼，其地多山，险不可登，由此数为讼者所欺。乃呼讼者告之曰："吾不忍尽尔，当贳[⑤]尔半。尔所有之地，两亩止供一亩，慎不可欺，欺则尽覆入官矣。"民信之，尽其所有供半。既而指一处覆之，文致其参差[⑥]处，责之曰："我戒尔无得欺，何为见负？今尽入尔田矣。"凡供一亩者，悉作两亩收之，更无一犂[⑦]得隐者。其权数多此类，其为人强毅恢廓，亦一时之豪也。

注释

①任术：善于使用权谋、策略。

②临真：在今陕西甘泉县东。

③稠人：人口密集之处。

④鸱（chī）尾：古代宫殿屋脊的一种兽形装饰物。

⑤贳（shì）：宽纵，赦免。

⑥参差：差池。

⑦一犂（lí）：一寸土地。犂，同"犁"。

译文

我有一位友人善于用权术，他在延州临真尉任上时，曾带着家人从宜秋门出行。当时茶禁十分严格，家人怀里藏着几斤越茶，由于马匹在人口密集的地方受到了惊吓，茶包忽然掉落到地上。他假装十分震惊，转身拿着马鞭对着城门上的鸱尾，街市上的人不清楚情况，顺着马鞭所指的方向望去，而茶包早已被踏碎进入土里了。监司曾派他办理有关土地赋税的诉讼，当地有很多山，而且陡峭险恶不可攀登，因此好几次被诉讼的人蒙骗。他把诉讼的人召来，对他们说："我下不了狠心将你们的土地全部没收，可以宽纵一半的税。你们所有的土地中，两亩地只要纳一亩的税，但是你们要当心不可再蒙骗官府了，如果再蒙骗官府就没收你们全部的土地。”这些人信任他，都按全部土地的一半纳税。一段时间后，我这位友人选定一处土地要求核对，引证条文后发现一些误差，训斥他们说：“我劝诫过你们不要再蒙骗官府，为什么违反承诺？如今就要把你们的土地全部没收。”只要是先前纳一亩税的，全部改按两亩收税，再也无法隐瞒一寸土地。他的权术大多如此，为人刚毅宽厚，也是一时的英豪。

原文

王元泽[①]数岁时，客有以一獐[②]一鹿同笼以问雱：“何者是獐，何者为鹿？”雱实未识，良久对曰：“獐边者是鹿，鹿边者是獐。”客大奇之。

注释

①王元泽：王雱（1044—1076），字元泽，抚州临川（今江西抚州）人，王安石之子。治平四年（1067）进士，历任旌德尉、太子中允等职。熙宁九年（1076），迁龙图阁直学士，未上任而卒，特赠左谏议大夫。

②獐：獐子，一种动物，形似鹿而比鹿小。

译文

王雱才几岁大的时候，有位客人把一头獐和一头鹿关在同一个笼子里问王雱：“哪个是獐，哪个是鹿？”其实王雱并不认识，过了好一会儿才回答说：“在獐旁边的那个是鹿，在鹿旁边的那个是獐。”客人感到十分惊奇。

原文

濠州[1]定远县一弓手，善用矛，远近皆伏其能。有一偷，亦善击刺，常蔑视官军，唯与此弓手不相下，曰："见必与之决生死。"一日，弓手者因事至村步[2]，适值偷在市饮酒，势不可避，遂曳矛而斗，观者如堵墙。久之，各未能进。弓手者忽谓偷曰："尉至矣。我与尔皆健者，汝敢与我尉马前决生死乎？"偷曰："喏。"弓手应声刺之，一举而毙，盖乘其隙也。又有人曾遇强寇斗，矛刃方接，寇先含水满口，忽噀[3]其面。其人愕然，刃已揕[4]胸。后有一壮士复与寇遇，已先知噀水之事。寇复用之，水才出口，矛已洞颈。盖已陈刍狗，其机已泄，恃胜失备，反受其害。

注释

①濠州：在今安徽凤阳。

②村步：村边停船的地方。步，通"埠"，停船的码头。

③噀（xùn）：含在口中而喷出。

④揕（zhèn）：用刀剑等击刺。

译文

濠州定远县有一位弓手，善用矛，远近的人对他的能力都十分佩服。有一个小偷，也擅长用矛击刺，常常藐视军官，只和这个弓手不分伯仲，说："如果遇见一定与他一决雌雄。"一天，弓手因公事来到了村口码头，正遇上那个小偷在街市上喝酒，二人势必无法躲避，就各自拿起长矛开始搏斗，围观的人就像围了一堵墙。两个人打斗了很久，都无法取胜。弓手突然对小偷说："县尉来了。你我都是强手，你敢在县尉的马前和我决斗吗？"小偷说："敢。"弓手应声刺向小偷，一招将其刺死，这是乘其不备。又有人曾碰到强盗并且决斗起来，矛刃相接的时候，强盗事前含满了一口水，忽然喷了对方一脸。那人大吃一惊，结果其胸部被兵刃刺穿。后来又有一个壮士再次碰到了这个强盗，他已经预先了解了强盗喷水的手段。强盗又耍这招，水才从口中喷出，颈部就被长矛刺穿了。用过的手段，早已泄露了天机，倚仗着这招取胜而没有防备，结果反受其害。

原文

陕西因洪水下大石，塞山涧中，水遂横流为害。石之大有如屋者，人力不能去，州县患之。雷简夫①为县令，乃使人各于石下穿一穴，度如石大，挽石入穴窖之，水患遂息也。

注释

①雷简夫（1001—1057）：字太简，同州郃阳（今陕西合阳）人。早年隐居，仁宗时任秘书省校书郎、签书秦州观察判官、职方员外郎。史书载其曾为县令。

译文

陕西因为洪水冲下一块大石头堵在山涧中，水于是横流造成灾害。石头大到像一间屋子，靠人力移动不了它，州县官员都为这件事担忧。雷简夫做了那里的县令，就派人在石头底下挖通一个洞，估计坑穴像石头那样大时，就把石头引入洞里，水患就平息了。

原文

熙宁①中，高丽入贡，所经州县，悉要地图，所至皆造送，山川道路，形势险易，无不备载，至扬州，牒②州取地图。是时丞相陈秀公③守扬，绐④使者欲尽见两浙所供图，仿其规模供造。及图至，都聚而焚之，具以事闻。

注释

①熙宁：宋神宗赵顼的年号，1068—1077年。

②牒：官方的文书、证件。

③陈秀公：陈升之（1011—1079），初名旭，字旸叔，建州建阳（今属福建）人。进士出身，历知封州、汉阳军、监察御史。熙宁元年任知枢密院事，后拜同中书门下平章事、集贤殿大学士。因在变法机构名称上与王安石意见不合，出为镇江军节度使、知扬州。谥成肃。

④绐（dài）：欺骗，欺诈。

译文

熙宁年间，高丽国向朝廷进贡，到所途经的州县，都索取该地地图，所到之处都制造了地图给他们送去，地图中各州县的山川道路，地形险易，记载无不详尽，到了扬州，又派使者呈上文书索要地图。此时丞相陈秀公坐镇扬州，就哄骗使者说想要看一下两浙一带提供给他们的全部地图，以便仿效其范围绘图。等地图送到了，就将地图聚在一起都烧了，并向朝廷禀报了此事。

原文

狄青戍泾原日，尝与虏战，大胜，追奔数里。虏忽壅遏[①]山踊，知其前必遇险。士卒皆欲奋击，青遽鸣钲止之，虏得引去。验其处，果临深涧，将佐皆悔不击。青独曰："不然。奔亡之虏，忽止而拒我，安知非谋？军已大胜，残寇不足利，得之无所加重；万一落其术中，存亡不可知。宁悔不击，不可悔不止。"青后平岭寇，贼帅侬智高兵败奔邕州[②]，其下皆欲穷其窟穴。青亦不从，以谓趋利乘势，入不测之城，非大将军，智高因而获免。天下皆罪青不入邕州，脱智高于垂死。然青之用兵，主胜而已。不求奇功，故未尝大败。计功最多，卒为名将。譬如弈棋，已胜敌可止矣，然犹攻击不已，往往大败。此青之所戒也，临利而能戒，乃青之过人处也。

注释

①壅遏：阻塞。

②邕州：今广西南宁南，旧为邕州治所。

译文

狄青守御泾原时，曾与敌人交锋，取得大胜，追击了敌方几里。忽然敌军拥堵在山脚下，狄青得知前路势必会遇到险境。士兵们都想一举进攻，狄青却立马鸣钲收兵，敌军因而逃脱。后来查验敌军拥挤之处，果真面临深涧，部将们都懊悔没有进击。只有狄青说："事情并非如此。对于逃跑的敌人而言，突然停下抵制我们，怎么知道不是计谋呢？我军已经大胜，追击残余的贼寇不足以扩大战绩，就算取胜也无功劳可言；但是万一落入圈套，我们的生死存亡就无从得知了。宁可悔恨没有进击，也不能悔恨没有及时罢手。"后来狄青平息岭南的贼寇，叛军统帅侬智高兵败而出逃邕州，部下都想乘胜追击，打到侬智高的老巢。狄青也不答应，认为乘胜谋求扩大战功，进入不知底细的城池，不是大将军的作为，侬智高因而得以获免。天下人都责怪狄青没有攻入邕州城，致使侬智高临死逃脱。然而狄青用兵，只是为了获胜而已。不谋求奇功，所以也不曾大败过。算起来功绩最多，最终成为一代名将。下棋也是如此，在大的形势上已经打败对方，就可以终止进攻了，否则如果不断追击，通常就会大败。这是狄青经常告诫自己的，面对有利局势还能保持警觉，这就是狄青超过常人的地方。

原文

瓦桥关[①]北与辽人为邻，素无关河为阻。往岁六宅使何承矩[②]守瓦桥，始议因陂泽[③]之地，潴水[④]为塞。欲自相视[⑤]，恐其谋泄。日会僚佐，泛船置酒赏蓼花，作《蓼花游》数十篇，令座客属和[⑥]；画以为图，传至京师，人莫喻其意。自此始壅[⑦]诸淀。庆历中，内侍杨怀敏复踵为之，至熙宁中，又开徐村、柳庄等泺[⑧]，皆以徐、

鲍、沙、唐等河，叫猴、鸡距、五眼等泉为之原，东合滹沱、漳、淇、易、白等水并大河。于是自保州⑨西北沈远泺，东尽沧州⑩泥枯海口，几八百里，悉为潴潦⑪，阔者有及六十里者，至今倚为藩篱。或谓侵蚀民田，岁失边粟之入，此殊不然。深、冀、沧、瀛间、惟大河、滹沱，漳水所淤，方为美田；淤淀不至处，悉是斥卤，不可种艺。异日惟是聚集游民，刮碱煮盐，颇干盐禁，时为寇盗。自为潴泺，奸盐遂少，而鱼蟹菰⑫苇之利，人亦赖之。

注释

①瓦桥关：在今河北雄县南易水上。

②何承矩：字正则。初为棣州衙内指挥使，后历任闲厩副使、潘州刺史、西上閤门使、沧州知州、雄州知州、英州团练使。卒赠相州观察使。

③陂（bēi）泽：泛指湖泽。

④潴水：蓄水。

⑤相视：视察。

⑥属和：和诗。

⑦壅：堵塞。

⑧泺（pō）：通“泊”，湖泊，水塘。

⑨保州：河北保定。

⑩沧州：河北沧州东南。

⑪潦：积水。

⑫菰：一种多年水生高秆的禾草类植物。生在浅水中，嫩茎称为“茭白”。

译文

瓦桥关北部与辽国是邻邦，向来没有关河等地形可资防御。早年时，六宅使何承矩坐镇瓦桥，最初提议利用附近沼泽的地形，蓄水当作屏障。他打算亲自去考察地形，又恐怕泄漏了谋略。于是每天都邀请官僚们聚会，在水中行船喝酒观赏蓼花，并作了几十篇《蓼花游》，让在座的客人和诗；还作成图画，传播到京城，人们起初都不理解他的意图。自此开始堵塞个别池塘以聚水成湖。庆历年间，内侍杨怀敏接着施行此方法，到熙宁年间，又挖掘了徐村、柳庄等处的湖泊，都凭靠徐水、鲍水、沙水、唐水等河水，叫猴、鸡距、五眼等泉水当作水源，东面聚滹沱、漳水、淇水、易水、白水等水流汇入黄河。因此自保州西北的沈远泺，往东到沧州泥枯海口，接近八百里的地域都变成了湖泊，广阔处有达到六十里的，直到现在还倚仗为屏障。有人说此措施使民田受到了侵蚀，每年边境的粮食收入也减少了，其实并不是这样的。深州、冀州、沧州、瀛州地区、只有经黄河、滹沱，漳水灌溉的土地，才是良田；灌溉不到的地方，全是盐碱地，无法种植作物。以前只是一些游民聚在一起，刮碱而煮盐，常常违反盐禁，有时还做盗贼。自聚水成湖开始，私盐就减少了，此后人们就靠鱼、蟹、茭白、芦苇等水产获得的收益为生。

原文

浙帅钱镠①时，宣州叛卒五千余人送款，钱氏纳之，以为腹心。时罗隐②在其幕下，屡谏，以谓敌国之人，不可轻信，浙帅不听。杭州新治城叠，楼橹甚盛，浙帅携寮客观之。隐指却敌③，佯不晓曰："设此何用？"浙帅曰："君岂不知欲备敌邪？"隐谬曰："审如是，何不向里设之？"浙帅大笑曰："本欲拒敌，设于内何用？"对曰："以隐所见，正当设于内耳。"盖指宣卒将为敌也，后浙帅巡衣锦城，武勇指挥使徐绾④、许再思挟宣卒为乱，火青山镇，入攻中城。赖城中有备，绾等寻败，几于覆国。

注释

①钱镠（852—932）：字具美，杭州临安（今属浙江）人。唐末任镇海、镇东两军节度使，治杭州。天复二年（902），创建吴越国，唐昭宗封其为越王。

②罗隐（883—909）：字昭谏，馀杭（今浙江杭州）人。屡举进士不第。55岁时归乡依吴越王钱镠，历任钱塘令、司勋郎中、给事中等职。五代后梁开平三年（909）去世。

③却敌：城墙上的一种防守工事。

④徐绾：晚唐武将，投靠钱镠，后发动叛乱被诛。

译文

钱镠在镇海军节度使任上时，有宣州叛军五千多人前来投诚，钱氏将他们纳入麾下，并像腹心一样看待。这时罗隐在钱镠幕府，数次劝谏，以为他们来自敌对之国，不能轻信，钱镠不肯听取。杭州刚刚建起了城楼，防卫设施十分完善，钱镠领着幕僚们前去视察。罗隐指向却敌，假装不明白地说："此配置有什么用处呢？"钱镠说："难道您不知道这是用来防范敌人的吗？"罗隐故意说："果真如此的话，为什么不冲着内城设置？"钱镠大笑道："本就是用来抗敌的，设置在朝内有什么用？"罗隐答道："在我看来，恰恰应设置在朝城内。"罗隐的言外之意指来自宣州的叛将即将再度发动叛乱为敌，之后钱镠在衣锦城巡视时，武勇指挥使徐绾、许再思要挟宣州兵发动叛乱，火烧青山镇，攻进中城。幸而城中早有防范，徐绾等人没过多久就败下阵来，钱镠差点儿大难临头。

原文

淳化[①]中，李继捧[②]为定难军节度使，阴与其弟继迁[③]谋叛，朝廷遣李继隆[④]率兵讨之。继隆驰至克胡，度河入延福县[⑤]，自铁茄驿夜入绥州[⑥]，谋其所向。继隆欲径袭夏州[⑦]，或以谓夏州贼帅所在，我兵少，恐不能克，不若先据石堡[⑧]，以观贼势。继隆以为不然，曰："我兵既少，若径入夏州，出其不意，彼亦未能料我众寡。若先据石堡，众寡已露，岂复能进？"乃引兵驰入抚宁县[⑨]，继捧犹未知，遂进攻夏州，继捧狼狈出迎，擒之以归。抚宁旧治无定河川中，数为虏所危。继隆乃迁县于滴水崖，在旧县之北十余里，皆石崖，峭拔十余丈，下临无水，今谓之罗瓦城者是也。熙宁[⑩]中所治抚宁城，乃抚宁旧城耳，本道图牒皆不载，唯李继隆《西征记》言之甚详也。

注释

①淳化：宋太宗赵光义的年号，990—994 年。

②李继捧（962—1004）：宋朝初年党项族的首领，任定难军节度使，为李光睿之子。后入宋放弃世袭割据，授彰德军节度使，赐名赵保忠。景德元年（1004），卒赠威塞军节度使。

③继迁：李继迁（963—1004），党项族首领。与弟李继冲、亲信张浦等人组织带领党项各部叛宋，并勾结辽国，被辽国授为定难军节度使、夏银绥宥静五州观察使等职。1004 年逝世，其孙李元昊称帝后，被尊为太祖。

④李继隆（950—1005）：字霸图，上党（今山西长治）人。以父荫补供奉官，淳化四年（993）破李继迁，擒赵保忠。至道初，任灵、环十州都部署。真宗时，加同中书门下平章事、开府仪同三司。卒赠中书令，谥忠武。

⑤延福县：今陕西绥德县东南。

⑥绥州：今陕西绥德县。

⑦夏州：今陕西靖边白城子村。

⑧石堡：今陕西志丹县北。

⑨抚宁县：今陕西米脂县西。

⑩熙宁：宋神宗赵顼的年号，1068—1077 年。

译文

淳化年间，李继捧在定难军节度使任上，与其族弟李继迁蓄谋作乱，朝廷派李继隆举兵征讨。李继隆的部队到达克胡，渡过黄河进入延福县，又从铁茄驿连夜赶到绥州，策划下一步进攻的方向。李继隆打算直接偷袭夏州，有人说，叛军的头领就在夏州，我军兵力不足，只怕无法取胜，不如先攻占石堡，倚仗有利地形观察叛军局势。李继隆却不以为然，他说："既然我军兵少，如果直接进攻夏州，攻其不备，我军的众寡也未必会让敌方了解到。如果先攻占石堡，就直接暴露了我军的众寡，到时还怎么再次进军呢？"于是领兵快速攻入抚宁县，李继捧一无所知，于是举兵攻打夏州，李继捧仓皇应战，落败被擒而归。抚宁以前的治所在无定河川中，数次被敌方侵犯。于是李继隆把县所迁到滴水崖，在旧县以北十几里，临近处全是石崖，陡峭且高达十几丈，下临无定河水，就是今天的罗瓦城。熙宁年间抚宁县的治所在抚宁旧城，该地的地图、公文中都无所记载，只有李继隆的《西征记》中记载得十分详尽。

原文

熙宁中，党项母梁氏引兵犯庆州[1]大顺城。庆帅遣别将林广[2]拒守，虏围不解。广使城兵皆以弱弓弩射之。虏度其势之所及，稍稍近城，乃易强弓劲弩丛射[3]。虏多死，遂相拥而溃。

注释

①庆州：今甘肃庆阳。

②林广：莱州（今属山东）人。以战功拜卫州防御使、马军都虞候。

③丛射：乱箭集中发射。

译文

熙宁年间，党项头领的母亲梁氏举兵进犯庆州大顺城。庆州主帅派别将林广抵抗守卫，敌兵围困不退。林广让城上士兵都用威力弱的弓弩射他们。敌人估量弓弩手的攻击范围后，稍稍逼近了城墙，这时林广就命令换上强弓劲弩一起射击。敌人死伤惨重，于是相拥而败逃。

原文

苏州至昆山县凡六十里，皆浅水，无陆途[1]，民颇病涉[2]。久欲为长堤，但苏州皆泽国[3]，无处求土。嘉祐[4]中，人有献计，就水中以蘧蒢、刍藁为墙[5]，栽两行，相去三尺。去墙六丈又为一墙，亦如此。漉水中淤泥实蘧蒢中[6]，候干，则以水车汱[7]去两墙之间旧水。墙间六丈皆土，留其半以为堤脚，掘其半为渠，取土以为堤，

每三四里则为一桥，以通南北之水。不日堤成，至今为利。

注释

①陆途：陆路。

②病涉：此处指苦于涉水行走。

③泽国：此处指低洼积水之地。

④嘉祐：宋仁宗赵祯的年号，1056—1063年。

⑤蘧（qú）蒢（chú）：用竹子或芦苇编成的粗席。刍藁（gǎo）：此处指干草。

⑥漉：洒。实：填满。

⑦汏（tài）：本指河水下落，此处意为去除、排水。

译文

苏州与昆山县相距六十里，之间都是浅水滩而没有陆路，百姓都苦于涉水行走。早就想建筑一道长堤，但是苏州一带都是低洼积水之地，无处获取土石。到了嘉祐年间，有个人想出良计，在水中用苇席和干草编成墙，分别栽种两行，中间相距三尺。在离墙六丈远的地方也用同样的方法再做一道墙。把水中的淤泥填充在苇席和干草之间，等淤泥变干，再用水车把两道墙之间的积水抽干。这样两道墙中间就全是泥土，留下其中一半当作修堤的基础，将另一半挖掘作为沟渠，挖出来的土正好用于筑堤，再每隔三四里就造一座桥，用于沟通南北的水流。没多久，长堤就建成了，这些长堤直到现在都为百姓提供着便利。

原文

李允则守雄州[①]，北门外民居极多，城中地窄，欲展北城，而以辽人通好，恐其生事。门外旧有东岳行宫，允则以银为大香炉，陈于庙中，故不设备。一日，银炉为盗所攘[②]，乃大出募赏，所在张榜，捕贼甚急。久之不获，遂声言庙中屡遭寇，课夫筑墙围之，

其实展北城也，不逾旬而就，虏人亦不怪之，则今雄州北关城是也。大都军中诈谋，未必皆奇策，但当时偶能欺敌，而成奇功。时人有语云："用得着，敌人休；用不着，自家羞。"斯言诚然。

注释

①李允则（953—1028）：字垂范，太原盂县（今属山西）人。以父荫入仕，历任潭州、沧州、雄州知州，及镇、定、高阳三路行营兵马督监。天禧二年（1018）又先后知镇州、潞州，仁宗时为康州防御使。雄州：今河北雄县。

②攘：掠夺，偷盗。

译文

李允则驻军防守雄州时，城北门外的民居繁多，而城中地域窄小，李允则打算扩展北城，只是因为正与辽国往来交好，恐怕扩展城池会产生纠纷。北门外过去有座东岳庙，李允则用白银锻造了一个大香炉，放置在庙中，有意不设防备。一天，银炉被盗贼窃取，于是出了很高的赏钱，并在各处张贴榜文，紧急逮捕盗贼。过了好长时间还是没有捕获，于是对外声称庙中多次遭窃，便派遣民夫建筑城墙把庙围起来，实际上就是扩张北城，十天不到就建筑成了，敌方也不加怪罪，就是今天的雄州北关城。大凡军中的诡计，不一定全是奇策，但在当时偶然可以使敌人受到欺骗，从而奇功告成。那时有俗语说："用得着，敌人休；用不着，自家羞。"这话很在理。

原文

陈述古密直[①]知建州浦城县日，有人失物，捕得莫知的[②]为盗者。述古乃绐之曰："某庙有一钟，能辨盗，至灵。"使人迎置后阁祠之，引群囚立钟前，自陈不为盗者，摸之则无声；为盗者摸之则有声。述古自率同职，祷钟甚肃，祭讫[③]，以帷帷之，乃阴使人以墨涂钟，良久，引囚逐一令引手入帷摸之，出乃验其手，皆有墨。唯有一囚无墨，讯之，遂承为盗。盖恐钟有声，不敢摸也。此亦古

之法，出于小说。

注释

①陈述古：陈襄（1017—1080），字述古，人称“古灵先生”，侯官（今福建闽侯）人。宋庆历年间中进士，宋神宗时任侍御史。著有《古灵集》。密直：枢密院直学士的简称。

②的（dí）：究竟，到底。

③讫：结束，终了。

译文

枢密院直学士陈述古出知建州浦城县的时候，有人家中被盗，抓获了一些嫌疑人而不知道盗贼到底是哪一个。陈述古就哄骗他们说：“某座庙里有一口钟，能识别盗贼，十分灵验。”就派人把钟抬到后室供奉起来，再把抓来的嫌疑人带到钟前站好，对他们解释说如果不是盗贼摸了钟，钟就不会发出声响；如果是盗贼摸了钟，钟就会发出声响。陈述古亲自携同僚，十分庄重地祭祀了灵钟，祭祀结束后，用帷幕把钟围起来，背地里又派人用墨涂抹钟壁，不久后，领着嫌疑人，让他们逐一将手伸入帷幕摸钟，出来之后便检查他们的手，发现众人手上都有墨迹。唯独一个人手上没有墨，于是对这个嫌疑人进行讯问，最终他承认自己就是盗贼。因为害怕摸到钟会发出声音，所以不敢摸。这也是古时的判案方法，出于小说的记载。

原文

熙宁中，濉[1]阳界中发汴堤淤田，汴水暴至，堤防颇坏陷，将毁，人力不可制。都水丞侯叔献时涖其役[2]，相视其上数十里有一古城，急发[3]汴堤注水入古城中，下流遂涸，急使人治堤陷。次日，古城中水盈，汴流复行，而堤陷已完矣，徐塞古城所决，内外之水，平而不流，瞬息可塞，众皆伏其机敏。

注释

①濉（suī）：睢阳，今河南商丘。

②侯叔献（1023—1076）：字景仁，宜黄（今属江西）人。庆历六年（1046）进士，始任雍丘县尉，改桐庐县令。神宗时，调淮南提举、两浙常平使，擢河北水陆转运使、都水监。涖：通“莅”，官员履行职务。

③发：挖掘。

译文

熙宁年间，挖开了濉阳地界的汴河河堤，以引出淤泥造田，赶上汴水暴涨，堤防被严重破坏，马上就要崩溃，人力也无法控制。当时负责治水的是都水丞侯叔献，他通过视察地形发现有一座古城坐落在上游数十里，于是将那一段汴水河堤挖开，让汴水流入古城内，于是下流水位迅速下降，再立刻派人修筑塌陷的河堤。到了第二天，古城内灌满了水，汴水再次大量向下游流去，而河堤已经得到了修复，再慢慢将古城一段的决口堵住，这时古城内外的水势平稳、水流缓慢，瞬时就可以堵住，大家都对侯叔献的机敏大为佩服。

原文

宝元[1]中，党项犯边，有明珠族首领骁悍，最为边患。种世衡[2]为将，欲以计擒之。闻其好击鼓，乃造一马持战鼓，以银裹之，极华焕，密使谍[3]者阳卖之入明珠族。后乃择骁卒数百人，戒之曰：“凡见负银鼓自随者，并力擒之。”一日，羌酋负鼓而出，遂为世衡所擒。又元昊[4]之臣野利，常为谋主，守天都山，号天都大王，与元昊乳母白姥有隙[5]。岁除日，野利引兵巡边，深涉汉境数宿，白姥乘间乃谮[6]其欲叛，元昊疑之。世衡尝得蕃酋之子苏吃曩，厚遇之，闻元昊尝赐野利宝刀，而吃曩之父得幸于野利，世衡因使吃曩窃野利刀，许之以缘边职任、锦袍、真金带。吃曩得刀以还，世衡乃唱言野利已为白姥谮死，设祭境上，为祭文，叙岁除日相见之欢。入夜，乃火烧纸钱，川中尽明，虏见火光，引骑近边窥觇[7]，乃佯委[8]祭具，而银器凡千余两悉弃之。虏人争取器皿，得元昊所赐刀，乃火炉中见祭文已烧尽，但存数十字，元昊得之，又识其所赐刀，遂赐野利死。野利有大功，死不以罪，自此君臣猜贰，以至不能军。平夏之功，世衡计谋居多，当时人未甚知之。世衡卒，乃录其功，赠观察使。

注释

①宝元：宋仁宗赵祯的年号，1038—1040年。

②种世衡（985—1045）：字仲平，洛阳人，祖籍山西，官至东染院使、环庆路兵马钤辖。

③谍：间谍。

④元昊（1003—1048）：党项族首领，西夏政权建立者，谥号武烈皇帝。

⑤隙：嫌隙，仇隙。

⑥谮：中伤，诬陷。

⑦窥觇（chān）：探察，暗中查看。

⑧委：抛弃。

译文

宝元年间，党项羌族侵害边境，此中有位明珠族头领骁勇强悍，是威胁边境的头等人物。种世衡身为主将，打算使计将他擒住。耳闻他喜爱击鼓，于是造就了一面马背上手持的战鼓，将其用银饰包裹，华丽无比，背地里派间谍佯装卖到明珠族。再择选几百名有勇有谋的战士，并告诫他们说："凡是看到随身带着银鼓的人，你们就协力将他擒住。"一天，羌族头领背着银鼓出战，结果被种世衡擒获。元昊的近臣野利，常常作为元昊的军师，他在天都山上镇守，有天都大王之称，不过他和元昊的乳母白姥之间有嫌隙。除夕时，野利率领士兵巡查边境，深入汉族境内多日，白姥借此机会污蔑野利想要叛变，元昊心中对野利起了猜疑。种世衡曾与一位西夏首领的儿子苏吃曩结交，且十分厚待他，耳闻元昊曾赐给野利一把宝刀，而苏吃曩的父亲颇得野利信任，种世衡就委派苏吃曩偷回野利的那把宝刀，并许诺此事成功之后赏给他边境的官职、锦袍、真金带。苏吃曩偷回了宝刀，种世衡就散播言论称野利已被白姥诬陷而死，在边境上陈放祭坛，还将除夕夜二人相见之欢写在祭文上。到了晚上，就用火焚烧纸钱，把原野照得十分明亮，敌人观察到火光，就出兵靠近边境侦察，于是种世衡下命让士兵佯装遗弃祭具，扔掉近千余两的银器。敌人看到这些银制器皿都抢着拾取，其中有人就得到了元昊所赏赐的宝刀，看到火炉中的祭文已经全部烧毁，仅剩几十个字，元昊得到了这些物证，又看到他赏赐给野利的宝刀，于是将野利处以死刑。野利功高，没有罪过却被赐死，自此君臣之间有了嫌隙，以致军心涣散。平定西夏的功劳，种世衡的谋略居多，那时人们对此并不了解。直到种世衡去世，才记载核实他的功绩，追赠为观察使。

艺文一（选自卷十四）

原文

欧阳文忠常爱林逋诗“草泥行郭索，云木叫钩辀”之句[①]，文忠以谓语新而属对新切。钩辀，鹧鸪声也，李群玉[②]诗云：“方穿诘曲[③]崎岖路，又听钩辀格磔[④]声。”郭索，蟹行貌也。扬雄[⑤]《太玄》曰：“蟹之郭索，用心躁也。”

注释

①欧阳文忠（1007—1072）：欧阳修，字永叔，北宋大臣，自号醉翁，晚年号六一居士，谥文忠，世称欧阳文忠公。林逋：字君复，北宋隐士。钩辀（zhōu）：鹧鸪的叫声。

②李群玉（808—862）：晚唐诗人，澧州（今湖南常德）人。以诗献唐宣宗，得赐弘文馆校书郎，后辞官归故里。

③诘曲：曲折。

④格磔（zhé）：鸟鸣声。

⑤扬雄（前53—18）：字子云，蜀郡成都（今属四川）人。汉成帝时任给事黄门郎，王莽时任大夫，校书天禄阁。奏《甘泉》《河东》等赋，代表作品有《太玄》《法言》等。

译文

欧阳修非常喜欢林逋的一句诗“草泥行郭索，云木叫钩辀”，并认为其辞藻清新而对仗贴切。“钩辀”形容的是鹧鸪的叫声，李群玉的诗有：“方穿诘曲崎岖路，又听钩辀格磔声。”“郭索”说的是螃蟹行走的样子。扬雄的《太玄》说：“蟹之郭索，用心躁也。”

原文

韩退之[1]集中《罗池神碑铭》有“春与猿吟兮秋与鹤飞”，今验石刻，乃“春与猿吟兮秋鹤与飞”。古人多用此格，如《楚词》“吉日兮辰良”，又“蕙肴蒸兮兰藉，奠桂酒兮椒浆”[2]。盖欲相错成文[3]，则语势矫健耳。杜子美[4]诗：“红稻啄余鹦鹉粒，碧梧栖老凤凰枝。”此亦语反而意全。韩退之《雪诗》：“舞镜鸾窥沼，行天马度桥。”亦效此体，然稍牵强，不若前人之语浑成也。

注释

①韩退之：韩愈，字退之，唐代大臣。贞元八年（792）中进士，贞元十九年（803）任监察御史，后被贬，至唐穆宗时诏为国子监祭酒，转兵部、吏部侍郎。韩愈是唐代著名文学家，与柳宗元齐名，并称“韩柳”。

②“吉日兮辰良”等三句：出自《九歌·东皇太一》。

③相错成文：语序倒置成文，即倒装。

④杜子美：杜甫（712—770），字子美，河南巩县（今河南巩义）人。自号少陵野老，被后人称为“诗圣”，亦称杜拾遗、杜工部、杜少陵等。

译文

韩愈所编文集中《罗池神碑铭》有“春与猿吟兮秋与鹤飞”一句，如今对照石刻查对，本该是“春与猿吟兮秋鹤与飞”。古人经常用这种格式，比如《楚辞》里的“吉日兮辰良”，又如“蕙肴蒸兮兰藉，奠桂酒兮椒浆”。大概是有意形成相错成文的效果，使文章气势更加矫健。杜甫的诗中有：“香稻啄余鹦鹉粒，碧梧栖老凤凰枝。”同样是词序颠倒而诗意丰富。韩愈《雪诗》里的：“舞镜鸾窥沼，行天马度桥。”也仿效了这种格式，不过略显牵强，不如前人的用语来得浑然天成。

原文

唐人作富贵诗，多纪其奉养器服之盛，乃贫眼所惊耳，如贯休①《富贵曲》云：“刻成筝柱雁相挨。”此下里鬻弹者②皆有之，何足道哉？又韦楚老③《蚊诗》云：“十幅红绡围夜玉。”十幅红绡为帐，方不及四五尺，不知如何伸脚？此所谓不曾近富儿家。

注释

①贯休（832—912）：俗姓姜，字德隐，婺州兰溪（今属浙江）人，五代时画僧，代表作有《十六罗汉图》。

②鬻（yù）弹者：卖唱的人。

③韦楚老（803—841/852）：字寿朋，长庆四年（824）举进士第，仕历拾遗，官至国子祭酒。

译文

唐人所作的富贵诗，大都记录了其丰盛的衣食器用，但也只是在穷人看来惊奇而已，比如贯休所作的《富贵曲》中说：“刻成筝柱雁相挨。”此类东西民间卖唱的人都有，有什么足以称道的呢？又如韦楚老所作《蚊诗》中说：“十幅红绡围夜玉。”做帐子仅用十幅红绡，四面还不足四五尺，也不知道该怎么伸脚？这就是从未接近过富贵人家的缘故。

原文

诗人以诗主人物，故虽小诗，莫不埏蹂[①]极工而后已。所谓旬锻月炼者，信非虚言。小说崔护[②]《题城南诗》，其始曰："去年今日此门中，人面桃花相映红。人面不知何处去，桃花依旧笑春风。"后以其意未全，语未工，改第三句曰："人面只今何处在。"至今传此两本，唯《本事诗》作"只今何处在。"唐人工诗，大率多如此，虽有两"今"字，不恤[③]也，取语意为主耳，后人以其有两"今"字，只多行前篇。

注释

①埏（shān）蹂：原指制陶器时反复和土揉泥，后引申为反复修改、锤炼之意。

②崔护（772—846）：字殷功，博陵（今河北定州）人，唐代诗人。贞元十二年（796）进士及第，大和三年（829），任京兆尹，同年为御史大夫、岭南节度使。

③不恤：近体诗，尤其是绝句，通常会避讳重复用字的现象，这里说崔护为了表达诗意，不惜犯此忌讳。

译文

诗人作诗表现人物，所以即使是小诗，也没有不花功夫反复修改润色之后才成稿的。所谓的"旬锻月炼"，即长年累月的锤炼，诚然不是虚言。有关崔护的《题城南诗》的小说记载，其诗起初作："去年今日此门中，人面桃花相映红。人面不知何处去，桃花依旧笑春风。"后因其诗意表达不全，用语不精，于是将第三句改作："人面只今何处在。"这两种版本流传至今，只有《本事诗》作"只今何处在。"唐人作诗追求细致，大都如此，即使所改有两个"今"字也不顾忌，作诗将语言和诗意丰满完善摆在首位，只是后人因为其中有两个"今'字，所以通常只采用前一篇。

原文

书之阙误，有可见于他书者。如《诗》：“天夭是椓。”《后汉·蔡邕传》作“天夭是加”，与“速速方谷”为对。又“彼岨矣岐，有夷之行。”《朱浮传》作“彼岨者岐，有夷之行。”《坊记》：“君子之道，譬则坊焉①。”《大戴礼》：“君子之道，譬犹坊焉。”《夬卦》：“君子以施禄及下，居德则忌。”王辅嗣②曰：“居德而明禁。”乃以“则”字为“明”字也。

注释

①君子之道，譬则坊焉：出自《礼记》，意为君子之道正如设置防备而使之不逾礼。坊，通“防”。

②王辅嗣（226—249）：王弼，字辅嗣，山阳郡（今山东金乡）人，三国曹魏经学家、哲学家，魏晋玄学的主要代表人物及创始人之一。曾任尚书郎。好儒道，著有《老子注》《周易注》等。

译文

典籍的缺失、错误之处，有的能够在其他书中看到。比如《诗经》中有：“天夭是椓。”《后汉书·蔡邕传》作“天夭是加”且和“速速方谷”互为对仗。又如《诗经·周颂·天作》中作“彼徂矣岐，有夷之行。”而《后汉书·朱浮传》中作“彼岨者岐，有夷之行。”还有《礼记·坊记》中作：“君子之道，譬则坊焉。”而《大戴礼》中作：“君子之道，譬犹坊焉。”《易经·夬卦》中作：“君子以施禄及下，居德则忌。”王弼却说：“居德而明禁。”此乃误把“则”字当作“明”字了。

原文

音韵之学，自沈约为四声①，及天竺②梵学入中国，其术渐密。观古人谐声③，有不可解者。如“玖”字、“有”字多与“李”字协用；“庆”字、“正”字多与“章”字、“平”字协用。如《诗》“或群或友，以燕天子”；“彼留之子，贻我佩玖”；“投我以木李，报之以琼玖”；“终三十里，十千维耦”；“自今而后，岁其有，君子有谷，贻孙子”；“陟降左右，令闻不已”；“膳夫左右，无不能止”；“鱼丽于罶，鰋鲤，君子有酒，旨且有。”如此极多。又如：“孝孙有庆，万寿无疆”；“黍稷稻粱，农夫之庆”；“唯其有章矣，是以有庆矣”；“则笃其庆，载锡之光”；“我田既藏，农夫之庆”；“万舞洋洋，孝孙有庆”；《易》云“西南得朋，乃与类行；东北丧朋，乃终有庆”；“积善之家，必有余庆；积不善之家，必有余殃”；班固《东都赋》“彰皇德兮侔周成，永延长兮膺天庆”，如此亦多。今《广韵》④中“庆”一音“卿”。然如《诗》之“未见君子，忧心怲怲；既得君子，庶几式臧”；“谁秉国成，卒劳百姓；我王不宁，覆怨其正”⑤，亦是“怲”、“正”与“宁”、“平”协用，不止“庆”而已，恐别有理也。

注释

①四声：指古代汉语中的平声、上声、去声和入声。

②天竺：指印度。

③谐声：指押韵。与下面的“协用”同义。

④《广韵》：原名《切韵》，隋陆法言撰，把12158个汉字归为193韵，唐代重新修改刊定，改名《唐韵》，北宋大中祥符年间，又派陈彭年、丘雍等人重新修订，收字二万六千余，归为206韵，赐名《大宋重修广韵》。

⑤“未见君子”数句：分别源于《诗经》中的《小雅·頍弁》《小雅·节南山》。

译文

音韵学，自沈约创造了四声起，等来自印度的梵学传到了中国，其理论逐步完备精密。看前人的押韵谐声，有一些无法理解的情况。例如“玖”字、“有”字往往与“李”字通押；“庆”字、“正”字往往与“章”字、“平”字通押。又如《诗经》中的“或群或友，以燕天子”；“彼留之子，贻我佩玖”；“投我以木李，报之以琼玖”；“终三十里，十千维耦”；“自今而后，岁其有，君子有谷，贻孙子”；“陟降左右，令闻不已”；“膳夫左右，无不能止”；“鱼丽于罶，鰋鲤，君子有酒，旨且有。”诸如此类不胜枚举。再例如：“孝孙有庆，万寿无疆”；“黍稷稻粱，农夫之庆”；“唯其有章矣，是以有庆矣”；“则笃其庆，载锡之光”；“我田既藏，农夫之庆”；“万舞洋洋，孝孙有庆”；《易》有“西南得朋，乃与类行；东北丧朋，乃终有庆”；“积善之家，必有余庆；积不善之家，必有余殃”；班固《东都赋》“彰皇德兮侔周成，永延长兮膺天庆”，诸如此类同样不胜枚举。今天的《广韵》中的“庆”又读作“卿”。但是像《诗经》中的“未见君子，忧心怲怲；既得君子，庶几式臧”；“谁秉国成，卒劳百姓；我王不宁，覆怨其正”，同样是“怲”“正”与“宁”“平”通押，不仅是“庆”字罢了，恐怕另有一番道理。

原文

小律诗[①]虽末技，工之不造微[②]，不足以名家。故唐人皆尽一生之业为之，至于字字皆炼，得之甚难，但患观者灭裂[③]，则不见其工，故不唯为之难，知音亦鲜，设有苦心得之者，未必为人所知。若字字是，皆无瑕可指，语意亦掞[④]丽，但细论无功，景意纵全，一读便尽，更无可讽味[⑤]，此类最易为人激赏，乃诗之《折杨》《黄华》也[⑥]。譬若三馆[⑦]楷书作字，不可谓不精不丽，求其佳处，到死无一笔，此病最难为医也。

注释

①小律诗：与长律相对而言，指八句的律诗。

②造微：达到微妙的境地。

③灭裂：轻率，粗略。

④掞（shàn）：铺张。

⑤讽味：讽诵玩索其味。

⑥《折杨》《黄华》：古代的民间小曲。

⑦三馆：分别指广文馆、太学馆、律学馆。

译文

小律诗虽然是末等技艺，但是锤炼得不精细，也不足以出名。所以唐人都付诸毕生的精力去创作诗，以至于字字都要锤炼，要创作好十分困难，只怕读者草草读过，不能领悟其中的精妙之处，所以不仅创作十分困难，能遇上知音的也非常少，即使有呕心沥血而写成的诗句，也不一定能被读者理解。如果一首诗每个字都不存在瑕疵，语意也铺张而华美，但是细细推敲却没有精妙之处，即使美景与意境周密完满，也是一读就透，更无所讽诵品味的，此类诗反倒最易被人激赏，与诗中的《折杨》《黄华》为一类。正如三馆学士用楷书写字，不可谓不精巧、不华丽，但是要挑选其中的绝妙之处，却到死也无法找出一笔，这种弊病最为难治。

原文

王圣美治字学①，演其义以为右文②。古之字书，皆从左文。凡字，其类在左，其义在右。如木类，其左皆从“木”③。所谓右文者，如“戋④”，小也，水之小者曰“浅”，金之小者曰“钱”，歹⑤而小者曰“残”，贝之小者曰“贱”。如此之类，皆以“戋”为义也。

注释

①王圣美：王子韶，字圣美，太原（今属山西）人。进士出身，为王安石引入条例司，擢监察御史里行。治：考究。

②右文：文字学术语，根据汉字形声字右边的声符来解说字义的学说称为“右文说”。形声字的声符在表声的同时还表意，称为“右文”。

③其左皆从“木”：指表示树木这一类别的字，其左边都以“木”为意符。现在一般认为，下面所举“戋”的例子中，“戋”还是声符，但是声符可兼表意，不一定必须以右符为意符。

④戋：小，细微。

⑤歹：残骨。

译文

王圣美考究文字学，推演文字的义类而提出了“右文”说，认为字义由字的右边部件表示。古代的字书，字义都从属字的左边部件。一个汉字，其表示类别的部分在左半边，其表示语义的部分在右半边。比如表示树木类的字，其左半边都从木旁。所谓的“右文”之说，比如“戋”字意为小，所以水之小者称为“浅”，金之小者称为“钱”，歹之小者称为“残”，贝之小者称为“贱”。诸如此类，都由右边的“戋”来表达字义。

原文

王圣美为县令时，尚未知名，谒一达官，值其方与客谈《孟子》，殊不顾圣美，圣美窃哂①其所论。久之，忽顾圣美曰：“尝读《孟子》否？”圣美对曰：“平生爱之，但都不晓其义。”主人问：“不晓何义？”圣美曰：“从头不晓。”主人曰：“如何从头不晓？试言之。”圣美曰：“‘孟子见梁惠王’，已不晓此语。”达官深讶之，曰：“此有何奥义？”圣美曰：“既云孟子不见诸侯，因何见梁惠王？”其人愕然无对。

注释

①哂：讥笑。

译文

王圣美担任县令时，还不出名，一次前去谒见一位高官，遇上他正与客人讨论《孟子》，对王圣美不予理会，王圣美暗里嘲笑他们的言论。过了许久，那位高官忽然想起王圣美，问道："你可曾读过《孟子》？"王圣美答道："我向来爱读此书，只是都不懂得其中的意思。"高官问："哪里不懂？"王圣美回答道："开头就不懂。"高官问："为什么会不懂开头？说说看。"王圣美说："'孟子见梁惠王'，这句就已经不懂了。"高官十分诧异，问道："这其中有什么高深的奥义？"王圣美说："既然说孟子不见诸侯，那怎么会见梁惠王呢？"那人惊讶得哑口无言。

原文

杨大年[①]因奏事论及《比红儿诗》，大年不能对，甚以为恨。遍访《比红儿诗》，终不可得。忽一日，见鬻[②]故书者有一小编，偶取视之，乃《比红儿诗》也，自此士大夫始多传之。予按《摭言》[③]，《比红儿诗》乃罗虬[④]所为，凡百篇，盖当时但传其诗而不载名氏，大年亦偶忘《摭言》所载。

注释

①杨大年（974—1020）：杨亿，字大年，建州浦城（今属福建）人。淳化中赐进士，曾为翰林学士兼史馆修撰，官至工部侍郎。

②鬻：卖。

③《摭言》：《唐摭言》，记载唐代士人贡举活动及制度、文人逸事、诗文等。五代时王定保撰。

④罗虬：唐初台州（今属浙江）人。累举进士不第，作有《比红儿诗》百首，盛传于世。

译文

杨亿因在奏事时皇帝提起《比红儿诗》，自己无法对答，而感觉非常遗憾。于是各处寻求《比红儿诗》，最终没有找到。突然有一天，看到卖旧书的人有一本小册子，无意间拿起来阅读，发现正是《比红儿诗》，自此《比红儿诗》在士大夫之中流传起来。我翻阅《唐摭言》，发现《比红儿诗》是罗虬所作，总共有百篇，起初只是诗歌流传开来而作者姓名并没有被记载，杨亿也是一时忘了《唐摭言》的记载。

原文

晚唐士人专以小诗著名，而读书灭裂。如白乐天[①]《题座隅诗》云："俱化为饿殍[②]。"殍作孚字押韵。杜牧[③]《杜秋娘诗》云："厌饫不能饴[④]。"饴乃饧[⑤]耳，若作饮食，当音"飤[⑥]"。又陆龟蒙[⑦]作《药名诗》云："乌啄蠹根回。"乃是乌喙[⑧]，非乌啄也。又"断续玉琴哀"，药名止有续断[⑨]，无断续，此类极多。如杜牧《阿房宫赋》误用"龙见而雩[⑩]"事，宇文时斛斯椿[⑪]已有此缪，盖牧未尝读《周》《隋书》也。

注释

①白乐天：白居易，字乐天，号香山居士，又号醉吟先生。唐代大臣，诗人。

②殍：因饥饿而死去的人。

③杜牧：字牧之，号樊川居士，晚唐诗人。

④厌饫（yù）：吃饱。饴：用麦芽制成的糖浆。

⑤饧（xíng）：麦芽糖。

⑥飤：同"饲"，喂养。

⑦陆龟蒙（？—约881）：字鲁望，号天随子、江湖散人，姑苏（今江苏苏州）人。举进士不第后，曾任湖、苏二州从事，隐居松江甫里，人称“甫里先生”。著有《笠泽丛书》《甫里文集》等。

⑧乌喙：中药附子的别称。以其块茎形似得名。多年生草本，可入药，主治中风瘫痪、腰痛脚冷、头风、耳鸣等。

⑨续断：中药名。又名和尚头，多年生草本植物，其根可入药。主治腰膝疼痛、筋伤骨折等。

⑩雩（yú）：古代为求雨而举行的一种祭祀活动。

⑪斛斯椿（493—534）：字法寿，广牧富昌（今内蒙古准格尔旗东南）人。为人狡猾，先后投靠尔朱荣、元悦、尔朱兆等，官至侍中、开府仪同三司，死后得到常山郡王，卒赠大司马，谥号文宣。

译文

晚唐士人专以作小诗而闻名，但在读书方面却十分粗略。如白居易的《题座隅诗》道：“俱化为饿殍。”“殍”字当作“孚”字押韵。杜牧在《杜秋娘诗》中道：“厌饫不能饴。”“饴”是指麦芽糖，如果是饮食的意思，应该读为“飤”。又如陆龟蒙的《药名诗》道：“乌啄蠹根回。”说的是乌喙，而不是乌啄。又如“断续玉琴哀”，假若是药名就只有“续断”，没有“断续”，这类例子特别多。又如杜牧在《阿房宫赋》中误用“龙见而雩”，宇文氏王朝时的斛斯椿就犯了相同的错误，这是杜牧未曾读过《周书》《隋书》的缘故。

原文

往岁士人多尚对偶为文。穆修、张景辈始为平文①，当时谓之古文。穆、张尝同造朝，待旦于东华门外，方论文次，适见有奔马践死一犬，二人各记其事，以较工拙。穆修曰：“马逸，有黄犬遇蹄而毙。”张景曰：“有犬死奔马之下。”时文体新变，二人之语皆拙涩，当时已谓之工，传之至今。

注释

①穆修（979—1032）：字伯长，郓州汶阳（今山东汶上）人。曾任文学参军。提倡散文，对后来古文运动的代表人物欧阳修等都有影响。张景（970—1018）：字晦之，公安（今属湖北）人。进士及第，曾与宋初古文运动先驱者柳开交游，历文学参军。

译文

过去士人写文章大多推崇对偶骈文。直到穆修、张景等人才开始写作散文，在当时称之为古文。穆修和张景曾经一起在东华门外等待天亮上朝，正在议论古文章法的时候，恰好看见有一匹奔马踩死了一只狗，两个人于是相约各自记下这件事，来比较各自句式的优劣。穆修说："马逸，有黄犬遇蹄而毙。"张景说："有犬死奔马之下。"当时文体刚刚发生变化，他们两人的话虽然都呆板生硬，但人们认为已经很好，一直流传到现在。

原文

按《史记·年表》，周平王东迁二年，鲁惠公方即位。则《春秋》当始惠公，而始隐，故诸儒之论纷然，乃《春秋》开卷第一义也。唯啖、赵都不解始隐之义①，学者常疑之。唯于《纂例》②隐公下注八字云："惠公二年③，平王东迁。"若尔，则《春秋》自合始隐，更无可论，此啖、赵所以不论也。然与《史记》不同，不知啖、赵得于何书？又尝见士人石端集一纪年书，考论诸家年统，极为详密。其叙平王东迁，亦在惠公二年。余得之甚喜，亟④问石君，云出一史传中，遽检未得，终未见的据。《史记·年表》注东迁在平王元年辛未岁，《本纪》中都无说，《诸侯世家》言东迁却尽在庚午岁，《史记》亦自差谬，莫知其所的。

注释

①啖：指啖助（724—770），字叔佐，赵州（今属河北）人。唐玄宗天宝年间，历官任临海尉、丹杨主簿。赵：即赵匡，字伯循，河东（今属山西）人。仕唐，官至洋州刺史。二人的遗说保存在陆淳《春秋集传纂例》中。

②《纂例》：指《春秋集传纂例》。

③惠公二年：公元前675年。

④亟：迫切。

译文

据《史记·年表》的记载，周平王东迁的第二年，鲁惠公才登基。那么《春秋》应该以惠公为开端，实际上却从隐公开始，所以对此学者们也莫衷一是，这是《春秋》开篇的第一个问题。唯独啖助、赵匡都不解释《春秋》从隐公开始的意义，学者常留疑惑。据《春秋集传纂例》的记载，只在隐公下面加注了八个字："惠公二年，平王东迁。"既然如此，那么《春秋》就应当始于隐公，无可置辩，这就是啖助、赵匡对此问题不予讨论的缘故。但是这不同于《史记》的记载，不知啖助和赵匡是依据哪本书得出的论断？我又曾翻阅过士人石端编著的一本纪年书，考查论证各家的纪年统序，非常详尽缜密。他提及平王东迁，同样说在惠公二年。我看到后大喜，立刻问石君出处，石端说出自某一史传，我立马去核查，但没有查出来，终究没有确切的凭证。依据《史记·年表》所注东迁的时间在平王元年辛未岁，《周本纪》中却没有提及，《诸侯世家》中却说东迁的时间是在庚午岁，《史记》本身记载也有误差，不确定以哪种说法为准。

原文

长安慈恩寺塔，有唐人卢宗回①一诗颇佳，唐人诸集中不载，今记于此："东来晓日上翔鸾，西转苍龙拂露盘。渭水冷光摇藻井②，玉峰晴色堕阑竿。九重宫阙参差见，百二山河表里观。暂辍

去蓬悲不定，一凭金界[3]望长安。”

注释

①卢宗回：字望渊，南海（今广东广州）人。元和十年（815）登进士第，官至集贤校理。

②藻井：饰以如井状花纹的天花板。

③金界：指佛寺。

译文

在长安慈恩寺塔上，唐人卢宗回有一首题诗十分巧妙，唐人的别集中未曾记载，如今记录在此：“东来晓日上翔鸾，西转苍龙拂露盘。渭水冷光摇藻井，玉峰晴色堕阑竿。九重宫阙参差见，百二山河表里观。暂辍去蓬悲不定，一凭金界望长安。”

原文

古人诗有“风定花犹落”之句，以谓无人能对，王荆公以对“鸟鸣山更幽”。“鸟鸣山更幽”本宋王籍[1]诗，元对“蝉噪林逾静，鸟鸣山更幽”，上下句只是一意；“风定花犹落，鸟鸣山更幽”则上句乃静中有动，下句动中有静。荆公始为集句诗，多者至百韵，皆集合前人之句，语意对偶，往往亲切过于本诗。后人稍稍有效而为者。

注释

①王籍：字文海，琅邪临沂（今属山东）人。本为南朝梁诗人，本文误记为宋人。

译文

古人诗中有“风定花犹落”的诗句，以为没有人能对得上，王安石用“鸟鸣山更幽”的句子对上了。“鸟鸣山更幽”原本是宋人王籍的诗句，原来的对偶句是“蝉噪林逾静，鸟鸣山更幽”，上下句只是一个意思；“风定花犹落，鸟鸣山更幽”却是上句静中有动，下句动中有静。王安石开始写作集句诗时，长的达到了一百句，都是集合前人的诗句而成，句子的意义和对偶，往往比原诗还紧密、贴切。后来渐渐有人仿效他作集句诗。

原文

毗陵郡[1]士人家有一女，姓李氏，方年十六岁，颇能诗，甚有佳句，吴人多得之。有《拾得破钱诗》云：“半轮残月掩尘埃，依稀犹有开元字。想得清光未破时，买尽人间不平事。”又有《弹琴诗》云：“昔年刚笑卓文君，岂信丝桐解误身。今日未弹心已乱，此心元自不由人。”虽有情致，乃非女子所宜也。

注释

①毗陵郡：指今江苏常州。

译文

毗陵郡士人家有一个女儿，姓李，才十六岁，颇能写诗，常有一些好句，吴中的人很多都有她的诗。她有《拾得破钱诗》说："半轮残月掩尘埃，依稀犹有开元字。想得清光未破时，买尽人间不平事。"又有《弹琴诗》说："昔年刚笑卓文君，岂信丝桐解误身。今日未弹心已乱，此心元自不由人。"诗虽然有情致，但并不是女子应该作的。

艺文二（选自卷十五）

原文

文潞公保洛日[①]，年七十八。同时有中散大夫程珦、朝议大夫司马旦、司封郎中致仕席汝言[②]，皆年七十八。尝为同甲会，各赋诗一首。潞公诗曰："四人三百十二岁，况是同生丙午年。招得梁园[③]为赋客，合成商岭采芝仙。清谈亹亹[④]风盈席，素发飘飘雪满肩。此会从来诚未有，洛中应作画图传。"

注释

①文潞公：文彦博（1006—1097），字宽夫，介休（今属山西）人。北宋大臣，封潞国公。保：弘治本、学津本一作"归"，亦通。

②程珦：原作"程煦"，据胡道静考证改。程珦（1006—1090），字伯温，洛阳（今属河南）人，理学家程颐、程颢之父。庆历间，通判南安，后历知磁州、汉州等，官至太中大夫。因反对王安石变法，称病致仕。司马旦（1006—1087）：陕州夏县（今属山西）人，字伯康，司马光之兄。仁宗时为秘书省校书郎，以太中大夫致仕。席汝言：字君从，北宋大臣。

③梁园：又名菟园，汉代梁孝王所筑，以为招请一时名士游赏之所。

④亹（wěi）亹：勤勉不倦的样子。

译文

文潞公致仕洛阳的时候，已七十八岁高龄。同时还有中散大夫程珦、朝议大夫司马旦、司封郎中致仕席汝言，都是七十八岁。四人曾经共同发起“同甲会”，并每人赋诗一首。文彦博的诗写道：“四人三百十二岁，况是同生丙午年。招得梁园为赋客，合成商岭采芝仙。清谈亹亹风盈席，素发飘飘雪满肩。此会从来诚未有，洛中应作画图传。”

原文

晚唐五代间，士人作赋用事，亦有甚工者。如江文蔚[①]《天窗赋》：“一窍初启，如凿开混沌之时；两瓦鴥[②]飞，类化作鸳鸯之后。”又《土牛赋》：“饮渚俄临，讶盟津[③]之捧塞；度关[④]傥许，疑函谷之丸封[⑤]。”

注释

①江文蔚（901—952）：字君章，建阳（今福建南平建瓯）人。后唐长兴二年（931）进士，后投奔李昪，任宣州观察判官。南唐建国后，任中书舍人，官至礼部侍郎、翰林院学士。

②鴥（yù）：鸟类疾飞的样子。

③盟津：孟津。

④度关：此处用了老子骑牛出函谷关的典故。

⑤丸封：形容函谷关守备士兵之少。

译文

晚唐五代年间，士人作赋时所用的典故，也有非常精巧高明的。比如江文蔚所作的《天窗赋》中道：“一窍初启，如凿开混沌之时；两瓦鴥飞，类化作鸳鸯之后。”又如《土牛赋》：“饮渚俄临，讶盟津之捧塞；度关傥许，疑函谷之丸封。”

原文

河中府[1]鹳雀楼，三层，前瞻中条，下瞰大河。唐人留诗者甚多，唯李益、王之奂、畅诸三篇能状其景[2]。李益诗曰："鹳雀楼西百尺墙，汀洲云树共茫茫。汉家箫鼓随流水，魏国山河半夕阳。事去千年犹恨速，愁来一日即知长。风烟并在思归处，远目非春亦自伤。"王之涣诗曰："白日依山尽，黄河入海流。欲穷千里目，更上一层楼。"畅诸诗曰："迥临飞鸟上，高出世尘间，天势围平野，河流入断山。"

注释

①河中府：地名，在今山西境内。

②李益（约750—约830）：字君虞，陇西狄道（今甘肃武威）人。大历四年（769）进士，唐文宗时官至礼部尚书。以边塞诗见长。王之奂：当作王之涣（688—742），字季凌，绛州（今山西新绛）人。曾任冀州衡水主簿，后出为文安县尉。尤善五言诗，亦以边塞诗见长。畅诸：汝州（今河南临汝）人。开元初登进士第，开元九年（721）登书判拔萃科，官至许昌尉。

译文

河中府有鹳雀楼，高三层，前面与中条山相对，向下可以俯瞰黄河。很多唐人在此处留诗，仅有李益、王之涣、畅诸所作的三篇诗能恰如其分地描绘其景致。李益作诗道："鹳雀楼西百尺墙，汀洲云树共茫茫。汉家箫鼓随流水，魏国山河半夕阳。事去千年犹恨速，愁来一日即知长。风烟并在思归处，远目非春亦自伤。"王之涣作诗道："白日依山尽，黄河入海流。欲穷千里目，更上一层楼。"畅诸作诗道："迥临飞鸟上，高出世尘间，天势围平野，河流入断山。"

原文

庆历间，余在金陵，有饔人①以一方石镇肉，视之，若有镌刻。试取石洗濯，乃宋海陵王②墓铭，谢朓③撰并书。其字如钟繇④，极可爱。余携之十余年，文思副使⑤夏元昭借去，遂托以坠水，今不知落何处。此铭朓集中不载，今录于此："中枢诞圣，膺历受命⑥，於穆⑦二祖，天临海镜。显允世宗⑧，温文著性。三善⑨有声，四国无竞。嗣⑩德方衰，时唯介弟⑪。景祚⑫云及，多难攸启。载骤軨猎⑬，高辟代邸⑭。庶辟⑮欣欣，威仪济济⑯。亦既负扆⑰，言观帝则。正位恭己，临朝渊嘿⑱。虔思宝缔⑲，负荷非克⑳，敬顺天人，高逊明德。西光已谢，东龟又良。龙纛夕俨㉑，葆挽晨锵㉒。风摇草色，日照松光。春秋非我，晚夜何长。"

注释

①饔（yōng）人：厨师。

②宋海陵王：当为齐海陵王。

③谢朓（464—499）：字玄晖，南朝诗人。建武二年（495）出任宣城太守，后迁尚书吏部郎。

④钟繇（151—230）：字元常，颍川长社（今河南许昌）人。汉末任尚书郎、黄门侍郎等，封东武亭侯。后被曹操委以重任，为司隶校尉，以功迁前军师。曹丕称帝后，转封平阳乡侯。明帝继位后，迁太傅，进封定陵侯。谥号成。

⑤文思副使：文思院，宋代时负责金银等工艺品制造的机构。

⑥膺历受命：指受命于天。膺，接受。

⑦於穆：对美好的赞叹。

⑧显允：英明信诚。世宗：指南齐文惠太子长懋。

⑨三善：分别指事君、事父、事长。

⑩嗣：继承。

⑪时唯介弟：实际上是他弟弟干的。

⑫景祚：景福，大的福气。

⑬軨（líng）猎：打猎时乘坐的小车。

⑭邸：高级的住所。

⑮辟：君主。

⑯济济：形容端庄礼敬的样子。

⑰负扆（yǐ）：背靠着屏风，指皇帝临朝听政。

⑱嘿：同“默”，深沉静默。

⑲虔思宝缔：虔敬地记诵先帝的宝训。

⑳负荷非克：指先祖的功业不易继承。

㉑龙纛（dào）：龙旗。俨：庄严。此处是描写海陵王的葬礼隆重。

㉒葆：通“宝”，宝贵的。挽：挽歌。

译文

庆历年间，我居住在金陵，看到有个厨师用一块石板压肉，见石板上依稀有刻痕。就试着用水将石头冲洗了一下，原来是《齐海陵王墓铭》，是由谢朓撰文并书写的。上面的字与钟繇的字体十分相像，极为招人喜爱。我携带着它长达十多年，之后文思副使夏元昭从我这里借走，就借口掉落水中，如今不知到哪里去了。这篇铭文，没有记载在谢朓集中，今天我将其记录在此：“中枢诞圣，膺历受命，於穆二祖，天临海镜。显允世宗，温文著性。三善有声，四国无竞。嗣德方衰，时唯介弟。景祚云及，多难攸启。载骤軨猎，高辟代邸。庶辟欣欣，威仪济济。亦既负扆，言观帝则。正位恭己，临朝渊嘿。虔思宝缔，负荷非克，敬顺天人，高逊明德。西光已谢，东龟又良。龙纛夕俨，葆挽晨锵。风摇草色，日照松光。春秋非我，晚夜何长。”

原文

枣与棘相类，皆有刺。枣独生，高而少横枝；棘列生，卑而成林，以此为别。其文皆从朿音刺，木芒刺也。朿而相戴①立生者，枣也；朿而相比②横生者，棘③也。不识二物者，观文可辨。

注释

①相戴：指上下相叠。

②相比：指左右并列。

③棘：乃两个偏旁“朿”并列而成。

译文

枣类似于棘，都长有刺。枣树独生，树形高而横枝少；棘树并生，树形矮小而丛生，于是以此来区别它们。二者的字形都从朿，读音为刺，意为草木上的小刺。枣的字形是朿上下相叠并且直立；棘的字形则是朿左右并列并且横排。不识得这两种植物的人，只要观察字形就能辨别。

原文

金陵人胡恢[①]博物强记，善篆隶，臧否[②]人物，坐法失官十余年，潦倒贫困，赴选集于京师。是时韩魏公[③]当国，恢献小诗自达，其一联曰：“建业开山千里远，长安风雪一家寒。”魏公深怜之，令篆太学石经，因此得复官，任华州推官而卒。

注释

①胡恢：金陵（今江苏南京）人。一说任华州推官任上因事被罢免，后得枢密使高若讷推荐复官。工于书法，奉命书《石经》。

②臧否：褒贬。

③韩魏公：韩琦（1008—1075），字稚圭，号赣叟，相州安阳（今属河南）人。天圣五年（1027）举进士第，授将作监丞，历开封府推官、度支判官、太常博士等职。后与范仲淹一起被任命为陕西经略安抚副使，共同防御西夏。嘉祐中，历任枢密使、同中书门下平章事、集贤殿大学士、宰相等职，封魏国公。神宗即位，出知相州、大名府等地。卒赠尚书令，谥忠献。

译文

金陵人胡恢博学多闻，长于篆书和隶书，爱好对人物进行褒贬，因为犯法获罪而被革职十多年，穷困潦倒，后来去往京城参加官员选拔。那时正赶上韩琦主持国政，胡恢进献了一首小诗并自通姓名，其中一联说：“建业开山千里远，长安风雪一家寒。”韩琦很同情他，就命他用篆书刻写太学石经，因此得以官复原职，最终在华州推官任上死去。

原文

熙宁六年①，有司言日当蚀四月朔。上为彻膳，避正殿。一夕微雨，明日不见日蚀，百官入贺，是日有皇子之庆。蔡子正②为枢密副使，献诗一首，前四句曰：“昨夜薰风入舜韶③，君王未御正衙朝。阳辉④已得前星助，阴沴⑤潜随夜雨消。”其叙四月一日避殿、皇子庆诞、云阴不见日蚀，四句尽之，当时无能过之者。

注释

①熙宁六年：1073 年。

②蔡子正（1014—1079）：蔡挺，字子政，宋城（今河南商丘）人。景祐元年（1034）举进士第，官至直龙图阁，知庆州，屡拒西夏犯边。神宗即位，加天章阁待制，知渭州。熙宁五年（1072），拜枢密副使，卒赠工部尚书，谥敏肃。

③韶：传说舜时的乐曲名。

④阳辉：代指皇子。

⑤阴沴（lì）：灾害。

译文

熙宁六年，负责天文历法的官员上报说日蚀将在四月初一出现。为此皇帝将宴席撤去，上朝也中止了。而前一天夜里恰巧下小雨，第二天便见不到日蚀，文武百官纷纷入宫庆贺，当天又有皇子诞生之喜。此时蔡挺正在枢密副使任上，他献上了一首诗，前四句说："昨夜薰风入舜韶，君王未御正衙朝。阳辉已得前星助，阴沴潜随夜雨消。"仅仅四句就完整地叙述了四月初一中止上朝、皇子诞生、阴天看不到日蚀这几件事，那时的诗中没有能超过这一首的。

原文

欧阳文忠好推挽后学。王向少时为三班奉职①，干当②滁州一镇，时文忠守滁州③。有书生为学子不行束脩④，自往诣之，学子闭门不接。书生讼于向，向判其牒⑤曰："礼闻来学，不闻往教⑥。先生既已自屈，弟子宁不少高？盍二物⑦以收威，岂两辞而造狱？"书生不直向判，径持牒以见欧公。公一阅，大称其才，遂为之延誉奖进，成就美名，卒为闻人。

注释

①王向：字子直，侯官（今福建闽侯）人。嘉祐二年（1057）进士，官峡石主簿。三班奉职：低级武阶官名。

②干当：指"勾当"，管理，办理。为避宋高宗赵构讳而改为"干当"。

③滁州：今属安徽。

④束脩（xiū）：古时入学敬师的礼物，此处指拜师礼。

⑤牒：文书，这里指诉状。

⑥礼闻来学，不闻往教：依照礼法，弟子应登师门求教，为师者则不应前去弟子家授学。

⑦二物：此处指古代体罚的工具。

译文

欧阳文忠（即欧阳修）喜欢举荐好学的年轻人。王向年轻时在三班供职，管辖滁州一镇的公事，当时欧阳修为滁州州长。当时有一个教书的儒生因为学子不行拜师礼，就亲自到学子家中教授，可学子却闭门不予接待。于是儒生向王向递诉状子这名学子，王向在诉状上批写判词道："按照礼数，只听说学子前去学习的，没听说先生前去教学的。先生既然已经屈尊前往，学生怎么会不自高呢？何不用体罚的方法使他收敛威风，哪里至于让你们为此而打官司呢？"书生认为王向的判决不公正，就直接拿着诉状去见欧阳修。欧阳修一看到王向的判词，就对王向的才华大为称赞，于是为他传播美名，并且奖励提拔他，成就他的功名，王向最终成了远近闻名的人士。

艺文三（选自卷十六）

原文

士人刘克[①]博观异书。杜甫诗有"家家养乌鬼，顿顿食黄鱼[②]。"世之说者，皆谓夔、峡间至今有鬼户[③]，乃夷人也，其主谓之鬼主[④]，然不闻有"乌鬼"之说。又鬼户者，夷人所称，又非人家所养。克乃按《夔州图经》，称峡中人谓鸬鹚[⑤]为"乌鬼"。蜀人临水居者，皆养鸬鹚，绳系其颈，使之捕鱼，得鱼则倒提出之，至今如此。余在蜀中[⑥]，见人家养鸬鹚使捕鱼，信然，但不知谓之乌鬼耳。

注释

①刘克：身世不详。

②“家家养乌鬼”二句：源自杜甫所作的《戏作俳谐体遣闷二首之一》。有关乌鬼的说法，黄朝英《靖康缃素杂记》与刘克的看法相同，认为是鸬鹚；马永卿《懒真子录》提出是猪；蔡宽夫《诗话》提出是指鬼神之名；惠洪《冷斋夜话》提出是“乌蛮鬼”的俗称。

③夔：夔州，今属重庆奉节。峡：峡州，今属湖北宜昌。

④鬼主：唐宋时期，西南地区的乌蛮及两爨的首领被称为“鬼主”，又有都鬼主、大鬼主、小鬼主之分。

⑤鸬鹚：鱼鹰，体羽为金属黑色，驯化后可潜水捕鱼。

⑥余在蜀中：在康定元年（1040）之前，沈括随父居住在四川，其父沈周时任简州平泉县知县。

译文

士人刘克博览奇书。杜甫有诗作“家家养乌鬼，顿顿食黄鱼。”世间有人说夔州、峡州一带至今还有“鬼户”，其实就是夷人，他们的头领叫作“鬼主”，然而从未听闻过“乌鬼”的说法。所谓的“鬼户”本是夷人的称谓，并非家养之物。刘克依照《夔州图经》所记载的，指出峡州人将鸬鹚称为“乌鬼”。蜀地一带傍水居住的人都饲养鸬鹚，它们的颈部都被绳子系住，人们让它们捕鱼，捕到后就从鸬鹚的嘴中把鱼倒提出来，到现在依然如此。我居住在蜀中时，曾看到过有人家养鸬鹚捕鱼，的确如此，不过我不知道它们又被称为“乌鬼”。

原文

和鲁公[①]有艳词一编，名《香奁集》。凝后贵，乃嫁其名为韩偓[②]，今世传韩偓《香奁集》，乃凝所为也。凝生平著述，分为《演纶》《游艺》《孝悌》《疑狱》《香奁》《籯金》六集，自为《游

艺集序》云："余有《香奁》《籯金》二集，不行于世。"凝在政府，避议论，讳其名，又欲后人知，故于《游艺集序》实之，此凝之意也。余在秀州，其曾孙和惇家藏诸书，皆鲁公旧物，末有印记甚完。

注释

①和鲁公（898—955）：和凝，字成绩，郓州须昌（今山东东平）人。五代时文学家、法医学家。幼时颖敏好学，十七岁举明经，梁贞明二年（916），登进士第。好文学，长于短歌艳曲。后唐时官至中书舍人，工部侍郎。后晋天福五年，拜中书侍郎、同中书门下平章事。入后汉，封鲁国公。后周时，赠侍中。

②韩偓（约842—923）：字致光，唐代诗人，京兆万年（今陕西西安）人。龙纪元年（889），韩偓中进士，初在河中镇节度使幕府任职，后入朝历任左拾遗、左谏议大夫、度支副使、翰林学士。

译文

和凝有一部关于艳情的词集，名叫《香奁集》。后来和凝地位显达尊贵，于是把此集嫁名于韩偓，韩偓流传至今的《香奁集》，就是和凝所著。和凝一生的著作，分别为《演纶》《游艺》《孝悌》《疑狱》《香奁》《籯金》六集，自作《游艺集序》说："我有《香奁》《籯金》二集，不曾流传于世。"那时正是和凝执政，为了避免别人的议论，就把他自己的名字隐匿了，但又希望让别人知道，所以在《游艺集序》中说明，正是和凝的本意。我居住在秀州时，和凝的曾孙和惇家中珍藏着这些书，全是和凝遗留下来的物品，后面保存的印记都完好无损。

原文

蜀人魏野①，隐居不仕宦，善为诗，以诗著名。卜居陕州②东门之外，有《陕州平陆县诗》云："寒食花藏县，重阳菊绕湾。一声

离岸橹，数点别州山。”最为警句。所居颇萧洒，当世显人多与之游，寇忠愍③尤爱之。尝有《赠忠愍诗》云：“好向上天辞富贵，却来平地作神仙。”后忠愍镇北都，召野置门下。北都有妓女，美色而举止生梗，士人谓之“生张八”。因府会，忠愍令乞诗于野，野赠之诗曰：“君为北道生张八，我是西州熟魏三。莫怪樽前无笑语，半生半熟未相谙④。”吴正宪⑤《忆陕郊诗》云：“南郭迎天使，东郊访隐人。”隐人谓野也。野死，有子闲⑥，亦有清名，今尚居陕中。

注释

①魏野（960—1019）：字仲先，号草堂居士。以诗名，隐居不仕，卒赠秘书省著作郎。他一生清贫，却又不随波逐流，为后人称道。

②陕州：今河南三门峡市西北一带。

③寇忠愍：寇準，字平仲，北宋政治家、诗人。谥忠愍，复爵莱国公，追赠中书令。

④谙：娴熟，精晓。

⑤吴正宪：吴充，字冲卿，建州浦城（今属福建）人。北宋大臣，谥正宪。

⑥闲：魏闲（980—1063），字云夫，魏野之子。以诗为名，不乐仕进。仁宗皇祐二年（1050），赐号清逸处士。

译文

蜀地人魏野，隐居不仕，善于写诗，并以诗闻名于世。他居住在陕州东门外，有《陕州平陆县诗》说：“寒食花藏县，重阳菊绕湾。一声离岸橹，数点别州山。”最为绝妙。他平日生活的居处十分潇洒，当世的显贵之人也喜欢和他交游，寇準对他特别欣赏。他曾经有《赠忠愍诗》说：“好向上天辞富贵，却来平地作神仙。”后来寇準到大名府镇守，把魏野招揽到门下。大名府内有一位妓女，虽然貌美如花，但是举止刻板，士人将她称作“生张八”。有一次官府举办宴会，她受寇準之命向魏野求诗，魏野赠她诗道：“君为北道生张八，我是西州熟魏三。莫怪樽前无笑语，半生半熟未相谙。”吴正宪的《忆陕郊诗》说："南郭迎天使，东郊访隐人。"句中所谓的隐人就是魏野。魏野去世后，他的儿子魏闲，也以清名闻名于世，至今依然在陕中居住。

书画（选自卷十七）

原文

藏书画者多取空名，偶传为钟、王、顾、陆之笔①，见者争售，此所谓"耳鉴"。又有观画而以手摸之，相传以谓色不隐指②者为佳画，此又在"耳鉴"之下，谓之"揣骨听声③"。

注释

①钟、王、顾、陆：分别指三国时的钟繇、东晋的王羲之二位书法家，以及东晋的顾恺之、南朝宋的陆探微二位画家。

②隐指：也称"隐手"，为宋人俗语。指物体表面看似平整，或看不清的物体本以为该是平整的，用手去摸却有高低不平的感觉。犹今言"硌手"。

③揣骨听声：本意指盲人占卜者靠手摸揣测人的骨相，又听人的声音，以判断人的贵贱吉凶。

译文

收藏书画的人大多是贪图作者的名气，偶尔有传说是钟繇、王羲之、顾恺之、陆探微的手笔的，见到的人都争着买进，这就是所说的"耳鉴"。还有的人看画用手去摸，据说着色均匀，手指摸上去没有高低不平感觉的就是好画，这种方法又比"耳鉴"低下，叫作"揣骨听声"。

原文

欧阳公尝得一古画牡丹丛，其下有一猫，未知其精粗。丞相正肃吴公[①]与欧公姻家，一见曰："此正午牡丹也。何以明之？其花披哆[②]而色燥，此日中时花也；猫眼黑睛如线，此正午猫眼也。有带露花，则房敛而色泽。猫眼早暮则睛圆，日渐中狭长，正午则如一线耳。"此亦善求古人心意也。

注释

①正肃吴公：吴育（1004—1058），字春卿，建州浦城（今属福建）人。官至参知政事，卒谥正肃。

②披哆（chǐ）：散开，张开。

译文

欧阳修曾经得到一幅有一丛牡丹花的古画，花丛下面有一只猫，欧阳修不知道这幅画的水平怎么样。丞相吴育与欧阳修是亲家，一天看见这幅画就说："这是正午的牡丹。用什么来证明这种说法呢？这花中的花瓣都散开着，而且颜色干燥，这是太阳正中时候的花；画中猫的黑瞳仁好像一条线，这也是正午时候的猫眼。如果是带有露水的花，那么花瓣是聚拢着的，而且颜色显得光泽滋润。猫的瞳仁早上和晚上都是圆的，太阳渐渐移向正中，猫的眼珠渐渐变得狭长，到了正午就像一条线了。"这也是善于推求古人的创作意图了。

原文

相国寺旧画壁，乃高益[1]之笔，有画众工奏乐一堵，最有意。人多病拥琵琶者误拨下弦，众管皆发“四[2]”字，琵琶“四”字在上弦，此拨乃掩下弦，误也。余以谓非误也，盖管以发指为声，琵琶以拨过为声，此拨掩下弦，则声在上弦也。益之布置尚能如此，其心匠可知。

注释

①高益：宋初画家。本为契丹涿郡（今河北涿州）人，后入宋都汴京（今河南开封），以卖药、卖画自给。太宗在即位前已识之，即位后命为翰林图画院待诏，又命画相国寺、崇夏寺等壁画。以善画佛道鬼神、蕃汉人马著称。

②四：古代乐谱用字，为表示音阶的符号。

译文

相国寺的旧壁画是高益的手笔，有面墙上有一幅描绘众多乐工奏乐的画非常有意思。人们大多责怪这画上弹琵琶的人拨错了下弦，众多管乐器都发出“四”字音，而琵琶的“四”字音在上弦，这里的乐工却在拨下弦，是错误的。我认为这并不是错误，因为大多数管乐器是放开手指头发出声音，而琵琶是手指头拨过琴弦后发出音响，画上这一拨尽管掩住下弦，但正表示声音发自上弦。高益对画面的安排居然能达到这样的地步，他的匠心可想而知了。

原文

书画之妙，当以神会，难可以形器求也。世之观画者，多能指摘其间形象、位置、彩色瑕疵而已，至于奥理冥造者，罕见其人。如彦远[1]《画评》言：“王维[2]画物，多不问四时，如画花往往以

桃、杏、芙蓉、莲花同画一景。”余家所藏摩诘画《袁安卧雪图》，有雪中芭蕉，此乃得心应手，意到便成，故其理入神，迥得天意，此难可与俗人论也。谢赫[③]云：“卫协[④]之画，虽不该备形妙，而有气韵，凌跨群雄，旷代绝笔。”又欧文忠《盘车图》诗云：“古画画意不画形，梅诗咏物无隐情。忘形得意知者寡，不若见诗如见画。[⑤]”此真为识画也。

注释

①彦远：张彦远（815—907），唐后期书画评论家，字爱宾，蒲州猗氏（今山西临猗）人。开元年间宰相张嘉贞后人。曾任祠部员外郎，著有《历代名画记》《法书要录》等。

②王维（701—761）：字摩诘，河东蒲州（今山西永济）人。官至尚书右丞。为盛唐著名诗人及画家。

③谢赫：南朝齐梁时人，著有《古画品录》。

④卫协：晋初画家，时有“画圣”之名。

⑤此处所引欧阳修诗，原是和梅尧臣而作的，主要指古人绘画注重意境，不注重形似，梅尧臣的诗则强调写实，追求平淡的风格，咏物直露而不含蓄；对于绘画上的“忘形得意”，了解的人少，不如使人读一首诗如同看一幅画。梅尧臣（1002—1060），字圣俞，宣州宣城（今属安徽）人，官至员外郎。

译文

书画的妙处，应该用心神从意境上去领会，很难从具体的形象中寻求。世上看画的人，大多能指点评说画中事物的形象、位置、色彩等方面的瑕疵罢了，至于能够达到深刻理解其中奥妙的人却十分少见。就如张彦远的《画评》所说：“王维画物，大多不管四季，如画花卉，往往把桃花、杏花、芙蓉和莲花画在同一个景中。”我家收藏的王维的《袁安卧雪图》，上面画有雪中芭蕉，这就是王维得心应手、意到便成的画，所以达到的意境出神入化，全然得之于天意，这是难以和俗人论说的。谢赫说：“卫协的画，尽管不具备完全的形体之妙，但却具备一种超出群雄的气势，这真是空前绝后的绝妙之笔。”又如欧阳修的《盘车图》诗说：“古画画意不画形，梅诗咏物无隐情。

忘形得意知者寡，不若见诗如见画。”这才是真正懂画。

原文

王仲至[①]阅吾家画，最爱王维画《黄梅出山图》，盖其所图黄梅、曹溪二人[②]，气韵神检，皆如其为人。读二人事迹，还观所画，可以想见其人。

注释

①王仲至：王钦臣（约1034—约1101），字仲至，应天宋城（今河南商丘）人。曾任集贤殿修撰，后出知和州。以爱好藏书著称。

②黄梅：唐高僧弘忍（602—675），俗姓周，黄梅（今属湖北）人，为禅宗第五祖。曹溪：唐高僧慧能（638—713），俗姓卢，弘忍弟子，后在韶州（今广东韶关）曹溪传道，为禅宗第六祖。

译文

王钦臣观看我家收藏的画，他最喜爱王维的那幅《黄梅出山图》，大概是因为画上描绘的弘忍、慧能二人，他们的气质风韵都与他们的为人一致。读了这两个人的事迹，再回过头来看画，就可以想象出这两个人的实际形象。

原文

《国史补》[①]言：“客有以《按乐图》示王维，维曰‘此《霓裳》第三叠第一拍也。’客未然，引工按曲，乃信。”此好奇者为之。凡画奏乐，止能画一声，不过金石管弦同用一字耳，何曲无此声，岂独《霓裳》第三叠第一拍也？或疑舞节及他举动拍法中，别有奇声可验，此亦不然。《霓裳曲》凡十三叠，前六叠无拍，至第七叠方

谓之叠遍，自此始有拍而舞作。故白乐天诗云：“中序擘騞[2]初入拍。”中序即第七叠也，第三叠安得有拍？但言“第三叠第一拍”，即知其妄也。或说：尝有人观画《弹琴图》，曰：“此弹《广陵散》也。”此或可信。《广陵散》中有数声，他曲皆无，如泼攦[3]声之类是也。

注释

①《国史补》：《唐国史补》，三卷。为中唐人李肇所撰，主要记载了唐代开元至长庆之间的逸事。

②擘騞（bò huō）：形容刀劈裂物体的声音。

③泼攦：一种弹弦的声音。

译文

《唐国史补》中记载说：“有一位客人向王维展示了《按乐图》，王维说：‘此图弹的是《霓裳》第三叠第一拍。’但客人并不这样认为，于是请来乐工按照此曲来演奏，这才确信。”这是好奇者编的故事。只要画奏乐，只能将其中一声的场景画出来，只是金石管弦都一同演奏一字之音罢了，哪首曲子没有这个音呢，难道唯独《霓裳》有第三叠第一拍吗？又有人猜疑在舞动的节拍以及别的动作的拍法中，另有奇特的音声能够验证，这也是不正确的。《霓裳曲》中共有十三叠，前六叠没有节拍，到第七叠才称为“叠遍”，自此才开始有节拍，并开始起舞。所以白居易作诗说：“中序擘騞初入拍。”中序指的是第七叠，第三叠哪里会有节拍呢？只要说“第三叠第一拍”，就能判断他是错的。又有人说曾经有人观赏《弹琴图》，说：“此图弹的是《广陵散》。”这也许还可信。《广陵散》一曲中有几个音，是别的曲调中都没有的，比如泼攦声之类的就是。

原 文

画牛、虎皆画毛，惟马不画。余尝以问画工，工言：“马毛细，不可画。”余难之曰：“鼠毛更细，何故却画？”工不能对。大凡画马，其大不过盈尺，此乃以大为小，所以毛细而不可画，鼠乃如其大，自当画毛。然牛、虎亦是以大为小，理亦不应见毛，但牛、虎深毛，马浅毛，理须有别。故名辈为小牛、小虎，虽画毛，但略拂拭而已。若务详密，翻成冗长，约略拂拭，自有神观，迥然生动，难可与俗人论也。若画马如牛、虎之大者，理当画毛，盖见小马无毛，遂亦不摹，此庸人袭迹，非可与论理也。

又李成[①]画山上亭馆及楼塔之类，皆仰画飞檐，其说以谓自下望上，如人平地望塔檐间，见其榱桷[②]，此论非也。大都山水之法，盖以大观小，如人观假山耳。若同真山之法，以下望上，只合见一重山，岂可重重悉见？兼不应见其溪谷间事。又如屋舍，亦不应见其中庭及后巷中事。若人在东立，则山西便合是远境；人在西立，则山东却合是远境。似此如何成画？李君盖不知以大观小之法，其间折高、折远，自有妙理，岂在掀屋角也？

注 释

①李成（919—967）：五代宋初画家，字咸熙，营丘（今山东淄博）人。善画山水，为当时北方山水画流派的主要代表人物之一。

②榱桷（cuī jué）：房屋的椽子。相对称呼时，圆形的为椽，方形的为桷，榱则兼指二者；通言之，则三者无别。

译 文

人们画牛和老虎都画毛，只有画马不画毛。我曾经用这个问题问画工，画工说：“马的毛细，不能画。”我刁难他说：“老鼠的毛更加细，为什么却画呢？”画工不能回答。一般画马，大小不超过一尺，比真正的马要小得多，如果按照比例缩小，毛就细得不能画了；画老鼠则与实物大小差不多，自然应当画毛。但牛和老虎也是把大的画成小的，按道理说也不应该画毛，但牛、虎的毛深，马的毛浅，从道理上讲应该有区别。所以名家画小牛、小虎，虽然也画毛，只不过是略涂数笔而已。假使一定要画得周到细密，反而显得芜杂而累赘，简单涂上几笔，倒自有神韵，更为生动，不过这个道理很难与那些不懂画理的人去论说。如果像画大牛、大虎一样画马，理应画毛，大约见小马没有毛，于是也就不画毛了，这是庸俗画家因袭旧迹，也不可与他们谈论画理。

又如李成画山上的亭馆和楼塔这些建筑，都用仰视的角度来画飞檐，他认为从下向上望，就如同人在平地望到塔檐，只看得见屋椽，这种说法是不对的。一般画山水的方法，都是将大的景物当作小的景物，就如同人看假山一样。如果用看真山的方法从山下往上看，只应该看见一重山，怎么能一重一重全看到？更不应该看到溪谷中的情景了。又如画屋舍，也不应看得见中庭后巷中的东西。如果人站在东边，那么山的西边就应该是远景；人站在西边，那么山的东边就应该是远景。但像这样怎么能画成画呢？李成大约不知道以大观小的方法，处理高低远近，其中自有奥妙的道理，哪里在于仰观屋角呢？

原文

画工画佛身光①，有匾②圆如扇者，身侧则光亦侧，此大谬也。渠③但见雕木佛耳，不知此光常圆也。又有画行佛，光尾向后，谓之顺风光，此亦谬也。佛光乃定果④之光，虽劫风⑤不可动，岂常风能摇哉？

注释

①佛身光：造佛像时，以佛身为中心画出一圈辉光，称佛光。

②匾：通“扁”。

③渠：古时可用作第三人称代词，指他、他们。

④定果：修成正果。

⑤劫风：毁灭之风。劫，佛教用语。佛教认为劫有成、往、坏、空四个阶段，坏劫之末有水、火、风三灾，劫风为其中之一。

译文

画工画佛身上的辉光，有的画成扁圆状扇形的，当佛身侧过来时，光环也侧过来，这是错误的。画工大概是只看到过木雕的佛像而已，不知道这圆形的辉光始终是圆的。又有人画行走的佛，把辉光的尾部朝向后边，称为“顺风光”，这也是不对的。佛光乃是修成正果之光，即使是遇到能摧毁一切的劫风也不能被动摇，更何况是寻常的风呢？

原文

古文“己”字从一、从亡，此乃通贯天、地、人，与“王”字义同。中则为“王”，或左或右则为“己”。僧肇[①]曰：“会万物为一己者，其惟圣人乎？子曰：‘下学而上达。’人不能至于此，皆自成之也。”得己之全者如此。

注释

①僧肇（384—414）：东晋僧人，俗姓张，京兆（今陕西西安）人，为鸠摩罗什弟子，被罗什誉为“中华解空第一人”。擅长般若学，代表作有《肇论》《维摩诘经注》等。

译文

古代文字中的“己”字从一、从亡，这是贯通天、地、人的道理，同于“王”的字义。中间为竖笔就是“王”，左边或右边是为竖笔就是“己”。僧肇说：“能将万物融会贯通为一己的，唯有圣人了吧？孔子说：‘下学而上达。’人之所以无法达到这样的境界，都是自我束缚导致的。”参透了“己”字所有内涵的人才会如此解释。

原文

度支员外郎宋迪[1]工画，尤善为平远山水，其得意者有《平沙雁落》《远浦帆归》《山市晴岚》《江天暮雪》《洞庭秋月》《潇湘夜雨》《烟寺晚钟》《渔村落照》，谓之“八景”，好事者多传之。往岁小窑村陈用之[2]善画，迪见其画山水，谓用之曰：“汝画信工，但少天趣。”用之深伏其言，曰：“常患其不及古人者，正在于此。”迪曰：“此不难耳，汝先当求一败墙，张绢素讫，倚之败墙之上，朝夕观之。观之既久，隔素见败墙之上，高平曲折，皆成山水之象。心存目想：高者为山，下者为水，坎者为谷，缺者为涧，显者为近，晦者为远。神领意造，恍然见其有人禽草木飞动往来之象，了然在目。则随意命笔，默以神会，自然境皆天就，不类人为，是谓活笔。”用之自此画格进。

注释

①宋迪：字复古，洛阳（今属河南）人，历官度支员外郎。善画寒林、松石，尤善平山远水。作画崇尚意境，苏轼曾称其画“妙绝一时”。

②陈用之：“之”亦作“智”，郾城（今属河南）人。仁宗天圣中为图画院祇候，未久罢归。居小窑镇，世人多称之为“小窑陈”。善画佛道人物、山川林木，而偏于精详。

译文

度支员外郎宋迪擅长绘画，尤其善于画平阔广远的山水，他的代表画作有《平沙雁落》《远浦帆归》《山市晴岚》《江天暮雪》《洞庭秋月》《潇湘夜雨》《烟寺晚钟》《渔村落照》，被称为“八景”，喜欢的人将它们到处宣扬。过去小窑村陈用之擅长画画，宋迪看了他画的山水之后对他说：“你的画确实很好，但是缺少了一点儿天然的情趣。”陈用之非常佩服宋迪的话，说：“我经常忧虑自己的画不如古人，就是在这一点。”宋迪说：“要解决这个问题并不难，你应当先找一堵破败的墙，把一块白色的绢完全铺开，将它覆在破墙上，早晚观察它。观察久了，隔着绢看破墙上面，高低曲折，都是山水的景象。眼里留存着这些形象心里就会想：高的是山，低的是水，坑穴是山谷，空缺是山涧，明显的是近景，模糊的是远景。用心神去领会，用意念去营造，仿佛看见有人、禽、草、木在飞动往来的景象，清清楚楚如在眼前。于是随意命笔，默写出这些心领神会的意象，景物就自然都是天然而成的，不像是人为的，这就叫作活笔。”陈用之的画从此格调日益提高。

原文

古文[①]自变隶，其法已错乱，后转为楷字，愈益讹舛[②]，殆不可考。如言“有口为吴，无口为天”。按字书，“吴”字本从口、从夨，音捩。**非天字也。此固近世谬从楷法言之。至如两汉篆文尚未废，亦有可疑者。如汉武帝以隐语[③]召东方朔云：“先生来来。”解云：“来来，棗也。”按“棗”字从朿，**音刺。**不从来。此或是后人所传，非当时语。如“卯金刀”为“劉”，“货泉”为“白水真人”，此则出于纬书，乃汉人之语。按：劉字从丣、**音酉。**从金，如柳、駵、留皆从“丣”，非“卯”字也。货从贝，真乃从具，亦非一法，不知缘何如此？字书与本史所记，必有一误也。**

注释

①古文：上古的文字，此处指金文、大篆、小篆等字体。

②讹舛（chuǎn）：差错，谬误。

③隐语：用谐音、析字等隐含的方式来表述。

译文

古文自转变为隶书开始，字法就已经错乱了，后来又转变为楷书，就越来越错乱了，字义简直无法考证。例如说“有口为吴，无口为天”。根据字书，“吴”字原是从口、从夨，音捩。其下并非“天”字。这本来就是近代人误从楷书的字形解说而导致的谬误。至于像两汉时，篆书还没被废弃，也已经有了可疑的解释。就如汉武帝用隐语把东方朔招来说：“先生来来。”解释说：“来来乃是棗。”依照考证，“棗”字原是从朿，音刺。不从来。这大概是后人传说的，并非那时的原话。又如将“卯金刀”解释成“劉”，将“货泉”解释成“白水真人”，这些出自谶纬之书，都是汉代人所说的。依照考证：劉字从丣、音酉。从金，正如柳、駵、留等字全部从“丣”，而并非从“卯”字一样。货字从贝，真字从具，也不同，不知道为什么会这样？字书和原来的史书这两者的记载，肯定有一种出现了错误。

原文

唐韩偓[①]为诗极清丽，有手写诗百余篇，在其四世孙奕处。偓天复中避地泉州之南安县[②]，子孙遂家焉。庆历[③]中予过南安，见奕出其手集，字极淳劲可爱。后数年，奕诣阙献之，以忠臣之后，得司士参军，终于殿中丞。又余在京师见偓《送䂬光上人》诗，亦墨迹也，与此无异。

注释

①韩偓：字致光，号致尧，晚年又号玉山樵人。唐代诗人。

②天复：唐昭宗李晔的年号，901—904 年。避地：避世隐居。

③庆历：宋仁宗赵祯的年号，1041—1048 年。

译文

唐人韩偓所作的诗极其清丽，有一百多篇手写的诗稿，都在他的四世孙韩奕那里收藏着。韩偓于天复年间在泉州的南安县隐居，于是子孙就在此安家。庆历年间，我从南安路过，碰见韩奕出示韩偓的手稿，字体厚朴道劲，非常招人喜爱。几年过后，韩奕将韩偓的手稿进献给了朝廷，因身为忠臣后代，而被任命为司士参军，最终官至殿中丞。我还曾在京城见过韩偓的《送䂬光上人》一诗，也是墨迹手稿，字体和韩奕收藏的诗稿并无两样。

原文

江南徐铉[①]善小篆，映日视之。画之中心，有一缕浓墨，正当其中；至于屈折处，亦当中，无有偏侧处。乃笔锋直下不倒侧，故锋常在画中，此用笔之法也。铉尝自谓："吾晚年始得竵匾[②]之法。"凡小篆喜瘦而长，竵匾之法，非老笔不能也。

注释

①徐铉（916—991）：字鼎臣，广陵（今江苏扬州）人。曾仕南唐，入宋后累官至散骑常侍。

②竵（wāi）匾：小篆书法，如传统所称的"铁筋篆"，一般喜正直瘦长。

译文

江南人徐铉擅长写小篆，对着日光看他的字。在笔画的中心有一缕浓墨，正在笔画的正中；到了笔画弯折的地方，这条浓墨也在正中间，没有偏斜的地方。这是笔锋直下而不偏侧的缘故，所以笔锋总在笔画的正中，这是小篆书法的运笔方法。徐铉曾经说："我晚年才得到书写竵匾的方法。"凡是小篆喜欢瘦而且长，竵匾的笔法，不是写字老到的人是无法掌握的。

原文

《名画录》[①]："吴道子[②]尝画佛，留其圆光，当大会中，对万众举手一挥，圆中运规，观者莫不惊呼。"画家为之自有法，但以肩倚壁，尽臂挥之，自然中规。其笔画之粗细，则以一指拒壁以为准，自然均匀。此无足奇，道子妙处，不在于此，徒惊俗眼耳。

注释

①《名画录》：朱景玄《唐朝名画录》，旧时载籍又称《唐画断》。作者朱景玄，晚唐吴郡（今江苏苏州）人，官至翰林学士。

②吴道子（约680—759）：唐代著名画家，阳翟（今河南禹州）人。年轻时浪迹洛阳，玄宗闻其名，召入禁中，改名道玄，字道子，授内教博士，又令非有诏不得画。特擅长佛道人物，兼工山水画。

译文

《名画录》记载："吴道子曾经画佛像，把佛像头顶的圆形光圈留着不画，在一次大的聚会中，他当着众人的面举手一挥，圆形就顺着他的手运动而成，观看的人没有不惊叹的。"画家画这样的东西自然有他的办法，只要将肩膀靠着墙壁，尽着手臂的长度将手一挥，自然就像圆规一样画成了一个圆形。他的笔法粗细，就是以一个手指抵着墙壁为标准，笔法自然均匀。这并没有什么值得惊奇的，吴道子的画的妙处并不在这里，他这样做只不过使那些俗人的眼睛惊奇一下罢了。

原文

晋、宋书墨迹，多是吊丧问疾书简。唐贞观[①]中，购求前世墨迹甚严，非吊丧问疾书迹，皆入内府。士大夫家所存，皆当日朝廷所不取者，所以流传至今。

注释

①贞观：唐太宗李世民的年号，627—649年。

译文

晋、宋书家的书法真迹，大多是吊丧问病的书信。唐贞观年间，朝廷搜访购求前代的书法真迹相当彻底，除了吊丧问病的书信，全都被收入皇宫的内府。当时士大夫家里所收藏的，都是朝廷不收的，所以得以流传到现在。

原文

鲤鱼当胁[①]一行三十六鳞，鳞有黑文如十字，故谓之鲤。文从鱼、里者，三百六十也。然井田法[②]即以三百步为一里，恐四代之法，容有不相袭者。

注释

①胁：此处指鲤鱼胸鳍之下的侧面。

②井田法：井田制是中国古代社会的土地国有制度，出现于商朝，以九百亩的土地为一里，划分为九块，中间一块是公田，又称甫田，周围的八块各家自行耕作，公田由各家一起耕种，所产的粮食上缴国家。由于形如井字，故称“井田”。

译文

鲤鱼胁部的一排鳞共有三十六片，鳞上黑色纹路形如十字，所以称之为鲤。鲤字从鱼、从里，“里”等于三百六十。然而古代的井田制就是以三百步为一里，恐怕上古四代的法令，可能有不相沿袭之处。

原文

国初，江南布衣徐熙、伪蜀翰林待诏黄筌[①]，皆以善画著名，尤长于画花竹。蜀平，黄筌并二子居宝、居实，弟惟亮，皆隶翰林图画院，擅名一时。其后江南平，徐熙至京师，送图画院品其画格。诸黄画花，妙在赋色，用笔极新细，殆不见墨迹，但以轻色染成，谓之写生。徐熙以墨笔画之，殊草草，略施丹粉而已，神气迥出，别有生动之意。筌恶其轧己，言其画粗恶不入格，罢之。熙之

子乃效诸黄之格，更不用墨笔，直以彩色图之，谓之“没骨图”，工与诸黄不相下。筌等不复能瑕疵，遂得齿院品，然其气韵皆不及熙远甚。

注释

①徐熙：金陵（今江苏南京）人。南唐时不仕，后入宋。与黄筌并为五代宋初花鸟画两大主要流派的代表人物。黄筌（约903—965）：字要叔，成都（今属四川）人。仕前、后蜀，入宋官至太子左赞善大夫。与诸子及弟惟亮并善花鸟画，自成一派。

译文

北宋初年，江南平民徐熙、后蜀的翰林待诏黄筌，都由于擅长绘画而闻名，他们特别擅长画花和竹。后蜀为北宋灭亡后，黄筌与他的两个儿子居宝、居实，以及弟弟惟亮，都入宋归属于翰林图画院，一时间有极大的名气。后来，南唐为北宋灭亡，徐熙被召入京城，他的画也被送到了图画院品评格调等级。黄筌和他的兄弟、儿子画花的妙处在于着色，用笔极其新颖细腻，几乎看不见墨迹，只是用淡色染成，称之为写生。徐熙用墨笔作画，笔法非常简朴，稍许涂一点颜色，便神气活现，另有它生动的意境。黄筌嫉妒徐熙，认为他以后会排挤自己，就说徐熙的画粗糙拙劣没有格调，不任用徐熙。徐熙的儿子就仿效黄氏父子的风格，不再用墨笔，径直用彩色描画，称所画为“没骨图”，功夫、技巧与黄氏父子兄弟不相上下。黄筌等人也无法再挑剔出毛病来，于是和他们一并被收入院品，然而“没骨图”的神气和风韵与徐熙相比都差得很远。

原文

余从子辽[1]喜学书，尝论曰："书之神韵，虽得之于心，然法度必资讲学，常患世之作字，分制无法。凡字有两字、三、四字合为一字者，须字字可拼。若笔画多寡相近者，须令大小均停[2]。所谓笔画相近，如'殺'字，乃四字合为一，当使'乂''木''几''又'四者大小皆均。如'赤'字，乃二字合，当使'上'与'小'二者，大小长短皆均。若笔画多寡相远，即不可强牵使停。寡在左，则取上齐；寡在右，则取下齐。如从口、从金，此多寡不同也，'唫'即取上齐，'釦'则取下齐。如从赤、从又，及从口、从胃三字合者，多寡不同，则'赦'当取下齐，'喟'当取上齐。"如此之类，不可不知，又曰："运笔之时，常使意在笔前。"此古人良法也。

注释

①辽：沈辽（1032—1085），字睿达，钱塘（今属浙江）人。由三司使吴充举荐，负责监内藏库。后以太常寺奉礼郎监杭州军资库，任转运使，又遭贬永州，徙池州。

②均停：均匀。

译文

我的侄子沈辽喜爱研究书法，曾经就书法而论说："书法的神韵，虽然说得之于心，但也必须讲求方法，我常常担忧世人写字时，拆分部件没有方法。但凡一个字由两、三或者四个字组成时，务必字字能相互拼合。如果笔画数相近，必须使各部分大小均匀。所谓的笔画数相近，比如'殺'字，是由四部分组成，应该令'乂''木''几''又'这四个字的大小都均等。比如'赤'字，是由两部分组成，应当使'上'与'小'两个字的大小、长短都均等。如果笔画的多少相差较大，就不可勉强使各部分均匀。笔画较少的在左侧，就取上对齐；笔画较少的在右侧，就应当取下对齐。比如从‘口’、从‘金’，这时笔画的多少不均，‘唫’字的‘口’就应当取上对齐，‘釦’字的‘口’则应当取下对齐。比如从‘未’、从‘又’，以及从‘口’、从‘胃’这种由三个字组成的情况，也是笔画的多少不等，那么‘叔’字的‘又’就应取下对齐，‘喟’字的‘口’就应取上对齐。”诸如此例，不可不知道，又说：“运笔时，要时常在落笔之前立意。”这是古人运笔的良策。

原文

王羲之书，旧传唯《乐毅论》乃羲之亲书于石，其他皆纸素所传。唐太宗裒聚二王墨迹，惟《乐毅论》石本，其后随太宗入昭陵。朱梁时，耀州节度使温韬①发昭陵得之，复传人间。或曰公主以伪本易之，元不曾入圹②。本朝入高绅③学士家。皇祐中，绅之子高安世为钱塘主簿，《乐毅论》在其家，余尝见之。时石已破缺，末后独有一“海”字者是也。其家后十余年，安世在苏州，石已破为数片，以铁束之。后安世死，石不知所在。或云苏州一富家得之，亦不复见。今传《乐毅论》皆摹本也，笔画无复昔之清劲。羲之小楷字，于此殆绝，《遗教经》之类，皆非其比也。

注释

①温韬（？—928）：华原（今陕西耀州）人。唐末为华原镇将，降于后梁，曾盗发唐诸帝陵墓。后唐明帝时被赐死。

②圹（kuàng）：墓穴。

③高绅：鄞县（今属浙江）人。真宗朝宰相王钦若亲戚，曾屡任馆职，又历转运使、经略使等。

译文

王羲之的书法，以前据说只有《乐毅论》是王羲之亲笔写在石上，其他的都是写在纸上和绢帛上流传。唐太宗搜集了王氏父子的墨迹，保存下来的只有《乐毅论》石刻版本，后来它们随着唐太宗葬入昭陵。朱梁的时候，耀州节度使温韬挖掘昭陵得到了它，二王的墨迹才又流传于世间。有人说当时公主用假的版本换掉了真的，二王的真迹原本就没有入墓穴。本朝时，此石刻被高绅学士收藏在家。皇祐年间，高绅的儿子高安世任钱塘县主簿，《乐毅论》就在他家，我曾经见过。那时石刻已残破了，在末尾只有一个“海”字的那块就是。在后来的十多年中，高安世一家居住在苏州，石刻已经残破为数片，用铁丝拴在一起。后来高安世去世，《乐毅论》的石刻不知到哪里去了。有人说是苏州一个富人家得到了它，然而再没有见过。现在流传的《乐毅论》都是石刻临摹本，字的笔画不再有过去的清丽遒劲。王羲之的小楷作品大约从此就绝迹了，像《遗教经》这样的墨迹，都不能与之相比。

原文

王鉷踞陕州①，集天下良工画寿圣寺壁，为一时妙绝。画工凡十八人，皆杀之，同为一坎②，瘗③于寺西厢，使天下不复有此笔，其不道如此。至今尚有十堵余，其间西廊迎佛舍利④、东院佛母壁最奇妙，神彩皆欲飞动。又有鬼母、瘦佛二壁差次，其余亦不甚过人。

注释

①王鉷（hóng）（？—752）：太原祁县（今属山西）人。唐玄宗时期历任户部郎中、御史中丞等官职，后以谋划反叛被赐死。陕州：在今河南三门峡。

②坎：墓穴。

③瘗（yì）：掩埋，埋葬。

④舍利：指佛骨。

译文

王铁占领陕州时，会集天下精良的画工为寿圣寺画壁画，成了一时妙绝。共有十八位画工，全部被他杀害，还在圣寿寺的西边挖了一个墓穴埋葬画工们，企图让天下不再出现如此妙笔，他的惨无人道大抵如此。到现在还留存着十多幅壁画，其中西廊的迎佛舍利画、东院的佛母壁画最为神奇巧妙，个个丰神异彩、栩栩如生。又有鬼母、瘦佛两幅壁画，略显逊色，剩下的也并无过人之处。

原文

江南中主[①]时，有北苑使董源[②]善画，尤工秋岚远景，多写江南真山，不为奇峭之笔。其后建业僧巨然[③]，祖述源法，皆臻妙理。大体源及巨然画笔，皆宜远观。其用笔甚草草，近视之，几不类物象；远观则景物粲然，幽情远思，如睹异境。如源画《落照图》，近视无功；远观村落杳然深远，悉是晚景，远峰之顶，宛有反照之色，此妙处也。

注释

①江南中主：南唐皇帝李璟（916—961）。943 年即位，后为后周所攻，去帝号，改称“江南国主”。

②董源（约 937—约 962）：南唐画家，字叔达，钟陵（今江西南昌）人。擅长水墨山水画，为当时南方山水画流派的主要代表人物之一。

③巨然：五代宋初画家，钟陵（今江西南昌）人。初为江宁开元寺僧，后随南唐后主降宋入汴京，居开宝寺。继承董源水墨山水画风而有所发展，世人将其二人合称为“董巨”。

译文

南唐中主时，有个北苑使董源擅长画画，尤其擅长画秋天山林烟岚远景，大多是江南山水的写真，不用奇特险峻的笔法。后来，建业僧人巨然继承董源的画法，二人都达到了很高超的境界。大体上董源和巨然的画都适宜于远看。他们用笔十分潦草，近看几乎什么也不像；远看则景物鲜明，情思深幽，仿佛看到了另一个天地。如董源的《落照图》，近看没有什么效果；远看则村落幽暗深远，都是晚景，远处山峰的顶端好像有落日返照的颜色，这正是它奇妙的地方。

技艺（选自卷十八）

原文

贾魏公[①]为相日，有方士姓许，对人未尝称名，无贵贱皆称“我”，时人谓之“许我”。言谈颇有可采，然傲诞，视公卿蔑如[②]也。公欲见，使人邀召数四，卒不至。又使门人苦邀致之，许骑驴，径欲造丞相厅事。门吏止之，不可，吏曰：“此丞相厅门，虽丞郎亦须下。”许曰：“我无所求于丞相，丞相召我来，若如此，但须我去耳。”不下驴而去。门吏急追之，不还，以白丞相。魏公又使人谢而召之，终不至，公叹曰：“许市井人耳，惟其无所求于人，尚不可以势屈，况其以道义自任者乎？”

注释

①贾魏公（997—1065）：贾昌朝，字子明，真定获鹿（今河北获鹿）人。宋真宗天禧元年（1017）赐同进士出身，任为国子监说书。官至左仆射、观文殿大学士、判尚书都省，封魏国公。

②蔑如：蔑视的样子。

译文

贾昌朝在丞相任上时，有一个姓许的方士，从来不对人吐露自己的姓名，不管贵贱都自称“我”，当时人们便称他为“许我”。他的言谈中很有可取之处，但是性格傲慢怪诞，蔑视权贵。贾昌朝想要见他一面，并多次遣人邀请他，却最终也没来。后来贾昌朝又派遣门人苦心邀他前来，许我终于骑着驴来了，他想要径自闯进丞相府厅室。守门人上前阻止了他，说：“此乃丞相府的厅门，就算是寺丞、郎官也必须下马。”许我说：“我对丞相并无所求，是丞相派人请我前来，既然如此，那我只好走了。”许我也不下驴就离开了。守门人立刻追赶上去，还是没有追回来，便把事情一一禀告给丞相。贾昌朝又遣人前去道歉并再次召请许我，最终也没有再来，贾昌朝发自内心地感叹道：“许我只是一介市井小民而已，只因对他人别无所求，尚且无法用权势使他屈服，更何况是以道义自任的人呢?”

原文

造舍之法，谓之《木经》，或云喻皓[①]所撰。凡屋有三分：去声。**自梁以上为上分，地以上为中分，阶为下分。凡梁长几何，则配极[②]几何，以为榱等[③]。如梁长八尺，配极三尺五寸，则厅堂法也，此谓之“上分”。楹[④]若干尺，则配堂基若干尺，以为榱等。若楹一丈一尺，则阶基四尺五寸之类，以至承拱[⑤]、榱桷，皆有定法，谓之“中分”。阶级有峻、平、慢三等，宫中则以御辇为法：凡自下而登，前竿垂尽臂，后竿展尽臂为峻道[⑥]；**荷辇十二人：前二人曰前竿，次二人曰前绦，又次曰前胁，后二人曰后胁，又后曰后绦，末后曰后竿。辇前队长一人，曰传倡，后一人，曰报赛。**前竿平肘，后竿平肩，为慢道：前竿垂手，后竿平肩，为平道：此之谓“下分”。其书三卷。近岁土木之工，益为严善，旧《木经》多不用，未有人重为之，亦良工之一业也。**

注释

①喻皓：北宋前期建筑师，浙东（今属浙江）人。曾被欧阳修称为“国朝以来木工第一人”。

②极：屋顶。实指屋顶最高点与横梁之间的垂直高度。

③榱（cuī）等：同“衰等”，等级，比例。

④楹：支撑横梁的木柱。

⑤承拱：斗拱，梁和柱之间的承重结构。

⑥“凡自下而登”三句：抬御辇升阶，当抬辇者都在台阶上时，最前面的二人（前竿）手臂自然下垂到手能握竿的最低度（“垂尽臂”），最后面的二人（后竿）则手臂上举到手能握竿的最高度（“展尽臂”），以此保持前后的平衡。

译文

介绍建造房屋方法的书叫作《木经》，有人说《木经》是喻皓所著。所有的房屋分为三部分：读去声。从梁以上的是上部分，梁以下、地面以上的是中间部分，台阶是下部分。梁有多长，那么所造的房屋屋脊也应该相应有多高，以此来确定椽子等构件的尺寸。比如，梁是八尺长，那么屋脊就应是三尺五寸，这是造厅堂的法则，这称为“上分”。厅堂的柱子有若干尺，那么厅堂的基础也应相应地配若干尺，以此来确定椽子等构件的尺寸。比如，柱子高一丈一尺，那么堂前大门的台阶应该是四尺五寸，至于承重的斗拱、椽子等，都有规定的尺寸，这就是“中分”。台阶分峻道、平道和慢道三等，皇宫中台阶的坡度以御辇抬法的不同作为区分的标准：抬辇从下而上登台阶，前竿的人双臂伸直下垂，后竿的人双臂向上举直，这样就为峻道；抬辇的共有十二人：前二人称前竿，其次二人称前绦，又其次二人称前胁，其后二人称后胁，再后二人称后绦，最后二人称后竿。御辇的前面有队长一人称传唱，御辇的后面有一人称报赛。抬前竿的人平肘抬，抬后竿的人平肩抬，这是慢道；抬前竿的人垂着手抬，抬后竿的人平肩抬，这是平道：这里所说的便是“下分”。这本书一共三卷。近年来对土木工程的技术要求更加严格完善，旧《木经》不大适用了，然而还没有人去重新编写，这也是优秀工匠需要完成的一项任务。

原文

《西京杂记》①云：“汉元帝好蹴踘②，以蹴踘为劳，求相类而不劳者，遂为弹棋③之戏。”余观弹棋绝不类蹴踘，颇与击踘④相近，疑是传写误耳。唐薛嵩⑤好蹴踘，刘钢⑥劝止之曰：“为乐甚众，何必乘危邀顷刻之欢？”此亦“击踘”，《唐书》误述为“蹴踘”。弹棋今人罕为之，有谱一卷，尽唐人所为。其局方二尺，中心高，如覆盂⑦；其巅为小壶，四角微隆起。今大名开元寺佛殿上有一石局，亦唐时物也。李商隐⑧诗曰：“玉作弹棋局，中心最不平。”谓其中高也。白乐天诗：“弹棋局上事，最妙是长斜。”长斜谓抹角斜弹，一发过半局，今谱中具有此法。柳子厚⑨《叙棋》用二十四棋者，即此戏也。《汉书》注云：“两人对局，白、黑子各六枚。”与子厚所记小异。如弈棋，古局用十七道，合二百八十九道，黑白棋各百五十，亦与后世法不同。

注释

①《西京杂记》：东晋葛洪撰小说集，该书记载了西汉逸事，也写了许多志怪传说。

②汉元帝：根据《西京杂记》卷二的记载，此处应为汉成帝。蹴踘：古代球类游戏的一种，与现在的足球类似。

③弹棋：古代中国棋类游戏。最初流行于西汉末年，开始主要盛行于宫廷与士大夫之间。两人对局，每人有黑白棋各六枚，先弹中对方六枚者为胜。

④击踘：古代球类游戏的一种，与现在的马球类似。

⑤薛嵩（？—773）：绛州万泉（今山西万荣）人，薛仁贵之孙。年轻时以臂力骑射闻名，为人豪迈。安史之乱时投叛军，累战有功，被封为邺郡节度使，之后以相、卫、洺、邢四州降唐，被封为昭义节度使，后又迁检校尚书右仆射，卒赠太保。

⑥刘钢：身世不详。

⑦盂：盆状器皿。

⑧李商隐（约813—约858）：字义山，号玉谿生，怀州河内（今河南沁阳）人。开成二年（837）登进士第，曾任秘书省校书郎、弘农尉等职。因卷入牛李党争而备受排挤，郁郁不得志。工诗，与杜牧并称“小李杜”。

⑨柳子厚（773—819）：柳宗元，字子厚，山西河东（今山西运城）人，世称“柳河东”。唐宋八大家之一，唐代文学家、哲学家、散文家和思想家，贞元九年（793）进士，因官终柳州刺史，又称为“柳柳州”。与韩愈并称为“韩柳”，又工诗，与刘禹锡并称为“刘柳”。

译文

《西京杂记》记载：“汉元帝喜爱蹴踘，但是由于玩蹴踘太耗费体力，就想找一种玩法相似但又省力的游戏，于是发明了弹棋的游戏。”依我看，弹棋并不与蹴踘类似，倒是类似于击踘，我猜疑是传写的谬误。唐代的薛嵩喜爱蹴踘，刘钢劝阻他说：“能带来乐趣的游戏有这么多，何必要冒风险去体验这片刻的欢乐呢？”这同样是“击踘”，《唐书》错记为“蹴踘”了。如今弹棋游戏很少有人玩了，但流传着一卷棋谱，全是唐人编写的。棋盘二尺见方，中间高，与倒扣的盆类似；顶部是一个小壶，四个角稍稍隆起。今天有一石制棋盘在大名府开元寺的佛殿上，同样是唐代所遗留下来的。李商隐作诗说：“玉作弹棋局，中心最不平。”说的是棋盘的中间高。白居易作诗说：“弹棋局上事，最妙是长斜。”“长斜”是指沿着边角斜弹，一发弹过半局，如今在棋谱中都写有这种方法。柳宗元作《叙棋》说用棋子二十四颗，说的正是此游戏。据《汉书》注说：“两人对局，用白、黑子各六枚。”与柳宗元记载的稍有不同之处。这正如弈棋，古局用十七道，一共二百八十九路，黑白棋各有一百五十枚，也不同于后代的下法。

原文

算术多门，如求一、上驱、搭因、重因之类，皆不离乘除。唯增成[1]一法稍异，其术都不用乘除，但补亏就盈而已。假如欲九除者，增一便是；八除者，增二便是。但一位一因之。若位数少，则颇简捷；位数多，则愈繁，不若乘除之有常。然算术不患多学，见简即用，见繁即变，不胶一法，乃为通术也。

注释

①增成：原作“增减”，据《类苑》卷五十二引改。

译文

算术中的门类有很多种，诸如求一、上驱、搭因、重因此类，都与乘除运算紧密相关。唯独“增成”这一方法稍有不同，运算时根本用不上乘除，仅需补亏就盈就行。假若一个数字被九所除，只要把被除数的小数点向前移动一位，再将该数本身加上就可以了；假若一个数字被八除，只要把被除数的小数点向前移动一位，再将该数的两倍加上即可。只要多补一次就要多加一次。如果位数少，就会非常简便；如果位数多，反而越来越烦琐，不像乘除运算那般有一定的规律。不过算术的方法最不怕多学，遇到简易的算法就运用，遇到烦琐的算法就更换，不固执于使用同一种方法，这才是算术的通则。

原文

版印书籍，唐人尚未盛为之，自冯瀛王[1]始印五经，已后典籍，皆为版本。庆历中，有布衣毕昇，又为活版。其法用胶泥刻字，薄如钱唇，每字为一印，火烧令坚。先设一铁版，其上以松脂、腊[2]

和纸灰之类冒之。欲印则以一铁范置铁板上，乃密布字印。满铁范为一板，持就火炀之，药③稍镕，则以一平板按其面，则字平如砥。若止印三、二本，未为简易；若印数十百千本，则极为神速。常作二铁板，一板印刷，一板已自布字。此印者才毕，则第二板已具。更互用之，瞬息可就。每一字皆有数印；如“之”“也”等字，每字有二十余印，以备一板内有重复者。不用则以纸贴之，每韵为一贴，木格贮之。有奇字素无备者，旋刻之，以草火烧，瞬息可成。不以木为之者，木理有疏密，沾水则高下不平，兼与药相粘，不可取。不若燔土，用讫再火令药镕，以手拂之，其印自落，殊不沾污。昇死，其印为余群从所得，至今保藏。

注释

①冯瀛王：冯道（882—954）。后唐时曾与同为宰相的李愚一起奏请，令国子监雕印“九经”。其事到后周时完成，前后历时二十余年。

②腊：通“蜡”。

③药：指上面所说的松脂、腊等。习俗上某些用料也可称“药”，如“火药”。

译文

雕版刻印书籍，唐朝人还没有广泛运用这种技术，自从五代冯瀛王开始奏请雕版刻印五经，此后，传统的经典书籍就都以雕版的方式制作了。庆历年间，有个平民叫毕昇，创造了活字印刷的技术。方法是用胶泥来刻制活字，活字的厚度薄得像铜钱边缘，每个字做成一个印，然后用火把它烧硬。印刷前先准备一块铁板，在这铁板上面铺上一层松脂、蜡掺和纸灰调和成的混合材料。要印刷时，就把一个铁框放在铁板上，在铁板里将字密密地排上。排满以后，拿到火上烘烤，等到那一层混合材料有点儿熔化时，就用一块平板在活字上面一按，整版字面就能平得像磨刀石那样了。如果只印两三本书，这种方法不算简便；如果印上几十、几百以至上千本，那这种方法就非常快速。通常是准备两块铁板，一块铁板在印刷时，另一块铁板则已在另外排字。于是这块板才印完，第二块板已准备妥当。轮流使用，转眼间就印好了。每个字都有几个印；如“之”“也”等字，每个字有二十多个印，以便准备一块板内有重复的字时使用。不用的时候，就用纸贴上标签，按每个韵为一类排列，放在木格里保存。如果碰上不常见到的字平时没有准备好的，可以马上刻制，用草火来烧它使它变坚硬，转眼间就可做成。活字印刷不用木头来做字印，是因为木纹有疏有密，沾上水以后就会凹凸不平，而且容易和混合材料粘连在一起，不容易取下。不如用胶泥烧的字印，用完将其放在火里烤一下，让混合材料熔化，用手拂去后，字印就落下来，一点儿也不会沾污。毕昇死后，他的字印传到了我的子侄们手里，到现在还珍贵地保存着。

原文

淮南人卫朴[①]精于历术，一行之流也。《春秋》日蚀三十六，诸历通验，密者不过得二十六七，唯一行得二十九，朴乃得三十五，唯庄公十八年一蚀，今古算皆不入蚀法，疑前史误耳。自夏仲康五年癸巳岁，至熙宁六年癸丑，凡三千二百一年，书传所载日食，凡四百七十五。众历考验，虽各有得失，而朴所得为多。朴能不用算[②]，推古今日月蚀，但口诵乘除，不差一算[③]。凡大历[④]悉是算数，令人就耳一读，即能暗诵，傍通历[⑤]则纵横诵之。尝令人写历书，写讫，令附耳读之，有差一算者，读至其处，则曰：“此误某字。”其精如此。大乘除皆不下照位，运筹如飞，人眼不能逐。人有故移其一算者，朴自上至下，手循一遍，至移算处，则拨正而去。熙宁中撰《奉元历》，以无候簿[⑥]，未能尽其术。自言得六七而已，然已密于他历。

注释

①卫朴（？—1077）：北宋天文历算家，《奉元历》的主修者。楚州山阳县（今江苏淮安）人。

②不用算：不用计算工具。古人以算筹为计算工具，有专用的盘，故后来称珠算工具为算盘。又，从沈括本条的记录来看，卫朴晚年可能视力已很差，或者已目盲。

③一算：犹今言一个数。每个数都可看成是一次运算，故称一算。

④大历：指正式制定的历法书。

⑤傍通历：当是指历史年表一类的工具书。这类年表通常以历法年代（或称“长历”）与各朝代的纪年相对照，纵横交错列成表格，古人称为“旁行斜上”或“旁通”。历法的制定需要参考历史纪年。

⑥候簿：候天的记录簿，即观测记录。

译文

淮南人卫朴精通历法，是不亚于唐代僧人一行之类的人物。《春秋》上记载了三十六次日食，用各种历法去验算，精密的不过算出二十六七次，只有一行算出二十九次，而卫朴却测得三十五次，只有鲁庄公十八年的一次日食，用现在和过去推算日食的方法都算不出，我怀疑是以前的史书记载错了。从夏朝仲康五年癸巳岁到宋代熙宁六年癸丑岁，总共三千二百零一年，书上记载的日食记录共四百七十五次。用各种历法考核验证虽然各有得失，而以卫朴推算出来的合乎实际情况的为最多。卫朴能不用算筹来推算古今的日月食，只用口算乘除，也不会有一点儿差错。凡是“大历”都有一大堆计算的程序和数字，卫朴让别人在他耳边读一遍，就能背出来，而对“傍通历”他更是倒背如流。他曾经叫人抄写历书，写完后叫人在耳旁读给他听，有稍差一点的，读到那里时，他就说：“这里错了某字。”他竟能精确到这种地步。对大数目的乘除用不着定位，他就能迅速地运算，一般人的眼睛跟也跟不上。有人故意移动一个算筹，卫朴用手上下摸一遍，摸到移动了的地方，马上就能随手拨正。熙宁年间卫朴主修《奉元历》，因为没有实际的天文观测记录，所以他的才能没有完全发挥出来。他自己也说《奉元历》的准确程度只达到六七成，但是已经比其他的历法都精确了。

原文

医用艾一灼谓之“一壮”者①，以壮人②为法。其言若干壮，壮人当依此数，老幼羸弱③量力减之。

注释

①艾：多年生草本植物，又叫艾蒿，叶有香味，可制成艾绒，供针灸使用。一灼：灼烧一根艾柱。一壮：每用一根艾柱叫作一壮。

②壮人：强壮之人。

③羸（léi）弱：瘦弱。

译文

医生每使用一根艾柱叫作“一壮”，此标准是根据强壮之人而定。医生所说的多少壮，其实是说强壮之人应以此为用药的剂量，老幼羸弱之人就要视情况将用量减少。

原文

四人分曹[①]共围棋者，有术可令必胜，以我曹不能者，立于彼曹能者之上，令但求急，先攻其必应，则彼曹能者其所制，不暇恤局[②]，则常以我曹能者当彼不能者。此虞卿[③]斗马术也。

注释

①分曹：分队，分组。

②恤局：照顾全局。

③虞卿：名信，战国时期名士，被赵孝成王任命为上卿，故称虞卿。

译文

四人分两组共下围棋，有可以使我方必胜的办法，就是用我方技术较差的人与对方的高手对阵，令他快速落子，一旦先手进攻，对方就必定有回应，那么我方就能将对方的高手牵制住，从而使其无暇统筹全局，这个时候就派我方高手与对方水平不佳的人对阵。这就是虞卿斗马时运用的方法。

原文

西戎用羊卜，谓之“跋焦”，卜师谓之“厮乩[1]”。必定反。**以艾灼羊髀骨[2]，视其兆，谓之“死跋焦”。其法：兆之上为神明；近脊处为坐位，坐位者，主位也；近傍处为客位。盖西戎之俗，所居正寝，常留中一间，以奉鬼神，不敢居之，谓之“神明”，主人乃坐其傍，以此占主客胜负。又有先咒粟以食羊，羊食其粟，则自摇其首，乃杀羊视其五藏，谓之“生跋焦”。其言极有验，委细之事，皆能言之。“生跋焦”，土人尤神之。**

注释

①厮乩（jī）：指西戎的占卜师。

②髀骨：俗称大腿骨。

译文

西戎人用羊来占卜，叫作“跋焦”，卜师则称之为“厮乩”。必定反。用艾灼烧羊的大腿骨，通过观察它的裂纹来推断预兆，此法叫作“死跋焦”。占验的方法是：裂纹上端的地方是神明；临近脊椎的地方是坐位，坐位就是主位；接近边缘的地方是客位。大致西戎地区的风俗中，在居室的正房内，往往会把中间的位置空出来，用来侍奉鬼神，自己都不敢居住于此，这叫作“神明”，主人则在它的旁边坐下，主客的胜负就是用这种方法进行占卜。又有先对着谷物念咒语，再将谷物喂给羊吃，等羊吃掉谷物，就会自动摇摆头部，然后杀掉羊，观察它的五脏，这种占卜叫作“生跋焦”。卜师所说无不灵验，无论多么细小之事，都有一番说法。这种“生跋焦”，当地土人特别信奉它。

原文

钱氏[①]据两浙时，于杭州梵天寺建一木塔，方两三级，钱帅[②]登之，患其塔动。匠师云：“未布瓦，上轻，故如此。”方以瓦布之，而动如初。无可奈何，密使其妻见喻皓之妻，赂以金钗，问塔动之因。皓笑曰：“此易耳。但逐层布板讫，便实钉之，则不动矣。”匠师如其言，塔遂定。盖钉板上下弥束，六幕相联如胠箧。人履其板，六幕相持，自不能动。人皆伏其精练。

注释

①钱氏：指五代至宋初吴越政权。907 年，钱镠为吴越王，建都杭州；直到 978 年，钱俶降于宋。

②钱帅：指钱俶（929—988），曾被宋太祖封为天下兵马大元帅。

译文

钱氏王朝统治两浙时，在杭州梵天寺修建了一座木塔，才建了两三层，国主钱俶登上木塔，嫌它晃动。工匠师傅说：“木塔上没有铺瓦片，上面轻，所以才这样。”于是叫人把瓦片铺排在塔上，但是木塔还像当初一样晃动。没有办法时，工匠就秘密地派他的妻子去见喻皓的妻子，拿金钗送给她，要她向喻皓打听木塔晃动的原因。喻皓笑着说：“这很容易啊。只要逐层铺好木板，用钉子钉牢，木塔就不会晃动了。”工匠师傅遵照他的话去办，塔身就稳固了。因为钉牢的木板上下更加紧密地相互约束，上、下、左、右、前、后六面互相连接就像一只打开的大箱子。人踩在那木板上，上下及四周板壁互相支撑，塔自然不会晃动了。人们都佩服喻皓的高明。

原文

医者所论人须、发、眉，虽皆毛类，而所主五藏各异[①]，故有老而须白、眉发不白者，或发白而须眉不白者，藏气有所偏故也。大率发属于心，禀火气，故上生；须属肾，禀水气，故下生；眉属肝，故侧生。男子肾气外行，上为须，下为势[②]。故女子、宦人无势，则亦无须，而眉发无异于男子，则知不属肾也。

注释

①所主：附属于。五藏：指五脏，人体内肝、心、脾、肺、肾五个脏器的合称。中医把这五脏分别于五行的木、火、土、金、水相匹配。

②势：指男性生殖器。古人认为肾与生长、发育、生殖密切相关。

译文

医生认为人的胡须、头发、眉毛，虽然都为体毛类，但附属于不同的五脏，所以年老之人的胡须全都变白但是眉毛和头发并没有变白，又有人头发都变白但是胡须、眉毛没有变白，这是因为脏气有所偏颇。通常而言，头发附属于心，经受火气，因此往上生长；胡须附属于肾，经受水气，因此往下生长；眉毛附属于肝，因此往侧面生长。男子的肾气往外扩散，其上表现为胡须，其下表现为生殖器。因此女子、太监不存在男性生殖器，所以也没有胡须，但是眉毛、头发却与男子没有什么不同，可知眉毛、头发并不附属于肾。

原文

医之为术，苟非得之于心，而恃书以为用者，未见能臻其妙。如术[①]能动钟乳，按《乳石论》曰："服钟乳，当终身忌术。"五石

诸散[2]用钟乳为主，复用术，理极相反，不知何谓。余以问老医，皆莫能言其义。按《乳石论》云："石性虽温，而体本沉重，必待其相蒸薄[3]然后发。"如此，则服石多者，势自能相蒸，若更以药触之，其发必甚。五石散杂以众药，用石殊少，势不能蒸，须藉外物激之令发耳。如火少，必因风气所鼓而后发；火盛，则鼓之反为害，此自然之理也。故孙思邈[4]云："五石散大猛毒。宁食野葛[5]，不服五石。遇此方即须焚之，勿为含生[6]之害。"又曰："人不服石，庶事不佳；石在身中，万事休泰。唯不可服五石散。"盖以五石散聚其所恶，激而用之，其发暴故也。古人处方，大体如此，非此书所能尽也。况方书仍多伪杂，如《神农本草》最为旧书，其间差误尤多，医不可以不知也。

注释

①术（zhú）：白术，菊科、苍术属，多年生草本植物。茎直立，全部光滑无毛。入药有健脾益气、燥湿利水、止汗、安胎的功效。

②五石诸散：由紫石英、钟乳石、白石英、赤石脂、石膏等混杂而成的药，流行于魏晋，传说有长生不老之神效，实际上长期服用会散发毒性。

③相蒸薄：指药物之间相互作用。

④孙思邈（581—682）：京兆华原（今陕西铜川）人，唐代医药学家、道士，被后人尊称为"药王"。

⑤野葛：多分布于向阳湿润的山坡、林地路旁，喜温暖、潮湿的环境。古时又称钩吻，蝶形花科植物，卵形叶，花呈黄色，有剧毒。

⑥含生：一切有生命者，泛指人类。

译文

医术如果无法得之于心，而是靠套用医书获得的话，就无法达到出神入化的境界。比如说白术可以激发钟乳，根据《乳石论》的说法："想要服用钟乳，就需要终身禁服白术。"各种五石散用料都以钟乳为主，再用白术，药理根本是相反的，不知怎样解释。我曾经为此访问老医生，他们都无法解释清楚其中的道理。依照《乳石论》的说法："钟乳石的药性虽然温和，但是药体自身沉重，势必让药物之间相互作用，才能激发出药性。”如此说来，只要服用的钟乳石足量，它们必会发生作用，如果再用其他的药物引发药性，就会加快药性的发挥。五石散中掺杂着许多其他的药物，而钟乳石的剂量很少，势必不能自相反应，使其发挥药性必须靠外物激发。这正如火势微弱，势必要通过鼓风来促使其燃烧；如果火势旺盛，鼓风就不利于燃烧，这是自然之理。所以孙思邈说：“五石散的毒性猛烈。宁可食用野葛，也不可服用五石散。看到五石散的药方就要马上焚毁，以免危及他人。”又说：“人不服用钟乳石，对各种功能都不好；体内有钟乳石，万事都安康。唯独五石散不能服用。”或许因为五石散中集合了多种恶性药物，再用白术一类的药物去激发，就会暴发更加猛烈的毒性。古人的处方都大致如此，并非此书所能概括完整的。何况医方的书大多有伪杂的成分，就如最古老的医书《神农本草》，这其中的差错特别严重，医生不能不知道啊。

原文

余一族子，旧服芎䓖[1]。医郑叔熊见之云：“芎䓖不可久服，多令人暴死。”后族子果无疾而卒。又余姻家朝士张子通之妻，因病脑风，服芎䓖甚久，亦一旦暴亡，皆余目见者。又余尝苦腰重，久坐，则旅拒[2]十余步然后能行。有一将佐见余曰：“得无用苦参[3]洁齿否？”余时以病齿，用苦参数年矣。曰：“此病由也。苦参入齿，其气伤肾，能使人腰重。”后有太常少卿舒昭亮用苦参揩齿，岁久亦病腰。自后悉不用苦参，腰疾皆愈。此皆方书旧不载者。

注释

①芎（xiōng）䓖（qióng）：亦名川芎、香果，伞形科植物川芎的根茎。根辛、温、无毒。多种功效，常用于活血行气，祛风止痛。

②旅拒：形容行走艰难。

③苦参：豆科植物苦参的干燥根，入药有清热燥湿、抗菌消炎、健胃驱虫之效。

译文

我的一个同族兄弟之子，先前曾一直服用芎䓖。医生郑叔熊见状说："芎䓖不能长期服用，否则容易使人突然身亡。"后来他果然无疾而死。又有我的亲家朝官张子通的夫人，因为患有头痛病，很长时间坚持服用芎䓖，后来也是突然丧命，这些全是我亲眼所见。我曾经苦于腰部沉重，久坐之后，就要困难地走上十几步，然后才可以正常行走。有一位将军见到我的这种情况，说："你是否在用苦参清洁牙齿?"我那时患牙疼，服用苦参已经有几年了。将军说："这就是腰病的起源。苦参渗入牙齿，其药性对肾有所损害，可以使人腰部沉重。"后来太常少卿舒昭亮也用苦参在牙齿上涂抹，时间一久也患上了腰病。自此我们都不再用苦参了，腰病便得以痊愈。这些在旧的医方书中都没有记载。

原文

世之摹字者，多为笔势牵制，失其旧迹，须当横摹①之，泛然不问其点画，惟旧迹是循，然后尽其妙也。

注释

①横摹：古文都是纵向临摹，横摹即横向临摹，如此就能将笔画忘记而更关注字体的神韵。

译文

世间临摹字帖的人，往往受笔势的牵制而丧失了字体的神韵，应当横向临摹字帖，全然不顾字体的笔画，只遵循其原貌，这样就可以尽得其奥妙。

原文

古人以散笔作隶书，谓之“散隶”。近岁蔡君谟[1]又以散笔作草书，谓之“散草”，或曰“飞草”。其法皆生于飞白[2]，亦自成一家。

注释

①蔡君谟（1012—1067）：蔡襄，字君谟，兴化军仙游县（今属福建）人。天圣八年（1030）登进士第，先后任馆阁校勘、知谏院、直史馆、知制诰、龙图阁直学士等，出任福建路转运使，知泉州、福州、开封和杭州府事，治平四年（1067），蔡襄逝世。累赠少师，谥忠惠。工书法，兼通诗文，著有《茶录》《荔枝谱》等。

②飞白：东汉蔡邕所创，这种字体在书写时，笔画中间夹杂点点白痕，并且笔势给人以飞动的感觉。

译文

古人使用散笔书写隶书，叫作“散隶”。近几年蔡襄又使用散笔书写草书，叫作“散草”，又有人叫“飞草”。这些书法都衍生于飞白体，也自成一家。

原文

四明[1]僧奉真，良医也。天章阁待制许元[2]为江淮发运使，奏课于京师。方欲入对，而其子疾亟[3]，瞑[4]而不食，惙惙欲逾宿矣[5]。使奉真视之，曰：“脾已绝，不可治，死在明日。”元曰：“观其疾势，固知其不可救，今方有事须陛对，能延数日之期否？”奉真曰：“如此似可，诸脏皆已衰，唯肝脏独过。脾为肝所胜，其气先绝，

一脏绝则死。若急泻肝气，令肝气衰，则脾少缓，可延三日。过此无术也。”乃投药，至晚乃能张目，稍稍复啜粥，明日渐苏而能食。元甚喜，奉真笑曰：“此不足喜，肝气暂舒耳，无能为也。”后三日果卒。

注释

①四明：今浙江宁波。

②许元（989—1057）：字子春，宣州宣城（今属安徽）人。以父荫入仕，累迁国子监博士、江淮、两浙、荆湖发运判官，后历知扬州、越州、泰州，嘉祐二年卒。

③疾亟（jí）：病情危急。

④瞑：合眼。

⑤惙（chuò）惙：昏昏沉沉，虚弱的样子。逾宿（xiǔ）：超过一夜。

译文

四明和尚奉真是一位良医。天章阁待制许元在江淮发运使任上时，入京汇报税收情况。刚想要面见皇帝，却碰上他的儿子病危，合着眼不吃东西，奄奄一息已经超过一夜了。于是请来奉真给儿子察看病情，说：“脾脏的功能已经彻底丧失，无法救治了，他撑不过明天。”许元说：“依他的病势来看，固然知道没救了，但是如今恰逢我有事要面圣，能否再延长几天的期限？”奉真说：“这样也许可行，虽然他的各个脏器都已经衰竭了，但唯独肝脏旺盛过度。脾脏被肝脏所克，所以脾脏首先衰竭，人体内一旦有脏器衰竭就会死亡。如果立刻将肝气疏泄，使其衰减，那么脾脏还能得到略微舒缓，才可以延长三天。但是之后就没办法了。”于是让他服下药，等到晚上许元的儿子就睁开了眼，又稍稍吃下一些粥，到了第二天就渐渐复苏而且可以吃饭了。许元大喜，奉真笑着说：“这没什么值得高兴的，不过是肝气暂时疏泄罢了，还是没救。”过了三天，果然还是去世了。

器用（选自卷十九）

原文

礼书[①]所载黄彝，乃画人目为饰，谓之“黄目”。余游关中，得古铜黄彝，殊不然，其刻画甚繁，大体似缪篆[②]，又如阑盾[③]间所画回波曲水之文，中间有二目，如大弹丸，突起煌煌然，所谓“黄目”也。视其文，仿佛有牙、角、口吻之象，或说“黄目”乃自是一物。又余昔年在姑熟王敦城下土中得一铜钲[④]，刻其底曰“诸葛士全茖鸣钲”，“茖”即古“落”字也，此部落之“落”，士全，部将名耳。钲中间铸一物，有角，羊头，其身亦如篆文，如今时术士所画符。傍有两字，乃大篆“飞廉”字，篆文亦古怪，则钲间所图，盖飞廉也。飞廉，神兽之名。淮南转运使韩持正[⑤]亦有一钲，所图飞廉及篆字，与此亦同。以此验之，则“黄目”疑亦是一物。飞廉之类，其形状如字非字，如画非画，恐古人别有深理。大底先王之器，皆不苟为，昔夏后铸鼎以知神奸，殆亦此类，恨[⑥]未能深究其理，必有所谓。或曰：《礼图》樽彝，皆以木为之，未闻用铜者。此亦未可质，如今人得古铜樽者极多，安得言无？如《礼图》瓮以瓦[⑦]为之，《左传》却有瑶瓮[⑧]；律以竹为之，晋时舜祠下乃发得玉律，此亦无常法。如蒲谷璧[⑨]，《礼图》悉作草稼之象，今世人发古冢，得蒲璧，乃刻文蓬蓬如蒲花敷时，谷璧如粟粒耳，则《礼图》亦未可为据。

注释

①礼书：指聂崇义所撰《三礼图集注》。

②缪篆：汉代摹刻印章用的篆文，为王莽六书之一。

③阑盾：栏杆。

④王敦（266—324）：东晋大臣。钲（zhēng）：古代的一种击打乐器，铜制，形状似钟，通常用于行军时敲打。

⑤韩持正：韩存中，字持正，颍川（今河南许昌）人。北宋末官至侍郎。

⑥恨：遗憾。

⑦瓦：此处指陶制。

⑧瑶瓮：玉制的瓮。

⑨璧：扁圆形的内部有孔的玉器。

译文

礼书所记载的黄彝，是以画人的眼睛作为装饰的，称之为“黄目”。我在关中游历时，曾得到一件黄彝古铜器，却并不是这样的，这件古铜器所刻画的纹饰十分繁缛，大致类似缪篆字体，又如同宫殿前栏杆上画的回旋的水波纹，纹饰中间有两只眼睛，像两个大弹丸，凸起于铜器表面，而且还发亮，这就是所谓的“黄目”。仔细看它的纹饰，好像还有牙、角、口吻的形象，有人说“黄目”就是一件东西。我当年又在姑熟王敦城下的土中得到了一件铜钲，其底部刻着“诸葛士全茖鸣钲”几个字，“茖”即古代的“落”字，也就是部落的“落”字，“士全”即部将的名字。钲的中间铸有一个动物，有角，羊头，它的身体线条也如同篆文一般，和现在术士画的符很相似。还有两个字排列在旁边，是大篆体的“飞廉”二字，篆文也很怪异，那么钲中间所画的图形大概就是“飞廉”了。飞廉是古代传说中神兽的名字。淮南转运使韩持正也有一件钲，上面画的飞廉图形和篆字，与此相似。据此判断，那么“黄目”很有可能也是一种动物。飞廉这类图案，形状似字非字，似画非画，可能其中另有深意。大概先王作器，都不是随意制作的，从前夏代的帝王铸鼎是为了使人知神奸，应该也是这样的，遗憾的是如今还不能深入探究其中的道理，但古人这样做一定是有原因的。有人说：《三礼图》中所记载的樽彝，都是木制的，不曾听说有用铜制的。但这个说法经不起考证，就像现在有很多人得到了古铜樽，怎么能说古代没有铜制的呢？又比如说《三礼图》说瓮是用陶制作的，但是《左传》中瓮也有玉制的；说律管是竹制的，但是晋代舜祠下却发掘出了玉制的律管，可见这些也并无常规。又如蒲璧和谷璧，《三礼图》都以草稼的形象作为装饰，而现代人发掘古墓，得到的蒲璧刻的纹样却如同茂盛的蒲花，谷璧的纹样如同粟粒，可见《三礼图》也不能完全作为参考依据。

原文

唐人诗多有言“吴钩”者。吴钩，刀名也，刃弯。今南蛮用之，谓之“葛党刀”。

译文

唐诗中多有提及“吴钩”一词。吴钩是一种刀的名字，刀成弯状。现在南蛮地区的人还在使用，称之为“葛党刀”。

原文

古法以牛革为矢服[①]，卧则以为枕。取其中虚，附地枕之，数里内有人马声，则皆闻之。盖虚能纳声[②]也。

注释

①矢服：矢箙，古代装箭的器具，一般用皮革或竹子等材料制成。

②纳声：接收声音。

译文

古人用牛皮做箭袋，行军休息时以此当作枕头。利用箭袋中空的特点，放在地上当作枕头，如果几里之内有人马走动，就能听到声音。大概是因为中空的东西能接收声音吧。

原文

郓州[①]发地得一铜弩机。甚大，制作极工。其侧有刻文曰：“臂师虞士，牙师张柔。”史传无此色目人[②]，不知何代物也。

注释

①郓州：今属山东东平。

②色目人：古代对西北少数民族的统称。

译文

郓州掘地掘出一架铜弩机。形状巨大，而且制作得十分精巧。其侧面还刻有文字：“臂师虞士，牙师张柔。”历史传记中没有记载过这样的色目人，不知此物出自什么年代。

原文

熙宁中，李定献偏架弩[①]，似弓而施干镫[②]。以镫距[③]地而张之，射三百步，能洞重札[④]，谓之“神臂弓”，最为利器。李定本党项羌酋，自投归朝廷，官至防团[⑤]而死，诸子皆以骁勇雄于西边。

注释

①偏架弩：机械弓的一种。弓架上无箭槽，发射时箭在弓架一边，故名。

②干镫：犹如铁制的马镫，用脚踩踏以张弓。

③距：亦作“拒”，抵。

④重（chóng）札：两层或多层的铠甲。

⑤防团：防御使、团练使的合称。前者高于后者。皆为武臣阶官。

译文

熙宁年间，李定进献了一台偏架弩，形状像弓，但装有连杆和踏脚。把踏脚踩到地上使弓张开，箭能射出三百步远，能射穿铠甲上的几层铁片，称为“神臂弓”，是一种最具杀伤力的兵器。李定本是党项羌族的首领，自从投降归附朝廷，做官直做到团练使、防御使才死去，他的几个儿子都以勇猛矫健而称雄于西北边地。

原文

古剑有沈卢、鱼肠之名，沈音湛[①]。**沈卢谓其湛湛然黑色也。古人以剂钢[②]为刃，柔铁为茎干，不尔则多断折。剑之钢者，刃多毁缺，巨阙是也，故不可纯用剂钢。鱼肠即今蟠钢剑[③]也，又谓之“松文[④]”，取诸鱼燔熟，褫[⑤]去胁，视见其肠，正如今之蟠钢剑文也。**

注释

①沈卢：湛卢。沈，同“沉”。“湛”字古读亦如“沉”。卢，黑色。

②剂钢：今所称合金钢，也就是统称的钢。古人以为这种钢掺入了其他成分，有杂质，不是纯钢，故称“剂钢”。

③蟠钢剑：饰蟠龙纹的钢剑。

④松文：同“松纹”。因松树的皴皮纹似蟠龙，故蟠龙剑又称松纹剑。

⑤褫（chǐ）：剥去。

译文

古代有叫作“沈卢”和“鱼肠”的著名宝剑，沈音湛。“沈卢”是说剑有深黑色的光泽。古人做剑用有杂质的钢做剑刃，用柔铁做剑身，不这样剑就容易断折。过分刚硬的剑，剑刃容易毁缺，古时“巨阙”剑就是这样得名的，所以不能全用有杂质的钢。“鱼肠”剑就是现在的蟠钢剑，又叫作“松纹”剑，烧熟的鱼去掉两边的肉以后，人们看到的鱼肠的形状，正像现在蟠钢剑的花纹。

原文

济州金乡县①发一古冢，乃汉大司徒朱鲔②墓，石壁皆刻人物、祭器、乐架之类。人之衣冠多品，有如今之幞头者，巾额皆方，悉如今制，但无脚耳。妇人亦有如今之垂肩冠者，如近年所服角冠，两翼抱面，下垂及肩，略无小异。人情不相远，千余年前冠服已尝如此，其祭器亦有类今之食器者。

注释

①济州金乡县：位于山东济宁。

②朱鲔（wěi）：字长舒，汉阳（今湖北武汉）人。西汉末，拥立刘玄，建立政权，被拜为大司马。后降刘秀，拜为平狄将军，封扶沟侯。

译文

济州金乡县发掘了一座古墓，是东汉初大司徒朱鲔的墓，墓室的石壁上刻有人物、祭器、乐架之类的壁画。人物穿戴的衣冠有各种不同的样式，有一种头巾像现在的幞头，巾额都是方的，和现在的样式完全相同，只是没有垂带而已。有的妇人也戴着像今人所称的垂肩冠，与近年所戴的角冠类似，两翼紧贴脸部，下垂到肩头，和现在的样式没什么不同。可见人情是相近的，一千多年前的冠服就已经是这样了，至于墓室图像中那些祭器，其中也有与现在的食器相类似的。

原文

古人铸鉴，鉴大则平，鉴小则凸。凡鉴洼则照人面大，凸则照人面小。小鉴不能全视人面，故令微凸，收人面令小，则鉴虽小而能全纳人面，仍复量鉴之小大，增损高下，常令人面与鉴大小相若。此工之巧智，后人不能造，比[①]得古鉴，皆刮磨令平，此师旷[②]所以伤知音也。

注释

①比：及，等到。

②师旷：春秋时晋国宫廷乐师，常被赋予“知音”的形象。

译文

古人铸造镜子，镜子镜面大就做成平的，镜子镜面小就做成凸的。凡是镜面凹就显得人脸大，镜面凸就显得人脸小。镜面小的镜子不能全部照出来人的脸，所以让它稍微凸起，那么镜面虽小依然能全部照出来人的脸，古人继续根据镜面的大小，调整镜面的凸凹程度，常常使人脸和镜面大小总是差不多。这是制作镜子的工匠们的精巧和才智，后人造不出来这样的镜子，一旦得到古时的镜子，又一律刮磨使镜面平滑，这就是师旷悲哀知音难遇的缘故。

原文

长安故宫阙前，有唐肺石[1]尚在。其制如佛寺所击响石而甚大，可长八九尺，形如垂肺，亦有款志，但漫剥不可读。按《秋官·大司寇》："以肺石达穷民。"原其义，乃伸冤者击之，立其下，然后士听其辞，如今之挝登闻鼓也[2]。所以肺形者，便于垂。又肺主声，声所以达其冤也。

注释

①肺石：相传为古时设于朝廷门外的赤石，民有不平，可以击石鸣冤。

②挝：打，敲打。登闻鼓：悬挂在朝堂外的一面大鼓，以使有冤抑或有急案者击鼓上闻。源于魏晋南北朝。

译文

长安宫殿旧址门前，有一块唐代时留存下来的肺石。它的形制就如同佛寺里敲击的响石一般，但是更大些，长可达八九尺，形如垂下的肺，石头上还刻着文字，但是经过岁月的侵蚀剥落而无法识读了。依据《秋官·大司寇》中的记载："通过肺石来传达百姓的意见。"探究其义，大概是提供给鸣冤的人敲打的，敲完就立在石下，接着就有官员来听他申诉，如同今天敲登闻鼓一样。之所以采取肺的形状，是为了方便垂挂。又因为肺主要用来发声，发声是为了传达冤情的。

原文

熙宁中，尝发地得大钱[1]三十余千文，皆"顺天""得一"。当时在庭皆疑古无"得一"年号，莫知何代物。余按《唐书》，史思

明[2]僭号铸“顺天”“得一”钱。“顺天”其伪年号，“得一”特以名铸钱耳，非年号也。

注释

①大钱：也称“重钱”，指较重的钱，即面额较高的钱。史载史思明所铸大钱，一枚当“开元通宝”一百枚。

②史思明（703—761）：唐代安史之乱头目之一。乾元二年（759）自称帝，后被其子所杀。

译文

熙宁年间，挖掘地下时曾得到三十余千文的大钱币，钱上都铸有“顺天”“得一”的字样。当时在场的官员都怀疑古时没有“得一”的年号，不知道它们究竟为哪个时代制造的。我根据《唐书》记载得知，史思明冒用帝王的尊号，铸造“顺天”“得一”钱币。“顺天”是他的伪年号，“得一”只是特地用来指所铸钱币的名称，并不是年号。

原文

世有透光鉴，鉴背有铭文，凡二十字，字极古，莫能读。以鉴承日光，则背文[1]及二十字，皆透[2]在屋壁上，了了[3]分明。人有原[4]其理，以谓铸时薄处先冷，唯背文上差[5]厚，后冷而铜缩多。文虽在背，而鉴面隐然有迹，所以于光中现。余观之，理诚如是。然余家有三鉴，又见他家所藏，皆是一样，文画铭字无纤异者，形制甚古。唯此一样光透，其他鉴虽至薄者皆莫能透，意[6]古人别自有术。

注释

①文：纹饰。
②透：透射，此处指反射。
③了了：清晰。
④原：推究原理。
⑤差：略微的，比较的。
⑥意：推测，猜想。

译文

世间流传一件透光镜，镜的背面刻有铭文，一共二十个字，字体年代古老，不能识读。将镜面对着阳光，铜镜背后的纹饰以及二十个字，都能透射在墙壁上，特别清晰。有人研究其中的原理，认为铸镜时先冷却的是薄的地方，之后冷却的是背面有纹饰及文字比较厚一点儿的地方，因而冷却得慢的地方，铜收缩得就多一些。虽然纹饰在背面，但是镜面隐约还能看到它们的痕迹，所以能够在光的照射下显现出来。依我看，理论上这样讲确实没错。但是这样的铜镜我家有三面，又见到别人家收藏的铜镜，也都是一个样式，纹饰图形以及铭文字体几乎没有差异，形制都很古雅。却只有这一面能透光，其他的铜镜即使是最薄的，也不能透光，我猜想古人应该另有一套技术。

原文

余顷年在海州[①]，人家穿地得一弩机[②]，其望山[③]甚长，望山之侧为小矩[④]，如尺之有分寸。原其意，以目注镞端，以望山之度拟之，准其高下，正用算家句股法也。《太甲》曰："往省括于度则释[⑤]。"疑此乃度也。汉陈王宠[⑥]善弩射，十发十中，中皆同处，其法以"天覆地载，参连为奇，三微三小。三微为经，三小为纬，要在机牙"。其言隐晦难晓。大意天覆地载，前后手势耳；参连为奇，谓以度视镞，以镞视的，参连如衡[⑦]，此正是句股度高深之术也；三经、三纬，

则设之于堋[8]，以志其高下左右耳。余尝设三经、三纬，以镞注之发矢，亦十得七八。设度于机，定加密矣。

注释

①海州：今江苏连云港海州区。

②弩机：弩弓的发射装置。又称“弩牙”。

③望山：弩机的组成部件。在机键的上面，用以瞄准，犹今之“准星”。

④小矩：小型的直角形矩尺。

⑤省（xǐng）括于度则释：看准了箭杆的尾端合于瞄准的度数就发射。省，观察。括，指箭杆的尾部接触弓弦的部分。释，放出。

⑥陈王宠：刘宠（？—197），东汉末陈孝王刘承之子。曾镇压黄巾起义，后为袁术所杀。

⑦衡：平，水平。

⑧堋（péng）：设置箭靶的矮墙。也指靶场。

译文

近年我在海州的时候，见有一户人家挖地得到一台弩机，弩机的望山很长，望山的侧面有小的标尺，如同尺上刻有分寸。探究其存在的含义，是用眼睛瞄准箭头，再用望山的刻度来确定箭头发射的高低，这正是运用了算术家们所用的勾股之法。《尚书·太甲》记载说：“射箭的时候先检查箭括，当箭括和刻度相合时就放箭。”我怀疑小标尺或许就是书中所说的刻度。后汉陈王刘宠擅长射弩箭，能做到十发十中，而且都能射中同一个地方，他的方法是“天覆地载，参连为奇，三微三小。三微为经，三小为纬，要在机牙”。这些话隐晦难懂。大意是，天覆地载是指发射前后的手势；参连为奇是指用望山的刻度对准箭头，又用箭头对准目标，三点连成一条直线如同秤杆，这就是用勾股之法来确定望山刻度高低的技术；三经、三纬，就是用三根垂直线与三根水平线画在箭靶上，用来确定箭靶上下左右的位置。我曾经在箭靶上画出三经、三纬，用箭头对准它发射弩矢，发十支也可以中七八支。倘若在弩机上刻上度数，肯定会射得更加准确。

原文

余于关中得一铜匜[1]，其背有刻文二十字曰："律人衡兰注水匜，容一升。始建国元年[2]二月癸卯造。"皆小篆。律人当是官名，《王莽传》中不载。

注释

①关中：秦岭以北一带。铜匜（yí）：中国古代的一种盥洗器。

②始建国元年：指公元9年。"始建国"为新朝开国皇帝王莽的第一个年号。

译文

我在关中时取得了一件铜匜，其背面刻有二十个字的铭文，说："律人衡兰注水匜，容一升。始建国元年二月癸卯造。"全是用小篆字体书写的。"律人"应当是官名，《王莽传》中无一记载。

原文

青堂羌[1]善锻甲，铁色青黑，莹彻可鉴毛发，以麝皮为绢旅之[2]，柔薄而韧。镇戎军[3]有一铁甲，椟藏之，相传以为宝器。韩魏公[4]帅泾原，曾取试之。去之五十步，强弩射之，不能入。尝有一矢贯札[5]，乃是中其钻空[6]；为钻空所刮，铁皆反卷，其坚如此。凡锻甲之法，其始甚厚，不用火，冷锻之，比元[7]厚三分减二乃成。其末留筯头许不锻，隐然如瘊子[8]，欲以验未锻时厚薄，如浚河留土笋[9]也，谓之"瘊子甲"。今人多于甲札之背隐起，伪为瘊子，虽置瘊子，但无非精钢，或以火锻为之，皆无补于用，徒为外饰而已。

注释

①青堂羌：亦作“青唐羌”。原为吐蕃族的一支，后据青唐城（在今青海西宁）建立政权。北宋时所称“青唐羌”，实指唃厮啰政权所属的藏人。

②以麝皮为绡（xiǔ）旅之：“旅”疑为附着之意。此句意谓以麝皮为背心而缀以甲片。

③镇戎军：行政区划名，治今宁夏固原。

④韩魏公：韩琦（1008—1075），北宋宰相。曾为陕西四路经略安抚招讨使。

⑤札：甲片。

⑥钻空：指“钻孔”，为连缀甲片而在甲片上穿的小孔。

⑦元：今用“原”字。下同。

⑧瘊子：俗语，指皮肤上的赘疣。这里指锻甲时留的小凸起，用以检验甲片厚薄。

⑨土笋：竹笋状的立土，即用以标识原地面高度的土柱。

译文

青堂羌人擅长锻造铁甲，所造铁甲呈青黑色，其表面光洁明亮可以照见人的头发，用麝皮做成的背心用甲片连缀起来，铁甲既柔薄又坚韧。镇戎军有一副铁甲，用木匣子珍藏着，官员们一直当作宝物相传。韩魏公任泾原路经略安抚招讨使时，曾拿出来做试验。让人站在离它五十步远的地方，用强弩射它，射不进去。曾经有一支箭穿透了铁甲，原来是射中了铁甲上的钻孔；箭头穿过时反而被钻孔刮得卷起来了，这种铁甲就是如此坚硬。所有锻甲之法，铁片开始时很厚，不加热而用冷锻的方法锻打，等到铁片锻打得比原来的厚度减少三分之二时，就成了。锻甲时在铁的末端留下一块筷子头大小的地方不锻打，隐约像个瘊子，目的是用它来检验锻打前铁片的厚薄，就如同疏通河道时留下的笋状土桩，因此这种铁甲叫作“瘊子甲”。现在人们总是在甲背上敲砸，使其鼓起形成一个假的瘊子；虽然有瘊子，但完全不是由精心锻造的钢制成，有的还是用火加热锻造的，这些都没有用，只是作为外表的装饰罢了。

原文

朝士黄秉[①]少居长安，游骊山[②]，值道士理故宫石渠[③]，石下得折玉钗，刻为凤首，已皆破缺，然制作精巧，后人不能为也。郑嵎[④]《津阳门》诗云："破簪碎钿[⑤]不足拾，金沟浅溜和缨绥[⑥]。"非虚语也。余又尝过金陵[⑦]，人有发六朝陵寝，得古物甚多。余曾见一玉臂钗，两头施转关，可以屈伸，合之令圆，仅于无缝，为九龙绕之，功侔[⑧]鬼神。世多谓前古民醇，工作率多卤拙[⑨]，是大不然。古物至巧，正由民醇故也，民醇则百工不苟。后世风俗虽侈，而工之致力不及古人，故物多不精。

注释

①黄秉：熙宁中曾以驾部员外郎任沼州知州，其余身世不详。
②骊山：位于陕西临济东南。
③石渠：石砌的排水沟。
④郑嵎：字宾先，大中五年（851）举进士，唐代诗人。
⑤钿：此处指镶在装饰物上的宝石。
⑥缨绥：冠饰的垂带
⑦金陵：今江苏南京。
⑧侔（móu）：相等，齐。
⑨卤拙：粗鲁笨拙。

译文

朝廷命官黄秉年轻的时候在长安居住，有一次游骊山时，赶上一个道士清理旧时宫殿的石渠，在石头下面拾得一枚折断的玉钗，钗头刻成凤首的形状，已经残缺不全了，但是制作十分细致精巧，是后人无法做出来的。郑嵎的《津阳门》诗道："破簪碎钿不足拾，金沟浅溜和缨绥。"看来并非虚传。我曾经路过金陵，看见有人发掘六朝的陵寝，得到很多古物。我曾经见到一支玉臂钗，两头都设有可以转动的机关，可以弯曲、伸直或使之变成圆形，几乎看不出有缝隙，此钗还被九条龙所环绕，制作功夫堪称鬼斧神工。世人多称古时的民风淳朴，手工往往粗略笨拙，其实根本不是这样的。古物制作得如此精巧，正是由于民风淳朴，民风淳朴则百工做事都一丝不苟。后世的风俗虽然奢侈浮华，但是工匠下的功夫却不如古人，因此所造器物大多不够精致。

原文

屋上覆橑[①]，古人谓之“绮井”，亦曰“藻井”，又谓之“覆海”。今令文中谓之“斗八”，吴人谓之“罳顶[②]”。唯宫室祠观为之。

注释

①橑：屋椽。

②罳（sī）顶：一种经雕刻装饰后连缀而成的天花板。

译文

在屋顶上铺设屋椽，古时候的人称之为“绮井”，也称“藻井”，还可以称为“覆海”。今天的规程中称为“斗八”，江浙一带的人称为“罳顶”。这种装饰只会出现在宫室、祠庙、寺观中。

原文

今人地中得古印章，多是军中官。古之佩章，罢免、迁、死皆上印绶[①]，得以印绶葬者极稀。土中所得，多是没于行阵者。

注释

①印绶：印章和绶带，此处特指印章。

译文

今人从地下挖掘出来的古印章，往往都是军中武官的印章。古人的印章都随身佩戴着，但在罢免、升迁、去世的时候，印章都要上交，能带着印章随葬的人非常少。所以挖掘出土而得的印章，一般发现于死在行军路上的武官身上。

原文

大驾玉辂[1]，唐高宗时造，至今进御。自唐至今，凡三至泰山登封。其他巡幸，莫记其数。至今完壮，乘之安若山岳，以措杯水其上而不摇。庆历中，尝别造玉辂，极天下良工为之，乘之动摇不安，竟废不用。元丰中，复造一辂，尤极工巧，未经进御，方陈于大庭，车屋适坏，遂压而碎，只用唐辂。其稳利坚久，历世不能窥其法。世传有神物护之，若行诸辂之后，则隐然有声。

注释

①大驾：古代皇帝车辆的专称。玉辂（lù）：用玉石装饰的大车。秦汉以后亦成为皇帝专车的称呼。

译文

皇帝的玉辂大驾，是唐高宗时制作的，到现在仍为皇帝所用。从唐朝到现在，总共三次用它到泰山封禅。其他巡幸各地的次数，不计其数。然而玉辂到现在仍完好结实，坐在上面安稳如山岳，放置一杯水在上面都不会泼洒。庆历年间，曾经另外制作了一辆玉辂，集中了天下的能工巧匠来制作，皇帝坐上去却摇动不稳，最终废弃而没有使用。元丰年间，又制作了一辆玉辂，做工特别精巧，还没有送进宫中，放置在大庭中，不想车屋倒塌，玉辂竟被压碎，以后，就只用唐时制作的玉辂。唐时玉辂非常坚固，经久耐用，历代都不能堪破其中的奥妙。人们相传有神物护卫它，如果它行走在其他车辆的后面，便会隐约听到它发出一种奇怪的声响。

神奇（选自卷二十）

原文

世人有得雷斧、雷楔[1]者，云："雷神所坠，多于震雷之下得之。"而未尝亲见。元丰中，予居随州[2]，夏月大雷震一木折，其下乃得一楔，信如所传。凡雷斧多以铜铁为之，楔乃石耳，似斧而无孔。世传雷州[3]多雷，有雷祠在焉，其间多雷斧、雷楔。按《图经》，雷州境内有雷、擎二水，雷水贯城下，遂以名州。如此，则"雷"自是水名，言"多雷"乃妄也。然高州有电白县[4]，乃是邻境，又何谓也？

注释

①楔：填充在木器榫子里的木片。

②随州：位于湖北北部。

③雷州：在今广东雷州半岛。

④高州：在今广东鉴江及漠阳流域。电白县：位于高州东北。

译文

传闻世人有得到雷斧、雷楔的，说："是天上的雷神遗落在人间的，可常在震击后拾得。"但是我从未亲眼见过。元丰年间，我住在随州，正值夏天遇上大雷震，一棵树被击断了，后来我在地上拾得了一件楔子，果然和传说的一样。一般雷斧多是用铜铁制作而成，而雷楔则是石制的，形似斧头而没有孔。世人传说雷州多雷，这里还建有雷祠，祠里面有很多雷斧、雷楔。依照《图经》的记载，雷州境内有两条河流分别为雷水和擎水，雷水经过城下，所以此地就因水名而叫雷州。既然如此，那么"雷"就是水的名字，说雷州"多雷"就是妄言了。但是高州又有电白县，与雷州并邻，这又怎么解释呢？

原文

越州[①]应天寺有鳗井，在一大磐石上，其高数丈，井才方数寸，乃一石窍也，其深不可知，唐徐浩[②]诗云："深泉鳗井开。"即此也，其来亦远矣。鳗时出游，人取之置怀袖间，了无惊猜。如鳗而有鳞，两耳甚大，尾有刃迹，相传云黄巢曾以剑剕之[③]。凡鳗出游，越中必有水旱疫疠之灾，乡人常以此候之。

注释

①越州：在今浙江绍兴。

②徐浩（703—783）：字季海，越州（今浙江绍兴）人。官至太子少师，谥号定。

③黄巢（？—884）：曹州冤句（今山东曹县西北）人，唐末农民起义领袖。乾符四年（877）发兵攻陷郓州，次年被举为领袖，广明元年（880）攻入洛阳、长安，称帝，国号大齐。中和四年（884）兵败而卒。剕（fú）：砍。

译文

越州的应天寺内有一口鳗井，位于一块大磐石上，有几丈高，而井口仅几寸宽，实际上就是一个石洞，但不知道其中有多深，唐代徐浩作诗说：“深泉鳗井开。”指的就是此井，可见此井由来已久。井鳗有时会游出水面，人们拿起它放进怀里或者袖子里，它也不会受惊。此物外形似鳗而布满鳞片，有两只非常大的耳朵，尾巴上有被刀刃划过的痕迹，传说是黄巢曾经用剑砍的。而只要这只井鳗游出水面，越中地区就一定会遭水旱、瘟疫之灾，本地人常常根据此现象来预测凶兆。

原文

治平[1]元年，常州日禺[2]时，天有大声如雷，乃一大星，几[3]如月，见于东南；少时[4]而又震一声，移著西南；又一震而坠在宜兴县民许氏园中，远近皆见，火光赫然[5]照天，许氏藩篱皆为所焚。是时火息，视地中有一窍如杯大，极深。下视之，星在其中，荧荧然[6]。良久渐暗，尚热不可近。又久之，发[7]其窍，深三尺余，乃得一圆石，犹热，其大如拳，一头微锐，色如铁，重亦如之。州守郑伸得之，送润州[8]金山寺，至今匣藏，游人到则发视，王无咎[9]为之传甚详。

注释

①治平：宋英宗赵曙的年号，1064—1067 年。

②日禺：日落。传说中把太阳西下的地方称作禺谷。

③几：将近，接近。

④少时：不久，没一会儿。

⑤赫然：形容令人惊讶或引人注目的事物突然出现。

⑥荧荧然：闪闪发光的样子。

⑦发：挖掘。

⑧润州：古代州名，在今江苏镇江。

⑨王无咎（1024—1069）：字补之，南城县（今江西抚州）人。嘉祐二年（1057）进士及第，曾任江都县尉、卫真县主簿、天台县令。后师从王安石，之后补为南康县主簿。

译文

治平元年，有一天常州正逢太阳西下时，天上响起如雷鸣般的巨响，只见一颗像月亮一般大的大星，出现在天空的东南方；没一会儿，天上又发出一声震响，大星移动到了西南方；又一声震响后，就坠落到了宜兴县民许氏的园子里，远近的人们都能看到，熊熊火光将天空照亮，许氏园子里的篱笆都被烧毁了。等到火灭之后，发现地上有个像杯口那么大的洞，特别深。往下看去，坠落的大星就落在里面，还闪闪发着光亮。过了很久，才逐渐暗下来，不过还是十分炙热，让人难以接近。又过了很久，人们将那个洞挖开，洞深有三尺左右，最终得到一块圆形的石头，还留有余热，如拳头般大小，一头略微尖锐，色泽如铁一般，重量也和铁类似。州长官郑伸得到这块石头，把它送到了润州金山寺，在盒子里收藏至今，有游人参观时才打开以供欣赏，王无咎还写了一篇文章，将此事记载得十分详尽。

原文

郢州[①]渔人掷网于汉水，至一潭底，举之觉重。得一石，长尺余，圆直如断椽，细视之，乃群小蛤，鳞次相比，绸缪巩固。以物试抉其一端，得一书卷，乃唐天宝[②]年所造《金刚经》，题志甚详，字法奇古，其末云："医博士摄比阳县令朱均施。"比阳[③]乃唐州属邑。不知何年坠水中，首尾略无沾渍。为土豪李孝源所得，孝源素奉佛，宝藏其书，蛤筒复养之水中。客至欲见，则出以视之。孝源因感经像之胜异，施家财万余缗，写佛经一藏于郢州兴阳寺，特为严丽。

注释

①郢州：在今湖北钟祥、京山。

②天宝：唐玄宗李隆基的年号，742—756 年。

③比阳：今河南泌阳，唐代时为唐州治所。

译文

郢州有一位渔人在汉水中撒网，网下到了潭底，向上拉时感到十分沉重。结果捞上来一块石头，有一尺多长，形如一根被截断的椽子，细细观察后发现，原来是一群小蛤蜊，鳞次栉比，粘得十分牢固。用工具试着将它的一端挖开，结果得到一个书卷，是唐代天宝年间编写的《金刚经》，题款都十分详细，字法奇特古老，在末尾写道："医博士摄比阳县令朱均施。"比阳是唐州下属的县邑。不知道是哪年坠入水中的，书的首尾无一处被水浸湿。后来落入土豪李孝源手中，李孝源向来对佛法十分信奉，一直珍藏着这本佛经，将得到的蛤筒也放入水中养起来。有客人到来想欣赏一番，就拿出来观看。由于李孝源有感于这一经卷的神异，便将家财万贯全部施舍出去，还写了一套佛经放在郢州兴阳寺中珍藏，相当庄严华丽。

原文

张忠定[①]少时，谒华山陈图南[②]，遂欲隐居华山。图南曰："他人即不可知，如公者，吾当分半以相奉。然公方有官职，未可议此，其势如失火家待君救火，岂可不赴也？"乃赠以一诗曰："自吴入蜀是寻常，歌舞筵中救火忙。乞得金陵养闲散，亦须多谢鬓边疮。"始皆不谕其言。后忠定更镇杭、益，晚年有疮发于顶后，治不差，遂自请得金陵，皆如此诗言。忠定在蜀日，与一僧善。及归，谓僧曰："君当送我至鹿头[③]，有事奉托。"僧依其言。至鹿头关，忠定出一书，封角付僧曰："谨收此，后至乙卯年七月二十六日，当请于官司，对众发之。慎不可私发，若不待其日及私发者，

必有大祸。”僧得其书。至大中祥符七年，岁乙卯[④]，时凌侍郎策[⑤]帅蜀，僧乃持其书诣府，具陈忠定之言。其僧亦有道者，凌信其言，集从官共开之，乃忠定真容也。其上有手题曰：“咏当血食[⑥]于此。”后数日，得京师报，忠定以其年七月二十六日捐馆[⑦]。凌乃为之筑庙于成都。蜀人自唐以来，严祀韦南康[⑧]，自此乃改祠忠定至今。

注释

①张忠定（946—1015）：张咏，字复之，号乖崖，濮州鄄城（今属山东）人。太平兴国五年进士（980），累擢枢密直学士，两知益州，真宗时官至礼部尚书，出知陈州，谥忠定。

②陈图南（871—989）：陈抟，字图南，号扶摇子，赐号“白云先生”“希夷先生”。北宋著名的道家学者、养生家，尊奉黄老之学。著有《指玄篇》《高阳集》《钓潭集》等。

③鹿头：山名，在今四川德阳。

④岁乙卯：大中祥符七年（1014）应当是岁甲寅，而非乙卯。

⑤凌侍郎策（957—1018）：凌策，字子奇，宣州泾县（今属安徽）人。太宗雍熙二年（985）登进士第，授广安军判官，后知数州。真宗大中祥符四年（1011），迁江南转运使，拜右谏议大夫、集贤殿学士、知益州。又拜给事中，权御史中丞。天禧元年（1017），迁工部侍郎。

⑥血食：指用于祭祀的食物。

⑦捐馆：去世的委婉说法。

⑧韦南康（764—805）：韦皋，字城武，京兆万年（今陕西西安）人。唐朝中期名臣、诗人。大历初，任华州参军。建中四年（783），以功擢陇州节度使，入为左金吾卫大将军。贞元元年（785），出任剑南节度使，累加至中书令、检校太尉，封南康郡王，世称“韦南康”。卒赠太师，谥忠武。

译文

张咏年少时曾去往华山拜见陈抟，于是打算在华山隐居。陈抟对他说：“我对别人不熟悉，但像您这样的人，我应该分给您一半地盘。然而您正有官运，如今不是谈隐居的时候，这情势紧急就如失火的人家等待着您去救火一样，难道您能不去吗?”于是将一首诗赠给他道：“自吴入蜀是寻常，歌舞筵中救火忙。乞得金陵养闲散，亦须多谢鬓边疮。”起初，大家都不理解诗的含义。后来张咏历任杭州、益州的知州，晚年时脑后有恶疮生出，不可治愈，就申请调到金陵任闲职，这些事正如诗中所写。张咏居住在益州时，和一位僧人交情甚好。等他要从蜀地离开时，对僧人说：“您把我送到鹿头关吧，我想拜托您一件事。”僧人听从了他的话。到了鹿头关，张咏就拿出一封书信，并封好了信角，交给僧人道：“请将这封信谨慎地收好，等到乙卯年的七月二十六日，再请官府的人当众打开。万万不可私自打开，如果不等到那天或者私自打开的话，必有大祸降临。”僧人将这封信收下。到了大中祥符七年，岁逢乙卯，当时镇守蜀地的是侍郎凌策，僧人就带着这封信拜谒州府，把当年张咏的话向凌策一一道来。那位僧人也是有道之人，凌策信了他说的话，于是召集各位从官，一起将信封打开，原来信中是一幅张咏的画像。画上有手书道：“咏当血食于此。”几天过后，从京城传来消息，张咏正死于那年的七月二十六日。于是凌策在成都为他修筑了祠庙。蜀地之人自唐代以来，一直虔诚地祭祀韦皋，此后就改为祭祀张咏，至今还是如此。

异事（异疾附）（选自卷二十一）

原文

世传虹能入溪涧饮水，信然。熙宁中，余使契丹，至其极北黑水境永安山[①]下卓帐。是时新雨霁，见虹下帐前涧中。余与同职扣[②]涧观之，虹两头皆垂涧中。使人过涧，隔虹对立，相去数丈，中间如隔绡縠[③]。自西望东则见，盖夕虹也。**立涧之东西望，则为日所铄[④]，都无所睹。久之，稍稍正东，逾山而去。次日行一程，又复见之。**孙彦先[⑤]云：“虹，雨中日影也，日照雨即有之。”

注释

①永安山：又称马盂山，在今内蒙古宁城西。宁城曾为辽国的中京，此山常为辽主避暑与围猎的场所。沈括谓此山在黑水流域，当是估计有误。

②扣：通“叩”，表示进入之意。

③绡（xiāo）縠（gǔ）：轻薄如雾的绢、纱类丝织品。

④铄：义同“烁”，意为耀眼，闪耀。

⑤孙彦先：孙思恭，字彦先，登州（今山东蓬莱）人。官至天章阁待制，精通历算之学。

译文

相传虹能到溪流或山涧里喝水，确实如此。熙宁年间，我出使契丹，到了极北方黑水境内的永安山下扎起帐篷。那时刚好雨后初晴，彩虹出现在帐篷前的山涧中。我和同事靠近山涧观赏它，看到一条虹的两端都垂到涧水中。叫人越过山涧，隔着虹相对站立，距离大概数丈，中间如隔着一层薄纱。当站在涧的西边往东看就能看见，大概由于这是傍晚的彩虹。当站在涧的东边往西看，在阳光的闪烁下什么都看不见。很久后，虹稍微偏向正东方，越过山峰离去了。第二天走了一段路，又看到了虹。孙彦先说：“虹是雨里面太阳的影子，太阳照射雨后就会有虹出现。”

原文

皇祐[①]中，苏州民家一夜有人以白垩[②]书其墙壁，悉似“在”字，字稍异。一夕之间，数万家无一遗者，至于卧内深隐之处，户牖间无不到者。莫知其然，后亦无他异。

注释

①皇祐：宋仁宗赵祯的年号，1049—1054 年。

②白垩（è）：一种石灰岩，呈白色，主要成分是碳酸钙的沉积物，常用于制作粉刷材料。

译文

皇祐年间，苏州民家的墙壁上在夜里被人用白垩写上了字，写的字都和“在”字相似，只是每个字稍微有区别。一夜之间，几万家无一户墙上没被写上字的，甚至是室内隐蔽之处以及门窗之间都被写上了字。没有人了解其中的缘由，不过后来也没再有怪事发生。

原文

延州[①]天山之巅，有奉国佛寺，寺庭中有一墓，世传尸毗王[②]之墓也。尸毗王出于佛书《大智论》，言尝割身肉以饲饿鹰，至割肉尽。今天山之下有濯筋河，其县为肤施县[③]。详“肤施”之义，亦与尸毗王说相符。按《汉书》，肤施县乃秦县名，此时尚未有佛书，疑后人傅会县名为说。虽有唐人一碑，已漫灭断折不可读。庆历[④]中，施昌言镇鄜延[⑤]，乃坏奉国寺为仓，发尸毗墓，得千余秤炭，其棺椁皆朽，有枯骸尚完，胫骨长二尺余，颅骨大如斗。并得玉环玦七十余件，玉冲牙长仅盈尺，皆为在位者所取，金银之物，即入于役夫。争取珍宝，遗骸多为拉碎，但贮一小函中埋之。东上阁门使夏元象时为兵马都监，亲董是役，为余言之甚详。至今天山仓侧，昏后独行者往往与鬼神遇，郡人甚畏之。

注释

①延州：在今延安。

②尸毗（pí）王：佛经故事中的人物，尸毗王乐善好施，甘愿舍身割肉以救被饿鹰追赶的鸽子。

③肤施县：在今陕西延安。

④庆历：宋仁宗赵祯的年号，1041—1048年。

⑤施昌言（？—1064）：字正臣，通州静海（今江苏南通）人。宋仁宗时举进士，官至龙图阁学士。鄜延：治所在延州（今延安市）。辖今陕西宜君、黄龙、宜川以北，吴堡、大里河、白于山以南地区。

译文

在延州的天山之巅上，建有奉国佛寺，寺庭中有一座坟墓，世间传说此墓是尸毗王的墓。尸毗王的传说出自佛书《大智论》，书中说他曾将身上的肉割下来喂饿鹰，直至将肉割完。如今的天山脚下有条濯筋河，当地的县名叫作肤施县。详细地考察“肤施”含义，也同尸毗王的传说相符合。但按照《汉书》来看，肤施县是秦朝的县名，当时还没有传入佛书，所以怀疑是后人把县名附会到此传说上。虽然当地建有一块唐人的碑志，但是早已模糊断折，难以识读了。庆历年间，施昌言在鄜延镇守，折了奉国寺，改造为仓库，还发掘了尸毗王的墓，获得了千余秤的炭，他的棺椁已经全部腐朽，只有枯骸还完好，胫骨有二尺多长，颅骨如斗一般大。并获得了玉环、玉玦等共七十余件玉器，玉冲牙仅有一尺多长，这些全被有权势的人掠取了，而那些金银珠宝，就被服役的农夫收入了囊中。为了争抢珍玉宝石，墓中的遗骸大都被拉碎，然后全被放在一个小匣子里埋了。当时的兵马都监由东上阁门使夏元象担任，他亲自监督了此事，十分详尽地向我阐述了整件事的过程。到现在天山的这座仓库附近，黄昏后独行的人还会经常碰见鬼神，以致郡里的人都十分畏惧此地。

原文

余于谯亳[①]得一古镜，以手循[②]之，当其中心，则摘然[③]如灼龟之声。人或曰："此夹镜也。"然夹不可铸，须两重合之。此镜甚薄，略无焊迹，恐非可合也。就使焊之，则其声当铣塞[④]，今扣之，其声泠然[⑤]纤远。既因抑按而响，刚铜当破，柔铜不能如此澄莹洞彻。历访镜工，皆罔然不测。

注释

①谯（qiáo）亳（bó）：在今安徽亳州。

②循：抚摩。

③摘然：象声词，形容开裂的声音。

④铣（xiǎn）塞：指发出如敲击被封住口的钟一般沉闷的声音。铣，指古代钟下的两角。

⑤泠然：形容声音清脆悠扬。

译文

我在谯亳获得了一面古镜，拿手抚摩，按到镜子的中心，就会有灼烧龟甲时开裂的声音响起。有人说："这面镜子是夹镜。"可夹镜不能直接铸造而成，必须用两半铜片合成。这面古镜相当薄，而且毫无焊接过的印迹，恐怕并非合成的。就算是焊接而成的，那发出的声音也应当是沉闷的，如今敲击它，发出的声音却清脆而悠扬。既然是由于按压而有声响，那如果是硬铜就应当会有所破裂，如果是柔铜就无法发出如此清脆的声音。我为此遍访铸镜工匠，他们都说不出其中的缘由。

原文

世传湖湘[1]间因震雷，有鬼神书"谢仙火[2]"三字于木柱上，其字入木如刻，倒书之，此说甚著。近岁秀州华亭县[3]，亦因雷震，有字在天王寺屋柱上，亦倒书，云："高洞杨雅一十六人火令章。"凡十一字，内"令章"两字特奇劲，似唐人书体，至今尚在，颇与"谢仙火"事同。所谓"火[4]"者，疑若队伍若干人为一火耳。余在汉东[5]时，清明日雷震死二人于州守园[6]中，胁上各有两字，如墨笔画，扶疏[7]类柏叶，不知何字。

注释

①湖湘：指洞庭湖、湘江一带。

②谢仙火：据王得臣《麈史》引孙载的分析，这几个字大概是伐木工伐木时在木头上留下的记号，建筑时由于涂了漆所以无人察觉，后来不知道是因为时间太长了还是遭遇雷击，漆脱落下来，因此文字就显露出来了。

③秀州：州名，今浙江嘉兴及上海松江以南地区。华亭县：今上海松江地区的曾用名。

④火：兵制单位，一火由十人组成。

⑤汉东：在今湖北钟祥。

⑥州守园：地方官的园子。

⑦扶疏：象枝叶茂盛之形。

译文

世间传说湖湘地区，在一次雷击事故发生后，有人在一个木柱上发现了鬼神写的"谢仙火"三个字，这几个字就像刻上去的一样，深入木中，并且是倒着写的，这个说法流传甚广。这几年秀州华亭县，同样因经历雷击，有字刻在了天王寺的屋柱上，也是倒着写的，是："高洞杨雅一十六人火令章。"总共十一个字，其中"令章"两个字尤其奇特强劲，类似于唐人的字体，到现在还留存着，与"谢仙火"的传说颇为相似。所谓的"火"，我怀疑就像是队伍中几个人为一“火”的含义。我住在汉东时，清明那天有雷击发生，有两个人电死在州守的园中，他们的肋骨边上分别有两个字，好像是用墨笔写的，与柏树叶的形状相似，但不知是什么字。

原文

元厚之[1]少时，曾梦人告之：“异日当为翰林学士，须兄弟数人同在禁林。”厚之自思素无兄弟，疑此梦为不然。熙宁中，厚之除学士，同时相先后入学士院，一人韩持国维[2]，一陈和叔绎[3]，一邓文约绾[4]，一杨元素绘[5]，并厚之名绛。五人名皆从“糸”，始悟弟兄之说。

注释

①元厚之：元绛（1008—1083），字厚之，钱塘（今属浙江）人。天圣年间进士，调江宁推官。侬智高反岭南，元绛以供给军饷有功，迁翰林学士，拜参知政事。后罢知颍州，以太子太保致仕。神宗元丰六年（1083）卒，谥章简。

②韩持国维：韩维（1017—1098），字持国，开封雍丘（今属河南）人。仁宗时由欧阳修荐知太常礼院，不久出泾州通判。英宗时，诏同修起居注，进知制诰。以太子少傅致仕，元符元年（1098）卒，年八十二。

③陈和叔绎：陈绎（1021—1088），字和叔，开封（今属河南）人，中进士第，为馆阁校勘、集贤校理、翰林学士。

④邓文约绾：邓绾（1028—1086），字文约，成都双流（今属四川）人。举进士，曾任职方员外郎，北宋官吏。后忤王安石，贬知虢州，历知陈、陕、永兴、青、邓等州。

⑤杨元素绘：杨绘（1032—1116），字元素，绵竹（今属四川）人。仁宗时进士，任荆南通判、开封推官等。神宗时，召修起居注，因触犯曾公亮，改兼侍读。累迁翰林学士、御史中丞。又触犯王安石，贬知亳州。元祐元年（1086）以天章阁待制身份任杭州知州。

译文

元绛年少时，曾经梦见一个人告诉他："他日你定会担任翰林学士，而且一定是兄弟几人同时在禁院当官。"元绛在心里琢磨，他向来没有兄弟，怀疑这个梦并不真实。熙宁年间，元绛担任翰林学士，同时有几人先后入翰林学士院为官，分别是韩维、陈绎、邓绾、杨绘，再加上他的名字叫绛。五个人的名字皆为"糸"旁，这才悟出了梦中兄弟之说指的是什么。

原文

木中有文，多是柿木。治平[1]初，杭州南新县民家折柿木，中有"上天大國"四字。余亲见之，书法类颜真卿[2]，极有笔力。"國"字中间"或"字，仍挑起作尖吕，全是颜笔，知其非伪者。其横画即是横理，斜画即是斜理。其木直剖，偶当"天"字中分，而"天"字不破，上下两画并一脚皆横挺出半指许，如木中之节。以两木合之，如合契焉。

注释

①治平：宋英宗赵曙的年号，1064—1067年。

②颜真卿（708—784）：字清臣，京兆万年（今陕西西安）人，开元进士。任殿中侍御史，后出为平原太守。唐代名臣、书法家。

译文

树木中刻有文字的，大都是柿木。治平初年，杭州南新县民家曾劈开了一棵柿木，中间有"上天大國"四个字。这是我亲眼所见，书法与颜真卿的字体相似，非常有笔力。"國"字中间的"或"字，挑起一笔是尖口，都是颜真卿的笔法，由此可知这并不是伪造的。字的横画就是柿木的横纹，字的斜画就是柿木的斜纹。柿木是纵向剖开的，恰好在“天”字的中间分开，而没有把“天”字破坏，上下两笔横画以及左右的一脚都横向突出半指左右，就类似于木里面的结节。将两半木头合起来，就如同合契一般。

原文

卢中甫[1]家吴中，尝未明而起，墙柱之下，有光熠[2]然，就视之，似水而动，急以油纸扇挹[3]之，其物在扇中滉漾[4]，正如水银，而光艳烂然，以火烛之，则了无一物。又魏国大主[5]家亦尝见此物。李团练评[6]尝与余言，与中甫所见无少异，不知何异也。余昔年在海州[7]，曾夜煮盐鸭卵，其间一卵，烂然通明如玉，荧荧然屋中尽明。置之器中十余日，臭腐几尽，愈明不已。苏州钱僧孺[8]家煮一鸭卵，亦如是。物有相似者，必自是一类。[9]

注释

①卢中甫：卢秉（？—1092），字仲甫，湖州德清（今属浙江）人。皇祐元年（1049）进士，官至龙图阁直学士。

②熠（wèi）：光亮的样子。现代科学认为，这大概是磷火发光，如联磷（P_2H_4）之类的气体在空气中自燃的现象，这种气体燃点低，且轻于空气，所以有很大概率发生诸如此类的现象。

③挹（yì）：把液体舀起来。

④滉漾：水流动的样子。

⑤大主：大长公主，宋太祖长女。

⑥李团练评：李评，字持正，上党（今山西长治）人。由东头供奉官迁皇城使，旋为枢密都承旨。官至成州团练使、知蔡州。

⑦海州：今江苏连云港西南。

⑧钱僧孺：《长兴集》记其为沈括妻妹之夫。北宋官员，曾任苏州长洲主簿。

⑨现代科学认为这些发光现象应该产生于某种成光蛋白质或者发光细菌。

译文

卢秉家在吴中，他曾经有一次起床时天还未亮，看到墙柱下面有东西在闪闪发光，走近去看，它就像水一样流动，卢秉急忙用油纸扇把它舀起来，它就在扇中晃动，如同水银，而且光亮闪耀，用烛光一照，它就消失不见了。魏国大长公主家也曾经出现过这种东西。团练李评也曾经跟我说起过，与卢秉所见的没什么不同，不知道是什么异物。我以前在海州的时候，曾经在夜里煮咸鸭蛋，其中一只蛋，像玉石一般璀璨明亮，照亮了整个屋子。将它在容器中存放十几天，等全部腐败变质后，却更加明亮了。苏州钱僧孺家煮过一只鸭蛋，也是如此。这些东西有类似的现象，想必自是一类。

原文

余在中书检正时，阅雷州①奏牍，有人为乡民诅死。问其状，乡民能以熟食咒之，俄顷脍炙②之类悉复为完肉；又咒之，则熟肉复为生肉；又咒之，则生肉能动，复使之能活，牛者复为牛，羊者复为羊，但小耳；更咒之，则渐大；既而复咒之，则还为熟食。人有食其肉，觉腹中淫淫而动③，必以金帛求解；金帛不至，则腹裂而死，所食牛羊，自裂中出。狱具案上，观其咒语，但曰“东方王母桃，西方王母桃”两句而已。其他但道其所欲，更无他术。

注释

①雷州：在今广东海康地区。

②脍炙：切细并且烤熟的肉。

③淫淫而动：来回搅动。

译文

我在中书省当任检正官期间，曾读过雷州的一份奏状，说有人因受乡民诅咒而死。官府派人前去调查情况，说此乡民可以对熟肉念咒，那被烧熟并被切细的肉很快就会变成一块完好的肉；再念咒，熟肉就变为生肉；再念一次咒，生肉就能动起来，各个组织复活过来，牛肉又变为牛，羊肉又变为羊，不过比较小罢了；如果再念一次咒，就能逐渐变大；然后再念咒，就又变成熟食了。吃了这种肉的人，会感到腹中有东西在来回搅动，必须用金帛贿赂那人寻求解救之法；如果拿不出金帛，就会腹部分裂而死，所吃下的牛羊肉，就会从裂缝中涌出。案件结束后上报案情，看那人的咒语，仅仅说了“东方王母桃，西方王母桃”两句而已。其余的仅是说他想要的，再也没有其他法术了。

原文

寿州八公山[①]侧土中及溪涧之间，往往得小金饼，上有篆文“刘主”字，世传“淮南王[②]药金”也。得之者至多，天下谓之“印子金[③]”是也。然止于一印，重者不过半两而已，鲜有大者。余尝于寿春[④]渔人处得一饼，言得于淮水中，凡重七两余，面有二十余印，背有五指及掌痕，纹理分明。传者以谓埿[⑤]之所化，手痕正如握埿之迹。襄、随之间[⑥]，故舂陵、白水地[⑦]，发土多得金麟趾、袅蹄[⑧]。麟[⑨]趾中空，四傍皆有文，刻极工巧。袅蹏作团饼，四边无模范迹，似于平物上滴成，如今干柿，土人谓之“柿子金”。《赵飞燕外传》：“帝窥赵昭仪[⑩]浴，多袖金饼，以赐侍儿私婢。”殆此类也。一枚重四两余，乃古之一斤也。色有紫艳，非他金可比。以刃切之，柔甚于铅；虽大块，亦可刀切，其中皆虚软。以石磨之，则霏霏[⑪]成屑。小说谓麟趾袅蹄，乃娄敬[⑫]所为药金，方家谓之“娄金”，和药最良。《汉书》注亦云：“异于他金。”余在汉东一岁凡数家得之。有一窖数十饼者，余亦买得一饼。

注释

①八公山：在今安徽淮南西。其地在宋代属寿州（先后治今凤台、寿县）。

②淮南王：指淮南王刘安（前179—前122），汉高祖刘邦之孙。武帝时以谋反被杀，相传他好养方士，化丹炼金。去世后在八公山埋金升天。

③印子金：战国时期楚国的货币，据说其含金量在90%以上。

④寿春：地名，在今安徽寿县。

⑤埿：同“泥”，指湿土。

⑥襄、随：今湖北襄阳、随州。

⑦舂陵：今湖北枣阳一带。白水：水名，在枣阳境内。

⑧金麟趾：麟足形的铸金。袅蹄：马蹄形的铸金。均为汉代的金币，麟趾与马蹄都有吉祥的寓意。

⑨麟：原作“妙”，据津逮本等改。

⑩赵昭仪：指赵飞燕之妹赵合德。

⑪霏霏：本来形容雨雪之密，此处指纷纷貌。

⑫娄敬：刘敬，西汉初齐国卢邑（今济南长清）人，事刘邦，封关内侯，赐姓刘。后建议刘邦与匈奴和亲。

译文

在寿州八公山旁边的地里及溪涧之间，经常能找到小金饼，上面有篆文的“刘主”字样，世传是“淮南王药金”。拥有这种小金饼的人有很多，各地称之为“印子金”。但是仅是一印那么大，重的也只有半两而已，很难见到比这更大的。我曾经从寿春的渔人手里得到一块金饼，渔人说是从淮水中捞出来的，重七两左右，上面有二十多个印，背面有五个指头以及手掌的印记，纹理清楚。将这金饼传给我的人认为这是由捏起来的泥饼所化，因为上面的手印正和捏泥团留下的痕迹一样。在襄州、随州之间，就是旧时的舂陵、白水一带，挖土时经常能挖出麟趾金和马蹄金。麟趾金是中空的，四旁都有刻画的文饰，刻得极为精巧。马蹄金形似团饼，四边没有用模子铸造的印迹，似乎是在物体平整的表面上滴成的，就像如今的干柿饼，当地人称为“柿子金”。据《赵飞燕外传》：“汉成帝偷窥赵昭仪洗澡，怀里经常揣着小金饼，用来买通她的侍女和丫鬟。”所用的金饼应该就是金麟趾和马蹄金之类的金币。一枚金币重四两左右，相当于古代的一斤。其中有紫色的，其他金饼都不能与之相比。用刀把它切开，比铅还柔软；就算是大块的，也能用刀切，中间都是空软的。用石头打磨，就变成碎屑纷纷飘落下来。小说家说麟趾金、马蹄金是娄敬所做的药金，医家称为“娄金”，用来和药是最好的。《汉书》注也说：“和其他金制品不一样。”我在汉东时，一年中有好几家得到了这种金币。有一个地窖就出土了几十饼，我也买得一饼。

原文

旧俗正月望夜迎厕神，谓之“紫姑”，亦不必正月，常时皆可召。余少时见小儿辈等闲则召之，以为嬉笑。亲戚间曾有召之而不肯去者，两见有此，自后遂不敢召。景祐①中，太常博士王纶家因迎紫姑，有神降其闺女，自称上帝后宫诸女，能文章，颇清丽，今谓之《女仙集》，行于世。其书有数体，甚有笔力，然皆非世间篆隶。其名有藻笺篆、茁金篆十余名。纶与先君有旧，余与其子弟游，亲见其笔迹。其家亦时见其形，但自腰以上见之，乃好女子，其下常为云气所拥。善鼓筝，音调凄婉，听者忘倦。尝谓其女曰：“能乘云与我游乎?”女子许之。乃自其庭中涌白云如蒸，女子践之，云不能载。神曰：“汝履下有秽土，可去履而登。”女子乃袜而登，如履缯②絮，冉冉至屋复下。曰：“汝未可往，更期异日。”后女子嫁，其神乃不至，其家了无祸福，为之记传者甚详。此余目见者，粗志于此。近岁迎紫姑者极多，大率多能文章歌诗，有极工者，余屡见之，多自称蓬莱谪仙，医卜无所不能，棋与国手为敌，然其灵异显著，无如王纶家者。

注释

①景祐：宋仁宗赵祯的年号，1034—1038 年。

②缯（zēng）絮：丝绵。

译文

旧俗在正月十五夜里迎厕神，人们称之为“紫姑”，实际上也不一定是在正月，平日里都可以迎紫姑。我年少时曾见过小孩儿们在闲时招紫姑，以此嬉戏玩耍。我的亲戚中曾出现过招来紫姑而不肯离去的情况，两次见到这种事，自此就不敢再招了。景祐年间，太常博士王纶家因迎紫姑，致使有神灵降临在他女儿身上，自称是上帝后宫的女子，善于写文章，甚是清丽，今人收集起来称为《女仙集》，并在世上流传。她的书法字体多样，颇有笔力，但并非世间的篆书、隶书。自称字体有“藻笺篆”“茁金篆”等十余种称呼。王纶与家父友善，我和他家的子弟游玩时，曾经亲眼见过她的笔迹。在她家也总能见到她的形态，仅从腰部往上看的话，的确是个美女，只是她的腰部以下经常被云气环绕。她善于鼓筝，音调凄凉哀婉，人听了都会忘记疲倦。紫姑曾对那女子说：“你能和我一同乘云游玩吗？”女子应允了。于是在庭院中涌起一股升腾的白云，女子踩上去，云无法载起她。紫姑说：“你的鞋下有秽土，可以把鞋子脱掉再踩上来。”女子就只穿着袜子踩上去，如同踩在了丝绵上，缓缓升到屋顶又降了下来。紫姑说：“你还不可以去，改天再说吧。”之后那女子出嫁了，紫姑就再也没来过，她家里也没有祸福降临，记载此事的人叙述得十分详尽。这些都是我亲眼所见，简略地记录在此。这几年迎紫姑的人特别多，往往能写文章和诗歌，其中有写得十分巧妙的，我见过好几次，一般都自称是“蓬莱谪仙”，医药、占卜等没有不会的，棋艺能与国手相匹敌，不过她们的灵异显著之处，都不及王纶家的紫姑。

原文

世有奇疾者。吕缙叔以知制诰知颍州[①]，忽得疾，但缩小，临终仅如小儿。古人不曾有此疾，终无人识。有松滋令姜愚[②]，无他疾，忽不识字[③]，数年方稍稍复旧。又有一人家妾，视直物皆曲，弓弦、界尺之类，视之皆如钩，医僧奉真亲见之。江南逆旅中一老妇，啖物不知饱。徐德占[④]过逆旅，老妇诉以饥，其子耻之，对德占以蒸饼啖之，尽一竹篑[⑤]，约百饼，犹称饥不已；日饭一石米，随即痢之，饥复如故。京兆醴泉主簿蔡绳[⑥]，余友人也，亦得饥

疾[7]，每饥立须啖物，稍迟则顿仆闷绝。怀中常置饼饵，虽对贵官，遇饥亦便龁[8]啖。绳有美行，博学有文，为时闻人，终以此不幸。无人识其疾，每为之哀伤。

注释

①吕缙叔：吕夏卿（1015—1068），字缙叔，泉州（今属福建）人。庆历二年（1042）进士，授江宁县尉。曾充《新唐书》编修官，官至知制诰。颍州：治所在今安徽阜阳。

②松滋：今湖北松滋西北。姜愚（1010—？）：字子发，开封人。及第进士，官至六安令。

③忽不识字：现代科学认为，这应该是由于脑部视觉性语言中枢受抑制或损害。

④徐德占：徐禧（1035—1082），字德占，洪州分宁（今江西修水）人。官至御史中丞，阵亡于永乐城之战。赠金紫光禄大夫，谥号忠愍。

⑤蒉（kuì）：筐。

⑥蔡绳：山阳人，为沈括友人。曾为李慎言之梦作《抛球传》。

⑦饥疾：现代科学认为，大概是某种神经性进食障碍，或为暴食症。类似症状也会在焦虑症或抑郁症中出现。下文所述饥饿时昏倒又疑似低血糖症状。

⑧龁（hé）：咬。

译文

世上有得一些奇怪疾病的人。知制诰吕缙叔主管颍州时，忽然得了一种病，身体不断萎缩，临终时身体只有婴孩般大小。没听说过古人曾有这种病，最终也没人能够知道是怎么回事。还有松滋令姜愚，没有其他问题，只是忽然不识字了，几年之后才慢慢恢复。又有一户人家的妾，把直的东西都看成弯曲的，如弓弦、界尺之类，她看上去都像钩子一样，医僧奉真曾经亲自给她看过病。江南旅店中的一位老妇人，吃东西总觉得吃不饱。徐禧曾路过那家旅店，老妇人向他诉说肚子饿，她的儿子对此感觉十分羞愧，于是当着徐禧的面给母亲蒸饼吃，结果老妇人吃了整整一竹筐，差不多有百张饼，还是不住地喊饿；每天要吃一石的米，而后立即腹泻排掉，然后又像原来一样饥饿。我的朋友京兆府醴泉县主簿蔡绳，也得了这种时感饥饿的病，每次一饿就必须马上吃东西，稍微慢一点儿，就会昏倒在地。他经常在怀里揣着饼食，即使是当着高官贵人的面，感觉饿了也要马上进食。蔡绳品性良好，博学多才，也曾闻名一时，最终却遭此不幸。而此病又无人能识，我每每想起都为他深感哀伤。

原文

嘉祐中，扬州有一珠，甚大，天晦多见。初出于天长县陂泽中[①]，后转入甓社湖[②]，又后乃在新开湖中，凡十余年，居民行人常常见之。余友人书斋在湖上，一夜忽见其珠，甚近。初微开其房，光自吻中出，如横一金线，俄顷忽张壳，其大如半席，壳中白光如银，珠大如拳，烂然不可正视。十余里间林木皆有影，如初日所照，远处但见天赤如野火，倏然[③]远去，其行如飞，浮于波中，杳杳[④]如日。古有明月之珠，此珠色不类月，荧荧有芒焰，殆类日光。崔伯易[⑤]尝为《明珠赋》。伯易，高邮人，盖常见之。近岁不复出，不知所往。樊良镇正当珠往来处，行人至此，往往维船[⑥]数宵以待现，名其亭为"玩珠"。

注释

①天长县：位于滁州市的最东面，扬州的西部。陂（bēi）泽：湖边。

②甓（pì）社湖：位于江苏高邮。

③倏（shū）然：极快，转瞬间。

④杳杳：幽远貌。

⑤崔伯易（？—1097）：崔公度，字伯易，高邮（今属江苏）人。英宗时授和州防御推官，为国子直讲。后为王安石器重，进光禄丞，擢御史，后为崇文校书，加集贤校理，历兵部、礼部郎中，官至朝散大夫、直龙图阁。所著有《曲辕集》《诗赋百咏》等。

⑥维船：把船系住。

译文

嘉祐年间，扬州出现了一颗硕大的明珠，大多在阴天的时候见到。起初出现在天长县陂泽中，后来又转入甓社湖，再到后来出现在新开湖中，总共十多年，居民和行人经常能见到它。我有位朋友的书斋建在湖上，一天夜里，忽然见到那颗明珠，离得特别近。起初蚌稍微张开，从壳缝中有光线射出，就像一条横着的金线，没一会儿，壳忽然张开了，如同半张席子大，壳中发出像银子一般的白光，明珠如拳头一般大，光芒耀眼以至于不能用眼直视。方圆十几里的林木都有光影，就如同被初升的太阳照耀一样，从远处看，只见天像野火一样红，转瞬间就远去了，行动像飞一般，浮在水波中，远远地看就像太阳。古时有明月之珠，不过这颗珠的颜色不同于月亮，闪烁着的光芒，特别像太阳光。崔伯易曾为此写了一篇《明珠赋》。崔伯易是高邮人，应该能常常看到。这几年明珠再也没有出现了，不知道它去往何处。樊良镇刚好处在明珠往来的地方，行人路过这里，时常会把船系住停留几天，等待那颗明珠出现，并将这座亭子取名为“玩珠”。

原文

登州巨嵎山①，下临大海。其山有时震动，山之大石皆颓入海中。如此已五十余年②，土人皆以为常，莫知何谓。

注释

①巨嵎（yú）山：在今山东栖霞东北。

②《宋史·河渠志》中对此事也有了记载：“巨嵎山摧，海水摇荡，如此不止者仅十年。”此与沈括所记不同，当从《宋史》。其始震在庆历六年（1046）。

译文

登州巨嵎山，下面就是大海。这座山有时候会震动，这时山上的大石头都坍塌落入海中。这样的情形已有五十多年，当地人都习以为常，就是不知道这是什么原因造成的。

原文

士人宋述家有一珠，大如鸡卵，微绀色①，莹彻如水。手持之映空而观，则末底一点凝翠，其上色渐浅；若回转，则翠处常在下，不知何物，或谓之“滴翠珠”。佛书：“西域有‘琉璃珠’，投之水中，虽深皆可见，如人仰望虚空月形。”疑此近之。

注释

①绀色：微红带深青色。

译文

士人宋述家里有一颗珍珠，如同鸡蛋一样大，呈现红青色，晶莹剔透如水一般。用手拿着它，对着天空看，能看到它的底部有一点深青绿色，再往上的颜色渐渐变浅；倘若反过来看，则深青绿色常在下面，不知道这东西是什么，有人称之为“滴翠珠”。按照佛书的记载：“西域有‘琉璃珠’，将它投入水中，就算水再深都能看见，就好比人仰望水下虚空的月影一样。”我怀疑这两者的情况差不多。

原文

登州海中，时有云气，如宫室、台观、城堞[①]、人物、车马、冠盖，历历可见，谓之“海市”。或曰：“蛟蜃[②]之气所为。”疑不然也。欧阳文忠曾出使河朔，过高唐县，驿舍中夜有鬼神自空中过，车马人畜之声一一可辨，其说甚详，此不具纪。问本处父老，云：“二十年前尝昼过县，亦历历见人物。”土人亦谓之“海市”，与登州所见大略相类也。

注释

①堞（dié）：城墙上如齿状的矮墙。

②蛟蜃：指神化的海中蛟龙和蜃（大蛤蜊）。但按古代民间的理解，“蜃”可能是海中或陆地两栖类爬行动物“成精”的统称。

译文

登州附近的海中，时常会云雾缭绕，并出现宫室、台观、城堞、人物、车马、冠盖等形状，可以清楚地看见，人们称这种现象为“海市”。有人说：“这是海中蛟龙和蜃所吐出的气造成的。”但我怀疑不是这样的。欧阳文忠（即欧阳修）曾经出使河朔，经过高唐县，夜宿在驿站的官舍时，夜间看见有鬼神从空中飘浮着过去，还可以清楚地听到车马人畜的声音，他对这件事的记录非常详细，在这里就不一一转述了。后来询问当地居民，当地人说：“二十年前有人白天经过这里，也看到了那些人物。”土人也把那种现象称为“海市”，与登州所发生的大致相似。

原文

近岁延州永宁关[①]大河岸崩，入地数十尺，土下得竹笋一林，凡数百茎，根干相连，悉化为石。适有中人[②]过，亦取数茎去，云欲进呈。延郡素无竹，此入在数十尺土下，不知其何代物。无乃旷

古以前，地卑气湿而宜竹耶？婺州金华山有松石，又如核桃、芦根、地蟹之类，皆有成石者，然皆其地本有之物，不足深怪。此深地中所无，又非本土所有之物，特可异耳。

注释

①永宁关：在今陕西延川东南一带。

②中人：宫廷宦官。

译文

近年延州永宁关附近的黄河堤岸崩塌，裂缝有几十尺深，土下面发现了一片竹笋林，总共有好几百根竹笋，其根和干连在一块，全变成了石头。当时正好有宦官经过这里，就拿走了几根竹茎，说要献给皇帝。延州从来没有过竹子，这些竹子深入地下几十尺深，不知是什么时代的事。是不是在很久很久以前，这里地势低洼、气候湿润，适合生长竹子呢？婺州的金华山有松树的化石，还有核桃、芦根、地蟹等，都有变成石头的，但是所有这些都是当地就有的东西，没有什么奇怪的。这次发现的在很深的地下是不可能存在的，而且本地原本又不长这些东西，这才真是奇怪呢。

原文

治平中，泽州①人家穿井，土中见一物，蜿蜿如龙蛇。大畏之，不敢触，久之，见其不动，试摸之，乃石也。村民无知，遂碎之，时程伯纯②为晋城令，求得一段，鳞甲皆如生物。盖蛇蜃所化，如石蟹之类。

注释

①泽州：在今山西晋城。

②程伯纯：程颢（1032—1085），其字通作“伯淳”。北宋理学家。

译文

治平年间，泽州有人家打井时，在土中发现了一个东西，蜿蜒曲折得像龙蛇。他们非常害怕，不敢触摸，过了很久，见它不动，就试着去触摸它，原来是石头。村里人缺乏知识，就把它敲碎了，当时程颢为晋城县令，求得了其中一段，石上的鳞甲就像活的生物的鳞甲一样。这大概是由蛇蜃变化而来的，如同螃蟹变成石蟹那样。

原文

随州医蔡士宁常宝一息石①，云："数十年前得于一道人。"其色紫光，如辰州丹砂②，极光莹如映，人搜和药剂，有缠纽之纹，重如金锡。其上有两三窍，以细篾③剔之，出赤屑如丹砂，病心狂热者，服麻子许即定。其斤两岁息。士宁不能名，乃以归余。或云："昔人所炼丹药也。"形色既异，又能滋息，必非凡物，当求识者辨之。

注释

①随州：今属湖北。息石：在大气中能显著自行增重的矿石，因受水化、氧化而引起。

②辰州：今属湖南沅陵、辰溪地区。丹砂：硫化汞（HgS），在中医药中起安神的作用。

③细篾：细竹片。

译文

随州医生蔡士宁曾珍藏着一块息石，他说："是几十年前从一位得道之人手中获得的。"它散发着紫色的光芒，就如同辰州的丹砂一般，十分光莹剔透，人们拿它来配药，表面有缠绕的纹路，如同金锡一般重。顶端有两三个小洞，拿细竹片剔挖，能挖出如同丹砂一样的红色粉末，拿来给躁狂患者服下，只需要芝麻大小就能使其镇定下来。它的重量逐年增长。蔡士宁也不能叫出它的名字，就将它送给了我。有人说："这是前人炼制的丹药。"但既然它的形状、颜色如此奇异，又能自行增长，想来一定不是寻常之物，应当寻求认识它的人认真辨别。

原文

随州大洪山人李遥，杀人亡命。逾年，至秭归，因出市，见鬻拄杖者，等闲以数十钱买之。是时秭归适又有邑民为人所杀，求贼甚急。民之子见遥所操杖，识之，曰："此吾父杖也。"遂以告官司。执遥验之，果邑民之杖也，榜掠①备至。遥实买杖，而鬻杖者已不见，卒未有以自明。有司诘其行止来历，势不可隐，乃通随州，而大洪杀人之罪遂败。卒不知鬻杖者何人，市人千万，而遥适值之，因缘及其隐匿，此亦事之可怪者。

注释

①榜掠：拷打。

译文

随州大洪山人李遥，杀了人之后四处逃命。一年过后，来到了秭归，在集市上碰见一个卖拄杖的人，就随意花几十文钱买了一根。这时秭归正好发生了一起杀人事件，官府正紧急擒拿凶手。被害者的儿子看见李遥手里拿的拄杖，认了出来，说："这拄杖是我父亲的。"于是将李遥告上官府。官府捉拿到李遥之后查验那根杖果真是死者的拄杖，于是对李遥一番拷打。李遥的确是买来的拄杖，但卖杖的人早已没了踪影，最终也不能证明自己的清白。官吏讯问他的行踪来历，因为情势而不得隐瞒，李遥只好交代了随州的事情，于是大洪山杀人的罪行就败露了。可惜最终还是无从得知卖杖的是何人，集市上的人那么多，偏偏就让李遥赶上了，因此致使他藏匿的罪行败露，这也是一件令人感到怪异的事。

原文

至和中，交趾献麟，如牛而大，通身皆大鳞，首有一角。考之记传，与麟不类，当时有谓之山犀者。然犀不言有鳞，莫知其的。回诏欲谓之麟，则虑夷獠[①]见欺；不谓之麟，则未有以质之。止谓之“异兽”，最为慎重有体。今以余观之，殆“天禄”也。按《汉书》：“灵帝中平三年，铸天禄、虾蟆于平津门[②]外。”注云：“天禄，兽名。今邓州南阳县[③]北宗资碑旁两兽，镌其膊，一曰天禄，一曰辟邪。”元丰[④]中，余过邓境，闻此石兽尚在，使人墨其所刻天禄、辟邪字观之，似篆似隶。其兽有角鬣[⑤]，大鳞如手掌。南丰曾阜[⑥]为南阳令，题宗资碑阴云：“二兽膊之所刻独在，制作精巧，高七八尺，尾鬣皆鳞甲，莫知何象而名此也。”今详其形，甚类交趾所献异兽，知其必天禄也。

注释

①夷獠：泛指少数民族。

②平津门：东汉时洛阳南面的四门之一。

③邓州南阳县：在今河南南阳。

④元丰：宋神宗赵顼的年号，1078—1085年。

⑤鬣：野兽颈上的长毛。

⑥曾阜：字子山，曾巩的堂弟，江西南丰（今属江西）人。嘉祐二年（1057）举进士第。

译文

我在至和年间，曾见到过交趾进献麒麟，和牛十分相似，只是比牛大些，全身布满了大麟片，头上长着一对犄角。根据各种记传的考证，可知它和麒麟并非一类东西，当时有人认为它是山犀。但是犀牛表皮并没有鳞片，不知道究竟是什么。打算在回复的诏书中说是麒麟，又恐怕被夷獠蒙骗；不说是麒麟，又不知怎么称呼它。只好叫作“异兽”，最为慎重得体。如今在我看来，应当是“天禄”。依照《汉书》的记载：“汉灵帝中平三年，在平津门外铸造了天禄、虾蟆两座铜像。”注称：“天禄是一种兽名。如今邓州南阳县北的宗资碑旁边坐落着两尊石兽，其臂膀上刻着文字，一个命名为天禄，一个命名为辟邪。”元丰年间，我在邓州境内路过时，听说两尊石兽还保留着，就派人将“天禄”“辟邪”这几个字样拓回来观察，字体既像篆书又像隶书。那石兽有角也有鬣，身上的鳞片大如手掌。南丰人曾阜在南阳令任上时，曾在石碑的背面题词道：“两尊石兽臂膀上刻的文字还留存着，制作得十分精巧，有七八尺高，尾巴上也有鳞甲，只是不知道是根据什么来命名的。”如今详考其形态，与交趾所进献的异兽非常相似，据此可知那必定是天禄。

原文

钱塘[①]有闻人绍者，尝宝一剑。以十大钉陷柱中，挥剑一削，十钉皆截，隐如秤衡[②]，而剑镴[③]无纤迹。用力屈之如钩，纵之铿然有声，复直如弦。关中种谔亦畜一剑[④]，可以屈置盒中，纵之复直。张景阳《七命》论剑曰：“若其灵宝，则舒屈无方。”盖自古有此一类，非常铁能为也。

注释

①钱塘：在今浙江杭州。

②秤衡：秤杆。

③剑镴（là）：此处指剑刃。

④关中：指秦岭以北一带。种谔（1027—1083）：字子正，洛阳人，种世衡之子。初因父荐，知青涧城，累迁鄜延经略安抚副使，屡次击败西夏入侵军。

译文

钱塘人闻人绍曾藏有一把宝剑。如果将十根大钉子钉在柱子上，然后挥剑一削，就能轻易将十根钉子砍断，柱子的表面平得如同秤杆一般，而剑刃上没有留下丝毫痕迹。用手使劲把剑弯曲成钩子那样，然后把手一松，铿然一声，又恢复到原来像弦一样笔直的样子。关中的种谔也藏有一把宝剑，弯曲后放进盒子里，拿出来又恢复笔直。张协的《七命》论剑说：“如果能像灵宝那样，那么舒展、弯曲就毫无限制。”可见自古就有此类宝剑，且不是寻常的铁可以铸造成的。

原文

嘉祐中，伯兄为卫尉丞[1]，吴僧持一宝鉴来，云：“斋戒照之，当见前途吉凶。”伯兄如其言，乃以水濡[2]其鉴，鉴不甚明，仿佛见如人衣绯衣[3]而坐。是时伯兄为京寺丞，衣绿，无缘遽[4]有绯衣。不数月，英宗即位，覃恩[5]赐绯。后数年，僧至京师，蔡景繁[6]时为御史，尝照之，见已著貂蝉[7]，甚自喜。不数日，摄官奉祠，遂假蝉冕。景繁终于承议郎，乃知鉴之所卜，唯知近事耳。

注释

①伯兄：沈批，沈括的堂兄。卫尉丞：负责仪仗卫兵械、甲胄的官员。

②濡：沾湿，润湿。

③绯衣：红色的衣服。

④遽（jù）：立即，马上。

⑤覃恩：广施恩泽。覃，深广、广施。

⑥蔡景繁（1035—1084）：蔡承禧，字景繁，临川（今属江西）人。嘉祐二年（1057）举进士第，任太平州司理参军、知雩都县。神宗熙宁八年（1075）时，擢太子中允、监察御史里行等，又加集贤院校理，出为淮南计度转运副使。

⑦貂蝉：貂尾和附蝉，古代王公贵族冠上的饰物。

译文

嘉祐年间，我堂兄正在卫尉丞任上，有位江浙僧人拿着一面宝镜前来拜见，说：“斋戒后对着这面镜子照，可以预见前途的吉凶。”我堂兄听了之后便照做了，将那面镜子用水淋湿后，镜子不太清晰，隐约中看到镜子里坐着一位穿着红色衣服的人。那时我堂兄正在京寺丞任上，官服是绿色的，没有缘由立刻穿上红色的官服。几个月未到，英宗即位，广施恩惠，得以获赐红色的官服。几年过后，那位僧人来到了京城，当时蔡承禧在御史任上，也曾经对着那面镜子照过，看到镜子里的自己头上戴着貂蝉冠帽，十分欢喜。几天不到，就受命代理祭祀的主持，于是借戴了貂蝉冠帽。最后蔡承禧官至承议郎，如此可见宝镜能够占卜的，仅仅是不久将要发生的事。

原文

三司使宅，本印经院，熙宁中，更造三司宅，自薛师政经始，宅成，日官周琮[①]曰："此宅前河，后直太社[②]，不利居者。"始自元厚之[③]，自拜日入居之。不久，厚之谪去，而曾子宣[④]继之。子宣亦谪去，子厚[⑤]居之。子厚又逐，而余为三司使，亦以罪去。李奉世[⑥]继为之，而奉世又谪。皆不缘三司职事，悉以他坐褫削[⑦]。奉世去，安厚卿主计，而三司官废，宅毁为官寺，厚卿亦不终任。

注释

①周琮：北宋天文官，曾参与改铸浑仪，改进漏刻制法，修订圭表尺寸。英宗即位，累迁殿中丞、判司天监，主持编订《明天历》。熙宁三年（1070），因日食与历不合，夺所贬官。

②太社：古代天子为祈福、报功而设立的祭祀土神、谷神的场所。

③元厚之：元绛，字厚之，钱塘（今浙江杭州）人，北宋大臣、文学家。

④曾子宣（1036—1107）：曾布，字子宣，江西南丰（今属江西）人，中书舍人曾巩之弟。嘉祐二年（1057）登进士第，授宣州司户参军、怀仁县令。王安石变法期间曾同时担任集贤校理、知制诰、翰林学士兼三司使等职。以忤王安石，出知饶州。哲宗时出任枢密使，徽宗时出任右仆射，终舒州司户。

⑤子厚（1035—1105）：章惇，字子厚，浦城（今福建南平一带）人。嘉祐二年（1057）登进士第，曾任商洛县令、雄武军节度推官等。王安石变法期间，提拔为编修三司条例官，加集贤校理、中书检正。卒赠太师。

⑥李奉世：李承之，字奉世，幽州（今河北北部地区）人。登进士第，

英宗时任明州司法参军。后为王安石所看重，委派去察访淮浙常平农田水利差役事，迁集贤殿修撰，后为宝文阁待制，出任三司使。

⑦褫削：指革除官职。

译文

三司使的宅第，原本坐落在印经院，熙宁年间，又另外新建了一座三司宅，自薛师政开始经办，宅子建筑完成后，天文官周琮说："这座宅子前有一条河，后面建有太社，对居住的人不吉利。"起初是元绛，自拜官之日起就搬进去住了。不久，元绛被贬，而曾布接替上任。后来曾布也被贬，又由章惇接替上任。之后章惇又被罢免，我在三司使任上时，也因获罪而离职。由李承之继任，最终也被贬官。而且我们接连被革职并不是因为三司本职的事情，而是一些不相关的事情。李承之离职后，由安焘主持三司的工作，并废除了三司使的官职，三司宅也改名为官寺，然而安焘也没能干到最后。

原文

《岭表异物志》[①]记鳄鱼甚详。余少时到闽中，时王举直[②]知潮州，钓得一鳄，其大如船，画以为图，而自序其下。大体其形如鼍[③]，但喙长等其身，牙如锯齿。有黄、苍二色，或时有白者。尾有三钩，极铦[④]利，遇鹿、豕即以尾戟[⑤]之以食。生卵甚多，或为鱼，或为鼍、鼋[⑥]，其为鳄者不过一二。土人设钩于大豕之身，筏而流之水中，鳄尾而食之，则为所毙。

注释

①《岭表异物志》：亦名《岭表录异》，唐刘恂所撰写，记载的是岭南各地风俗及物产。

②王举直：1024年任华亭知县一年。

③鼍（tuó）：扬子鳄。

④铦（xiān）：锐利。

⑤戟：古代的一种能刺能钩的长兵器。这里用作动词，意为刺、钩。

⑥鼋（yuán）：大龟。

译文

《岭表异物志》中十分详细地记载了关于鳄鱼的事。我年轻时曾经到过闽中，当时王举直任潮州知州，钓到过一只鳄鱼，身形大如船，后来他把鳄鱼的形态画在了图上，并且亲笔在下面作了序。大致说，鳄鱼在形态上好似鼍，但嘴巴几乎和身体一样长，牙像锯齿。有黄色、青色两种颜色，偶尔还有白色的。尾巴上有三个钩子，极其锋锐，碰见鹿、猪之类的动物就用尾巴钩取后吃掉。鳄鱼能生下很多的卵，而孵出来的有的长成鱼，有的长成鼍、鼋，能真正长成鳄鱼的只有一两只。当地人在狗或猪身上埋设钩子，并放到竹筏上在水里漂流，鳄鱼会跟上来吃这些猪或狗，于是被人捕获杀死了。

原文

嘉祐中，海州[①]渔人获一物，鱼身而首如虎，亦作虎文，有两短足在肩，指爪皆虎也，长八九尺，视人辄泪下。舁[②]至郡中，数日方死。有父老云："昔年曾见之，谓之'海蛮师[③]'。"然书传小说未尝载。

注释

①海州：在今江苏连云港一带。
②舁（yú）：抬。
③师：同"狮"。

译文

嘉祐年间，海州的渔民抓捕到一种海生动物，它长着鱼的身体和老虎的头，身上也有类似虎纹的花纹，有两只短足长在背部，有和老虎一样的指爪，身长有八九尺，它看到人就掉眼泪。把它抬到州府衙门里，几天后才死。有乡里的老者说："以前曾经见过这种动物，称为'海蛮师'。"然而在过去的各种典籍以及小说中都没有相关记载。

原文

邕州[1]交寇之后，城垒方完，有定水精舍泥佛辄自动摇，昼夜不息，如此逾月。时新经兵乱，人情甚惧。有司不敢隐，具以上闻，遂有诏令，置道场禳谢[2]，动亦不已。时刘初知邕州，恶其惑众，乃舁像投江中。至今亦无他异。

注释

①邕州：在今广西南宁附近。

②禳谢：谢罪消灾的宗教仪式。

译文

邕州在与敌寇交战之后，城池、壁垒才刚刚修建完成，其中有一尊定水精舍的泥佛会自动摇摆，昼夜不停，如此过了一个月。这时由于刚经历了兵乱，因而百姓都战战兢兢。官府也不敢隐瞒，就向上级详细地汇报了此事，于是朝廷下了诏令，命令安排道场来消灾，然而那尊泥佛依旧不停地动。当时刘初任邕州知州，认为它迷惑百姓而心生厌恶，就派人抬着佛像投入江中。到现在也没出现什么异常情况。

原文

洛中地内多宿藏[1]，凡置第宅未经掘者，例出掘钱。张文孝[2]左丞始以数千缗买洛大第，价已定，又求掘钱甚多。文孝必欲得之，累增至千余缗方售，人皆以为妄费。及营建庐舍，土中得一石匣，不甚大，而刻镂精妙，皆为花鸟异形，顶有篆字二十余，书法古怪，无人能读。发匣，得黄金数百两。鬻之，金价正如买第之直[3]，

斸[4]掘钱亦在其数，不差一钱。观其款识文画，皆非近古所有。数已前定，则虽欲无妄费，安可得也？

注释

①宿藏：前人留下的埋藏品。

②张文孝（985—1050）：张观，字思正，绛州绛县（今属山西）人。北宋大臣。宋真宗大中祥符七年（1014）甲寅科状元。授将作监丞、通判解州。仁宗即位，迁太常丞，为三司度支判官、知制诰，出知杭州。

③直：同“值”，意为价值、价格。

④斸（zhú）：挖掘。

译文

洛阳的地下有很多前人遗留下来的宝藏，所以只要是购买的未经挖掘过地下的宅第，照例都要出一部分掘地钱。左丞张观起初花了数千缗的价钱购置了一处洛阳的大宅子，已经敲定了价钱，然而卖主又向他索取一大笔掘地钱。张观势必要得到这块地，只得又往上加了一千多缗才成交，人们都以为他花了冤枉钱。到营建屋舍的时候，从土里挖出了一个石匣子，不是很大，但是刻制得十分精巧，都是花鸟等奇形异状，匣子上面还刻有二十多个篆字，书法十分古怪，无人能够识读。将匣子打开，又获得了几百两黄金。变卖后，黄金的价钱正好相当于买宅子的钱，就连掘地钱也包括其中，一分不差。观察匣子上的款识、字画的样式，并非出自近古。可见命数已经注定了，即使不想多花那份钱，又怎么可能呢？

原文

熙宁九年，恩州武成县有旋风自东南来[1]，望之插天如羊角，大木尽[2]拔，俄顷旋风卷入云霄中。既而渐近，乃经县城，官舍民居略尽，悉卷入云中。县令儿女奴婢，卷去复坠地，死伤者数人。民间死伤亡失者，不可胜计。县城悉为丘墟，遂移今县。

注释

①武成：今山东武城。旋风：俗称龙卷风。

②尽：全部。

译文

熙宁九年，恩州武成县有旋风自东南方向卷来，看上去好像一支直插入天空的羊角，所到之处大树全都被连根拔起，顷刻间，旋风卷入云霄。而后渐渐地接近地面，经过县城，城内官家和百姓的房屋几乎全被一扫而空，全都卷入云中。县令的儿女和奴婢被风卷去又从空中摔落下来，死伤好几人。民间死伤丢失的人不计其数。县城完全变成一堆废墟，于是把县城移到现在的地方。

原文

宋次道《春明退朝录》言："天圣中，青州盛冬浓霜，屋瓦皆成百花之状。"①此事五代时已尝有之，余亦自两见如此。庆历中，京师集禧观②渠中，冰纹皆成花果林木。元丰末，余到秀州，人家屋瓦上冰亦成花。每瓦一枝，正如画家所为折枝③，有大花似牡丹、芍药者，细花如海棠、萱草辈者，皆有枝叶，无毫发不具，气象生下，虽巧笔不能为之。以纸拓之，无异石刻。

注释

①宋次道：宋敏求（1019—1079），字次道，北宋大臣。《春明退朝录》：北宋宋敏求撰，多记载唐宋典故。

②集禧观：祭祀五岳的宗教建筑，为北宋在京城所建。

③折枝：画家的花卉画法之一，所画花卉不带根部。

译文

宋次道的《春明退朝录》记载："天圣年间，青州在严冬时节下了很重的霜，屋瓦上的冰霜都结成了花卉的形状。"此现象在五代时就已经出现过了，我也曾亲眼见过两次此种情形。庆历年间，京城集禧观的沟渠中的冰霜凝结成纹，都是花果林木的纹样。元丰末年，我在秀州，居民屋瓦上的冰也凝结成花状。每片瓦上一枝，正如画家所画的折枝图，其中大的像牡丹、芍药之类，小的像海棠、萱草之类，都有枝叶，细微之处无不具备，气韵、形象都相当生动，即使画家的笔法再精巧也画不出来。如果拿纸将它们拓印下来，就和石刻没什么区别了。

原文

熙宁中，河州①雨雹，大者如鸡卵，小者如莲芡②，悉如人头，耳、目、口、鼻皆具，无异镌刻。次年，王师平河州，蕃戎授首③者甚众，岂克胜之符豫告邪？

注释

①河州：位于甘肃兰州。

②莲芡：莲子和芡实。芡，属于睡莲科，一种大型水生植物，种子可入药或酿酒。

③蕃戎：古代对西北少数民族的统称。授首：指投降或被杀。

译文

熙宁年间，河州一带下了一场冰雹，大的如鸡蛋一般，小的如莲子和芡实一般，而且全部类似于人头，都有完整的耳、目、口、鼻，无异于由人刻出来的。第二年，官军就顺利平定了河州，敌人纷纷投降或被斩首，难道那些冰雹是克敌制胜的前兆吗？

谬误（谲诈附）（选自卷二十二）

原文

东南之美，有会稽[①]之竹箭。竹为竹，箭为箭，盖二物也。今采箭以为矢，而通谓矢为“箭”者，因其箭名之也。至于用木为笴[②]，而谓之箭，则谬矣。

注释

①会稽：在今浙江绍兴。

②笴（gǎn）：箭杆。

译文

东南地区的特产，其中就有会稽的竹箭。竹是竹，箭是箭，这是两种不同的植物。如今收集箭做成矢，而把矢通称为“箭”，是用“箭”这一材料为它命名的。至于用木头制作箭杆，也叫作箭，这就错了。

原文

丁晋公[①]之逐，士大夫远嫌，莫敢与之通声问。一日，忽有一书与执政，执政得之，不敢发，立具上闻。洎[②]发之，乃表也，深自叙致，词颇哀切。其间两句曰：“虽迁、陵之罪大[③]，念立主之功

多。”遂有北还之命。谓多智变，以流人无因达章奏，遂托为执政书，度以上闻，因蒙宽宥④。

注释

①丁晋公：丁谓，字谓之，善权术，宋真宗时官至宰相，封晋国公。

②洎（jì）：及，到。

③迁、陵：指司马迁、李陵。

④宽宥：原谅，宽恕。

译文

丁谓被放逐后，士大夫为了避嫌，就刻意与他保持距离，更不敢和他通信问候。一天，忽然有一封丁谓写的信被送到了执政大臣的府上，执政大臣拿到信后，不敢私自打开，就向皇帝汇报了此事。等打开信封，才知道原来是丁谓的谢罪表，表中自叙悔过之意，言语颇为哀婉恳切。其中有两句说："虽然我犯下如同司马迁、李陵那样的大罪，但还望皇帝能念及罪臣曾经在拥立先帝时立过的功。”于是皇帝下了让他迁居回京的命令。丁谓机智善权变，因为流放之人没有渠道将个人奏章上达到皇帝手上，于是假托执政大臣来上书，考虑这样就可以让皇帝看到此信，也因此获蒙皇帝的宽恕。

原文

尝有人自负才名，后为进士状首，扬历①贵近。曾谪官知海州，有笔工善画水，召使画便厅掩障，自为之记，自书于壁间。后人以其时名，至今严护之。其间叙画水之因曰："设于听事，以代反坫②。”人莫不怪之。余切意其心，以谓："邦君屏塞门，管氏亦屏塞门③；邦君为两君之好，有反坫，管氏亦有反坫。”其文相属，故缪以屏为反坫耳。

注释

①扬历：指仕宦的经历。

②反坫（diàn）：古人互相敬酒后，把空酒杯放还在坫上，为周代诸侯宴会时的一种礼节。坫，土筑的平台。

③塞门：屏，影壁。

译文

曾经有个人自恃有才华名气，后来考中状元，历任高官近臣。他曾经被贬官到海州任知州，有一位画家善于画水，他就请画家给休息厅画一幅屏风，自己为此作了记文，并亲自写在厅壁上。因为后人知道他曾名噪一时，所以将屏风严密地保护到现在。文中叙述画水的缘由说："摆设在厅堂内，作为反坫的代替品。"人们都感到十分怪异。我私下里揣摩他的心意，是因为《论语》中说："国君设有屏风，管仲也设有屏风；国君为了两国之间的友好而设有反坫，管仲也设有反坫。"由于两句话相接连，所以误将反坫当作屏风了。

原文

段成式《酉阳杂俎》记事多诞[①]。其间叙草木、异物，尤多缪妄，率记异国所出，欲无根柢。如云："一木五香：根旃檀[②]，节沉香[③]，花鸡舌[④]，叶藿[⑤]，胶薰陆[⑥]。"此尤谬。旃檀与沉香，两木元异。鸡舌即今丁香耳，今药品中所用者亦非。藿香自是草叶，南方至多。薰陆，小木而大叶，海南亦有薰陆，乃其胶也，今谓之"乳头香"。五物迥殊，元非同类。

注释

①段成式（803—863）：字柯古，段文昌之子。官至太常少卿。著有《酉阳杂俎》等。诞：荒诞，虚妄。

②旃（zhān）檀：檀香。盛产于印度、东南亚等地，有“香料之王”的美称。

③沉香：产于我国南部及东南亚等地，树根或树干可入药，可以行气止痛，温中止呕。

④鸡舌：鸡舌香，通称丁香。盛产于东南亚，蒸馏花芽所得的油能治愈牙痛之症。

⑤藿：藿香，盛产于我国南方。管状花目，唇形科多年生草本植物，茎有香气，可入药或提炼芳香油，可用来解暑止吐。

⑥薰陆：乳香，又名乳头香。盛产于欧洲南部或红海沿岸，乳香乃其茎浸出的树脂凝固后的产物。

译文

段成式的《酉阳杂俎》中的记事多有荒诞不经之处。其中记叙珍贵草木、奇异之物的错误尤其多，那些关于外国所出产之物的记载，一般都没什么根据。比如书中说：“有一种树可以产五种香药：檀香为其根部，沉香为其树干，鸡舌香为其花蕊，藿香为其枝叶，流出的胶是薰陆香。”这条尤其荒谬。檀香与沉香，这两种植物原本就不同。鸡舌香就是现在的丁香，而现在药品中使用的“鸡舌香”也不是真正的鸡舌香。藿香本来是草本植物，南方非常常见。薰陆这种植物，枝干小而叶子大，海南也有薰陆，其实用的是它分泌的胶，现在称作“乳头香”。这五种植物根本没有任何相似之处，本来就不是同一类别。

原文

丁晋公从车驾巡幸，礼成，有诏赐辅臣玉带。时辅臣八人，行在祗候库止有七带①。尚衣②有带，谓之“比玉”，价直数百万，上欲以赐辅臣，以足其数。晋公心欲之，而位在七人之下，度必不及已。乃谕有司，不须发尚衣带，自有小私带，且可服之以谢，候还京别赐可也。有司具以此闻。既各受赐，而晋公一带仅如指阔。上顾谓近侍曰：“丁谓带与同列大殊，速求一带易之。”有司奏“唯有尚衣御带”，遂以赐之。其带熙宁③中复归内府。

注释

①行在：指皇帝出巡所到之处。祇（zhī）候库：官库名，掌储存钱帛、器皿、衣服等，以备皇帝赏赐臣下。

②尚衣：殿中省尚衣局，隋炀帝置，掌管皇帝的服饰。

③熙宁：宋神宗赵顼的年号，1068—1077 年。

译文

丁谓随从皇帝的车马出巡，礼毕之后，皇帝下诏将玉带赏赐给辅臣。那时一共有八个辅臣，而当地的祇候库里仅有七条玉带。尚衣局里还有玉带，叫作“比玉”，一条价值几百万，皇帝想拿出一条赐给辅臣，来凑足数目。丁谓内心期望能够得到，只是其位在另外七人之下，他料想势必不会轮到自己。于是向主管官员提议，不必发尚衣局里的玉带了，他自己有一条小玉带，可姑且戴上谢恩，等回京后再另行赏赐即可。那些官员便以此禀报执行了。等到各位大臣都领赏谢恩后，发现只有丁谓的玉带仅有一个手指头宽。皇帝回过头对近侍说：“丁谓的玉带与同列的相差悬殊，速速为他找一条玉带替换。”主管官员上奏说“只有尚衣局的御用玉带了”，于是把尚衣局的玉带赏赐给了丁谓。熙宁年间又将那条玉带还给了内府。

原文

黄宗旦[①]晚年病目。每奏事，先具奏目，成诵于口。至上前，展奏目诵之，其实不见也。同列害之，密以他书易其奏目，宗旦不知也。至上前，所诵与奏目不同，归乃觉之。遂乞致仕[②]。

注释

①黄宗旦（973—1030）：字叔才，晋江（今属福建）人。北宋文学家、政治家。咸平元年（998）榜眼，曾任苏州知州，晚年授刑部郎中知襄州。

②致仕：辞官，退休。

译文

黄宗旦晚年患眼疾。每逢奏事，都提前把纲目准备好，将其全部背诵下来。等到面圣时，他打开奏书并一一背诵出来，其实眼睛根本看不见。他的同僚想谋害他，就背地里将他准备好的纲目替换成了其他的奏书，而黄宗旦并不知情。于是他来到皇帝跟前，背诵出来的与手拿的奏书不一样，回家之后才察觉到。便向皇帝请求退休。

原文

京师卖卜者，唯利举场时举人占得失。取之各有术：有求目下之利者，凡有人问，皆曰"必得"。士人乐得所欲，竞往问之。有邀以后之利者，凡有人问，悉曰"不得"。下第者常过十分之七，皆以谓术精而言直，后举倍获。有因此著名、终身飨[①]利者。

注释

①飨：同"享"。

译文

京城中凭借占卜谋生的人，唯独喜欢给参加科举考试的举人占卜得失。他们的牟利手段各有不同：有人贪求眼前的利益，只要有人问是否能考中，都说"必中"。士人乐意听自己想听的，就竞相向他询问。也有人贪求日后的利益，只要有人问是否能考中，都说"不中"。落榜的人通常在七成以上，于是都说他不仅占卜之术精湛而且还敢于直言，日后赚取的金钱就更多了。有人因此名声大噪，毕生从中得利。

原文

包孝肃[①]尹京，号为明察。有编民[②]犯法，当杖脊[③]。吏受赇[④]，与之约曰："今见尹，必付我责状[⑤]。汝第[⑥]呼号自辩，我与汝分此罪。汝决[⑦]杖，我亦决杖。"既而包引囚问毕，果付吏责状，囚如吏言，分辩不已，吏大声诃[⑧]之曰："但受脊杖出去，何用多言！"包谓其市权[⑨]，捽[⑩]吏于庭，杖之十七。特宽囚罪，止从杖坐[⑪]，以抑吏势，不知乃为所卖，卒如素约。小人为奸，固难防也。孝肃天性峭严，未尝有笑容，人谓"包希仁笑比黄河清"。

注释

①包孝肃：包拯（999—1062），字希仁，庐州合肥（今属安徽）人。天圣五年（1027）进士，仁宗时，官至三司使。卒赠礼部尚书，谥孝肃。

②编民：编入户籍的平民。

③杖脊：用刑杖击打脊背的刑罚。宋代为流放刑、徒刑的一种代用刑。

④赇（qiú）：贿赂。

⑤责状：由过错人或犯人签字画押的具结书、保证书。

⑥第：但，只管。

⑦决：判决。

⑧诃：同"呵"，呵斥。

⑨市权：卖权，以权谋私。

⑩捽（zuó）：揪住，抓住。

⑪杖坐：此处指由杖脊改为杖臀。

译文

包拯治理京城，号称明察秋毫。有一个平民犯法，依法当受脊杖。有官府的属吏被他收买，于是和犯人约定说："今天府尹要提讯你，一定会把判决书交给我。你就只管呼天喊地为自己辩解，我为你分担处罚。你被判打板子，我也被判打板子。"等到包拯把犯人讯问完毕，果然把判决书交给这个属吏，犯人就照着属吏事先的嘱咐，不停地辩解，属吏大声呵斥道：“你只管受了脊杖出去，何必胡搅蛮缠！”包拯以为这吏人有以权谋私之嫌，就把他揪到公堂上，也打了十七杖。还特地宽免了犯人的罪责，仅仅受了臀杖的刑罚，包拯想以此遏制属吏的权势，却不知道自己已经被属吏骗了，最终的判决结果就像属吏和犯人约好的一样。可见小人所干奸诈的勾当，本来就很难防范。包拯天性正颜厉色，不苟言笑，人称“要让包拯笑，比让黄河变清还难”。

原文

李溥[①]为江淮发运使，每岁奏计[②]，则以大船载东南美货，结纳当途[③]，莫知纪极[④]。章献太后[⑤]垂帘时，溥因奏事，盛称浙茶之美，云：“自来进御，唯建州[⑥]饼茶，而浙茶未尝修贡[⑦]。本司以羡余钱买到数千斤，乞进入内。”自国门[⑧]挽船而入，称进奉茶纲[⑨]，有司不敢问。所贡余者，悉入私室。溥晚年以贿败，窜谪海州[⑩]。然自此遂为发运司岁例，每发运使入奏，舳舻[⑪]蔽川，自泗州[⑫]七日至京。余出使淮南[⑬]时，见有重载入汴者，求得其籍[⑭]，言两浙笺纸三暖船[⑮]，他物称是。

注释

①李溥：河南人，宋太宗时由小吏被提拔。真宗时，官至制置江淮等路茶盐矿税兼发运司事。惯于贪赃枉法、结交权贵，后被贬蔡州团练副使，监徐州利国监。

②奏计：年终向皇帝汇报所掌地方财政情况，亦称“会计”。

③当途：当权大臣。

④纪极：限度，终极。

⑤章献太后（969—1033）：刘娥，宋真宗的皇后。宋仁宗即位时年幼，由章献太后垂帘听政十一年之久。

⑥建州：位于福建建瓯。

⑦修贡：纳贡。

⑧国门：指京城的水运城门。

⑨纲：宋代水陆运输的单位。

⑩海州：在今江苏连云港。

⑪舳舻（zhú lú）：船尾和船头的合称，也泛指船只。

⑫泗州：汴水入淮之口。位于安徽泗县。

⑬出使淮南：沈括因受到吕惠卿的诬蔑，为王安石所嫌。于熙宁八年（1075）出使淮南。

⑭籍：指载货登记簿。

⑮笺纸：小幅而精美的纸张。暖船：设有帷幕的船。

译文

李溥担任江淮发运使时，每到年终进京奏报财政情况，就用大船载着东南地区的奇珍异宝，交结贿赂朝中大臣，行事毫无忌惮。章献太后垂帘听政的时候，李溥借着奏事的时机，对浙江的茶叶颇为赞誉，还说："向皇宫进贡的，从来只有建州的饼茶，而不曾进贡过浙江的茶。本司用盈余的钱买到数千斤浙江茶，请求允许进献入宫。"于是从京城大门下的汴水道拉着他所调度的运茶船入京，有"进奉茶纲"之称，执法部门也不敢盘查。而进贡后剩余的物品，就都被他收入囊中。李溥晚年由于受贿之事败露，被贬而流放到海州。但自他以后，上贡就变成了发运司每年的惯例，每次发运使入京奏事，河川上就挤满了前后相继的船只，从泗州到京城需要连行七天。我出使淮南时，曾见到满载货物驶入汴河的船只，并设法找来了它们的运货清单，仅运送两浙精美的纸张就用了三条船，所运送的其他贡物或私载的货物的数量，也像这样。

原文

崔融为《瓦松赋》云："谓之木也，访山客而未详；谓之草也，验农皇而罕记。"①段成式②难之曰："崔公博学，无不该悉，岂不知瓦松已有著说？"引梁简文③诗："依檐映昔耶。"成式以昔耶为瓦松，殊不知昔耶乃是垣衣④，瓦松自名昨叶，何成式亦自不识？

注释

①崔融（653—706）：字安成，唐代齐州全节（今山东章丘）人。初应八科制举，皆及第。累补宫门丞、崇文馆学士。中宗李显为太子时，任侍读，兼侍属文，后擢为著作佐郎，转右史，又授著作郎，兼右史内供奉，后迁凤阁舍人。瓦松：草名，叶互生，有刺，长于屋瓦及石缝中。

②段成式：字柯古，唐代大臣。工诗，有文名。

③梁简文：南朝梁简文帝萧纲（503—551），字世缵，南兰陵（今江苏武进）人。太清三年（549），爆发侯景之乱，梁武帝被囚饿死，萧纲即位。大宝二年（551），为侯景所害，葬于庄陵。太子时，常与文人吟咏创作，号为"宫体"。

④垣（yuán）衣：地衣，苔藓。

译文

崔融作《瓦松赋》说："称它为木，但是访问山民却不了解详情；称它为草，但查验神农所尝却无从记载。"段成式责难道："崔公博学，无所不知，怎么会不知道已经有诗文写过瓦松了呢？"因而引用梁代简文帝的诗道："依檐映昔耶。"段成式以为昔耶就是瓦松，竟不知道昔耶实际上是苔藓，瓦松原叫昨叶，段成式怎么也不识得呢？

原文

江南陈彭年[①]，博学书史，于礼文尤所详练[②]。归朝列于侍从，朝廷郊庙礼仪，多委彭年裁定，援引故事，颇为详洽[③]。尝摄太常卿，导驾，误行黄道上，有司止之，彭年正色回顾曰："自有典故。"礼曹素畏其该洽，不复敢诘问。

注释

①陈彭年（961—1017）：字永年，江西南城县人。北宋奸臣，文学家。《广韵》的主要修撰人。

②详练：精熟。

③详洽：详尽，广博。

译文

南唐人陈彭年，博览书史典籍，对礼仪文治特别精通。归附朝廷后，位居侍从之列，朝廷举办郊庙祭祀的仪式，常常委派陈彭年来负责裁定，他每次都十分详备地引用典章制度。他曾任太常卿，赶上为圣驾开导，因失误偏离到黄道上，有官员上前阻止他，陈彭年正色回头道：“我这么做是有典故的。”礼官对他的博学精干向来十分敬畏，就不敢再多问了。

原文

海物有车渠[①]，蛤属也，大者如箕，背有渠垄，如蚶壳，故以为器，致如白玉。生南海。《尚书大传》曰：“文王[②]囚于羑里，散宜生[③]得大贝，如车渠以献纣。”郑康成[④]乃解之曰：“渠，车罔[⑤]也。”盖康成不识车渠，谬解[⑥]之耳。

注释

①车渠：砗磲，一种海贝，主要产于南海，体形较大，长可达一米以上，壳厚，可制作工艺品。

②文王：周文王，名姬昌。被纣王封为西伯，西周追封为文王。相传他曾被商纣王拘禁于羑（yǒu）里。

③散宜生：西周开国大臣，史载曾辅佐武王灭商。

④郑康成：郑玄（127—200），字康成，东汉北海高密（今山东潍坊）

人，经学家。

⑤车罔：车轮周围的框子。

⑥谬解：错解。

译文

海产中有种生物叫车渠，属蛤类，体形大的如簸箕般大小，壳上有凹凸不平的沟槽，类似于蚶的壳，人们拿它的壳作为装饰器皿，能打磨得如同白玉一样精致。这种动物产自南海。《尚书大传》里说："周文王被囚禁在美里，散宜生得到了大贝，和车渠差不多，拿来献给纣王。"郑玄注解道："渠是车轮外围的框子。"郑玄应该不知道什么是车渠，所以误解了。

原文

李献臣好为雅言。曾知郑州，时孙次公为陕漕罢赴阙[①]，先遣一使臣入京，所遣乃献臣故吏，到郑庭参，献臣甚喜，欲令左右延饭，乃问之曰："餐来未?"使臣误意"餐"者谓次公也，遽对曰："离长安日，都运待制已治装。"献臣曰："不问孙待制，官人餐来未?"其人惭沮而言曰："不敢仰昧[②]，为三司军将日，曾吃却十三。"盖鄙语谓遭杖为餐。献臣掩口曰："官人误也。问曾与未曾餐饭，欲奉留一食耳。"

注释

①孙次公（1004—1069）：孙长卿，字次公，扬州（今属江苏）人。以外祖朱巽任为秘书省校书郎，官至兵部侍郎。陕漕：陕西转运使。

②昧：隐藏，隐瞒。

译文

李献臣爱用文雅的言辞。他曾任郑州知州，正值陕西转运使孙长卿卸任回京，并先委派了一位使臣入京，派遣的使臣曾是李献臣的下属，他到郑州时登门拜见，李献臣见了之后十分高兴，想让近臣招待他吃饭，就问他说："餐来没有？"使臣误解了他的意思，以为所谓的"餐"是指孙长卿，就立即回答道："从长安离开时，长官已经在收拾行装了。"李献臣说："我不是问孙待制，是问你餐来没有。"使臣惭愧而沮丧地说："不敢对您有所隐瞒，我在三司军将任上时，曾被打了十三军棍。"原来民间俚语中将受杖刑称为"餐"。李献臣捂嘴笑道："你完全误解了我的意思。我就是问你有没有吃饭，想把你留下吃顿饭而已。"

讥谑（谬误附）（选自卷二十三）

原文

石曼卿[①]为集贤校理，微行倡馆[②]，为不逞者[③]所窘。曼卿醉与之校，为街司所录[④]。曼卿诡怪不羁，谓主者曰："只乞就本厢科决[⑤]，欲诘旦[⑥]归馆供职。"厢帅不喻其谑，曰："此必三馆吏人也。"杖而遣之。

注释

①石曼卿：石延年，字曼卿，北宋大臣。

②微行：暗地里出行。倡馆：妓院。

③不逞者：为非作歹的人。

④录：抓捕，拘留。

⑤科决：按规定的刑法处罚。

⑥诘旦：第二天早上。

译文

石延年担任集贤校理时，有一次暗地里混迹妓院，被几个为非作歹的人弄得很难堪。喝醉了的石延年与他们争吵不休，结果被金吾街司的巡逻兵逮捕了。石延年为人行事怪诞不拘小节，对主事者说：“只请求在你们这里依法受罚，但愿明天早晨还能回三馆上班。”厢兵长官不明白这是他的玩笑话，就说：“这家伙必是三馆小吏。”于是打了他板子后才把他放了。

原文

司马相如①叙上林诸水曰：丹水、紫渊，灞、浐、泾、渭，“八川分流，相背而异态”，“灏溔潢漾”，“东注太湖”。李善②注：“太湖，所谓震泽。”按八水皆入大河，如何得东注震泽？又白乐天《长恨歌》云：“峨嵋山下少人行，旌旗无光日色薄。”峨嵋在嘉州，与幸蜀路全无交涉。杜甫《武侯庙柏》诗云：“霜皮③溜雨四十围，黛色参天二千尺。”四十围乃是径七尺，无乃④太细长乎？防风氏身广九亩，长三丈，姬室亩广六尺，九亩乃五丈四尺，如此防风之身，乃一饼馅⑤耳。此亦文章之病也。

注释

①司马相如：字长卿，西汉成都人，善作赋，代表作有《子虚赋》《上林赋》《大人赋》等。

②李善（630—689）：唐代大臣，曾任崇贤馆直学士、兰台郎等职，学识渊博，曾为《文选》作注。

③霜皮：指柏树的树皮，为白色。

④无乃：相当于“莫非”“恐怕是”，表示委婉测度的语气。

⑤饼馅（dàn）：糕饼一类的食物。

译文

司马相如在《上林赋》中叙述上林苑的各条水系时称：丹水、紫渊，灞水、浐水、泾水、渭水，“八川分流，相互呼应而形态各异”“水流荡漾无涯”“向东流入太湖”。唐代的李善注说：“太湖也就是震泽。”根据考证，八条河流都注入黄河，那怎么会再向东流入震泽呢？此外，白居易的《长恨歌》中说：“峨嵋山下少人行，旌旗无光日色薄。”峨嵋山在嘉州，和玄宗逃往四川的道路根本无关。杜甫所作的《武侯庙柏》中道：“霜皮溜雨四十围，黛色参天二千尺。”四十围相当于是直径七尺，这树岂不是太细长了吗？传说防风氏身宽九亩，高三丈，按周代的度量标准算，一亩宽六尺，九亩就是五丈四尺，照此算来，防风氏的身形也就如同一块糕饼一般。这也是写文章的弊病。

原文

库藏中物，物数足而名差互者，帐籍中谓之“色缴”。音叫。**尝有一从官，知审官西院①，引见一武人，于格合迁官，其人自陈年六十，无材力，乞致仕，叙致谦厚，甚有可观。主判攘手②曰：“某年七十二，尚能拳欧③数人。此辕门也，方六十岁，岂得遽④自引退？”京师人谓之“色缴”。**

注释

①审官西院：审院，即审官院，负责考察京官与朝官的品级、职务，分为东、西两院。

②攘手：挥手。

③欧：通“殴”，殴打。

④遽：急速，匆忙。

译文

仓库里陈放的物品，数目充盈但是名称上有差错的，在账本上被叫作“色缴”。读音叫。曾经有位掌管审官西院的从官，想要引见一名武人，依照规定可以调任，那人自称已年到六十，没有才干，恳求退休，所述之言谦虚诚恳，特别打动人心。主事的官员挥着手臂说道：“我已经七十二岁了，还能用拳头打倒数人。此处是军营，你才到六十岁，怎么可以急着让自己隐退呢？”京城人将此戏称为“色缴”。

原文

旧日官为中允者极少，唯老于幕官者，累资方至，故为之者多潦倒之人。近岁州县官进用者，多除中允。遂有“冷中允”、“热中允”。又集贤院修撰，旧多以馆阁久次者为之。近岁有自常官①超授要任，未至从官②者多除修撰，亦有“冷撰”、“热撰”。时人谓“热中允不博③冷修撰”。

注释

①常官：常调官，指升迁时按法定程序授予相应职务的官员。

②从官：侍从官，宋代以诸殿阁学士、直学士、待制与翰林学士、给事中、六部尚书、侍郎为侍从官。

③博：换取。

译文

以前被授予太子中允官职的人特别少，仅有那些长任幕府属官的人，依靠累积多年的资历才可以达到，所以被任命为此官者多是仕途失意潦倒之人。近几年，从州县官的位置上被升迁的人，多授予太子中允。于是有了“冷中允”和“热中允”之说。此外，集贤院修撰过去多授予那些久在馆阁担任职务却尚未被提拔的人。近几年，那些从常调官越级提拔担任要职，却又未达到侍从官资格的人，通常都被授予集贤院修撰的职名，于是又有了“冷撰”和“热撰”之说。当时人们口中称“热中允不换冷修撰”。

原文

梅询[①]为翰林学士，一日，书诏颇多，属思甚苦，操觚[②]循阶而行，忽见一老卒，卧于日中，欠伸[③]甚适。梅忽叹曰：“畅哉！”徐问之曰：“汝识字乎？”曰：“不识字。”梅曰：“更快活也！”

注释

①梅询（964—1041）：字昌言，宣城（今属安徽）人。端拱二年（989）进士，宋真宗时任户部判官，后出任许州知州。

②操觚（gū）：原指拿木简写作，后来代指写文章，这里指拿着笔。

③欠伸：形容一副慵懒闲散的样子。

译文

梅询为翰林学士时，有一天，要起草的诏书繁多，构思得十分苦闷，他就拿着笔沿着台阶边走便想，忽然见到一位老兵，躺在日头下，伸着懒腰十分舒适自在的样子。梅询忽然感叹道：“真自在啊！”又慢慢问道：“你认识字吗？”答道：“不认识字。”梅询说：“那就更快活了！”

原文

有一南方禅僧到京师，衣间绯袈裟[①]。主事僧素不识南宗体式，以为妖服，执归有司，尹正[②]见之，亦迟疑未能断。良久，喝出禅僧，以袈裟送报慈寺泥迦叶[③]披之。人以谓此僧未有见处，却是知府具一只眼。

注释

①间绯袈裟：杂染红色的袈裟。

②尹正：中国古代府官的统称。

③迦叶：摩诃迦叶波，释迦的十大弟子之一，为禅宗第一代祖师。

译文

有一位来自南方的禅僧前往京城，身穿杂染红色的袈裟。主事的僧侣向来不识得南方禅宗的服装样式，以为此袈裟是妖服，就将他逮捕送到了官府，知府见过之后，心中也迟疑不能决断。很久之后，知府大喊叫出这位禅僧，叫他把袈裟给报慈寺送去，并亲自披在泥塑的迦叶法师身上。人们都以为主事的僧侣见识短浅，倒是知府独具慧眼。

原文

士人应敌文章[1]，多用他人议论，而非心得。时人为之语曰："问即不会，用则不错。"

注释

①应敌文章：与驳论文类似。

译文

士人在写驳论文章的时候，往往采用他人的议论，并非自己的心得体会。那时人们为此概括道："一问都不会，一用都没错。"

原文

张唐卿[①]进士第一人及第，期集[②]于兴国寺，题壁云："一举首登龙虎榜，十年身到凤凰池。"有人续其下云："君看姚晔并梁固[③]，不得朝官未可知。"后果终于京官。

注释

①张唐卿（1010—1037）：字希元，山东青州（今属山东）人。宋仁宗景祐元年（1034）中状元，通判陕州。后其父病故，因悲痛过度，吐血而亡。

②期集：指唐宋新及第进士按惯例举行的集会游宴活动。

③姚晔（958—?）：商水（今属河南）人。大中祥符元年（1008）状元，官至著作郎。梁固（987—1019）：郓州须城县（今山东东平）人，大中祥符二年（1009）状元，授将作监丞，入值史馆，历任户部判官、判户部勾院。

译文

张唐卿考中状元之后，参加了在兴国寺举行的集会游宴活动，并在墙壁上题了诗句道："一举首登龙虎榜，十年身到凤凰池。"后来有人给续写了后两句道："君看姚晔并梁固，不得朝官未可知。"最后张唐卿果真只做到了京官。

原文

信安、沧、景之间[①]，多蚊虻。夏月，牛马皆以泥涂之，不尔[②]多为蚊虻所毙。效行不敢乘马，马为蚊虻所毒，则狂逸不可制。行人以独轮小车，马鞍蒙之以乘，谓之"木马"。挽车者皆衣韦裤[③]。冬月作小坐床，冰上拽[④]之，谓之"凌床"。余尝按察河朔[⑤]，见挽床者相属，问其所用，曰："此运使凌床"，"此提刑凌床"也。闻者莫不掩口[⑥]。

注释

①信安：今河北霸县东北信安镇。沧：沧州，今河北沧州东南。景：景州，今河北遵化。

②不尔：不然，否则。

③挽：拉，牵引。韦裤：皮裤。

④拽：牵拉。

⑤按察河朔：沈括在河北西路察访使任上时，曾到河北边防巡视。

⑥掩口：因“凌床”与停尸的“灵床”同音，十分妙趣，所以引人发笑。

译文

信安、沧州、景州等地区，蚊蝇十分泛滥。到了夏天，要给牛马的身上涂上一层泥，否则它们大多会被蚊蝇叮咬而死去。在城郊出行的时候都不敢乘坐马车，这是因为马中了蚊蝇的毒后，就会狂奔而无法制止。于是行人就使用独轮小车，在小车上放马鞍来乘坐，叫作“木马”。拉车的人全穿上了皮裤。到了冬天，人们就制作一种小型坐床，拉着床行走在冰上，叫作“凌床”。我曾经到河朔一带察访，看见拉床的人连续不断，就询问这床是给谁用的，回答说：“此乃转运使的凌床”“此乃提刑的凌床”。听见的人都捂嘴而笑。

原文

庐山简寂观道士王告，好学有文，与星子[①]令相善。有邑豪修醮[②]，告当为都工[③]。都工薄有施利，一客道士自言衣紫，当为都工，讼于星子云：“职位颠倒，称号不便。”星子令封牒与告，告乃判牒曰：“‘客僧做寺主’，俗谚有云；散众夺都工，教门无例。虽紫衣与黄衣稍异，奈本观与别观不同。非为称呼，盖利乎其中有物，妄自尊显，岂所谓大道无名？宜自退藏，无抵刑宪。”告后归本贯登科，为健吏，至祠部员外郎、江南西路提点刑狱而卒。

注释

①星子：星子县，原为江西省九江市下辖县，临近鄱阳湖。

②修醮（jiào）：道士设坛念经做法事。

③都工：亦名“都功”，道教职称的一种。

译文

庐山简寂观有一位道士名叫王告，好学且有文采，与星子县县令交友甚笃。县里的一位富豪要举行宗教仪式，都功一职理当由王告担任。都功能分得一份薄利，有一位身穿紫色道袍的外来道士自称，都功应当由他来担任，于是到星子县告状说：“如此一来就颠倒了职位，不便于称呼。”星子县县令封好诉状转交给王告，王告就对诉状下了判词道：“‘外来僧侣做本寺主持（反客为主）’，这是民间谚语所说的；闲散之众争夺都功一职，教门不曾有过先例。虽然紫衣道袍与黄衣道袍略有不同，无奈本道观不同于其他道观。并非为了称呼考虑，其实是为了利益而妄自尊大，哪里明白所谓的大道无名呢？最好自行退避，不可触犯法典。”后来王告回到原籍考中进士，成了一名强干的官吏，任祠部员外郎、江南西路提点刑狱，一直做到去世。

原文

旧制，三班奉职月俸钱七百，驿[①]羊肉半斤。祥符[②]中，有人为诗，题所在驿舍间曰：“三班奉职实堪悲，卑贱孤寒即可知。七百料钱何日富？半斤羊肉几时肥？”朝廷闻之曰：“如此何以责廉隅[③]？”遂增今俸。

注释

①驿：驿站，古代供传递官府文书和军事情报的人中途更换马匹并休息的场所。

②祥符：大中祥符，宋真宗赵恒的年号，1008—1016年。
③廉隅：比喻端正的品行。

译文

按照以前的法制，三班奉职每月给七百文俸钱，驿站供给半斤羊肉。大中祥符年间，有人作了一首诗，题在所居住的驿舍中，道："三班奉职实堪悲，卑贱孤寒即可知。七百料钱何日富？半斤羊肉几时肥？"朝廷听闻此事后，道："如此一来还怎么要求官员廉洁呢？"于是上涨到了现在的俸额。

原文

尝有一名公，初任县尉，有举人投书索米，戏为一诗答之曰："五贯九百五十俸，省钱[①]请作足钱用。妻儿尚未厌糟糠，僮仆岂免遭饥冻？赎典赎解不曾休，吃酒吃肉何曾梦？为报江南痴秀才，更来谒索觅甚瓮[②]。"熙宁中，例增选人[③]俸钱，不复有五贯九百俸者，此实养廉隅之本也。

注释

①省钱：古代以一百文钱称为足钱，不足一百文当一百用称为省钱。
②甚瓮：大型陶制容器。
③选人：唐代将候补、候选的官员称为选人，沿用于后世。

译文

曾经有一位颇有名气的人，刚刚担任县尉时，就有个举人写信向他索要一些钱粮，他便开玩笑地写了一首诗回复举人："五贯九百五十俸，省钱请作足钱用。妻儿尚未厌糟糠，僮仆岂免遭饥冻？赎典赎解不曾休，吃酒吃肉何曾梦？为报江南痴秀才，更来谒索觅甚瓮。"到了熙宁年间，朝廷按例增加了官员的俸禄，就再也没有五贯九百俸的笑谈了，这真是让官员保持廉洁的根本之举。

原文

石曼卿初登科，有人讼科场，覆考落数人，曼卿是其数。时方期集于兴国寺，符至，追所赐敕牒①靴服。数人皆啜泣而起，曼卿独解靴袍还使人，露体戴幞头，复坐，语笑终席而去。次日，被黜者皆授三班借职。曼卿为一绝句曰："无才且作三班借，请俸争如录事参？从此罢称乡贡进，且须走马东西南。"

注释

①敕牒：皇帝颁发的授官的文书。

译文

石延年刚考中进士时，有人申诉科举考场存在舞弊，经过复核，几人被黜落，其中就有石延年。此时正赶上新科进士齐聚兴国寺参加宴会，命令一下，赏赐给被黜落的进士的文书诏令和官服就被追回了。他们都边哭边起身离席，唯独石延年解下赏赐的官服还给使者，赤裸着身子，只戴着幞头，又坐下继续与旁人谈笑，直到散席才离去。第二天，被黜落的进士都被授予三班借职的闲职。石延年为此作了一首绝句道："无才且作三班借，请俸争如录事参？从此罢称乡贡进，且须走马东西南。"

原文

蔡景繁[①]为河南军巡判官日，缘事至留司御史台阅案牍，得乾德[②]中回南郊仪仗使司牒检云："准来文取索本京大驾卤簿[③]，勘会本京卤簿仪仗，先于清泰[④]年中，末帝将带逃走，不知所在。"

注释

①蔡景繁：蔡承禧，字景繁，临川（今属江西）人，北宋大臣。

②乾德：宋太祖赵匡胤的年号，963—968 年。

③卤簿：古代帝王出行时的前后仪仗。

④清泰：后唐末帝李从珂的年号，934—936 年。

译文

蔡承禧在河南军巡判官任上时，因公务前往留司御史台查阅案卷，得到乾德年间答复南郊仪仗使司的文书，文书中写道："根据来文索求本朝皇帝的车马仪仗，调查之后，得知本朝的车马仪仗早在后唐清泰年间，就被末帝携带出逃了，至今不知流落何处。"

原文

江南宋齐丘[①]，智谋之士也，自以谓江南有精兵三十万：士卒十万，大江当十万，而已当十万。江南初主[②]，本徐温[③]养子，及僭号，迁徐氏于海陵[④]。中主[⑤]继统，用齐丘谋，徐氏无男女少长，皆杀之。其后，齐丘尝有一小儿病，闭阁谢客，中主置燕召之，亦不出。有老乐工，且双瞽[⑥]，作一诗书纸鸢上，放入齐丘第中，诗曰："化家为国实良图，总是先生画计谟。一个小儿抛不得，上皇当日合何如？"海陵州宅之东，至今有小儿坟数十，皆当时所杀徐氏之族也。

注释

①宋齐丘（887—959）：本字超回，改字子嵩，豫章（今江西南昌）人。历任吴国和南唐左右仆射平章事（宰相），晚年隐居九华山。有人告发他阴谋篡位，后流放九华山，自缢而死。卒年七十三，谥缪丑。

②江南初主（888—943）：南唐开国君主李昪，字正伦，徐州（今属江苏）人。

③徐温（862—927）：字敦美，海州（今江苏连云港一带）人，五代时吴国人。初隶属杨行密帐下，任右衙指挥使。后发动政变并拥立杨行密次子继位，独揽大权。先后任行军司马、润州刺史、镇海军节度使、同平章事。天祐十二年（915），受封齐国公，兼任两浙招讨使。顺义七年（927）病死，追封齐王，谥号武。徐知诰建立南唐后，追谥徐温为忠武皇帝，庙号太祖，后改为义祖。

④海陵：今属江苏泰州。

⑤中主：南唐中主李璟（916—961），南唐烈祖李昪长子，字伯玉，初名景通。李璟所杀实为杨行密一族，而非徐温一族。沈括当误记。

⑥瞽（gǔ）：目盲。

译文

南唐人宋齐丘很有智谋，自以为江南具有三十万精兵：其中士卒占十万，长江能当十万，而自己能当十万。江南初主李昪原是徐温的养子，到了他僭号称帝，就将徐氏全家迁往海陵。中主李璟继位后，采用了宋齐丘的计谋，将徐氏一族，无论男女老少，都杀害了。之后，有一次宋齐丘的一个小儿子身体抱恙，他就关上门不见客，中主摆宴招待他，他也不去。有一位年老的乐工，双眼已经失明，作了一首诗，题在风筝上，放进了宋齐丘的府第内，诗中说："化家为国实良图，总是先生画计谟。一个小儿抛不得，上皇当日合何如？"海陵州府以东，到现在还留存着几十个小儿坟，全部是当时被杀害的徐氏族人。

原文

有一故相远派在姑苏①，有嬉游，书其壁曰："大丞相再从侄某尝游。"有士人李璋，素好讪谑②，题其傍曰："混元皇帝③三十七代孙李璋继至。"

注释

①姑苏：指江苏苏州。

②讪谑：讥笑，调侃。

③混元皇帝：指老子，姓李名耳，字伯阳。被道教尊为混元皇帝。

译文

从前有位前宰相的远支族人到姑苏嬉戏游玩，在墙壁上写了一句道："大丞相再从侄某到此游玩。"有位名叫李璋的士人，一向爱好调侃，就在旁边题写道："混元皇帝三十七代孙李璋继而到访。"

原文

吴中一士人，曾为转运司别试解头①，以此自负，好附托显位②。是时侍御史李制知常州，丞相庄敏庞公③知湖州。士人游毗陵④，挈其徒饮倡家，顾谓一驺卒⑤曰："汝往白李二，我在此饮，速遣有司持酒肴来。"李二，谓李御史也。俄顷，郡厨以饮食至，甚为丰腆。有一蓐医⑥，适在其家，见其事，后至御史之家，因语及之。李君极怪，使人捕得驺卒，乃兵马都监所假，受士人教戒，就使庖买饮食，以给⑦坐客耳。李乃杖驺卒，使街司白士人出城。郡僚有相善者，出与之别，唁⑧之曰："仓卒遽行，当何所诣？"士人应之曰："且往湖州，依庞九耳。"闻者莫不大笑。

注释

①转运司：掌管粮食、财赋转运事务的官署。别试解头：临时借调的掌管押运粮草的差役头目。

②附托显位：假托攀附高官。

③庄敏庞公（988—1063）：庞籍，字醇之，单州成武（今属山东菏泽）人。大中祥符年间中进士，北宋大臣，谥庄敏。

④毗陵：常州及附近地区的古称，今江苏镇江东丹徒镇。

⑤驺（zōu）卒：负责车马的差役。

⑥蓐（rù）医：产科医生。

⑦绐：欺诈。

⑧唁：慰问。

译文

吴中的一位士人，曾是转运司的别试解头，并以此自大，喜欢假托攀附高官显贵。当时侍御史李制担任常州知州，丞相庞籍担任湖州知州。那个士人去往毗陵游历，率领手下到妓院喝酒，碰见一个赶车的差役说："你去通报一下李二，说我在此处喝酒，尽快派人把好酒好菜送过来。"李二，指的就是李御史。没一会儿，府衙的厨子就送来了酒菜，极为丰盛。有一位产科医生，刚好在场，目睹了这件事，之后前往李御史家中，谈起了这件事。李制深感疑惑，就派人把那个赶车的差役抓回来讯问，原来是在兵马都监那儿借来的，并受了那个士人的教唆，指使厨师去买酒菜，来蒙骗在座的客人。最终李制把差役处以杖刑，那个士人也被街司押解出城。郡中有几个和他关系要好的小官吏，出城和他告别，并问候他说："如此行色匆匆，你要去哪里呢？"士人回答道："我要到湖州找庞九。"听到的人无不捧腹大笑。

原文

馆阁每夜轮校官一人直宿①，如有故不宿，则虚其夜，谓之"豁宿"。故事，豁宿不得过四，至第五日即须入宿。遇豁宿，例于

宿历[2]名位下书："腹肚不安，免宿。"故馆阁宿历，相传谓之"害肚历"。

注释

①直宿：值夜班。直，值守。

②宿历：指夜宿值班表。

译文

馆阁每夜轮流由一名校官住宿值夜班，如果因事而无法值班，那么就轮空一夜，称为"豁宿"。按从前的制度，豁宿的天数不可超出四天，到第五天就必须有人入馆值班。一旦到了豁宿时，惯例要在值班表当值人的名字下面写上："肚子不适，免班。"所以馆阁夜宿的值班表，被世人相传称之为"害肚历"。

原文

吴人多谓梅子为"曹公[1]"，以其尝望梅止渴也。又谓鹅为"右军[2]"，以其好养鹅也。有一士人遗人醋梅与焊鹅[3]，作书云："醋浸曹公一甏[4]，汤焊右军两只，聊备一馔[5]。"

注释

①曹公：指曹操（155—220），字孟德，沛国谯县（今安徽亳州）人，东汉时任丞相，封魏王，开创魏国基业。曹操因位至三公而被人们称为曹公，这里用曹操望梅止渴的典故。

②右军：指王羲之，王羲之曾任右军将军，所以人称右军。

③遗（wèi）：赠送。焊（xún）：用火烧熟。

④甏（bèng）：一种盛放食物的瓮类陶器。

⑤馔（zhuàn）：饭食，菜肴。

译文

江浙地区的人通常将梅子称为“曹公”，这是因为曹操曾有望梅止渴的典故。还称鹅为“右军”，因为养鹅是王羲之的一大喜好。有一个读书人要把醋梅和烧鹅送给别人，就写了封信道：“送上醋浸曹公一甏、汤烧右军两只，权当一顿便饭。”

杂志一（选自卷二十四）

原文

延州①今有五城，说者以谓旧有东、西二城，夹河对立，高万②典郡，始展南、北、东三关城。余因读杜甫诗云：“五城何迢迢，迢迢隔河水。”“延州秦北户，关防犹可倚。”乃知天宝中已有五城矣。

注释

①延州：在今陕西延安。

②高万：当作高万兴（？—926），河西（今甘肃）人。唐末藩镇将领，后降梁，梁祖以万兴兼彰武、保大两镇节度使，累加至太师、中书令，封北平王。同光三年十二月，卒于位。

译文

现在延州共有五座城，有人谈起此事时说先前只有东、西两座城，隔河相望，高万兴任郡守一职时，才开始将南、北、东三座关城扩建。后来我因为读到杜甫的诗说："五城何迢迢，迢迢隔河水。""延州秦北户，关防犹可倚。"才得知天宝年间就已经有这五座城了。

原文

鄜延[1]境内有石油，旧说"高奴[2]县出脂水"，即此也。生于水际，沙石与泉水相杂，惘惘[3]而出，土人以雉尾裛[4]之，乃采入缶[5]中。颇似淳[6]漆，然[7]之如麻，但烟甚浓，所沾幄幕皆黑。余疑其烟可用，试扫其煤[8]以为墨，黑光如漆，松墨[9]不及也，遂大为之，其识文[10]为"延川石液"者是也。此物后必大行于世，自余始为之。盖石油至多，生于地中无穷，不若松木有时而竭。今齐、鲁间松林尽矣，渐至太行、京西、江南，松山大半皆童[11]矣。造煤人[12]盖未知石烟之利也，石炭烟亦大，墨人衣。余戏为《延州诗》云："二郎山下雪纷纷，旋卓穹庐[13]学塞人。化尽素衣冬未老，石烟多似洛阳尘。"

注释

①鄜（fú）延：路名，治所在延州（今陕西延安）。
②高奴：古县名，在今延安附近的延水东岸。
③惘惘：心中若有所失的样子，文中用来形容缓缓流出的样子。
④裛（yì）：通"浥"，沾湿，湿润。
⑤缶：古代一种大肚小口的陶制容器，泛指瓦罐一类的器具。
⑥淳：通"纯"，纯粹。
⑦然：同"燃"，燃烧。
⑧煤：这里指烟灰。
⑨松墨：用松木燃烧后的灰制成的墨。
⑩识文：指墨上所标注的文字。
⑪童：光秃秃的样子。
⑫造煤人：指用松烟制作墨的人。
⑬旋卓穹庐：迅速支起圆顶帐篷。

译文

鄜延境内有一种石油，旧时说的“高奴县出产脂水”，就是指的它。这种石油产自水边，从沙石与泉水相混杂的地方缓缓流出，当地人用鸡毛将它蘸取上来，采集到陶罐里。它的样子很像纯漆，燃起来像麻秆，只是冒着很浓的烟，被浓烟沾染过的帷幕都会变黑。我猜度这种烟灰很有利用价值，于是试着把烟灰扫起来用来制作墨，制成的墨的光泽如同黑漆一般，松墨也无法与它相比拟，于是大规模地制造了一批，并给墨刻上名称，即“延川石液”。这种墨以后一定会广泛地流行于世上，只是我先制作出了而已。这种石油的储量很大，它出自地下，没有穷尽，不像松木终究有枯竭的时候。如今齐、鲁地区的松林已经用尽了，就连太行、京西、江南地区的松山也大部分光秃秃的了。用松烟造墨的人或许不知道石油燃烧时产生的油烟对制墨的好处，烧石炭时产生的烟也很浓，能染黑人的衣服。我曾开玩笑地作了一首《延州诗》道：“二郎山下雪纷纷，旋卓穹庐学塞人。化尽素衣冬未老，石烟多似洛阳尘。”

原文

解州盐泽之南，秋夏间多大风，谓之“盐南风”。其势发屋拔木，几欲动地，然东与南皆不过中条[①]，西不过席张铺[②]，北不过鸣条[③]，纵广止于数十里之间。解盐不得此风不冰[④]，盖大卤之气相感，莫知其然也。又汝南亦多大风，虽不及盐南之厉，然亦甚于他处，不知缘何如此？或云：“自城北风穴山中出。”今所谓风穴者已夷矣，而汝南自若，了知非有穴也。方谚云：“汝州风，许州葱。”其来素矣。

注释

①中条：今山西西南部中条山，史学家称它囊括“九分天下盐”。

②席张铺：今山西运城西部盐湖区席张乡。西接永济境，东邻解州镇。

③鸣条：指鸣条冈，在今运城北，处夏县与临猗之间。

④不冰：指盐水无法自然结晶。制盐时，引盐池水入畦，因盐水的水汽重导致湿度大，为加快结晶过程，须借助南风加速蒸发，才能更快析出结晶。

译文

解州盐池的南边，秋夏之际多刮大风，被人们称为“盐南风”。其风势极大，可以摧毁房屋、将树木连根拔起，几乎可以震动大地了，但是这风朝东朝南都不会过中条山，朝西不过席张铺，朝北不过鸣条冈，纵横仅在数十里之内。解州盐若没有这种风就不会结晶，大概是这种含盐量高的水汽能与风相感应，不知道为什么会这样。另外汝南也多刮大风，虽然比不上盐南风厉害，但比其他地方厉害，也不知为什么这样。有人说：“汝南风出自城北的风穴山。”今天所谓的风穴山已经成为平地了，而汝南风依旧，可知并不是因为有风穴。民间谚语说：“汝州风，许州葱。”由此看来，这种风是由来已久的。

原文

昔人文章用北狄事，多言黑山。黑山在大幕[①]之北，今谓之“姚家族”，有城在其西南，谓之庆州。余奉使，尝帐宿其下。山长数十里，土石皆紫黑，似今之磁石，有水出其下，所谓黑水也。胡人言黑水原下委高[②]，水曾逆流，余临视之，无此理，亦常流耳。山在水之东。大底北方水多黑色，故有卢龙郡，北人谓水为龙，“卢龙”即黑水也。黑水之西有连山，谓之“夜来山”，极高峻。契丹坟墓皆在山之东南麓，近西有远祖射龙庙，在山之上，有龙舌藏于庙中，其形如剑。山西别是一族，尤为劲悍，唯啖生肉血，不火食，胡人谓之“山西族”，北与“黑水胡”、南与“达靼”接境。

注释

①大幕：大漠。

②原下委高：源头地势低而水流汇聚处地势高。

译文

前人文章里只要谈到北狄的事，多会提及黑山。黑山在大漠北边，如今称为“姚家族”，有一座叫作庆州的城位于其西南方向。我受命出使契丹时，曾支帐篷留宿在山脚下。山有数十里长，土石均为紫黑色，就如同现在的磁石，山下有一条水，称为黑水。契丹人说黑水的源头地势低而水流汇聚处地势高，所以曾出现过黑水逆流的现象，我走近仔细观察，认为不存在这种道理，这只是一条普通的河流而已。黑山在黑水的东面。或许北方的水大多是黑色的，所以才有卢龙郡，北方人把水称为龙，“卢龙”就是所谓的黑水。黑水西面有绵绵不绝的山脉，称为“夜来山”，极为高耸陡峭。契丹人的坟墓都在山的东南麓，临近西面有契丹人祭祀远祖的射龙庙，山上的庙里藏有龙舌，形状类似于剑。在山的西面居住着其他部落，他们特别彪悍，只食用生肉，不吃熟食，契丹人称之为“山西族”，他们北与“黑水胡”、南与“鞑靼”接壤。

原文

余姻家朝散郎王九龄[①]常言：其祖贻永侍中[②]，有女子嫁诸司使[③]夏偕，因病危甚，服医朱严[④]药，遂差[⑤]。貂蝉[⑥]喜甚，置酒庆之。女子于坐间求为朱严奏官[⑦]，貂蝉难之，曰：“今岁恩例已许门医刘公才[⑧]，当候明年。”女子乃哭而起，径归不可留，貂蝉追谢之，遂召公才，谕以女子之意。辍[⑨]是岁恩命以授朱严，制下之日而严死。公才乃嘱王公曰：“朱严未受命而死，法容再奏。”公然之，再为公才请。及制下，公才之尉氏县[⑩]，使人召之。公才方饮酒，闻得官，大喜，遂暴卒。一四门助教[⑪]，而死二医。一官不可妄得，况其大者乎？

注释

①王九龄：沈括娶继室张氏，张氏父为张刍，张刍第五女嫁王九龄。

②贻永：王贻永，字季长，北宋将领。去世后被赠官为太师、中书令，

谥号康靖。侍中：门下省长官，地位高贵，通常为荣誉性虚衔。

③诸司使：武官官阶，宋代在三班之上设诸司使、诸司副使。

④朱严：生卒年不详。诗文俱佳，晚年才荣登探花之位。

⑤差：病愈，痊愈。

⑥貂蝉：代指高官，此处指王贻永。

⑦奏官：奏荐为官。宋代不同级别的官员的恩荫限制和名额也有所不同，王贻永作为高官可以恩荫亲属、门客等。

⑧刘公才：身世不详。

⑨辍：终止。

⑩尉氏县：今属河南。

⑪四门助教：官学中的低级教官。

译文

我的姻亲朝散郎王九龄常常说起：他的祖父王贻永任侍中，有个女儿嫁给了诸司使夏偕，有一次病重，服下医生朱严的药，就痊愈了。王贻永十分喜悦，置办酒席以庆贺。他的女儿在席间请求他谋一个官给朱严当，王贻永十分为难，说："今年的荫官已经许给门下的医生刘公才了，只能等到明年了。"他的女儿一听，便哭着起身自己走了，怎样都挽留不住，王贻永追上去道歉，于是召见了刘公才，并告知他女儿的意思。就把这年荫官的机会给了朱严，结果发下诏书的那天，朱严却死了。刘公才就去和王贻永说："朱严还没接受诏命就死了，按照规定准许另行奏荐。"王贻永应允了他，就再次为刘公才请官。诏书发下来的时候，刘公才去往了尉氏县，于是派人去请他回来。刘公才此时正喝着酒，一听说得了官，开心得不得了，于是暴毙了。两个医生为了区区一个四门助教而殒命。一个芝麻官都不能轻易得到，更何况那些大官呢？

原文

赵韩王[①]治第，麻捣钱一千二百余贯，其他可知。盖屋皆以板为笪[②]，上以方砖甃[③]之，然后布瓦，至今完壮。涂壁以麻捣土，世俗遂谓涂壁麻为麻捣。

注释

①赵韩王：赵普（921—991），字则平，幽州蓟（今北京）人。与赵匡胤发动陈桥兵变，建立北宋。乾德二年（964）任宰相，协助太祖筹划削夺藩镇。卒封韩王，谥忠献。

②笪（dá）：用粗竹篾编制而成的席子。

③甃（zhòu）：用砖砌。

译文

赵普修筑宅第，仅是麻捣的花费就有一千二百多贯，其他花费更不在话下。用木板代替竹席来覆盖屋顶，上面再用方砖砌好，然后铺上一层瓦片，直到如今都完好无损。因为用的是麻混合泥土后捣烂的材料涂的墙壁，因此世人就把涂墙壁用的麻命名为“麻捣”。

原文

契丹北境有跳兔[①]，形皆兔也，但前足才寸许，后足几一尺。行则用后足跳，一跃数尺，止则蹶[②]然扑地。生于契丹庆州之地大莫中[③]。余使虏日，捕得数兔持归。盖《尔雅》所谓“蟨兔”也，亦曰“蛩蛩巨驉”也。

注释

①契丹北境：泛指今东北大兴安岭一带。跳兔：今称跳鼠，啮齿目跳鼠科，栖息于荒漠地区。

②蹶（jué）：跌倒，跌落。

③庆州：今内蒙古巴林左旗西北地区。莫：通“漠”。

译文

在契丹边境的北部有一种跳兔，形状和兔子完全相同，只是上肢仅有一寸多，下肢却将近有一尺。行动时就借用下肢跳跃，一下能跳起好几尺，停下来时就会跌倒在地。这种兔子生活在契丹庆州地区的大漠里。我出使辽国时，抓了几只跳兔回来。应该就是《尔雅》中所说的“蟨兔”，又称“蛩蛩巨驉”。

原文

蜩蟟[1]之小而绿色者，北人谓之“螓[2]”，即《诗》所谓“螓首[3]蛾眉”者也，取其顶深且方也。又闽人谓大蝇为胡螓，亦螓之类也。

注释

①蜩蟟（jiāo liáo）：蝉的一种，是“知了”的古称。
②螓（qín）：一种形体短小而方头宽额的蝉，身体为绿色。
③螓首：比喻美人的额头。

译文

有一种身形小且为绿色的蜩蟟，北方人称之为“螓”，就是《诗经》中所称的“螓首蛾眉”，取意于螓方头宽额的形态。另外，福建人把一种大蝇称作胡螓，应该和螓属同一类。

原文

北方有白雁[1]，似雁而小，色白，秋深则来。白雁至则霜降，河北[2]人谓之“霜信”。杜甫诗云：“故国霜前白雁来。”即此也。

注释

①白雁：雪雁，候鸟的一种。

②河北：泛指黄河下游以北一带。

译文

北方有一种白雁，形态与雁相似但比雁小，羽毛是白色的，深秋时节飞回来。白雁到来时正是霜降的时候，所以河北地区的人们称这种鸟为“霜信”。杜甫诗中说：“故国霜前白雁来。”指的正是这种鸟。

原文

熙宁[①]中，初行淤田法[②]。论者以谓《史记》所载：“泾水一斛，其泥数斗，且粪且溉，长我禾黍[③]。”所谓“粪”，即“淤”也。余出使至宿州[④]，得一石碑，乃唐人凿六陡门[⑤]，发汴水以淤下泽，民获其利，刻石以颂刺史之功。则淤田之法，其来盖久矣。

注释

①熙宁：宋神宗赵顼的年号，1068—1077年。

②淤田法：王安石变法的一项措施。通过掘开含泥沙较多的河，令河水流入农田，使泥沙可以沉积到田地里以改良农田土壤。熙宁四年（1071），设“总领淤田司”，专门调集各州县士兵在河流沿岸放水淤田。

③斛（hú）：古代容量单位，一斛为十斗，南宋末年改为一斛五斗。《汉书》原作“石”。粪：原指肥料，这里指肥田。禾黍：泛指黍、稷、稻、麦等粮食作物。

④出使至宿州：熙宁八年（1075）七月，沈括为淮南两浙灾伤州军体量安抚使，路过宿州。宿州，今属安徽省。

⑤陡门：亦作“斗门”，即堤堰中用以蓄泄渠水的闸门。

译文

从宋神宗熙宁年间，开始推行淤田法。议论这件事的人说依据《史记》记载："泾水一斛，其泥数斗，且粪且溉，长我禾黍。"其中提到的"粪"，就是淤田。我出使宿州的时候，曾看到过一块石碑，说的是唐朝人开挖修建了六座斗门，拦截引导汴河水至下游的沼泽来淤田，百姓由此获得利益，于是刻了石碑来歌颂刺史的功绩。由此看来，淤田之法由来已久。

原文

余奉使河北，边太行而北，山崖之间，往往衔螺蚌壳及石子如鸟卵者，横亘石壁如带。此乃昔之海滨，今东距海已近千里。所谓大陆者，皆浊泥所湮①耳。尧殛鲧于羽山②，旧说在东海中，今乃在平陆。凡大河、漳水、滹（hū）沱、涿水、桑干之类，悉是浊流。今关、陕以西，水行地中，不减百余尺，其泥岁东流，皆为大陆之土，此理必然。

注释

①湮（yān）：通"堙"，壅塞、埋没，亦犹今言积淀。

②尧殛（jí）鲧于羽山：相传鲧治水不成，被尧诛杀（一说流放）于羽山。古地理上的羽山，学者多谓在今山东郯城东北，或又相传在蓬莱。

译文

我奉命出使河北，一直沿着太行山往北走，山崖之间，往往会发现有一条带子般的东西横贯在石壁中，中间含有螺蚌壳和像鸟蛋一样的石头。这里过去是海滨，不过现在这里距离东边的大海已有千里远了。所谓的大陆都是由水中的泥沙沉积而成的。过去传说尧杀鲧的地方在大海中的羽山，今天羽山已经是平坦的陆地了。大凡黄河、漳河、滹沱河、涿水、桑干河等，都是含沙量很高的河流。现在潼关、陕县以西的地方，河水在低于地面不少于一百多尺流淌，它裹携着泥沙年年东流，最终沉积为大陆，大陆由此形成也是必然的。

原文

唐李翱[①]为《来南录》云："自淮沿流，至于高邮，乃溯至于江[②]。"《孟子》所谓"决汝、汉[③]，排淮、泗而注之江[④]"，则淮、泗固尝入江矣，此乃禹之旧迹也。熙宁中，曾遣使按图求之，故道宛然，但江、淮已深，其流无复能至高邮耳。

注释

①李翱（772—844）：字习之，陇西成纪（今甘肃秦安东）人，一说为赵郡（今河北赵县）人。唐朝文学家、哲学家。唐德宗贞元年间进士及第，曾历任国子博士、史馆修撰、考功员外郎、礼部郎中等职。师从韩愈，提倡古文。著有《复性书》等。

②"自淮沿流"三句：宋光宗绍熙五年（1194），黄河夺淮入海，淮河从洪泽湖以下主流并入运河，经过高邮（今属江苏）、江都（今江苏扬州）流入长江。

③汝：汝水，发源于今河南省鲁山县大盂山，流入淮河。汉：汉水，发源于今陕西省宁强县北嶓冢山，注入长江。

④淮：淮河，发源于今河南省南阳市桐柏山，流入洪泽湖。泗：泗水，发源于今山东省泗水县泉林镇陪尾山，注入淮河。

译文

唐人李翱作《来南录》说："从淮河开始沿着水流，抵达高邮，再逆着水流抵达长江。"《孟子》中说的"开决汝水、汉水，排空淮水、泗水而注入长江"，则淮水、泗水诚然曾流入过长江，这是大禹治水的旧迹。熙宁年间，曾经派使者依照地图寻求过，先前的河道还依稀可见，只是长江、淮河的河床已经变深，它们的水流无法再流入高邮了。

原文

予中表兄李善胜[1]，曾与数年辈炼朱砂为丹[2]。经岁余，因沐[3]砂再入鼎，误遗下一块，其徒丸服之，遂发懵冒[4]，一夕而毙。朱砂至凉药，初生婴子可服，因火力所变，遂能杀人。以变化相对言之，既能变而为大毒，岂不能变而为大善？既能变而杀人，则宜有能生人之理，但未得其术耳。以此和神仙羽化[5]之方，不可谓之无，然亦不可不戒也。

注释

①李善胜：身世不详。

②年辈：同辈人。朱砂：亦称丹砂，即硫化汞，可入药，有安神的功效。

③沐：洗。

④懵冒：昏倒，昏迷不醒。

⑤羽化：成仙。

译文

我的中表兄李善胜，曾经和几位同辈一起炼朱砂制丹。经过一年多的时间，因为要把洗净的朱砂再放入炼丹炉中炼化，一时失误漏下了一块，他的徒弟把它当丸药吃了，结果当场昏迷，一晚上就丧命了。朱砂本是上好的药材，刚出生的婴儿都能服用，但是由于炼丹时火力的变化，而致人丢了性命。从变化的相对性来说，既然能变为剧毒，难道不能变成良药吗？既然能变为杀人的利器，那也应当有救人的道理，不过还没找到方法罢了。如此看来，就不能说那些修道成仙的丹方不存在，只是也不能不慎重啊。

原文

温州雁荡山，天下奇秀，然自古图牒[①]未尝有言者。祥符中，因造玉清宫，伐山取材，方有人见之，此时尚未有名。按西域书，阿罗汉诺矩罗居震旦[②]东南大海际雁荡山芙蓉峰龙湫。唐僧贯休为《诺矩罗赞》[③]，有“雁荡经行云漠漠，龙湫宴坐雨濛濛”之句。此山南有芙蓉峰，下芙蓉驿，前瞰大海，然未知雁荡、龙湫所在。后因伐木，始见此山。山顶有大池，相传以为雁荡[④]；下有二潭水，以为龙湫。又以经行峡、宴坐峰，皆后人以贯休诗名之也。谢灵运[⑤]为永嘉守，凡永嘉山水，游历殆遍，独不言此山，盖当时未有雁荡之名。余观雁荡诸峰，皆峭拔险怪，上耸千尺，穹[⑥]崖巨谷，不类他山。皆包在诸谷中，自岭外望之，都无所见；至谷中，则森然干[⑦]霄。原其理，当是为谷中大水冲激，沙土尽去，唯巨石岿然挺立耳。如大小龙湫、水帘、初月谷之类，皆是水凿音漕之穴，自下望之，则高岩峭壁；从上观之，适与地平，以至诸峰之顶，亦低于山顶之地面。世间沟壑中水凿之处，皆有植土龛岩[⑧]，亦此类耳。今成皋[⑨]、峡西大涧中，立土动及百尺，迥然耸立，亦雁荡具体而微者，但此土彼石耳。既非挺出地上，则为深谷林莽所蔽，故古人未见，灵运所不至，理不足怪也。

注释

①图牒：指地理图书。

②震旦：古代印度人对中国称呼的译名。佛经用此名。

③《诺矩罗赞》：诺矩罗画像的题词。

④雁荡：南方人称浅水湖为“荡”。相传此荡为鸿雁南归时所宿，故称“雁荡”。

⑤谢灵运（385—433）：东晋末、南朝初著名诗人，为早期山水诗的代表人物。

⑥穹：高大。

⑦干（gān）：冲。

⑧植土：直立的土柱。龛（kān）岩：底部凹陷的岩石。
⑨成皋：今河南荥阳汜水镇。

译文

温州雁荡山以其奇特、秀丽闻名于天下，但是自古以来的地图都不曾记载过它。宋代祥符年间，因为朝廷要建造玉清宫，在此开山砍伐木材，才有人偶然间发现了这座山，这时它还没有山名。根据西域佛教典籍记载，有个名叫诺矩罗的罗汉，住在中国东南大海边的龙湫，就在雁荡山的芙蓉峰下。唐朝和尚贯休写《诺矩罗赞》时，有“雁荡经行云漠漠，龙湫宴坐雨濛濛”的诗句。雁荡山的南面有芙蓉峰，下有芙蓉驿，向前远望可以俯瞰大海，但当时一般人不知道雁荡、龙湫具体所在的地方。后来因为要采伐木材建造宫殿，才见到这座山。这座山的山顶有一个大池，传说以为这就是雁荡；山下有两个水潭，以为它们就是龙湫。后来人们根据贯休的诗句命名了经行峡、宴坐峰。南唐诗人谢灵运任永嘉太守的时候，几乎游历了永嘉一带所有的山水，但唯独没有谈到这座山，大概当时还没有雁荡山这个名称。我对雁荡山的许多山峰进行过观察，发现此处的山都有陡峭、挺拔、险峻、怪异的特征，向上耸立约千尺，其高大的山崖和巨大的沟谷，不像别的山。雁荡山的许多山峰都包藏在周围的一些山谷里面，如果从外面远望，是看不见这些山峰的；只有走到山谷里面，才能看到这些峭拔耸立、直冲云霄的山峰。推究这些山峰形成的原因，应当是被山谷里的大水冲刷，沙土都冲走了，唯独剩下这些巨大的岩石岿然挺立在那里。像大小龙湫、水帘、初月谷之类，也都是水流冲凿音漕出来的洞穴，从下面望去，这些山峰呈现的是高耸的岩石峭壁；从上面观察，山谷里面众山峰峰顶却又恰好跟周围平地一样高，甚至有许多山峰的顶部还低于周围山地的地面。世界上溪谷经过水流冲刷的地方，都有高耸直立的土层以及底部凹陷的岩石，这也属于这种情况。现在的成皋、峡西的大沟谷里高耸直立的土层往往达到百尺之高，高高地耸立着，算得上是形体齐备而规模较小的雁荡山，区别在于这里是土柱，而那里是石柱罢了。既然雁荡山的许多山峰不是挺立在平地之上，而是被深山峡谷所掩蔽，所以古人一直没有发现它，谢灵运没有到过这里，从事理上说并不奇怪。

原文

内诸司[①]舍屋，唯秘阁最宏壮。阁下穹隆高敞，相传谓之“木天[②]”。

注释

①内诸司：在宫内设置的官署。

②木天：木头构成的天，形容建筑的雄伟。

译文

宫内各个官署的建筑，唯独秘阁最为雄伟。阁内的穹顶宏大宽阔，相传有“木天”之称。

原文

嘉祐中，苏州昆山县海上，有一船桅折，风飘抵岸。船中有三十余人，衣冠如唐人，系红鞓角带[①]，短皂布衫，见人皆恸哭，语言不可晓，试令书字，字亦不可读，行则相缀[②]如雁行。久之，自出一书示人，乃唐天祐中告授[③]屯罗岛首领陪戎副尉制；又有一书，乃是上高丽[④]表，亦称屯罗岛，皆用汉字，盖东夷之臣属高丽者。船中有诸谷，唯麻[⑤]子大如莲的，苏人种之，初岁亦如莲的，次年渐小，数年后只如中国麻子。时赞善大夫韩正彦[⑥]知昆山县事，召其人，犒以酒食。食罢，以手捧首而𩑶[⑦]，意若欢感。正彦使人为其治桅，桅旧植船木上，不可动，工人为之造转轴，教其起倒之法。其人又喜，复捧首而𩑶。

注释

①红鞓（tīng）角带：皮革制成的腰带，外面用红色的绫绢包裹。

②相缀：互相跟随。

③告授：由皇帝封授。

④高丽：古代朝鲜王朝之一。

⑤麻：芝麻。

⑥韩正彦：字师德，韩琦之侄，嘉祐年间任昆山知县。

⑦辴（chǎn）：指笑的样子。

译文

嘉祐年间，苏州昆山县的海上，有一艘船上的桅杆被折成了两半，被风吹着漂到了岸边。这艘船上一共有三十多人，他们的衣着服饰类似于唐代人，腰间都系着红色的皮腰带，身穿黑色的短布衫，一看到人就痛哭不止，但没人能听懂他们的语言，于是试着让他们将说的话写成文字，结果字也不能被识读，这些人走路时总是互相跟随如同大雁一样。一段时间过后，他们掏出一封信给别人看，原来是唐代天祐年间封授乇罗岛首领为陪戎副尉的诏书；另外还有一封书信，是上奏高丽国的表文，也自称乇罗岛，都是用汉字书写的，可能他们是东夷族群中臣属于高丽的部落。船上存放的谷物各种各样，唯独芝麻大如莲子，苏州人试着种植起来，第一年时也如同莲子那般大，第二年就逐渐变小，数年后就只有中国的芝麻那么大了。当时赞善大夫韩正彦担任昆山知县，召见了那些人，并用好酒美食慰问他们。吃过饭，他们就用手捧着头展露出笑容，看起来似乎非常高兴。韩正彦派人帮他们将桅杆修理好，桅杆先前是固定在船板上的，不能移动，工人们又为他们造了个转轴，并将起帆倒帆的方法教给他们。那些人又满脸欢喜，再次用手捧着头展露笑容。

原文

熙宁[①]中，珠辇国[②]使人入贡，乞依本国俗撒殿，诏从之。使人以金盘贮珠，跪捧于殿槛[③]之间，以金莲花酌珠，向御座撒之，谓之“撒殿”，乃其国至敬之礼也。朝退，有司扫彻得珠十余两，分

赐是日侍殿阁门使、副、内臣。

注释

①熙宁：宋神宗赵顼的年号，1068—1077 年。

②珠辇国：南印度古国朱罗。

③槛：栏杆。

译文

熙宁年间，珠辇国派使者入朝进贡，请求遵照他们国家的习俗行撒殿礼，皇帝下令准许。使者们就将珍珠盛放在金盘里，然后捧着走到宫殿栏杆之间跪下，再把珍珠用金制的莲花舀起来，朝御座上抛撒，称为“撒殿”，这是他们国家最高标准的礼节。退朝后，官员们清扫宫殿，得到珍珠十几两，分别赏赐给了当天在殿上执勤的阁门官员以及宦官们。

原文

方家以磁石磨针锋，则能指南，然常微偏东，不全南也。水浮多荡摇，指爪及碗唇上皆可为之，运转尤速，但坚滑易坠，不若缕悬为最善。其法取新纩[①]中独茧缕，以芥子许蜡缀于针腰，无风处悬之，则针常指南。其中有磨而指北者，余家指南、北者皆有之。磁石之指南，犹柏之指西，莫可原其理。

注释

①纩（kuàng）：丝绵絮。

译文

方家用磁石磨成了针的形状，于是针尖可以指向南方，然而常常略微偏东，不全在正南方。带磁的针放在水上会有震动摇摆的现象，手指甲或碗边上都可以放针，运转的速度很快，但在这类坚硬光滑的表面，针容易滑落掉下，不如用丝线悬挂着针尖好。具体方法是从新缫的丝絮中，抽出由一只茧拉出的丝，用芥菜籽大小的一点蜡黏连在磁针的腰部，然后将针悬挂在没有风的地方，磁针就常常指向南方。也有经磨后指向北的磁针，我家的磁针，指南、指北的都有。磁石的指南，如同柏树的指西，其中蕴含的道理，现在还不能推究。

原文

岁首画钟馗于门①，不知起自何时。皇祐中，金陵发一家，有石志②，乃宋宗悫③母郑夫人。宗悫有妹名钟馗，则知钟馗之设亦远。

注释

①岁首：元旦。钟馗：中国民间传说中能打鬼驱邪的神灵，在道教中作为天师，又作为门神。

②石志：用石板雕刻而成的墓志。古人墓志有的放在匣中随葬，有的刻成碑文立于墓道。

③宗悫（què）（？—465）：字元干，南阳（今属河南）人，南朝宋将领。官至宁蛮校尉、雍州刺史，加都督衔。卒赠征西将军，谥肃侯。

译文

每年元旦时人们就在门上画钟馗像，这种风俗不知道起源于何时。皇祐年间，在金陵发掘出一座古墓，有石刻的墓志，才知道原来是南朝宋宗悫的母亲郑夫人之墓。宗悫有个妹妹名字叫钟馗，由此可见有关钟馗的说法已经很久了。

原文

信州[1]杉溪驿舍中，有妇人题壁数百言。自叙世家本士族，父母以嫁三班奉职鹿生之子，鹿忘其名。**娩娠方三日，鹿生利月俸[2]，逼令上道，遂死于杉溪。将死，乃书此壁，具逼迫苦楚之状，恨父母远，无地赴诉。言极哀切，颇有词藻，读者无不感伤。既死，藁葬[3]之驿后山下。行人过此，多为之愤激，为诗以吊之者百余篇。人集之，谓之《鹿奴诗》，其间甚有佳句。鹿生，夏文庄[4]家奴，人恶其贪忍，故斥为"鹿奴"。**

注释

①信州：在今江西上饶。

②利月俸：贪图提前一个月领到薪俸。

③藁（gǎo）葬：草草埋葬。

④夏文庄（985—1051）：夏竦，字子乔，江州（今属江西）人。北宋宰相，卒赠太师、中书令兼尚书令，谥文庄。

译文

信州杉溪旅舍中，有一位妇人在墙壁上写了几百字的一段话。自述身世说她家原来是士族，父母将她嫁给了三班奉职鹿生的儿子鹿某，不记得他的姓名了。分娩完刚过三天，鹿生贪图提前一个月领到薪俸，逼迫她起身上路，结果她命丧杉溪。她即将死去的时候，就在这墙壁上写了这段话，细细地道出受尽逼迫的凄惨境况，只恨距离父母太过遥远，不能在其跟前哭诉。言辞极为哀婉悲切，颇有辞藻，读者无不为之感伤。她死后，被草率埋葬在驿舍的后山下。行人途经此处，多为她感到激动愤怒，作诗哀悼她的也有上百篇。有人将这些诗篇搜集起来，称为《鹿奴诗》，这其中有很多佳句。鹿生，是夏竦的家奴，人们憎恶他的贪婪残忍，所以贬斥他为"鹿奴"。

原文

士人以氏族相高，虽从古有之，然未尝著盛。自魏氏铨总人物①，以氏族相高②，亦未专任门地。唯四夷则全以氏族为贵贱，如天竺③以刹利、婆罗门二姓为贵种，自余皆为庶姓，如毗舍、首陀是也。其下又有贫四姓，如工、巧、纯、陀是也。其他诸国亦如是，国主、大臣，各有种姓，苟非贵种，国人莫肯归之；庶姓虽有劳能，亦自甘居大姓之下，至今如此。自后魏据中原，此俗遂盛行于中国，故有八氏、十姓、三十六族、九十二姓。凡三世公④者曰“膏粱”，有令仆⑤者曰“华腴”，尚书、领、护而上者为“甲姓”⑥，九卿、方伯者为“乙姓”⑦，散骑常侍、太中大夫者为“丙姓”，吏部正员郎为“丁姓”，得入者谓之“四姓”。其后迁易纷争，莫能坚定，遂取前世仕籍，定以博陵崔、范阳卢、陇西李、荥阳郑为甲族。唐高宗时又增太原王、清河崔、赵郡李，通谓“七姓”。然地势相倾，互相排抵，各自著书，盈编连简，殆数十家，至于朝廷为之置官撰定。而流习所徇，扇以成俗，虽国势不能排夺。大率高下五等，通有百家，皆谓之士族，此外悉为庶姓，婚宦皆不敢与百家齿，陇西李氏乃皇族，亦自列在第三，其重族望如此。一等之内，又如冈头卢、泽底李、土门崔、靖恭杨之类，自为鼎族。其俗至唐末方渐衰息。

注释

①铨（quán）总人物：指三国时曹魏设立的官吏选拔制度“九品官人法”，以九等评定士人才能。

②以氏族相高：司马懿执政后，设立大中正于各州，并选用世族豪门担任，使“九品”开始转向以家世为标准。

③天竺：古代对印度的称呼。

④公：指三公，指太尉、司徒、司空。

⑤令仆：指尚书省长官，尚书令或尚书左、右仆射。

⑥领、护：领军、护军，掌管禁军的军事长官。

⑦九卿：分别指太常、光禄勋、卫尉、太仆、廷尉、大鸿胪、宗正、大司农、少府。方伯：指州刺史。

译文

士人按氏族来评定地位高低，虽然从古时就有，但当时还没有盛行起来。自曹魏使用九品官人法起，就用氏族来评定高低了，不过也不完全是以门第为评定标准。唯独四方少数民族才完全依据氏族来判定贵贱，例如印度将刹帝利、婆罗门两个种姓视为贵种，剩下的均为平民种姓，就像毗舍、首陀罗之类的。以下又是四个贫民种姓，就像工、巧、纯、陀之类的。别的国家也是如此，不论国王还是大臣，都各有各的种姓，假如不是贵族种姓，那么百姓就不愿意归顺于他；平民种姓的人，就算有才能，也情愿居于大姓之下，至今仍是如此。后来曹魏占领中原，这种风俗就在中国开始盛行起来，所以有了所谓的八氏、十姓、三十六族、九十二姓。只要担任三公超过三世的人家，就可以叫作“膏粱”，任尚书令、仆射职位的人家叫作“华腴”，任尚书、领军、护军以上职位的人家就叫作“甲姓”，任九卿、州刺史职位的人家就叫作“乙姓”，任散骑常侍、太中大夫职位的人家就叫作“丙姓”，任吏部正员郎职位的人家就叫作“丁姓”，能够列入这四类的人家称为“四姓”。此后经过变迁纷争，不能严格判定家世，所以就取前代的籍贯，判定以博陵崔氏、范阳卢氏、陇西李氏、荥阳郑氏为甲族。唐高宗时又将太原王氏、清河崔氏、赵郡李氏加入其中，通称为“七姓”。可是这些势力之间彼此争执、排挤，各自撰写族谱，连篇累牍，接近几十家，以致朝廷要专门设官署来评定。而这种习惯流行下来，就成了一时风俗，即便国家权力都无法撼动其地位。大概高下分五等，总共有百家，都称为士族，其余的就均为庶姓，婚姻、仕宦都不敢和百家士族同列，陇西李氏身为皇族，也只是把自己列在第三的位置上，可见当时崇尚族望到了何等地步。同一等级之内，就像冈头卢氏、泽底李氏、土门崔氏、靖恭杨氏之类的，自是钟鼎之族。直到唐末，这种风俗才渐渐衰落。

原文

茶牙[1]，古人谓之“雀舌”“麦颗”，言其至嫩也。今茶之美者，其质素良，而所植之土又美，则新牙一发，便长寸余，其细如针。唯牙长为上品，以其质干[2]、土力皆有余故也。如雀舌、麦颗者，极下材耳，乃北人不识，误为品题。余山居有《茶论》，《尝茶》诗云：“谁把嫩香名雀舌？定来北客未曾尝。不知灵草天然异，一夜风吹一寸长。”

注释

①牙：通“芽”。

②质干：品种，枝干。

译文

古人把茶芽称为“雀舌”“麦颗”，以说明其极为细嫩的特点。而今成为了茶中精品，拥有优良的品质，而且所种植的田地又肥美，所以只是萌芽就长一寸多，如同针那般细。唯独芽长的当属上品，这其中的缘故就是它的品种、枝干、土壤都有余力。像那些雀舌、麦颗之类的，都是极下等的材质，只是北方人不知道，误把茶芽鉴定为上品罢了。我山居时曾著作《茶论》一书，里面有《尝茶》诗道：“谁把嫩香名雀舌？定来北客未曾尝。不知灵草天然异，一夜风吹一寸长。”

原文

闽中荔枝，核有小如丁香[1]者，多肉而甘。土人亦能为之，取荔枝木去其宗根[2]，仍火燔令焦，复种之，以大石抵其根，但令傍根得生，其核乃小，种之不复牙[3]。正如六畜去势[4]，则多肉而不复有子耳。

注释

①丁香：指丁香荔，一种小核良种荔枝。
②宗根：主根。
③牙：通“芽”，发芽。
④去势：阉割。势，指雄性生殖器。

译文

福建地区的荔枝，其中有核小如丁香荔的，肉多且甘甜。当地人也能种植这种荔枝，其种植办法是将荔枝树除去主根，把根用火烧焦，再种到地里，并用大石头压住它的根部，只让旁根生长，这样结出来的荔枝核就小了，但是将这种核再种下去却不能再发芽了。正如把牲畜阉割后，它们就会多长肉，但不能再繁殖后代了。

原文

元丰中，庆州界生子方虫[①]，方为秋田之害。忽有一虫生，如土中狗蝎[②]，其喙有钳，千万蔽地。遇子方虫，则以钳搏之，悉为两段。旬日，子方皆尽，岁以大穰[③]。其是旧曾有之，土人谓之“傍不肯”。

注释

①庆州：今甘肃安化地区。子方虫：指虸蚄，又名“稻之小螟蛉”，水稻的主要害虫。
②狗蝎：当指蝼蛄、蝎子之类的昆虫。
③穰：庄稼丰收。

译文

元丰年间，庆州一带发生了虸蚄虫灾，秋收作物深受其害。突然出现一种昆虫，好似土中的狗蝎，它的口部有钳子，数以万计地满地一片。一旦碰到虸蚄，就用钳子搏击杀死，那些害虫就被截成了两段。十几天后，虸蚄就被消灭得一干二净了，最终这一年庄稼获得了大丰收。这种东西以前也出现过，当地人将其称为“傍不肯”。

原文

养鹰鹯[①]者，其类相语谓之“啉以麦反。**漱”。三馆书有《啉漱》三卷，皆养鹰鹯法度及医疗之术。**

注释

①鹰鹯（zhān）：指鹰、雕之类的猛禽。

译文

饲养鹰雕的人，把召唤它们的叫声称为“啉以麦反。漱”。三馆收藏的书中有《啉漱》三卷，叙述的都是驯养以及治愈鹰雕疾病的方法。

原文

处士刘易[①]，隐居王屋山[②]。尝于斋中见一大蜂罥[③]于蛛网，蛛搏之，为蜂所螫，坠地。俄顷，蛛鼓腹欲烈，徐行入草。蛛啮芋梗[④]微破，以疮就啮处磨之，良久腹渐消，轻躁[⑤]如故。自后人有为蜂螫者，挼[⑥]芋梗傅之则愈。

注释

①处士：指有才能而隐居不仕的人。刘易（？—1067）：忻州（今属山西）人，博学好古，喜谈兵。韩琦知定州，上其所著《春秋论》，授太学助教、并州州学说书，不仕。隐居习辟谷术，卒于治平末年。赵抃复荐其行谊，

赐号退安处士。

②王屋山：在今河南济源。

③罥（juàn）：被缠绕挂住。

④芋梗：芋叶的叶柄部位。

⑤轻躁：轻巧灵活。

⑥挼（ruó）：揉搓。

译文

处士刘易在王屋山中隐居。他曾经在书房内见到过被缠在蜘蛛网上的一只大蜂，蜘蛛要过去搏击它，结果被大蜂蜇到，坠落地上。过了一会儿，蜘蛛的腹部肿得马上就要破裂了，就缓缓爬入草丛中。只见那蜘蛛微微咬破了芋梗的皮，把疮口靠上去摩擦，过了好长时间，腹部的肿胀渐渐消退了，又像之前似的那样灵活。此后有人被蜂螫了，就拿芋梗揉搓一下敷在伤口上就痊愈了。

原文

宋明帝好食蜜渍鱁鮧[①]，一食数升。鱁鮧乃今之乌贼肠也，如何以蜜渍食之？大业[②]中，吴郡贡蜜蟹二千头、蜜拥剑四瓮[③]。又何胤[④]嗜糖蟹。大底南人嗜咸，北人嗜甘。鱼、蟹加糖蜜，盖便于北俗也。如今之北方人，喜用麻油煎物，不问何物，皆用油煎。庆历中，群学士会于玉堂，使人置得生蛤蜊一篑，令饔人烹之。久且不至，客讶之，使人检视，则曰："煎之已焦黑，而尚未烂。"坐客莫不大笑。余尝过亲家设馔，有油煎法鱼[⑤]，鳞鬣[⑥]虬然，无下筯[⑦]处。主人则捧而横啮，终不能咀嚼而罢。

注释

①宋明帝：指南朝刘宋明帝刘彧，465—472 年在位。蜜渍鱁鮧（zhú yí）：用蜜渍成的鱼肠酱。

②大业：隋炀帝杨广的年号，605—618年。

③吴郡：今江苏苏州。拥剑：指蟚蜞，一种淡水产蟹类。

④何胤（446—531）：字子季，庐江灊（今安徽霍山县）人。初为齐秘书郎，出为建安太守。后入为太子中庶子，后隐居而终。

⑤法鱼：是一种用盐腌渍的鲫鱼。

⑥鬣（liè）：鱼颔旁的小鳍。

⑦筯：同“箸”，筷子。

译文

南朝的宋明帝非常喜爱吃蜜渍鱁鮧，一顿饭就能吃掉好几升。鱁鮧就是如今的乌贼肠，怎么可以用蜜腌渍了食用呢？隋朝大业年间，吴郡上贡了两千头蜜蟹、四坛蜜蟚蜞。另外，梁代的何胤爱吃糖蟹。大概南方人都爱吃咸的，北方人爱吃甜的。鱼、蟹配上糖蜜，正好投合北方的口味。就如同今天的北方人，爱用麻油煎制食物，无论是什么食物，都用油煎着吃。庆历年间，翰林学士们相会在玉堂，遣人拿来一筐生蛤蜊，让厨师为他们烹制。过了好长时间都没端上来，客人们都很纳闷，就派人去探视情况，回来说：“煎得已经焦黑了，可还是没有熟透。”在座的客人没有不捧腹大笑的。我曾前往亲家家中吃饭，其中有一道油煎腌鱼，鱼鳞、鱼鳍等部位被煎得卷曲，甚至没有地方下筷子。于是主人就拿起来横着咬，最终无法咀嚼而了之。

原文

漳州界有一水，号乌脚溪，涉者足皆如墨。数十里间，水皆不可饮，饮则病瘴，行人皆载水自随。梅龙图公仪[①]宦州县时，沿牒[②]至漳州。素多病，预忧瘴疠为害，至乌脚溪，使数人肩荷之，以物蒙身，恐为毒水所沾。兢惕[③]过甚，睢盱矍铄[④]，忽坠水中，至于没顶。乃出之，举体黑如昆仑[⑤]，自谓必死。然自此宿病尽除，顿觉康健，无复昔之羸瘵[⑥]。又不知何也？

注释

①梅龙图公仪：指梅挚（994—1059），字公仪，成都府新繁县（今四川成都新都区）人。天圣五年（1027）进士及第，官至龙图阁学士。

②沿牒：服从上级指派或因公调动。牒，官员使用驿马的凭证。

③兢惕：恐惧，警惕。

④睢（suī）盱（xū）矍（jué）铄（shuò）：仰头惊视的样子。

⑤昆仑：指昆仑奴，古人对南洋诸岛来的皮肤黝黑的奴仆及非洲黑人的统称。

⑥羸（léi）瘵（zhài）：病弱。

译文

漳州界内有一条水流叫作“乌脚溪”，涉水过河的人，脚都黑得像被墨汁染过一样。数十里之间的水都不能喝，喝了就会患上瘴气病，路过此处的人都会自己随身带着水。梅挚担任州县官时，曾经因公调动到漳州。他平日里体弱多病，来之前就恐怕会遭受瘴疠之气的侵害，于是到了乌脚溪，就让数人用肩扛着他，并且拿东西蒙住自己的身体，唯恐沾染到毒水。因为过分警惕，战战兢兢地仰着头渡河，忽然一下子掉进了水里，甚至被水没过了头顶。被救上来以后，浑身如同昆仑奴那般黑，自以为性命不保。出乎意料的是，从此多年的旧病都除去了，顿感身体健壮，不再像先前那样病弱了。但又不明白其中的缘故。

原文

北岳恒山，今谓之“大茂山”者是也，半属契丹，以大茂山分脊为界。岳祠旧在山下，石晋[①]之后，稍迁近里，今其地谓之“神棚”，今祠乃在曲阳，祠北有望岳亭，新晴气清，则望见大茂。祠中多唐人故碑，殿前一亭，中有李克用[②]题名云：“太原河东节度使李克用，亲领步骑五十万，问罪幽陵[③]，回师自飞狐路即归雁门。”

今飞狐路在大茂之西，自银冶寨北出倒马关，度虏界，却自石门子、令水铺入瓶形、梅回两寨之间，至代州。今此路已不通，唯北寨西出承天阁路可至河东，然路极峭狭[④]。太平兴国中，车驾自太原移幸恒山，乃由土门路。至今有行宫。

注释

①石晋：由后唐河东节度使石敬瑭建立，后被契丹灭。

②李克用（856—908）：神武川新城（今陕西应县）人，唐末沙陀族将领。曾对黄巢起义进行镇压，后被任命为河东节度使，封晋王。

③问罪幽陵：唐昭宗乾宁元年（894），李克用举兵攻打幽州（今北京）。

④峭狭：狭窄、徒峭。

译文

北岳恒山就是如今所说的“大茂山”，它一半属于契丹，以大茂山的山脊为分界线。岳神祠曾经建在山下，后晋之后，稍微往南迁了一点，那地方现在称为“神棚”，今天的岳神祠建在曲阳，祠的北面有望岳亭，恰逢天气初晴空气清新时，就能望见大茂山。岳神祠中有不少唐人的碑刻，大殿前有一座亭子，里面有李克用的题名，说：“太原河东节度使李克用，亲率步骑五十万，讨伐幽陵，班师回朝时从飞狐路走到归雁门。”今天的飞狐路在大茂山西面，从银冶寨向北出倒马关，途经契丹的地界，再从石门子、令水铺穿过瓶形、梅回两座寨子之间，到达代州。如今此路已经走不通了，只有通过北寨西出承天阁路才能到达河东，然而路途非常狭窄陡峭。太平兴国年间，皇帝的车驾自太原去往恒山，途经土门路。直到现在还留有行宫。

原文

镇阳[①]池苑之盛，冠于诸镇，乃王镕[②]时海子园也，镕尝馆李正威[③]于此。亭馆尚是旧物，皆甚壮丽。镇人喜大言矜大其池，谓之“潭园”，盖不知昔尝谓之“海子[④]”矣。中山[⑤]人常好与镇人相雌

雄，中山城北园中亦有大池，遂谓之“海子”，以压镇之潭园。余熙宁中[⑥]奉使镇定，时薛师政[⑦]为定帅，乃与之同议，展海子直抵西城中山王冢，悉为稻田。引新河水注之，清波弥漫数里，颇类江乡矣。

注释

①镇阳：指镇州，位于河北正定。

②王镕（873—921）：五代时人，镇州（今河北正定）节度使王景崇的儿子，中和三年（883）父死，继位为成德节度使。朱温建立后梁，王镕被封为赵王，后来为部将所杀。

③李正威（？—893）：李匡威，这里是为避宋太祖讳而改为正威，唐末范阳（今河北涿州）人。卢龙节度使李全忠的儿子，父死，继为卢龙节度使。景福二年（893），率兵救王镕，遂被其弟李匡筹兵变夺位。只得逃往成德投靠王镕，后来企图劫持王镕夺取成德，被王镕杀死。

④海子：北方人称湖为海子。

⑤中山：指定州，今河北定州一带。

⑥熙宁中：沈括担任河北西路察访使，在位于熙宁七年（1074）八月至次年二月。

⑦薛师政：薛向，字师政，北宋大臣。

译文

镇阳园林的繁盛在各镇之中排在首位，那地方本是王镕当权时的“海子园”，王镕曾经让李匡威在这里留宿。如今的亭台楼馆都保留着以前的模样，十分雄伟壮丽。镇阳人爱好吹嘘这池子，称之为“潭园”，可能不知道它曾经被称为“海子”。中山人总是爱和镇阳人一决雌雄，在中山城北的园中也有一座大池，于是也称之为“海子”，想要以此压倒镇阳的“潭园”。我曾在熙宁年间受命察访镇定，当时薛向为镇定的主帅，就和他一同商议，将“海子”往外扩展一直到城西的中山王墓地，将所有土地都改成稻田。并引新河的水将其灌溉，数里之间都是清波荡漾，极有江南水乡的感觉。

杂志二（选自卷二十五）

原文

国朝汴渠，发京畿辅郡[①]三十余县夫，岁一浚。祥符中，阁门祗候使臣谢德权[②]领治京畿沟洫，权借浚汴夫。自尔后三岁一浚，始令京畿民官[③]皆兼沟洫河道，以为常职。久之，治沟洫之工渐弛，邑官徒带空名，而汴渠有二十年不浚，岁岁堙淀。异时京师沟渠之水皆入汴，旧尚书省都堂壁记云，“疏治八渠，南入汴水”是也。自汴流堙淀，京城东水门下至雍丘、襄邑[④]，河底皆高出堤外平地一丈二尺余。自汴堤下瞰，民居如在深谷。熙宁中，议改疏洛水入汴。余尝因出使，按行汴渠，自京师上善门量至泗州淮口[⑤]，凡八百四十里一百三十步。地势，京师之地比泗州凡高十九丈四尺八寸六分。于京城东数里白渠中穿井，至三丈方见旧底。验量地势，用水平、望尺、干尺量之[⑥]，不能无小差。汴渠堤外，皆是出土故沟，水令相通，时为一堰节其水，候水平，其上渐浅涸，则又为一堰，相齿如阶陛。乃量堰之上下水面相高下之数，会之乃得地势高下之实。

注释

①京畿辅郡：指京城周围地区的各州县。

②谢德权（953—1010）：字士衡，福州（今属福建）人。初仕南唐时授庄宅副使，入宋仕至西染院使。

③民官：指各州县长官。也作“邑官”。

④雍丘、襄邑：今河南杞县、睢县。

⑤淮口：汴水入淮河的河口，在今江苏泗洪东南。

⑥望尺、干尺：测高的标杆和测距的量杆。

译文

在本朝，每年都会征调京城以及周围三十多个县的民夫疏浚汴渠。大中祥符年间，负责京郊沟渠水道治理工作的阁门祇候使臣谢德权，权且借用疏浚汴河的民夫。从此以后，改为每三年疏浚一次汴渠，并派遣京郊州县官员兼管沟渠水道的治理，并作为一种常职。但时间一久，官员们治理沟渠的工作就开始松懈下来，只是挂着治理沟渠的空名，而汴渠已经有二十多年没有疏浚了，年年都有新的淤积沉淀。过去京师沟渠中的水都流入汴渠，旧尚书省都堂的厅壁上写的"疏治八渠，南入汴水"，说的就是这种情况。但自从汴渠淤积沉淀，从京城东水门往下游直到雍丘、襄邑等地，河床都高出堤外平地达一丈二尺多。从汴堤上往下看民房，民房就如同处在深谷中。熙宁年间，朝廷考虑改引洛水入汴。我受到朝廷委派，沿着汴渠做过勘测，从京城的上善门一直测量到泗州的淮口，总长有八百四十里一百三十步。从地势上说，京城比泗州高出十九丈四尺八寸六分。在京城以东几里外的白渠打井，深到三丈才可以看见汴渠原来的河床。若用水平仪、望尺和干尺测量地势，小的误差无法避免。在汴渠堤外，到处都是修堤时挖土留下的旧水沟，于是我就叫人把水沟挖开，使它们能够互相连通，不时隔一段筑一道堰以拦水，等到堰中的水平了，而上游的水快要干的时候，就再筑一道堰，这样依次相互排列得像台阶一样。然后测量各堰上下水面的高度差，算出所有的高度差之和，这样便可以知道汴渠上下游地势落差的实际数据。

原文

唐风俗，人在远或闺门间，则使人传拜以为敬，本朝两浙仍有此俗。客至，欲致敬于闺阃①，则立使人而拜之，使人入见所礼乃再拜致命②。若有中外，则答拜，使人出，复拜客，客与之为礼如宾主。

注释

①闺闼（tà）：内室，此处指女眷。

②致命：表示敬意。

译文

遵循唐代的风俗，人到了外乡或闺门周边，就会派使者传拜以表敬意，本朝两浙地区还有这种风俗。客人到来，想要向女眷表达敬意，就派使者对其行礼，使者走进内室见到要致敬的人，就再次行礼以示敬意。假若是亲戚关系，那女眷就要对使者答拜还礼，使者出来，再次向客人行礼，客人和使者行礼就像宾主之间行礼一样。

原文

庆历中，王君贶[①]使契丹。宴君贶于混融江[②]，观钓鱼[③]。临归，戎主[④]置酒谓君贶曰："南北修好岁久，恨不得亲见南朝皇帝兄，托卿为传一杯酒到南朝。"乃自起酌酒，容甚恭，亲授君贶举杯，又自鼓琵琶，上南朝皇帝千万岁寿。先是，戎主之弟宗元[⑤]为燕王，有全燕之众，久畜异谋。戎主恐其阴附朝廷，故特效恭顺，宗元后卒以称乱诛。

注释

①王君贶（kuàng）：王拱辰，字君贶，天圣八年（1030）中状元，北宋大臣。王拱辰出使应该是在仁宗至和元年（1054），而不是在庆历年间。辽兴宗于庆历四年（1044）出征西夏失败，两国延续战争状态直到皇祐五年（1053），为了取得北宋的中立，辽兴宗必须和宋使保持友好关系。

②混融江：混同江（今松花江）。

③钓鱼：北方冬季凿开冰层，用绳钩捕鱼。

④戎主：此处指辽兴宗耶律宗真，1031—1054 年在位。

⑤宗元：辽兴宗的同母弟。辽兴宗未封宗元为燕王，此燕王当指燕京留守。

译文

庆历年间，王拱辰奉命出使契丹。契丹人在混同江置办酒宴招待王拱辰，请他观赏钓鱼。将要返回时，辽兴宗置办酒席，对王拱辰说："南北两朝交好多年，遗憾不能亲自与南朝皇帝兄见面，那就托您代我向南朝传一杯酒。"于是亲自起身饮了一杯酒，面容表现得十分恭敬，又亲自举起酒杯递给王拱辰，然后亲自弹起琵琶，为南朝皇帝祝寿。此前，辽兴宗的弟弟宗元为燕王，占有了燕地的全部军民，很久前就开始图谋作乱了。辽兴宗恐怕他背地里依附北宋朝廷，所以故意表现得十分恭顺，后来宗元就因作乱而被诛杀。

原文

潘阆[1]字逍遥，咸平[2]间有诗名，与钱易、许洞为友[3]，狂放不羁。尝为诗曰："散拽禅师来蹴踘，乱拖游女上秋千。"此其自序之实也。后坐卢多逊[4]党亡命，捕迹甚急，阆乃变姓名，僧服入中条山[5]。许洞密赠之诗曰："潘逍遥，平生才气如天高。倚天大笑无所惧，天公嗔尔口呶呶[6]。罚教临老头补衲[7]，归中条。我愿中条山神镇长在，驱雷叱电依前趁出这老怪。"后会赦，以四门助教召之，阆乃自归，送信州安置[8]。仍不悛艾[9]，复为《扫市舞》词曰："出砒霜，价钱可。赢得拨灰兼弄火，畅杀我。"以此为士人不齿，放弃终身。

注释

①潘阆（？—1009）：字梦空，自号逍遥子，宋初著名隐士、文人，大名（今属河北）人。太宗时赐进士第，性格狂放，坐事亡命。真宗时遇赦，任滁州、泗洲参军。著有《逍遥集》。

②咸平：宋真宗赵恒的年号，998—1003 年。

③钱易（968—1026）：字希白，惟演从弟，杭州临安（今属浙江）人。咸平二年（999）举进士，授光禄寺丞、通判蕲州。天圣三年（1025），拜翰林学士。才学敏赡，著有《南部新书》等。许洞（976—1015）：字洞夫，一作渊夫，吴郡人，沈括的二舅。咸平三年（1000）进士，擅长武术，精于兵学，任雄武军推官，后为乌江县主簿。

④卢多逊（934—985）：怀州河内（今河南沁阳）人。五代北宋间官吏。曾官至集贤校理、中书侍郎、平章事、兵部尚书等职，坐事流放崖州卒。

⑤中条山：在今山西南部。

⑥嗔：发怒，生气。呶（náo）呶：说个不停。

⑦补衲：袈裟，因袈裟是由多块碎布补缀而成，故称。

⑧信州：位于今江西上饶。安置：监管贬谪官员的措施。

⑨惩艾（yì）：吸取教训，以前失为戒。艾，通“乂”，警戒。

译文

潘阆字逍遥，咸平年间以诗著称，与钱易、许洞结交为友，性情放荡不羁。曾在诗中写道：“散拽禅师来蹴踘，乱拖游女上秋千。”这是他对自我的真实写照。后来由于与卢多逊一党而亡命天涯，官府追查得特别严，于是潘阆改名换姓，身穿僧服潜入中条山。许洞私下给他写诗说：“潘逍遥，平生才气如天高。倚天大笑无所惧，天公嗔尔口呶呶。罚教临老头补衲，归中条。我愿中条山神镇长在，驱雷叱电依前趁出这老怪。”后来遇上天下大赦，朝廷召他出来并给他四门助教的官职，潘阆便独自回来了，然后被遣送信州安置。可他还是不吸取之前的教训，又写了《扫市舞》词道：“出砒霜，价钱可。赢得拨灰兼弄火，畅杀我。”因此受到士人的鄙视和驱逐，最终客死他乡。

原文

江湖间唯畏大风。冬月风作有渐，船行可以为备，唯盛夏风起于顾盼间，往往罹难。曾闻江国[①]贾人有一术，可免此患。大凡夏月风景[②]，须作于午后，欲行船者，五鼓初起，视星月明洁，四际至地，皆无云气，便可行，至于巳时[③]即止，如此，无复与暴风遇矣。国子博士李元规云：“平生游江湖，未尝遇风，用此术。”

注释

①江国：一说长江沿岸地区，有时也指江淮之间。

②风景：疑当作“风暴”，与下文“暴风”相应。

③巳时：今上午九时至十一时。

译文

在江湖中行船时，最怕的就是有大风。冬天的风是渐渐加大的，行船途中能够及时防备，但是盛夏的风是突然刮起的，此时船只往往会遇难。曾经听说长江两岸的商人有个好办法，可以免除这个祸患。大凡夏天的大风往往发生在午后，要行船的人，夜间五更时分就早早起来，若发现天空中的星月明亮皎洁，并且四周直到地面都没有云气，就代表白天可以行船，等到白天巳时时分就要停下来，这样就能有效地避开暴风。国子博士李元规说：“我平生都在江湖上往来，因为用了这个方法，所以我从来没有碰到过暴风。”

原文

余使虏，至古契丹界，大蓟茇[①]如车盖，中国无此大者。其地名蓟，恐其因此也，如杨州[②]宜杨、荆州宜荆之类。荆或为楚，楚亦荆木之别名也。

注释

①大蓟茇（bá）：草名，通常称“大蓟”，有的方言也称“大蓟菜”。

②杨州：一般写作“扬州”。杨，通“扬”。

译文

在我出使契丹，到达古契丹的地界时，看到了像车盖一样大的蓟芨，中原的都没有这么大。把这个地方叫作蓟，恐怕就是这个缘故吧，就像扬州适宜种杨、荆州适宜种荆。有时候荆也称为楚，楚也是荆木的别名。

原文

刁约[①]使契丹，戏为四句诗曰："押燕[②]移离毕，看房[③]贺跋支。饯行三匹裂，密赐十貔狸。"皆纪实也。移离毕，官名，如中国执政官。贺跋支，如执衣、防阁[④]。匹裂，小木罂[⑤]，以色绫木[⑥]为之，如黄漆。貔狸，形如鼠而大，穴居，食果谷，嗜肉，狄人为珍膳，味如豘[⑦]子而脆。

注释

①刁约（993—1077）：字景纯，丹徒（今江苏镇江）人。天圣二年（1024）进士，嘉祐二年（1057）出使契丹事。

②押燕：主持宴会。指契丹设宴招待使者刁约。

③看房：指护卫使者的住处。

④执衣、防阁：唐代官员的役人。

⑤木罂：小木罐。

⑥色绫木：一种纹理如绫纹的木料。

⑦豘（tún）：同"豚"，小猪。

译文

刁约出使契丹时，曾戏谑地作了四句诗道："押燕移离毕，看房贺跋支。饯行三匹裂，密赐十貔狸。"所叙述的全是实事。"移离毕"是契丹的官名，如同中国的执政官。"贺跋支"，如同中国官员的役从执衣、防阁。"匹裂"是一种类似小木罐子的器皿，用色绫木制成，表面看上去好像用黄漆涂过。“貔狸”是一种形似老鼠但比老鼠大的野兽，穴居，吃果子、谷物，尤其喜爱吃肉，契丹人把它看成珍贵的肉食，它的味道和乳猪没什么区别，但是更脆一些。

原文

世传江西人好讼，有一书名《邓思贤》，皆讼牒法也。其始则教以侮文[①]；侮文不可得，则欺诬以取之；欺诬不可得，则求其罪劫[②]之。盖思贤，人名也，人传其术，遂以之名书。村校中往往以授生徒。

注释

①侮文：歪曲法律条文。
②劫：胁迫。

译文

世人相传江西人爱好打官司，有《邓思贤》一书，书的内容均是撰写诉讼状的方法。开始是教人歪曲法律条文；如果靠歪曲法律条文还是不能得偿所愿，那就靠蒙骗陷害的手段实现；如果蒙骗陷害也不能得逞，就翻出对方的罪过胁迫他。思贤或许是个人名，人们传播教授他的方法，因此将这本书以他的名字命名。村里的学校通常拿这本书教授学生。

原文

蔡君谟[①]尝书小吴笺云：“李及[②]知杭州，市《白集》一部，乃为终身之恨。此君殊清节，可为世戒。张乖崖[③]镇蜀，当遨游时，士女环左右，终三年未尝回顾。此君殊重厚，可以为薄夫之检

押[④]。”此帖今在张乖崖之孙尧夫家。余以谓买书而为终身之恨，近于过激。苟其性如此，亦可尚也。

注释

①蔡君谟（1012—1067）：蔡襄，字君谟，北宋大臣，文学家、政治家和书法家。

②李及：字幼几，新郑（今属河南）人。中进士后，经寇准推荐，任大理寺丞、兴化军通判。后历知杭州、郓州、应天、河南府，拜御史中丞。

③张乖崖（946—1015）：张咏，字复之，号乖崖，山东鄄城人。北宋大臣，尤以治蜀著称，谥忠定。

④检押：规矩。

译文

蔡襄曾经在小吴笺上写道：“李及任杭州知州时，曾卖了《白居易诗集》一书，结果成了终生遗憾。此君以清廉著称，足以当作世人的榜样。张咏镇守蜀地，他到各处游历时，士女伴其左右，却在三年任期之间始终对她们视而不见。此君为人稳重，足以作为轻薄之人的榜样。”现在这幅书帖就在张咏的孙子张尧夫家里收藏着。我觉得仅仅因为卖了一本书而称终生遗憾，也过于偏激了。但是如果他的天性就是如此，那的确是值得推崇的。

原文

陈文忠[①]为枢密，一日，日欲没时，忽有中人宣召。既入右掖，已昏黑，遂引入禁中。屈曲行甚久，时见有帘帏、灯烛，皆莫知何处。已而到一小殿，殿前有两花槛，已有数人先至，皆立廷中，殿上垂帘，蜡烛十余炬而已，相继而至者凡七人，中使乃奏班齐。唯记文忠、丁谓、杜镐三人[②]，其四人忘之，杜镐时尚为馆职。良久，乘舆自宫中出，灯烛亦不过数十而已。宴具甚盛，卷帘，令不拜，升殿就坐。御座设于席东，设文忠之坐于席西，如常人宾主之位[③]。

尧叟等皆惶恐不敢就位，上宣喻不已，尧叟恳陈："自古未有君臣齐列之礼。"至于再三，上作色[④]曰："本为天下太平，朝廷无事，思与卿等共乐之。若如此，何如就外朝开宴？今日只是宫中供办，未尝命有司[⑤]，亦不召中书辅臣。以卿等机密及文馆职任侍臣无嫌，且欲促坐语笑，不须多辞。"尧叟等皆趋[⑥]下称谢，上急止之曰："此等礼数皆置之。"尧叟悚慄危坐，上语笑极欢。酒五六行，膳具中各出两绛囊，置群臣之前，皆大珠也。上曰："时和岁丰，中外康富，恨不得与卿等日夕相会。太平难遇，此物助卿等燕集之费。"群臣欲起谢，上云："且坐，更有。"如是酒三行，皆有所赐，悉良金重宝。酒罢，已四鼓，时人谓之"天子请客"。文忠之子述古得于文忠，颇能道其详，此略记其一二耳。

注释

①陈文忠：陈尧叟（961—1017），字唐夫，阆中（今属四川）人。端拱二年（989）状元，真宗时官至枢密使加同平章事，谥文忠。

②丁谓：字谓之，北宋宰相，封晋国公。杜镐（938—1013）：字文周，常州无锡（今属江苏）人。明经及第，久任官职，真宗时先后特置龙图阁直学士，工部、礼部侍郎。

③常人宾主之位：依照古代礼仪，主人坐东面西，以示谦卑，客人则坐西面东，以示尊贵。宋真宗此时坐在了地位偏低的主人位上。

④作色：发怒，摆脸色。

⑤有司：指光禄寺。如果正式宴请群臣，则当交由光禄寺办理。

⑥趋：恭敬地快走。

译文

陈尧叟任枢密使时，有一天，太阳即将落下时，忽然有宦官宣召他入宫进见。等陈尧叟进入皇城右掖门时，天色已经昏黑，于是被宦官引入宫中。迂回曲折地走了好长时间，不时能看见帘帏、灯烛等物，也不清楚是在哪里。之后来到了一座小宫殿前，殿前有两列雕花栏杆，有几个人已经先到，都站在殿前的庭院中等候，殿上垂着帘子，只点燃了十几支蜡烛而已，连续到场的共有七人，随即掌礼仪的宦官宣奏称人已到齐。只记得七人中有陈尧叟、丁谓、杜镐三人，剩下的四人忘记是谁了，杜镐当时只是馆职人员。许久，皇帝所乘的车辇从宫中出来，灯烛也只有几十盏而已。宴席准备得十分丰盛，皇上命人卷起帘子，并要求大臣们不要叩拜，都直接上殿入座。皇帝的御座设在宴席的东面，大臣们的座位则设在宴席西面，如同常人宴客的宾主座位。陈尧叟等人都惶恐不安而不敢就位，皇帝数次命他们入座，陈尧叟诚恳地陈说道："从古至今，从没有过君臣并排列坐的礼仪。"如此反复辞让了好几遍，皇帝略有怒色地说道："本因天下太平，朝廷安定，想与卿等共享喜悦。如果这般拘泥礼数，倒不如在外朝开宴。今天只是宫中宴会，没有通知光禄寺做什么准备，也没有宣召中书省、门下省的辅臣入宫参加。因为卿等都是担当机密官员或是在文馆职任的侍臣，侍从之臣没什么嫌疑，就是想让君臣之间靠近点，一起说说笑笑，你们不必再推辞了。"陈尧叟等人都要毕恭毕敬地跑到台阶下谢恩，皇帝连忙制止道："此等礼数都免了。"于是陈尧叟战战兢兢地正襟危坐着，皇帝则说说笑笑很欢喜。酒喝了五六巡，餐具中间各放了两个红锦囊，摆在群臣的面前，全是大珠宝。皇帝说："如今风调雨顺，五谷丰登，天下富足安康，恨不得与卿等朝夕相聚。太平世道难遇，这些东西就当是对你们置办宴饮聚会的资助。"群臣都要起立谢恩，皇帝说："全部坐下，过会儿还有呢。"这样酒又喝了三巡，每次都有赏赐，全是一些奇珍异宝。等到闭宴时，已经到四更天了，当时人将这次宴会称为"天子请客"。陈尧叟的儿子陈述古从他那里听说此事，叙述得十分详尽，在此仅是粗略地记载一二而已。

原文

关中无螃蟹。元丰中，余在陕西，闻秦州①人家收得一干蟹。土人怖其形状，以为怪物。每人家有病虐者，则借去挂门户上，往往遂差②。不但人不识，鬼亦不识也。

注释

①秦州：在今甘肃天水一带。

②差（chài）：治愈。

译文

关中一带从没有见过螃蟹。元丰年间，我在陕西居住，听闻秦州有一户人家收到一只晒干的螃蟹。当地人对它的形状都十分恐惧，认为是一种怪物。每当人们家里有被病缠身的人，就借去挂在自家的门户上，通常病就痊愈了。可见不仅人不认得，连鬼也不认得这东西。

原文

丞相陈秀公[①]治第于润州，极为闳壮，池馆绵亘数百步[②]。宅成，公已疾甚，唯肩舆[③]一登西楼而已。人谓之“三不得”：居不得，修不得，卖不得。

注释

①陈秀公：指陈升之（1011—1079），字旸叔，景祐元年（1034）考中进士。神宗熙宁初年为宰相，封秀国公。谥号成肃。

②步：古代度量单位，古法六尺为一步，宋时五尺为一步。

③肩舆：让人抬着。

译文

丞相陈升之在润州修建了宅第，极为雄伟壮阔，园池楼馆绵延数百步。宅子建成的时候，陈升之已经病入膏肓了，只是让人抬着登上一次西楼而已。人称此宅为“三不得”：住不得，修不得，卖不得。

原文

福建剧贼廖恩，聚徒千余人，剽掠市邑，杀害将吏，江浙为之搔然[①]。后经赦宥，乃率其徒首降，朝廷补恩右班殿直，赴三班院

候差遣。时坐恩黜免者数十人。一时在铨班叙录其脚色[②]，皆理私罪或公罪，独恩脚色称："出身以来，并无公私过犯。"

注释

①掻然：动荡不安的样子。

②铨班：吏部负责考察官员的机构。脚色：宋时初入仕或其他官员所写的个人履历表。

译文

福建大盗廖恩，聚集党徒千余人，在城镇里大肆洗劫掠夺，残害官员，江浙地区被他搅得动荡不安。后来经过朝廷赦免，廖恩就率领着其党徒投降了，朝廷恩赐他右班殿直的职衔，让他到三班院听候差遣。当时因为受廖恩作乱的牵连而被降职和罢免的官员也有数十人。一时都在吏部铨考机构办理有关手续，他们的履历表上都注明了因此事被治什么私罪或者公罪，只有廖恩的履历上自称："为官以来，公私过错一概没有犯过。"

原文

曹翰围江州[①]三年，城将陷，太宗嘉其尽节于所事，遣使喻翰："城下日，拒命之人尽赦之。"使人至独木渡，大风数日，不可济。及风定而济，则翰已屠江州无遗类，适一日矣。唐吏部尚书张嘉福[②]奉使河北，逆韦之乱，有敕处斩，寻遣使人赦之。使人马上昏睡，迟行一驿，比至，已斩讫。与此相类，得非有命欤？

注释

①曹翰围江州：事发宋太祖开宝八年（975），而攻下南唐江州城事在开宝九年（976），非三年。入城后，曹翰所部军纪涣散，江州民众据此状告给宋廷知州张霁，张霁依法将士兵治罪。曹翰大怒，举兵屠城。

②张嘉福：事在唐中宗景龙四年（710），中宗去世，皇后韦氏秘不发丧，任命吏部尚书张嘉福为同中书门下平章事，拥立温王李重茂为帝。没过多久，相王李旦之子李隆基发动政变，将韦后诛杀，拥立李旦为帝，又通缉“韦党”，张嘉福因受牵连被处死。

译文

曹翰对江州围攻了三年，城池马上就要被攻陷了，太祖嘉赏江州军士为他们的君主尽忠，就派使者向曹翰下达命令：“攻占城池的那天，将拒守人员全部赦免。”使者来到了独木渡，连续刮了几天大风，所以无法渡河。等风停息渡过河之后，曹翰在江州的杀戮已经持续一天了。唐代吏部尚书张嘉福受命出使河北，韦后发动叛乱时，朝廷下了将他处斩的命令，但又立即派使者下达赦免他的命令。由于使者在马上昏睡，延误了一站地的时间，等赶到时，已经处决了。这件事类似于江州的事情，难不成是生死有命吧？

原文

庆历中[1]，河北大水，仁宗忧形于色。有走马承受公事使臣到阙，即时召对，问：“河北水灾何如?”使臣对曰：“怀山襄陵[2]。”又问：“百姓如何?”对曰：“如丧考妣[3]。”上默然。既退，即诏阁门：“今后武臣上殿奏事，并须直说，不得过为文饰。”至今阁门有此条，遇有合奏事人，即预先告示。

注释

①庆历中：庆历八年（1048）六月，河北遭遇水灾。

②怀山襄陵：洪水将高山包围，将丘陵淹没。

③如丧考妣：像失去父母一样悲痛。

译文

庆历年间，河北路闹水灾，仁宗愁容满面。有一位来京城汇报情况的走马承受公事使臣到了，仁宗立刻召见他，问道："河北的水灾情况怎么样了？"使臣回答说："怀山襄陵。"又问道："民众的情况怎么样？"回答说："如丧考妣。"皇帝沉默无语。等使者离开后，就下令阁门司："以后武臣上殿奏事，必须直言不讳，不要太过文饰辞藻。"直到现在阁门司还有这条规定，碰到有事向皇帝禀奏的人，就预先告知他们。

原文

予奉使按边，始为木图，写[①]其山川道路。其初遍履山川，旋以面糊、木屑写其形势于木案上。未几寒冻，木屑不可为，又熔蜡为之。皆欲其轻、易赍[②]故也。至官所，则以木刻上之。上召辅臣同观。乃诏边州皆为木图，藏于内府。

注释

①写：描摹，模拟。
②赍（jī）：携带。

译文

我奉命出使河北察访边境，并创制了木版地图，以模拟当地的山川道路。首先要走遍那里的山川，然后拿面糊、木屑把那里的地形在木案上塑造成模型。但是不久后因为天寒地冻，木屑无法制作，于是又改用熔蜡来制作。选用这些材料都是为了使地图轻便、容易携带的缘故。回到官署，再雕刻成木版地图献给皇帝。皇帝召集辅臣们一同观看。于是下诏要求边境各州都要制作木版地图，收藏在宫中内府备查。

原 文

蜀中剧贼李顺[①]，陷剑南两川[②]，关右[③]震动，朝廷以为忧。后王师破贼，枭[④]李顺，收复两川，书功行赏，了无间言[⑤]。至景祐中[⑥]，有人告李顺尚在广州，巡检使臣陈文琏捕得之，乃真李顺也，年已七十余。推验明白，囚赴阙，覆按皆实。朝廷以平蜀将士功赏已行，不欲暴其事，但斩顺，赏文琏二官，仍閤门祗候。文琏，泉州人，康定中老归泉州，余尚识之。文琏家有《李顺案款[⑦]》，本末甚详。顺本味江王小博之妻弟，始王小博反于蜀中，不能抚其徒众，乃共推顺为主。顺初起，悉召乡里富人大姓，令具其家所有财粟，据其生齿[⑧]足用之外，一切调发，大赈贫乏；录用材能，存抚良善；号令严明，所至一无所犯。时两蜀大饥，旬日之间，归之者数万人，所向州县，开门延纳，传檄所至，无复完垒。及败，人尚怀之，故顺得脱去三十余年，乃始就戮。

注 释

①李顺：北宋淳化四年（993）跟随王小波一同起义，后代为首领，攻下成都，称大蜀王，聚数十万众。淳化五年（994）被镇压。

②剑南两川：指剑南东川和剑南西川，泛指今四川剑阁以南一带。

③关右：关西，今陕西中部。

④枭（xiāo）：斩首示众。

⑤间言：猜疑、怀疑的言论。

⑥景祐中：根据陆游《老学庵笔记》等记载，李顺在广州案发，发生在宋真宗天禧初年，而不是仁宗景祐年间。

⑦案款：刑事审判案卷。

⑧生齿：人口。

译文

蜀中反贼李顺攻克了剑南、两川一带，关中地区动荡不安，朝廷感到很忧虑。后来官军击破贼兵，并将李顺斩首示众，一举收复了两川，论功行赏，当时朝廷内外没有任何怀疑的言论。到了景祐年间，有人告发说李顺还在广州，巡检使臣陈文琏逮捕了他，果真是李顺本人，当时李顺已经过了古稀之年。将其身份审讯清楚后，用囚车押解至京，复核再审后证明其案情属实。朝廷考虑到对平蜀将士们的赏赐早已实施，因此不想再将这件事公开，只是杀死了李顺并给陈文琏连升了两级，使之担任阁门祇候。陈文琏是泉州人，康定年间因年迈而辞职返回泉州，我还认得他。陈文琏家中有《李顺案款》，将此案件的本末记载得十分详细。李顺原是味江王小博的妻弟，起初跟随王小博一起在蜀中起兵造反，但是王小博没能得到跟随他的徒众的拥戴，于是贼寇共推李顺为首领。李顺开始起兵时，就召集乡里的富人大姓，让他们把家里所有的钱财粮食统统拿出来，除了按他们的家庭人口留下够用的口粮外，其余所有都用来赈济贫困百姓；并且在军中选用能人将才，安抚奉公守法的人家；军纪严明，大军所到之处，秋毫无犯。当时两川正遭遇严重的饥荒，十几天之间，归附他的就达到数万人，其兵锋所向，没有不主动开门投降的，号令檄文所到之处，没有不能攻破的城池。即使等到他战败后，人们仍旧对他十分怀念，所以李顺得以逃出法网三十多年后才被捕杀。

原文

宋宣献[①]博学，喜藏异书，皆手自校雠。常谓："校书如扫尘，一面扫，一面生。故有一书每三四校，犹有脱谬。"

注释

①宋宣献：宋绶（991—1041），字公垂，赵州平棘（今河北赵县）人。官至兵部尚书、参知政事。卒追赠太师、中书令等。

译文

宋绶学识渊博，喜欢收藏奇书，并且他所收藏的书都是他亲自校勘的。他经常这样说："校书就类似于打扫灰尘，一面扫，一面生。因此一部书即便是校了三四次，还是免不了有脱字和错字。"

药议（选自卷二十六）

原文

古方言："云母粗服，则著人肝肺不可去"，如枇杷、狗脊毛不可食，皆云"射入肝肺"。世俗似此之论甚多，皆谬说也。又言"人有水喉、气喉"者，亦谬说也。世传《欧希范真五脏图》，亦画三喉，盖当时验之不审耳。水与食同咽，岂能就中遂分入二喉？人但有咽、有喉二者而已。咽则纳饮食，喉则通气。咽则咽入胃脘[1]，次入胃，又次入肠[2]，又次入大、小肠。喉则下通五脏，出入息。五脏之含气呼吸，正如冶家之鼓鞴[3]。人之饮食药饵，但自咽入肠胃，何尝能至五脏？凡人之肌骨、五脏、肠胃虽各别，其入肠之物，英精之气味[4]，皆能洞达，但滓秽即入二肠。凡人饮食及服药既入肠，为真气[5]所蒸，英精之气味，以至金石之精者，如细研硫黄、朱砂、乳石之类，凡能飞走融结[6]者，皆随真气洞达肌骨，犹如天地之气，贯穿金、石、土、木，曾无留碍。自余顽石、草木[7]，则但气味洞达耳。及其势尽，则滓秽传入大肠，润湿渗入小肠，此皆败物，不复能变化，惟当退泄耳。凡所谓某物入肝、某物入肾之类，但气味到彼耳，凡质岂能至彼哉？此医不可不知也。

注释

①胃脘（wǎn）：疑作“胃筦（管）”，即食管。

②肠：疑指十二指肠。如果理解为大肠，则此处文字当有错误。

③鼓鞴（bèi）：鼓风吹火用的革囊。如后世之风箱。

④英精之气味：实指食物及药物中能够被人体吸收的精华部分。

⑤真气：指人体之正气，亦即精气。古有精气说，以为阴阳二气化生万物，精气为世界的本原，人体亦由精气构成。

⑥飞走融结：指挥发融化。

⑦顽石、草木：指食物及药物中不能够被人体吸收的粗劣部分。

译文

以前的方子上说：“服用粗制云母，那么云母会进入肝肺祛除不掉”，就像枇杷、狗脊毛不能直接吃一样，因为有这些东西都会“刺入肝肺”的说法。老百姓类似这种说法的有很多，实际上都属于谬论。又有人说“人有水喉、气喉”，这也是谬论。世间流传的《欧希范真五脏图》，也画了三个喉咙，就当作那时没有审验仔细罢了。怎么能在水与食物同时咽下的时候分别进入水喉与食喉呢？人只有咽部、喉部二者而已。咽部主要是饮食通过的部位，喉部主要是呼吸时气体通过的部位。咽下食物时，食物会先通过咽部，然后进入食管，再进入胃，接着又进入十二指肠，依次再进入大肠、小肠。喉部向下与五脏联通，它是气息出入要经过的部位。正如冶炼用的鼓风的革囊，五脏的气息交换也是这个道理。当人们吃入食物及药物时只能进入肠胃，怎么能够到达五脏呢？虽然人的肌肉骨骼、五脏、肠胃都有其特定的位置与功能，但是进入肠道的营养物质经过吸收，才能分布于全身，只有代谢的废物会进入大肠、小肠。人所吃的食物和吃下的药物进入肠道，被真气蒸发，精华的气味，乃至金石药物中的精粹，如研细的硫黄、朱砂、钟乳石之类，凡是可以挥发融化的，都随同真气通达肌肉、骨骼，就像天地之气一样贯穿金、石、土、木，没有任何阻碍。剩余的顽石、草木，只有气味能通达。等到精华散发完毕后，渣滓秽物就转入大肠，液体渗入小肠，这些都是废物，不会再起作用，只能排泄出去。那些某物入肝、某物入肾之类的说法，只是说它们的气味能够到达那里，物质本身怎能到达呢？这些理论作为医者应当明了。

原文

余集《灵苑方》，论鸡舌香以为丁香母，盖出陈氏《拾遗》[①]。今细考之，尚未然。按《齐民要术》[②]云：“鸡舌香，世以其似丁[③]子，故一名丁子香。”即今丁香是也。《日华子》[④]云：“鸡舌香，治口气。”所以三省故事，郎官日含鸡舌香，欲其奏事对答，其气芬芳。此正谓丁香治口气，至今方书为然。又古方五香连翘汤用鸡舌香，《千金》五香连翘汤无鸡舌香，却有丁香，此最为明验。《新补本草》[⑤]又出丁香一条，盖不曾深考也。今世所用鸡舌香，乳香中得之，大如山茱萸[⑥]，剉开，中如柿核，略无气味。以治疾，殊极乖谬。

注释

①陈氏《拾遗》：指唐代陈藏器编纂的《本草拾遗》。

②《齐民要术》：北魏时贾思勰著，是中国现存的第一部农业科学专著。

③丁：同“钉”。

④《日华子》：指《日华子诸家本草》，著者各有不同的说法，书当成于北宋开宝年间，今已亡佚。

⑤《新补本草》：北宋掌禹锡等编修的《补注神农本草》，别名《嘉祐补注本草》，今已亡佚，《证类本草》记载了其内容。

⑥山茱萸：山茱萸科，落叶乔木或灌木，树皮灰褐色，小枝呈细圆柱形。开黄花，果实可入药。

译文

我编纂《灵苑方》的时候，论定鸡舌香就是丁香母，这个结论出自陈藏器的《本草拾遗》。如今进一步去考证，似乎并不完全是这样。依照《齐民要术》的说法：“世人因为鸡舌香形似钉子，所以又称之为丁子香。”就是现在的丁香。《日华子》记载说：“鸡舌香能用来祛除口气。”所以依据三省的惯例，郎官每日要口含鸡舌香，这是希望他们奏事禀报时能够保持口气芬芳。这就是书中所说的丁香能祛除口气，到今天的医方上仍是这样说。另外，古方的五香连翘汤里也会加入鸡舌香，《千金方》中的五香连翘汤里就没有加鸡舌香，但是加了丁香，这也是最显而易见的证据。《新补本草》一书中，除了鸡舌香之外又单列了丁香一条，这是因为没有深入地考证。如今世上所用的鸡舌香是从乳香中所得，大小和山茱萸差不多，将其剖开，中间如同柿核一般，无味。用这种东西来治病极为荒谬。

原文

旧说有“药用一君、二臣、三佐、五使”之说[①]。其意以谓药虽众，主病者专在一物，其他则节级相为用，大略相统制，如此为宜，不必尽然也。所谓君者，主此一方者，固无定物也。《药性论》乃以众药之和厚者定以为君，其次为臣、为佐，有毒者多为使，此谬说也。设若欲攻坚积[②]，如巴豆[③]辈，岂得不为君哉？

注释

①君：指起关键作用的主药。臣：指起辅助作用的配药。佐：指治疗兼症或压制主药副作用的药。使：指药引子。

②坚积：指顽固的积食症。

③巴豆：大戟科常绿乔木，其籽含毒性。

译文

传统医书中有“药用一君、二臣、三佐、五使”的说法。主要说的是药物种类虽然有很多，但是主治病症的只有一种，其他的药则是按主次搭配发挥作用，大致上是相互统属、制约的关系，这样是极为适当的，但也不一定全部是这样。所谓的“君药”，指在治疗过程中起主导作用的药，原本就没有固定的限制。《药性论》中竟然把各类药物里药性平和淳厚的界定为“君药”，其他的依次界定为“臣药”“佐药”，有毒性的药则大部分界定为“使药”，这是荒谬的说法。假设想要治疗顽固的积食症，那么巴豆之类的药物，难道不应该归类为“君药”吗？

原文

金罂子止遗泄[①]，取其温且涩也。世之用金罂者，待其红熟时，取汁熬膏用之，大误也。红则味甘，熬膏则全断涩味，都失本性。今当取半黄时采，干，捣末用之。

注释

①金罂子：指金樱子，常绿灌木，蔷薇科蔷薇属，所结果实呈黄红色。遗泄：指遗精、泄泻等症状。

译文

金罂子可以治疗遗精、泄泻，取的是它药性的温和且苦涩。世人用金罂时，是等到它的果实红熟时，榨取汁液熬成膏方服用，这简直是严重的错误。果实红熟后味道就会变得甘甜，熬成膏反而完全失去了涩味，也就是失去了药的特性。应当在果实半黄时采摘，晒干后捣成末服用。

原文

汤、散、丸[①]，各有所宜。古方用汤最多，用丸、散者殊少。煮散[②]古方无用者，唯近世人为之。大体欲达五脏四肢者莫如汤，欲留膈[③]胃中者莫如散，久而后散者莫如丸。又无毒者宜汤，小毒者宜散，大毒者须用丸。又欲速者用汤，稍缓者用散，甚缓者用丸。此其大概也。近世用汤者全少，应汤皆用煮散。大率汤剂气势完壮，力与丸、散倍蓰[④]。煮散者一啜[⑤]不过三五钱极矣，比功较力，岂敌汤势？然汤既力大，则不宜有失消息[⑥]。用之全在良工，难可定论拘也。

注释

①汤、散、丸：中药的三种剂型，把药煮成汁叫作汤剂，研磨成粉末叫作散剂，把研磨的粉末制成丸叫作丸剂。

②煮散：首先把药物研磨成粗制的粉末，然后加水煮成汤即可服用。

③膈：隔膜，即胸腔、腹腔交界处的横膈膜。

④倍蓰（xǐ）：数倍。蓰，五倍。

⑤一啜（chuò）：一服药剂。

⑥消息：指剂量的多少。

译文

中医上有汤剂、散剂、丸剂，医治各种病有其适宜的用法。古方中应用最多的就是汤剂，用丸剂、散剂的情况特别少。在古方中没有人使用煮散这种方法，只在近代以来才有人开始使用。通常来说，想要使药力通达五脏、四肢的话没有比汤剂更好的了，想让药力留在隔膜、肠胃中的话没有比散剂更好的，希望药力持久到最后才发散的话，没有比丸剂更好的。另外，没有毒性的药用作汤剂最为适合，有微弱毒性的药用作散剂最为适宜，毒性比较强的药用作丸剂是必然的。还有，想要快速见效的适合用汤剂，见效稍缓一点的适宜用散剂，更缓的适宜用丸剂。这些就是用药的大致情况。近年来，用汤剂的人非常少，应当用汤剂的时候都是用煮散的方法。大致上说，汤剂的药力完整而壮实，是丸剂、散剂的数倍。煮散的话，每服不会超过三五钱，其药效和功力哪里比得上汤剂的势头呢？然而汤剂既然药力大，在剂量上就不能出丝毫差错。如何用药全靠大夫的高明医术，这很难有某种一成不变的方法。

原文

古法采草药多用二月、八月，此殊未当。但二月草已芽，八月苗未枯，采掇者易辨识耳，在药则未为良时。大率用根者，若有宿根，须取无茎叶时采，则津泽皆归其根。欲验之，但取芦菔、地黄

辈观，无苗时采，则实而沉；有苗时采，则虚而浮。其无宿根者，即候苗成而未有花时采，则根生已足而又未衰。如今之紫草，未花时采，则根色鲜泽；过而采，则根色黯恶，此其效也。用叶者取叶初长足时，用芽者自从本说，用花者取花初敷时，用实者成实时采。皆不可限以时月，缘土气有早晚，天时有愆伏[1]。如平地三月花者，深山中则四月花。白乐天《游大林寺》诗云："人间四月芳菲尽，山寺桃花始盛开。"盖常理也，此地势高下之不同也。如筀竹[2]笋，有二月生者，有三四月生者，有五月方生者，谓之"晚筀"；稻有七月熟者，有八九月熟者，有十月熟者，谓之"晚稻"。一物同一畦之间，自有早晚，此性之不同也。岭、峤[3]微草，凌冬不凋，并、汾[4]乔木，望秋先陨；诸越则桃李冬实，朔漠则桃李夏荣，此地气之不同也。一亩之稼，则粪溉者先芽；一丘之禾，则后种者晚实，此人力之不同也。岂可一切拘以定月哉？

注释

①愆（qiān）伏：指气候失常。

②筀（guì）竹：指桂竹，亦即通常所见秆茎散生、较高大、呈圆筒状的竹。

③岭、峤（qiáo）：指传统所称的"五岭"（在今赣、湘、桂、粤等省区）。

④并、汾：指今山西中南部地区。

译文

依照过去的老方法，采集草药的时间多数会选在二月、八月，这是很不恰当的。因为二月的药草已经发芽，八月的药草茎叶尚未干枯，去采集的人容易辨认寻找罢了，但对药来讲这不是药性最适合服用的时候。凡是用根来入药的，如果需要都成熟的隔年老根，就必须在没有茎和叶的情况下采摘药草，这时候药的精华汁液都聚集在根部。如果要验证这个说法，可以取芦菔、地黄之类的药为例，在它们都还没有苗叶时采摘的，根部就饱满沉实；若是在有苗叶时采摘的，根部就空虚不实。对于那些没有成熟的隔年老根的，最佳的采摘时间是在苗叶已经长成但还未开花时，因为这时候的根虽然已经长成但还没有开始衰败。例如，就现在的紫草根而言，没有开花时采集的紫草，根的颜色鲜亮光泽；等花开过之后再采的，根的颜色就很暗淡难看，这就充分说明了上述观点。对于以叶入药的草药，要在叶子刚长成时采摘；使用芽入药的，则自然遵从传统的做法；使用花入药的，要在花刚开时采摘；使用籽入药的，要在果实成熟时采摘。这些药草的采摘时间都不能够用固定的时月来限定，是因为地气的升高有早有晚，天气的变化也无常。例如，在平原上三月就能开放的花，在深山里就要等到四月才开放。白居易的《游大林寺》中的诗句说："人间四月芳菲尽，山寺桃花始盛开。"说的便是这个道理，导致这一现象的原因是地势的高低不同。又例如筀竹笋，有二月份生的，有三四月份生的，也有五月份才生的，叫作"晚筀"；水稻有七月成熟的，有八九月成熟的，还有十月成熟的，叫作"晚稻"。同一种农作物在同一块田畦里，生长时间也会有早有晚，这是由它本身物性不同所致的。岭、峤一带的小草，过冬时也不凋落，并、汾一带的乔木，在秋天到来前就已经开始落叶；南方百越之地的桃李冬天结果，朔漠的桃李夏天开花，这是水土天气的不同导致的。同一亩地里的庄稼，用粪便灌溉过的会更先发芽；同一块地里的禾苗，后来播种的就会晚结实，这是由人力培植不同所致。哪能一切都用固定的时月来限制呢？

原文

《本草注》："橘皮味苦，柚皮味甘。"此误也。柚皮极苦，不可向口，皮甘者乃橙耳。

译文

《本草注》上说："橘皮的味道苦，柚皮的味道甜。"这种说法是不对的。柚皮的味道特别苦，不能食用，橙子的皮才有甜味。

原文

按《月令》："冬至麋角解[①]，夏至鹿角解"，阴阳相反如此。今人用麋、鹿茸[②]作一种，殆疏也。又有刺麋、鹿血以代茸，云

“茸亦血耳”，此大误也。窃详古人之意，凡含血之物，肉差易长，其次筋难长，最后骨难长。故人自胚胎至成人，二十年骨髓方坚。唯麋角自生至坚，无两月之久，大者乃重二十余斤，其坚如石，计一昼夜须生数两。凡骨之顿成生长，神速无甚于此，虽草木至易生者，亦无能及之。此骨之至强者，所以能补骨血、坚阳道[③]、强精髓也，岂可与凡血为比哉？麋茸利补阳，鹿茸利补阴。凡用茸，无乐大嫩，世谓之“茄子茸”，但珍其难得耳，其实少力，坚者又太老。唯长数寸，破之肌如朽木，茸端如玛瑙、红玉者最善[④]。又北方戎狄中有麋、麖、麈[⑤]，驼鹿[⑥]极大而色苍，麂[⑦]黄而无斑，亦鹿之类。角大而有文，莹莹如玉，其茸亦可用。

注释

①解：脱落。

②鹿茸：雄鹿未骨化的带茸毛的幼角，可入药，有补肾壮阳、生精益血的功效。

③坚阳道：指加强男性的性功能。

④玛瑙、红玉：均为红色的珍贵矿物。

⑤麋、麖（jīng）、麈（zhǔ）：均为鹿类动物，体形比较大。

⑥驼鹿：体形最庞大的鹿，在我国东北、西北地区最为常见。

⑦麂（jǐ）：一种擅长跳跃的鹿。

译文

依照《月令》的记载：“冬至时麋角脱落，夏至时鹿角脱落”，其阴阳差异截然相反。于是现在人们把麋茸、鹿茸当成一种东西，就疏于考察了。又有人用刺麋、鹿的血来充当鹿茸，说“茸也是血”，这实在是谬误。我揣摩古人的说法，所有含血的动物，都比较容易长肉，其次是筋，筋就稍微难长些，最后是骨，骨是最难生长的。所以人类自胚胎起直到长大成人，要花二十年的时间，骨髓才能足够强硬。唯独麋角自开始生长到强硬，不到两个月，大的就有二十多斤重，坚硬如磐石，推算一下就是一天可以增重几两。大多骨质生长快速的生物，都比不上它这般神速，即使是草木一类最容易生长的生物，也赶不上它。这就是骨性最强硬的生物，所以可以用来补养骨血、壮实阳性、增强精髓，这哪是那些寻常的骨血能比的呢？麋茸有补阳之效，鹿茸有补阴之效。只要用茸，并非越嫩越好，世人所谓的“茄子茸”，只是因为珍稀难得罢了，实际上药力不大，而过于坚硬的茸又太老。最好的只有那些剖开来质地像朽木，茸端好似玛瑙、红玉的几寸长的茸。另外，北方戎狄一带有麋、麖、麈，驼鹿体形极大而毛色苍灰，麂的毛呈黄色而没有斑纹，也是鹿的一种。角大而有花纹，光洁晶莹如玉，它的茸也可以用。

原文

枸杞①，陕西极边生者，高丈余，大可作柱，叶长数寸，无刺，根皮如厚朴②，甘美异于他处者。《千金翼》云：“甘州者为真，叶厚大者是。”大体出河西诸郡③，其次江池间堘④上者。实圆如樱桃，全少核，暴干如饼，极膏润⑤有味。

注释

①枸杞：茄科枸杞属落叶小灌木，茎有短刺，果实称枸杞子，可入药，有补肝肾、强筋骨、明目之效。这里提到的是宁夏枸杞，与一般的枸杞不是同一品种。

②厚朴：木兰科落叶乔木，中医以树皮入药，有温中、下气、燥湿之效。

③河西诸郡：指酒泉、张掖、武威、敦煌等郡。

④堘：堤坝。

⑤膏润：肥厚润泽。

译文

枸杞，生长在陕西极靠近边境的地方，有一丈多高，大的能做柱子，叶子有几寸长，无刺，根皮如同厚朴，果实比其他地方的都要甘美。《千金翼》上说：“甘州产的才是真枸杞，就是那种叶片厚大的。”最好的通常产于河西地区，稍差一点的是产于江河湖泊边的田埂上的。果实浑圆如樱桃，一般都没有核，把它晒干后类似于饼，果肉十分肥厚润泽而有滋味。

原 文

“淡竹”对“苦竹”为文。除苦竹外，悉谓之“淡竹”，不应别有一品谓之淡竹。后人不晓，于《本草》内别疏淡竹为一物。今南人食笋有苦笋、淡笋两色，淡笋即淡竹也。

译 文

“淡竹”和“苦竹”是相对而言的。除了苦竹，剩下的都可以称为“淡竹”，不应另有一个品种称为淡竹了。后人不清楚这一点，在《本草》之中另外分列出一种植物称为淡竹。如今南方人吃的笋分别是苦笋和淡笋，淡笋就是淡竹。

原 文

东方、南方所用细辛皆杜衡也①，又谓之“马蹄香”，黄白，拳局②而脆，干则作团，非细辛也。细辛出华山，极细而直，深紫色，味极辛，嚼之习习如椒③，其辛更甚于椒。故《本草》云：“细辛，水渍令直。”是以杜衡伪为之也。襄、汉间又有一种细辛④，极细而直，色黄白，乃是鬼督邮，亦非细辛也。

注 释

①细辛：马兜铃科细辛属，多年生草本植物，叶呈心形，开暗紫色花。根可入药，有治疗风寒、头痛、牙痛等的作用。杜衡：亦马兜铃科细辛属，类似于细辛。

②拳局：卷曲。

③习习：形容辛辣之感。椒：花椒。

④襄：今湖北襄樊。汉：汉水。

译文

东方、南方所用的细辛都是杜衡，又称为“马蹄香”，颜色为黄白色，卷曲而又质地脆弱，晒干之后就成团状，这其实不是细辛。细辛产自华山，枝干极细而且直，开深紫色的花朵，味道十分辛辣，嚼起来像花椒一样，味道比花椒更辣。所以《本草》里说：“细辛，用水浸泡可以使其伸直。”这是用杜衡冒充细辛。襄阳、汉水地区另有一种细辛，枝茎极细而且直，颜色为黄白色，实际上是鬼督邮，并非细辛。

原文

《本草注》引《尔雅》云：“蘦①，大苦。”注：“甘草②也。蔓延生，叶似荷，青黄，茎赤。”此乃黄药③也，其味极苦，谓之“大苦”，非甘草也。甘草枝叶悉如槐，高五六尺，但叶端微尖而糙涩，似有白毛，实作角生，如相思角④，四五角作一本生，熟则角坼。子如小匾豆，极坚，齿啮不破。

注释

①蘦（líng）：通“苓”，一种野生植物，可食用。

②甘草：豆科多年生草本植物，开出的花为紫色，叶羽状，果实呈狭长椭圆形。根状茎可入药，有缓中补虚、泻火解毒的功效。

③黄药：黄独，薯蓣科多年生蔓草植物，叶呈掌形。其块状茎可入药，称为黄药子，有解毒凉血的作用。

④相思：又名“红豆”，豆科木质藤本植物，叶和果实都呈长椭圆形。角：这里指荚状的果实。

译文

《本草注》引《尔雅》称：“蘦，大苦。”郭璞注说：“就是甘草。蔓延而生，叶形似荷，呈青黄色，茎呈红色。”其实这就是黄药，味道极其苦，因此说它“大苦”，不是甘草。甘草的枝叶如同槐树一般，有五六尺高，只是叶端较为尖细且粗糙，似乎长有白毛，果实呈荚状，和相思豆的荚差不多，一根枝上长着四五个果实，成熟时果实就会裂开。结的籽如同小扁豆，十分坚硬，用牙都不能咬破。

原文

胡麻直是今油麻[1]，更无他说，余已于《灵苑方》论之。其角有六棱者、有八棱者。中国之麻，今谓之大麻[2]是也，有实为苴麻，无实为枲麻，又曰牡麻。张骞始自大宛得油麻之种[3]，亦谓之麻，故以“胡麻”别之，谓汉麻为“大麻”也。

注释

①油麻：指芝麻。

②大麻：又名火麻，属大麻科，雌雄异株，既能开花也能结果的雌株称为“苴”，能开花而不能结果的雄株称为“枲”，其纤维可用于织布。

③张骞（？—前114）：字子文，汉中郡成固（今陕西城固东）人。奉汉武帝之命出使西域，开辟了丝绸之路，以此封博望侯。大宛：古代中亚国家名，今中亚费尔干纳盆地一带的古国。

译文

胡麻就是今天的油麻，再没有其他说法了，我已经在《灵苑方》中论述过这个问题。它的荚果有的是六棱、有的是八棱。中原地区的麻，也就是今天的大麻，开花结果的雌株称为苴麻，开花而不能结果的雄株称为枲麻，又称为牡麻。张骞最初从大宛国得到的油麻的种子也叫作麻，因此用“胡麻”来区别，把汉地产的麻称作“大麻”。

原文

赤箭[①]，即今之天麻也。后人既误出天麻一条，遂指赤箭别为一物。既无此物，不得已又取天麻苗为之，滋为不然。《本草》[②]明称“采根阴干”，安得以苗为之？草药上品，除五芝[③]之外，赤箭为第一，此神仙补理、养生上药。世人惑于天麻之说，遂止用之治风[④]，良可惜哉。以谓其茎如箭，既言赤箭，疑当用茎，此尤不然。至如鸢尾、牛膝之类，皆谓茎叶有所似，用则用根耳，何足疑哉？

注释

①赤箭：兰科多年生寄生草本植物，其茎可高达数尺，花为黄白色，地下有块茎，上茎入药称赤箭，块茎入药称天麻。

②《本草》：这里指陶弘景所著的《本草经集》。

③五芝：指青、赤、黄、白、黑五种灵芝，传说服之可以长生不死。

④风：指中风、疠风等症。

译文

赤箭就是今天的天麻，后人先是误分出天麻一条，于是又将赤箭当成了另外一种东西。既然这种东西本就是子虚乌有，不得以又把天麻苗当成赤箭，其实并非如此。《本草》中很清楚地说“采根阴干”，怎么能用苗代替呢？在上品草药中，除了五种灵芝，赤箭就是首选了，这是神仙用来滋补调理、保养身体的上等药材。因为世人对天麻的说法不一而十分困惑，所以仅用来治疗中风等症，真是可惜。有人觉得它的茎部形似箭，既然说成赤箭，就猜疑应当用茎来入药，这种说法大错特错。比如鸢尾、牛膝之类的药，其名称都相似于茎、叶，却是用根来入药，这有什么值得猜疑的呢？

原文

地菘[1]即天名精也。世人既不识天名精，又妄认地菘为火蔹[2]，《本草》又出鹤虱一条，都成纷乱。今按，地菘即天名精，盖其叶似菘[3]，又似名精[4]，名精即蔓精也。**故有二名，鹤虱即其实也。世间有单服火蔹法，乃是服地菘耳，不当用火蔹。**火蔹，《本草》名稀蔹，即是猪膏苗。后人不识，亦重复出之。

注释

①地菘：又称“天蔓菁”“癞蛤蟆草”等，菊科多年生草本植物，开出的花为黄色，结出的果实为黑褐色，其根、叶、果实均可入药。根入药称土牛膝，果实入药称鹤虱，有治疗虫蛇咬伤之效。

②火蔹（liǎn）：菊科，属多年生草本植物，叶狭长，开出的花为黄白色，结出的果实类似于天名精果实。

③菘：指大白菜。

④名精：《苏沈良方》作“蔓菁”，即芜菁，十字花科，与萝卜的球状根相似。

译文

地菘就是天名精。因为世人不认得天名精，就把地菘错认为火蔹，在《唐本草》中又列出了鹤虱一条，彻底分不清了。如今根据我的考证，地菘就是天名精，也许因为它的叶子好似菘，又好似名精，名精就是蔓精。所以有了两个名字，而鹤虱是它结出的果实。世上有方法单独服用火蔹，实际上是服用地菘，不应当说是服用火蔹。《唐本草》中将火蔹叫作稀蔹，也就是猪膏苗。后人不认得，也再次设立了不同条目。

原文

南烛草木[①]，记传、《本草》所说多端，今少有识者。为其作青精饭[②]，色黑，乃误用乌桕[③]为之，全非也。此木类也，又似草类，故谓之“南烛草木”[④]，今人谓之“南天烛”者是也。南人多植于庭槛[⑤]之间，茎如蒴藋[⑥]，有节，高三四尺，庐山有盈丈者，叶微似楝[⑦]而小，至秋则实赤如丹。南方至多。

注释

①南烛草木：亦名南烛、南天烛，杜鹃花科常绿灌木，开出的花为白色，结出的果实呈球形，黑紫色，味道甘甜，可食用。其根、叶、果实皆可入药，有强筋健骨的作用。

②青精饭：一种用南烛的茎叶浸出的水泡米后蒸熟的饭。

③乌桕：大戟科落叶乔木，开出的花为黄色，结出的果实呈球形，其籽可用于榨油。

④谓：原作“为”，据诸明刻本改。烛：字原缺，从《苏沈良方》补。

⑤庭槛：庭院。其实种在庭院里的是南天竹，不是南天烛。南天竹属小蘖科常绿灌木，茎高一米，开出的花为白色，结出的果实呈球形，成熟后为红色或白色。

⑥蒴藋（diào）：蒴藋，灌木状草本植物，叶呈长椭圆形，开白花，果实球状。可入药，有抗菌消炎、清热解毒的作用。

⑦楝：楝科落叶乔木，叶呈椭圆状卵形，开出的花为淡紫色，结出的果实呈球形或椭圆形。可入药，有驱虫的作用等。

译文

关于南烛草木，记传、《本草》中各有不同的观点，如今几乎没人认识了。因为拿它制作的青精饭是黑色的，人们就误用乌桕来代替，其实全然不是这样的。它属于木类，又与草类类似，因此称之为“南烛草木”，就是今人所谓的“南天烛”。南方人一般将它种在庭院里，茎部像蒴藋，有节，有三四尺高，还有高一丈多的生长在庐山上，叶子形似楝而比楝小，到了秋天，它结出的果子像丹砂一样红。在南方非常常见。

原文

太阴玄精[①]，生解州盐泽大卤中，沟渠土内得之。大者如杏叶，小者如鱼鳞，悉皆六角，端正如龟甲。其裙襕[②]小堕，其前则下剡[③]，其后则上剡，正如穿山甲，相掩之处，全是龟甲，更无异也。色绿而莹彻，叩之则直理[④]而折，莹明如鉴，折处亦六角，如柳叶。火烧过则悉解折，薄如柳叶，片片相离，白如霜雪，平洁可爱。此乃禀积阴之气凝结，故皆六角。今天下所用玄精，乃绛州[⑤]山中所出绛石耳，非玄精也。楚州盐城[⑥]古盐仓下土中，又有一物，六棱，如马牙硝[⑦]，清莹如水晶，润泽可爱，彼方亦名太阴玄精，然喜暴润，如盐碱之类。唯解州所出者为正。

注释

①太阴玄精：石名。又称“鬼精”“龟精石”等，以盐卤入土久积凝结而成。

②裙襕（lán）：古人束腰的腰巾。此喻指龟甲中部两边突出的部分，即所谓“甲桥”。

③下剡（yǎn）：下削。此处指晶体的斜面而言，上边靠里、下边靠外称“下剡”，反之则称“上剡”。

④直理：顺着纹理。

⑤绛州：今山西新绛。

⑥楚州盐城：今江苏淮安一带。

⑦马牙硝：芒硝，中医常用的一种晶体矿物。

译文

太阴玄精石，出产于解州盐池含盐量高的卤水中，能从沟渠的土中得到。大的如杏叶，小的如鱼鳞，外形全呈六角形，就好比龟甲一般端正。仔细观察会发现它的边缘稍微倾斜，前边的晶面斜向下，后边的晶面斜向上，晶体就像穿山甲那样，龟甲一片片重叠相掩，没什么不同。颜色呈绿色而且透明，如果敲打它，它就会沿着笔直的纹理断裂，再加上表面如同镜子般光亮，裂开的地方也是六角形的形状，样子看上去很像柳叶。用火烧过，晶体就会全部裂开，薄如柳叶，片片分离，并且像霜和雪那样平滑洁白，十分可爱。晶体之所以都呈现出六角形，是承受了阴气而凝结的缘故。现在世上所用的并不是真正的玄精石，而是绛州山中出产的绛石。在楚州盐城古盐仓下面的土中，又出产了一种被当地人称为太阴玄精石的东西，呈六棱形状，样子很像马牙硝，就像水晶一样晶莹透明，润泽可爱，那里的人也称其为太阴玄精，但是这种东西像盐碱那样很容易受潮。因此只有出产于解州的才是真正的太阴玄精石。

原文

稷乃今之穄①也。齐、晋之人谓即、积皆曰“祭”，乃其土音，无他义也。《本草注》②云：“又名穈③子。”穈子乃黍属。《大雅》：“维秬维秠，维穈维芑④。”秬、秠、穈、芑皆黍属，以色别，丹黍谓之“穈”，音门。**今河西人用穈字而音穈。**

注释

①穄（jì）：稷的别称，一年生草本植物，粮食的一种。

②《本草注》：这里指唐代编修的《新修本草》，又叫作《唐本草》。

③穈（mén）：一种谷物，跟随植物的生长，其叶渐渐由红色变为青色。

④“维秬（jù）”二句：出自《诗经·大雅·生民》篇。秬，黑黍。秠，一壳二米的黑黍。穈，赤苗。芑，白苗。它们都是谷物的不同种类。

译文

稷就是今天的“穄”。齐、晋一带的人把“即”“积”都说成“祭”，这是那地方的土话，没有其他特殊的意义。《本草注》说：“又叫穈子。”穈子是黍类作物的一个种类。《诗经·大雅》里说：“维秬维秠，维穈维芑。”秬、秠、穈、芑都是黍类作物的种类，能根据颜色将它们区分，红色的黍称为“穈”，读音门。现在河西人用“穈”的字形而读作“糜”的音。

原文

苦耽即《本草》酸浆[1]也。新集《本草》[2]又重出苦耽一条。河西番界中，酸浆有盈丈者。

注释

①酸浆：茄科多年生草本植物，开的花为白色，结的果为红色浆果，可入药，有清热化痰的作用。

②新集《本草》：指《本草图经》，为嘉祐年间苏颂所编修。

译文

苦耽即《本草》中的酸浆。新集《本草》中又重复单列了一条苦耽。河西的西夏境内，有的酸浆可达到一丈多高。

原文

今之苏合香[1]，如坚木，赤色，又有苏合油，如糯胶，今多用此为苏合香。按刘梦得《传信方》[2]用苏合香云：“皮薄，子如金色，按之即少，放之即起，良久不定如虫动。气烈者佳也。”如此则全非今所用者，更当精考之。

注释

①苏合香：金缕梅科落叶乔木，由广西出产。其树脂即“苏合香”，可入药，有通窍、理气的作用。

②《传信方》：唐代刘禹锡所撰医方，今已亡佚。

译文

今天的苏合香，好似坚硬的木头，是红色的，又有一种东西叫苏合油，和糯胶差不多，现在很多人把它当作苏合香。根据刘禹锡在《传信方》中对苏合香的描述说："皮薄，颜色如同黄金，用手按下去就会变小，把手抬起就会反弹，长久起伏不定，如同虫子蠕动一般。气味浓烈的为上等。"既然如此，那么和现在所用的苏合香完全不是同一种，应当更加精细地考证一番。

原文

薰陆即乳香也。本名薰陆，以其滴下如乳头者，谓之"乳头香"；镕塌在地上者，谓之"塌香"。如腊茶[①]之有滴乳、白乳之品，岂可各是一物？

注释

①腊茶：建州所产的一种茶，有不同的品种，如滴乳、白乳、石乳等。

译文

薰陆就是乳香。它原本叫薰陆，将滴下来如同乳头的，称之为"乳头香"；融化后摊在地上的称之为"塌香"。就像腊茶有滴乳、白乳的不同品种，难道能说它们各自是不同的事物吗？

原文

山豆根[①]味极苦，《本草》言味甘者，大误也。

注释

①山豆根：豆科植物，可入药，有清热解毒的作用。

译文

山豆根的味道十分苦涩，《本草》里说它味道甘甜，实在是谬误。

原文

蒿之类至多。如青蒿[①]一类，自有两种：有黄色者，有青色者。《本草》谓之“青蒿”，亦恐有别也。陕西绥[②]、银之间有青蒿，在蒿丛之间，时有一两株，迥然青色，土人谓之香蒿，茎叶与常蒿悉同，但常蒿色绿，而此蒿色青翠，一如松桧[③]之色。至深秋，余蒿并黄，此蒿独青，气稍芬芳。恐古人所用，以此为胜。

注释

①青蒿：菊科草本植物，可入药，有清热解毒的作用。现代科学通过提取青蒿素治疗疟疾。

②绥：绥德军，治所在今陕西绥德。

③桧：柏科常绿乔木，可用于制作建筑材料。

译文

蒿的种类众多。比如青蒿一类，就有两个品种：有黄色的，有青色的。《本草》上称为“青蒿”，也许还有其他品种。陕西的绥德、银州一带出产青蒿，在蒿丛中，往往会长出一两株青色的，与别的蒿截然不同，那里的人称之为“香蒿”，它长出的茎叶与寻常的蒿都一样，但是寻常的蒿是绿色的，而这种蒿是青翠色的，好似松桧的颜色。到了深秋，其他的蒿都发黄了，只有这种蒿依然为青色，气味略带芬芳。大概古人所用的蒿，最好的就是这种了。

原文

按，文蛤即吴人所食花蛤也，魁蛤即车螯[①]也。海蛤今不识其生时，但海岸泥沙中得之，大者如棋子，细者如油麻粒。黄、白或赤相杂，盖非一类。乃诸蛤之房[②]，为海水砻砺[③]光莹，都非旧质。蛤之属其类至多，房之坚久莹洁者，皆可用，不适指一物，故通谓之“海蛤”耳。

注释

①车螯（áo）：蛤类的一种，《外科精要》中称昌娥，和文蛤极为类似。
②房：指贝壳。
③砻砺：指经过海水的冲刷、磨砺。

译文

根据考查，文蛤就是吴人所吃的花蛤，魁蛤就是车螯。我们现在不清楚海蛤的生活状况，只知道在海岸的泥沙中能找到它们，大的如同棋子，小的如同油麻粒。黄色、白色或是红色相夹杂，大概不是同一种类。各类蛤类的壳，经过海水冲刷、磨砺得十分光滑晶莹，已经和原来完全不一样了。蛤的种类繁多，那些贝壳坚固、持久光滑的都可以吃，不专门指某一种，因此通称为“海蛤”。

原文

今方家所用漏芦[①]乃飞廉也。飞廉一名漏芦，苗似箬叶[②]，根如牛蒡、绵头者是也[③]，采时用根。今闽中所用漏芦，茎如油麻，高六七寸，秋深枯黑如漆，采时用苗。《本草》自有条，正谓之“漏芦”。

注释

①漏芦：漏卢，菊科多年生草本植物，茎上有细密的白毛，开淡紫色花，根可入药，有清热解毒、舒筋通脉之效。

②箬（ruò）叶：百合科多年生常绿宿根性草本，叶单生，呈椭圆形。根状茎可入药，有活血散瘀、补虚止咳等作用。

③牛蒡（bàng）：菊科二年生大型草木，基生叶宽卵形，开紫红色花，结实如葡萄，壳似栗而有刺，籽可入药，有散风热、宣肺气、消肿毒的作用。绵头：指根部有白色的细毛。

译文

如今医生所用的漏芦就是飞廉。飞廉又名漏芦，苗类似于箬叶，根类似于牛蒡，它的枝头上长着白色细毛，采摘时只取它的根部。如今福建地区所用的漏芦，茎如同油麻一般，有六七寸高，深秋时枯萎得如漆一样黑，采摘时取它的植株。《本草》中自有相关条目，这正是所说的“漏芦”。

原文

《本草》所论赭魁[1]皆未详审，今赭魁南中[2]极多，肤黑肌赤，似何首乌[3]。切破，其中赤白理如槟榔[4]，有汁赤如赭，南人以染皮制靴，闽、岭人谓之“余粮”。《本草》“禹余粮”注中所引，乃此物也。

注释

①赭（zhě）魁（kuí）：亦称薯莨，多年生宿根性缠绕藤本植物，生长在乔木或灌木丛中，叶互生或对生，可入药，有活血、理气、解毒的疗效。

②南中：此处指四川地区。

③何首乌：蓼科多年生缠绕草本植物，块根肥厚，长椭圆形，黑褐色。

其块状茎可入药，有补肝肾、益精血的疗效。

④槟榔：槟榔科常绿乔木，果实呈长椭圆形，橙红色，气微，味涩，可食用。其籽可入药，有消积杀虫的功效。

译文

《本草》中对赭魁的叙述都不够详尽精确，如今四川有很多赭魁，表皮是黑色的，肌理是红色的，和何首乌差不多。把它剖开，里面红白色的肌理好似槟榔，有如赭色一般红的汁液，南方人制靴子时都用它给皮革染色，福建、五岭地区的人称之为“余粮”。这种东西也在《本草》“禹余粮”的注中被引述过。

原文

石龙芮[①]今有两种：水中生者叶光而末圆，陆生者叶毛而末锐。入药用生水者。陆生亦谓之“天灸”，取少叶揉系臂上，一夜作大泡如火烧者是也。

注释

①石龙芮（ruì）：又名天豆、胡椒菜。开黄色花，果实为扁圆形，籽可入药，有治风寒、祛邪气之效。

译文

现在的石龙芮分为两种：水中生长的叶面光滑而末端浑圆，陆地生长的叶面长满细毛而末端尖锐。入药时要用在水中生长的那种。在陆地生长的也称为“天灸”，取少量叶片揉碎后敷在手臂上，一晚就能灼出大水泡，就像被火烧过一样。

原文

麻子，海东来者最胜，大如莲实，出屯罗岛。其次上郡、北地所出，大如大豆，亦善。其余皆下材。用时去壳，其法取麻子帛包之，沸汤中浸，候汤冷，乃取悬井中一夜，勿令著水。明日，日中暴干，就新瓦上轻挼①，其壳悉解。簸扬取肉，粒粒皆完。

注释

①挼（ruó）：揉搓。

译文

最好的芝麻，当属从东海传来的那种了，大小和莲子差不多，产自屯罗岛。其次是上郡、北地出产的，大小和大豆差不多，也很好。剩下的都是次一等材质了。在食用芝麻的时候要去壳，方法是用布帛将芝麻包好，放在沸水中浸泡，待到水冷却后，取出来挂在井里待上一晚，不要让它沾上水。第二天，放到太阳底下晒干，再放在新瓦上轻轻揉搓，它的壳就轻易脱落下来。最后用簸箕把壳筛掉，取出的籽实，每一粒都完好无缺。